作者简介

威尔·斯洛特(Will Slauter),美国普林斯顿大学历史学博士,哥伦比亚大学海曼人文研究中心博士后。曾先后任教于美国佛罗里达州立大学历史系、法国巴黎第八大学语言与文化学院和巴黎第七大学英语学院。现为法国巴黎索邦大学英语学院历史学教授,法国大学学院成员,国际作者、阅读与出版史学会副会长。主要研究领域为新闻媒体史、图书出版史、著作权法律史。

译者简介

陈贤凯,中国人民大学知识产权法学博士、美国加州大学伯克利分校法学硕士。现为暨南大学法学院/知识产权学院副教授,中国法学会知识产权法学研究会理事、中国知识产权研究会理事。主要研究领域为知识产权法、反不正当竞争法。

知识产权名著译丛

WHO OWNS THE NEWS?
A HISTORY OF COPYRIGHT

谁享有新闻著作权
——新闻著作权史

〔美〕威尔·斯洛特　著

陈贤凯　译

商务印书馆
The Commercial Press

Will Slauter
WHO OWNS THE NEWS?
A HISTORY OF COPYRIGHT
© 2019 by the Board of Trustees of the Leland Stanford Junior University
All rights reserved. This translation is published by arrangement with
Stanford University Press
中译本根据美国斯坦福大学出版社 2019 年版译出

知识产权名著译丛
编 委 会

顾问 刘春田 许 超 裘安曼

主编 金海军

编委会成员（以姓氏笔画为序）

万 勇 马 腾 王玉凯 王海波 卢纯昕

李 琛 余 俊 宋慧献 陈贤凯 赵一洲

献给纪尧姆

目录

致谢 / 1

导论 / 8

第一章 审查制与垄断时代的新闻所有权 / 29

第二章 18 世纪英国的复制文化 / 90

第三章 剪刀编辑：美国早期的剪切与粘贴 / 146

第四章 19 世纪美国的市场新闻与著作权的局限 / 192

第五章 英国工业化时期的新闻著作权争论 / 230

第六章 美国的合作通讯社与对专有权的追求 / 297

第七章 国际新闻社诉美联社案及其遗产 / 354

结语 数字时代的观点 / 419

注释中使用的缩略语及报纸来源注释 / 443

索引 / 446

译后记 / 478

致　　谢

本书的研究和写作得到国家人文基金会（National Endowment for the Humanities）、美国文物协会（American Antiquarian Society）、国会图书馆约翰·W.克鲁格研究中心（John W. Kluge Center of the Library of Congress）、纽约公共图书馆（New York Public Library）和费城图书馆公司（Library Company of Philadelphia）研究生奖学金的慷慨资助。这些机构的工作人员为我的研究提供了很多便利，使我花在档案资料上的时间既趣味盎然又富有成效。我还获得了佛罗里达州立大学（Florida State University）、巴黎第八大学历史研究中心［Centre de recherches historiques (EA 1571) at Université Paris 8-Saint Denis］和巴黎第七大学英语文化研究实验室［Laboratoire de recherches sur les cultures anglophones (LARCA, UMR 8225) at Université de Paris］提供的差旅资助及其他支持。2015年，法国大学学院（Institut universitaire de France）成员的任命为本书的完成提供了必要的时间和资源。

本项目于2009年春在哥伦比亚大学人文研究生协会启动。在哥大时，我在与新闻学研究生院的同事们，包括卢卡斯·格雷夫斯（Lucas Graves）、尼古拉斯·莱曼（Nicholas Lemann）、迈克尔·舒德森（Michael Schudson）和安迪·图歇（Andie Tucher）的交流中获益良多。哥大海曼人文中心（Columbia's Heyman Center for the Humanities），特别是艾琳·格鲁力（Eileen Gillooly）持续支持我的工作：2012 年，他们邀请我回去作讲座；2013 年，他们协办了在巴黎举办的知识产权历史与理论国际协会（International Society for the History and Theory of Intellectual Property，ISHTIP）工作坊。本书很大程度上受惠于国际协会的跨学科学者们。在华盛顿特区举办的 2010 年国际协会工作坊上，我报告了本项目的概况；而本书的最后一章则是 2017 年多伦多工作坊的一部分。在此之间，我从与国际协会的会员们——包括萨拉·班纳曼（Sara Bannerman）、何塞·贝利多（Jose Bellido）、迈克尔·伯恩哈克（Michael Birnhack）、凯西·鲍里（Kathy Bowrey）、加百利·加尔维兹-比哈尔（Gabriel Galvez-Behar）、伊娃·赫蒙斯·维滕（Eva Hemmungs Wirtén）、菲奥娜·麦克米兰（Fiona Macmillan）、杰西卡·西尔贝（Jessica Silbey）、西蒙·施特恩（Simon Stern）、伊娃·E. 萨博尼克（Eva E. Subotnik）和朱利安·托马斯（Julian Thomas）——多年来兴味盎然的讨论和建议中受益匪浅。我特别感谢玛莎·伍德曼西（Martha Woodmansee）对拙著的思想指导和评论，感谢莱昂内尔·本特利（Lionel Bently）阅读本书初稿并提出思考的新路径。H. 托马斯·古梅兹-阿罗斯特圭（H. Tomás Gómez-Arostegui）通过电子邮件和电话给了我大量评论意见。彼得·杰西（Peter Jaszi）提出了至关重要的建议和鼓励。

罗伯特·达恩顿（Robert Darnton）和安东尼·格拉夫顿（Anthony Grafton）是我在普林斯顿攻读历史学博士学位时的导师，他们持续为我提供启迪和指导。在巴黎一家咖啡馆讨论该项目时，莎拉·马扎（Sarah Maza）建议道："你可以将它取名为'谁拥有新闻？'"。*这个主意一直萦绕我心。在新闻史领域，我从与约瑟夫·M. 阿德尔曼（Joseph M. Adelman）、已故的詹姆斯·L. 鲍曼（James L. Baughman）、维多利亚·E. M. 加德纳（Victoria E. M. Gardner）、布鲁克·克罗格（Brooke Kroeger）、大卫·保罗·诺德（David Paul Nord）和杰弗里·帕斯利（Jeffrey Pasley）的交流中受教颇多。我想特别感谢对本书有关章节的初稿及口头报告作出评论的历史学家、文学学者、图书史学家以及法律学者，包括伊莎贝拉·亚历山大（Isabella Alexander）、吉恩·艾伦（Gene Allen）、托马斯·奥格斯特（Thomas Augst）、法布里斯·本西蒙（Fabrice Bensimon）、奥伦·布拉查（Oren Bracha）、罗伯特·布劳尼斯（Robert Braueis）、特雷弗·库克（Trevor Cook）、理查德·丹伯里（Richard Danbury）、伊恩·加德（Ian Gadd）、艾伦·格鲁伯·加维（Ellen Gruber Garvey）、安德鲁·霍布斯（Andrew Hobbs）、里昂·杰克逊（Leon Jackson）、理查德·R. 约翰（Richard R. John）、约翰·麦卡斯克（John McCusker）、克莱尔·帕尔法伊特（Claire Parfait）、史蒂芬·皮吉恩（Stephan Pigeon）、乔德·雷蒙德（Joad Raymond）、梅根·理查德森（Megan Richardson）、乔纳森·西尔伯斯坦-勒布（Jonathan Silberstein-Loeb）、丽贝卡·斯潘格（Rebecca Spang）、迈克尔·施塔姆（Michael Stamm）、西蒙·斯特恩（Simon Stern）以及海蒂·J. S. 特沃雷克（Heidi J. S. Tworek）。迈克尔·温希普（Michael

---

* 本书英文书名直译应为："谁拥有新闻？一部著作权的历史"（Who Owns the News? A History of Copyright）。为遵从中文表达习惯，并更准确地表达本书所要传达的实际含义，中文版将书名译为："谁享有新闻著作权——新闻著作权史"。——译者

Whinship）阅读了处于凌乱状态的若干章节，并帮助我对它们加以改进。当我们讨论本书的核心议题时，莫莉·欧哈根·哈迪（Molly O'Hagan Hardy）既严谨又幽默，她对手稿的评论是一种巨大的帮助。我非常幸运：我在国会图书馆担任克鲁格研究员的时间正好与兹维·罗森（Zvi Rosen）担任驻美国版权局康明斯坦学者（Kaminstein Scholar in Residence at the US Copyright Office）的任期相交叠，他教会了我很多关于著作权历史记录的知识。

在巴黎第八大学和巴黎第七大学，我很幸运能够得到许多同事的支持。虽然我无法在此恰如其分地感谢所有人，我还是想提一下曾经对部分章节草稿或报告作过评论的几位同事：弗朗索瓦·布吕内（François Brunet）、埃马努埃尔·德·尚斯（Emmanuelle de Champs）、阿丽亚娜·芬内托（Ariane Fennetaux）、马克·梅格斯（Mark Meigs）、爱丽丝·蒙特（Alice Monter）、斯特法妮·普雷沃斯特（Stéphanie Prévost）、塞西尔·鲁道（Cécile Roudeau）、安·汤姆森（Ann Thomson）和索菲·瓦塞特（Sophie Vasset）。2009 年，罗伯特·曼金（Robert Mankin）和玛丽-珍妮·罗西尼奥尔（Marie-Jeanne Rossignol）在查理五世研究院（Institut Charles V）举办了一次会议，在此次会议上我作了关于本项目的第一次公开报告。罗伯特在 2017 年与世长辞，系里的同事们深深怀念。我永远也不会忘记他如何帮助我逐步适应法国的大学制度。克莱尔·帕尔法伊特欢迎我加入到一群对图书史志趣相投的学者中，还持续为我提供建议。我也对朱丽叶·布尔丁（Juliette Bourdin）、艾丽卡·吉尔斯（Erica Gilles）、林恩·S. 梅斯基尔（Lynn S. Meskill）、伊莎贝尔·奥利佛罗（Isabelle Olivero）、艾伦·波托夫斯基（Allan Potofsky）和耶尔·斯特恩赫尔（Yael Sternhell）心存感激，感谢他们在本书写作的思想方面和实践方面提供的所有帮助。

我很幸运多次收到让我报告我的作品的邀请，且收到了宝贵的反馈。这些邀请包括巴黎第四大学（Université Paris IV-Sorbonne）于 2013 年举办的"法英历史研讨会"，戴夫·冈吉（Dev Gangjee）于 2014 年主办的"牛津知识产权研究研讨会"，劳伦斯·克莱因（Lawrence Klein）和彼得·曼德勒（Peter Mandler）组织的"剑桥现代文化史研讨会"，米希尔·凡·格罗森（Michiel van Groesen）和海尔默·赫尔墨斯（Helmer Helmers）于 2014 年在阿姆斯特丹召集的"欧洲现代早期的新闻管理"研讨会，凯斯西储大学在 2015 年举办的"爱德华·S.和梅琳达·萨达尔学科写作课"，托马斯·凯默（Thomas Keymer）和西蒙·斯特恩（Simon Stern）于 2016 年主办的多伦多图书研究中心讲座，埃德蒙·金（Edmund King）和沙夫夸特·托维德（Shafquat Towheed）于 2017 年主办的"开放大学图书史研讨会"，约翰-埃里克·汉森（John-Erik Hansson）、玛蒂尔达·格雷格（Matilda Greig）和米科·萨穆利·托瓦宁（Mikko Samuli Toivanen）于 2017 年组织的"欧洲大学研究院作者工作坊"，以及瑞秋·斯卡伯勒·金（Rachael Scarborough King）和威廉·华纳（William Warner）于 2017 年在亨廷顿图书馆（Huntington Library）组织的"报纸的兴起"研讨会。我还想感谢在巴黎第七大学举办的"著作权与 19 世纪期刊 2017 年工作坊"的与会人员：M. H. 比尔斯（M. H. Beals）、莱昂内尔·本特利、劳雷尔·布雷克（Laurel Brake）、埃伦娜·库珀（Elena Cooper）、艾琳·费菲（Aileen Fyfe）、保罗·费菲（Paul Fyfe）、朱莉·麦克杜格尔-沃特斯（Julie McDougall-Waters）、诺亚·莫克瑟姆（Noah Moxham）、詹姆斯·穆塞尔（James Mussell）和托马斯·弗兰肯（Thomas Vranken）。

对于档案方面的协助，我想感谢纽约公共图书馆的托马斯·兰农（Thomas Lannon）、塔尔·那丹（Tal Nadan）和威瑟利·史蒂芬（Weatherly Stephan）；美联社档案馆的瓦莱丽·科莫尔（Valerie Komor）和弗朗西斯卡·皮塔罗（Francesca Pitaro）；费城图书馆公司的詹姆斯·N.格林（James N. Green），康妮·金（Connie King）和艾丽卡·皮奥拉（Erika Piola）。感谢美国文物协会的丹尼尔·布德罗（Daniel Boudreau）、安德鲁·布尔克（Andrew Bourque）、保罗·埃里克森（Paul Erickson）、丹尼斯·劳瑞（Dennis Laurie）和金伯利·佩尔基（Kimberly Pelkey），他们帮我寻找材料，回答我的诸多问题；感谢文森特·戈登（Vincent Golden）分享他对19世纪报纸的专业知识。我想感谢国会图书馆克鲁格中心的特拉维斯·亨斯利（Travis Hensley）、珍妮斯·海德（Janice Hyde）和玛丽·卢·雷克（Mary Lou Reker），并感谢西奥·克里斯托弗（Theo Christov）与我的如此多次趣味盎然的对话。感谢美国版权局公共记录室的安吉拉·海塔尔（Angela Hightower）和帕特·里格斯比（Pat Rigsby）。在国会图书馆，艾萨克·沃登（Isaac Warden）提供了重要的研究协助。在巴黎，英语文化研究实验室聪明伶俐的让-玛丽·博格林（Jean-Marie Boeglin）为研究差旅和会议提供了便利。

我想感谢斯坦福大学出版社的编辑玛格·欧文（Margo Irvin），感谢她对本项目的信任并提供了至关重要的建议。感谢诺拉·斯皮格尔（Nora Spiegel）管理本书的出版流程。对四位在我的作品上投入时间精力并提供修改意见的匿名评审，我心存感激。本书第二章是对一篇论文的大幅修改和扩写版本，该文最初以《正直的盗版：理解18世纪英国新闻著作权的缺位》（Upright Piracy: Understanding the Lack of Copyright for Journalism in Eighteenth-Century Britain）为题发表在由作家、阅读和出版历史学会（The Society for the History of Authorship, Reading and Publishing）享有著作权的《图书史》上（*Book History*, 16 [2013], 34-61.），再版获得约翰斯·霍普金斯大学出版社许可。

亲友们的建议、鼓励和振奋人心的对话无数次拯救了我，所以我希望当面感谢他们所有人。但我还是想记录下我对大西洋两岸家人们的感激之情：妈妈、爸爸和妮妲（Nida）、埃里克（Eric）、乔治（George）和诺拉（Nora）、莱恩（Ryan）、艾比（Abby）和罗蕾莱（Lorelei）、露西（Lucie）、伯纳德（Bernard）、玛丽-海伦（Marie-Hélène）、安-洛尔（Ann-Lore）、安德鲁（Andrew）和里昂（Léon）——谢谢你们带给这个世界的所有东西。最后，致纪尧姆（Guillaume）：你的耐心、建议和鼓励使我写作本书成为可能。你无与伦比的幽默感以无数其他方式丰富了我的生活。本书是献给你的。

导 论

新闻是难于处理的。一直以来,它都难以被定义,也几乎无法被控制。几个世纪以来,出版商都在寻找使新闻专有的办法。有些甚至主张它是一种财产。但这类尝试不断地遭遇到政治理由和文化理由的抵制。

1733年,一家名为《格拉布街周报》(*Grub-Street Journal*)的伦敦报社被指控"盗版"。被控诉的行为是什么呢?每周的报纸上都包含了从八到十份其他伦敦报纸中汇编来的新闻摘要。主编阅读这些报纸,寻找对同一事件的不同报道,然后逐篇复制短小的片段,且总是标明出处。《格拉布街周报》是一份讽刺报,其新闻文摘嘲讽当时的政治家和新闻作家们。但它也有严肃的目的。通过将同一故事的不同版本并列在一起,《格拉布街周报》揭示了充斥于报刊中的错误和矛盾。(见图1和图2)当他们的行为被指控为不正当使用时,《格拉布街周报》的主编以公共效用为由为自己辩护。他写道:"我们将一份报纸上的文章与其他报纸上的相比较,这种方法不仅不是盗版,而且非常实用,甚至是制止假新闻传播所必需的。"[1]

大约三百年后,在21世纪的头十年,一种新形式的新闻聚合——这次是由从全网中抓取文章的计算机算法所驱动的——威胁

---

[1] 《格拉布街周报》(伦敦),1733年4月5日。参见第二章。

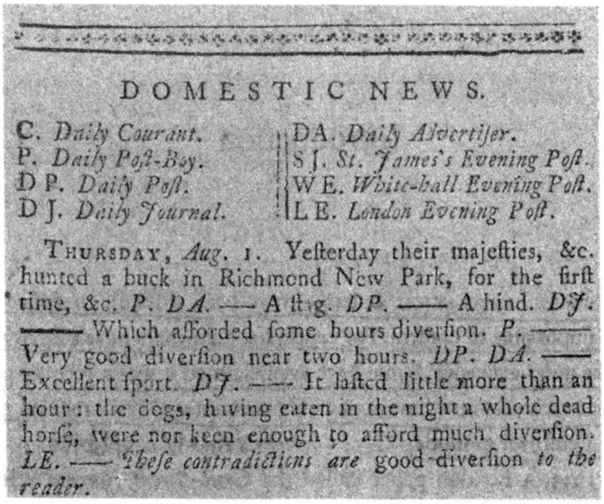

导　论

图1　《格拉布街周报》从多份报纸上逐篇复制简短的词句，揭示对同一事件的报道中有趣的矛盾（1734年8月8日）。承蒙耶鲁大学拜内克古籍善本图书馆（Beinecke Rare Book and Manuscript Library）惠允。

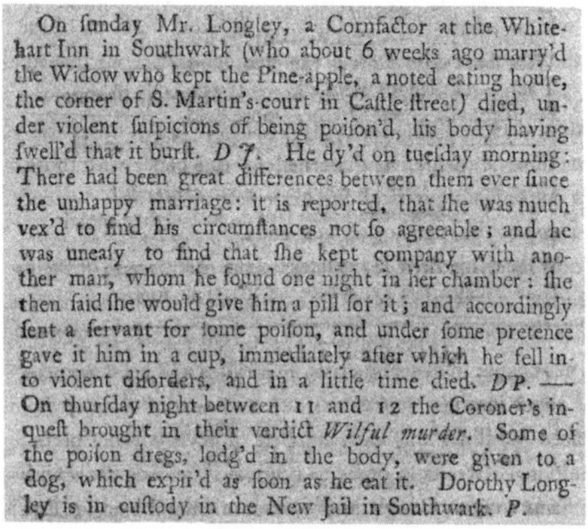

图2　主编如何从三个指名的信息源［《日报》（Daily Journal）、《每日邮报》（Daily Post）和《小邮差报》（Post Boy）］将多个句子聚合在一起，向读者提供更为完整的报道的一个示例（1731年9月9日）。承蒙耶鲁大学拜内克古籍善本图书馆惠允。

到身处危机中的报业。出版商和通讯社对未经许可复制新闻头条和简短片段的互联网聚合器和媒体监测服务多有抱怨。[2] 有些发起了诉讼,以求与谷歌和雅虎这样的技术公司协商许可协议;有些则为能够更好地保护新闻机构、制止未经授权使用其内容的立法改革而游说。[3] 18 世纪以来,很多事物已经发生了改变。

新技术、新商业策略和新文化实践已改变了新闻的传播方式。

---

[2] 参见理查德·佩雷斯-佩纳(Richard Pérez-Peña),《美联社试图控制使用其内容的网站》(AP Seeks to Rein in Sites Using Its Content),载于《纽约时报》(New York Times)2009 年 4 月 6 日;梅赛德斯·邦兹(Mercedes Bunz),《鲁珀特·默多克:"没有免费新闻报道这回事"》(Rupert Murdoch: "There's No Such Thing as a Free News Story"),载于《卫报》(The Guardian),2009 年 12 月 1 日;阿里安娜·赫芬顿(Arianna Huffington),《新闻业 2009:绝望的比喻、绝望的收入模式和对更好的新闻业的极度需求》(Journalism 2009: Desperate Metaphors, Desperate Revenue Models, and the Desperate Need for Better Journalism),《赫芬顿邮报》(Huffington Post),2010 年 3 月 18 日、2011 年 5 月 25 日更新。

[3] 参见罗伯特·丹尼科拉(Robert Denicola),《互联网上的新闻》(News on the Internet),载于《福德汉姆知识产权、媒体与娱乐法法律期刊》(Fordham Intellectual Property Media & Entertainment Law Journal)第 23 卷(2013 年):第 68—131 页;以及帕姆·斯波尔丁(Pam Spaulding)和米开朗基罗·西格诺里尔(Michelangelo Signorile),《著作权敲诈:权利避风港公司的兴衰》(Copyright Shakedown: The Rise and Fall of Righthaven),载于《媒体创作》(Media Authorship),辛西娅·克里斯(Cynthia Chris)和戴维·A. 格斯特纳(David A. Gerstner)主编(New York: Routledge, 2013),第 37—55 页。莱昂内尔·本特利、理查德·丹伯里和伊恩·哈格里夫斯(Ian Hargreaves)正在进行一项对各国法律干预的研究,该研究是为由艺术与人文研究委员会(AHRC)资助的、名为"评估对数字环境下新闻生产的威胁的可能的法律回应"(2014—2016 年)(Appraising Potential Legal Responses to Threats to the Production of News in Digital Environment)的项目而开展的。

随着报社大量裁员或完全歇业,在《格拉布街周报》时代还不存在的职业新闻业身处危机之中。[4] 大背景是不同的,政治上的利害关系也更加攸关,但被指控为盗窃或搭便车的网站本可能比重复《格拉布街周报》的主张——即,将新闻的简短片段并置在一起对公众是有利的——做得更糟。然而,在一个可以瞬间复制和转发文本的世界里,新闻机构如何才能回收其为报道新闻而做出的投资?

当然,过去三百年,著作权法经历了显著的变革。18世纪30年代,英国的成文法明确保护图书,但并未提及报纸、期刊或杂志。《格拉布街周报》的主编认为报纸中的一些材料,如原创诗歌和小品文,应当被作为文学财产看待,但他认为新闻是不同的。他写道:"没有人能够通过雇佣他人收集一堆微不足道、荒谬愚蠢且虚假不实的新闻段落,然后每天将它们公之于世,便使自己获得一项财产。"[5] 到19世纪中叶,新闻行业的重大变革使英美两国的新闻出版商和通讯社开始更多地从财产角度看待新闻。两国在19世纪和20世纪早期的不同场合都提出了在短期内保护新闻的立法提案。支持者们主张,收集和分发新闻是昂贵的,著作权能够提供必要的激励,使公众及时获取优质新闻。批评者表示反对,认为对新闻而言,著作权是不合适的。有些人主张新闻缺乏与文学创作相联系的

---

[4] 参见罗伯特·W. 麦克切斯尼(Robert W. McChesney)和约翰·尼克尔斯(John Nichols),《美国新闻业的死与生:必将重启世界的媒体革命》(*The Death and Life of American Journalism: The Media Revolution that Will Begin the World Again*, New York: Nation Books, 2011);伊恩·哈格里夫斯,《简明新闻学(第2版)》(*Journalism: A Very Short Introduction*, 2nd ed., Oxford, UK: Oxford University Press, 2014)。

[5] 《格拉布街周报》(*Grub-Street Journal*),1734年1月3日。

品质，其他人则担心著作权会限制公众关切的信息的流通。

到20世纪早期，著作权为报纸提供保护——随后的章节将考察导致这一发展的那些波折——但在新闻的事实信息上建立专有权的观点依旧充满争议。部分得益于关于新闻的法律纠纷，法院开始区分事实和表达，并坚持只有后者是可以获得著作权保护的。在第一次世界大战期间，这一限制导致美国联合通讯社［Associated Press，下简称"美联社"（AP）］*放弃著作权法，希望寻找到保护新闻事实信息的其他方法。在美联社对其竞争对手提起的诉讼中，美国最高法院在1918年判决道，新闻应当被认定为"准财产"。新闻发表之后，虽然美联社不能限制大众成员使用新闻的方式，但是，只要新闻还具有商业价值，该机构就有权制止竞争者复制或者改写美联社的新闻。[6]这一判决带来了反盗用原则（the misappropriation doctrine），也被称为"热点新闻"原则（"hot news" doctrine）。在针对线上转载新闻和股票推荐信息的诉讼中，该原则亦被援引。尽管自1918年以来新闻的技术、经济原理和文化都发生了巨大变革，但是，热点新闻原则在数字时代如何保护新闻业的政策讨论中甚至变得更加重要。[7]

---

* 美国早期的通讯社多以"Associated Press (AP)"为名，今天我们熟知的美国联合通讯社（美联社）是1900年在纽约重新注册成立的。故本书用"美国联合通讯社（美联社）"指代现在的美联社，1900年前的"Associated Press (AP)"则译为"联合通讯社（联合社）"。——译者

6 *International News Service v. Associated Press*, 248 U.S. 215 (1918). 参见第七章。

7 对于新近的司法判例，参见第七章。将反盗用原则编入法律的提案被纳入到《联邦贸易委员会工作人员讨论稿：支持新闻业重生的可能的政策建议》[*Federal Trade Commission Staff Discussion Draft: Potential Policy Recommendations to Support the Reinvention of Journalism* (2009)]。

在接下来的章节，我将为刚刚勾勒的历史发展补充上必要的背景，以使其能被恰当地理解。但即使没有这些背景，这些例子也揭示了关于复制行为的争论——复制行为如何影响新闻机构运行的能力以及复制行为如何影响公众对新闻的获取——并不新鲜。历史上，将新闻作为财产对待的后果已被无数次讨论。但这些争论总是慢慢销声匿迹，待到问题再次出现时，它们早已被忘却——因此很需要历史的方法。本书的目的是，理解在出版业和法律的长期变革中，平衡相互竞争的出版商利益与公共利益的不懈努力。

历史的方法

本书研究英国和美国的发展史。[8] 考察其他国家的相关问题无疑将揭示不同的政策决定和出版策略会在那些国家带来什么不同的结果。[9] 而选择关注英美两国，是由下述事实所驱动的：在著作权

---

[8] 用"英国"（Britain）而不用"英格兰"（England），胜在简洁，但鉴于此处讨论的大部分发展都发生在英格兰，这一用法不无问题。它还掩盖了重要的政治变革。1707年的《联合法案》（the Act of Union）将英格兰和苏格兰合并为"大不列颠"。1801年，大不列颠与爱尔兰合并，建立"大不列颠与爱尔兰联合王国"。1922年爱尔兰自由邦建立后，英国又更名为"大不列颠与北爱尔兰联合王国"。

[9] 对政策史的比较研究，参见保罗·斯塔尔（Paul Starr），《媒体的诞生：现代通讯的政治起源》（*The Creation of the Media: Political Origins of Modern Communications*）(New York: Basic Books, 2004)。新闻著作权的国际维度值得更多的研究，但是，已有学者完成了一些研究国际背景下的路透社（Reuters）和美联社的佳作。参见迈克尔·D.伯恩哈克，《殖民地的著作权：托管巴勒斯坦的知识产权》（*Colonial Copyright: Intellectual Property in Mandate Palestine*, Oxford: Oxford University Press, 2012），第212—238页；乔纳森·西尔伯斯坦-勒布，（接下页）

法方面，这两个国家共享了与从欧洲大陆发展起来的作者权传统不同的共同遗产。[10]在某些方面，英美两国的新闻史也是相互联系的。[11]然而，两国试图为新闻确立法律保护的时机和理由却各不相同。这些差异表明，新的通讯技术——从电报到互联网——自身并不能解释人们何时以及为何会去游说新的立法，或者到法院去制止他人的

（接上页）《新闻的国际分发：美联社、英联社与路透社，1848—1947》(*The International Distribution of News: The Associated Press, Press Association, and Reuters, 1848—1947*, New York: Cambridge University Press, 2014）；海蒂·J. S. 特沃雷克，《互联网之前的新闻保护》(Protecting News before the Internet)，载于：*MN*，第196—222页；萨拉·班纳曼，《国际著作权与对知识的获取》(*International Copyright and Access to Knowledge*, Cambridge: Cambridge University Press, 2016），第80—98页；以及吉恩·艾伦，《追上竞争：美联社的国际扩张，1920—1945》(Catching Up with the Competition: The International Expansion of Associated Press, 1920-1945)，载于《新闻学研究》(*Journalism Studies*) 第17卷，第6期（2016年），第747—762页。

10　参见彼得·鲍德温 (Peter Baldwin)，《著作权战争：三个世纪的跨大西洋之战》(*The Copyright Wars: Three Centuries of Trans-Atlantic Battle*, Princeton, NJ: Princeton University Press, 2014）。然而，这些差异也不宜夸大。

11　一个新近的分析提到论述英美独特传统的若干研究，关于该分析，参见约翰·麦克斯韦·汉密尔顿 (John Maxwell Hamilton) 和海蒂·J. S. 特沃雷克，《新闻的自然史：一个外成性研究》(The Natural History of the News: An Epigenetic Study)，载于《新闻学》(*Journalism*) 第18卷，第4期（2017年4月），第391—407页。对于交叉影响的研究的总结，参见鲍勃·尼克尔森 (Bob Nicholson)，《跨大西洋的联系》(Translatlantic Connections)，载于《劳特利奇19世纪英国报刊手册》(*The Routledge Handbook to Nineteenth-Century British Periodicals and Newspapers*)，安德鲁·金 (Andrew King)、亚力克西斯·伊斯里 (Alexis Easley) 和约翰·莫顿 (John Morton) 主编 (London: Routledge, 2016)，第221—233页。

复制行为。新闻出版商通常是在由政府法规、产业实践和诸如合伙或合营的制度安排所决定的更大的政治经济体中运作的。[12] 英美两国发展起来的不同政策决定和商业策略有助于解释，为何某些特定类型的复制行为在历史上的不同时刻被认为是存在问题的。

　　对盗版（紧接着会深入讨论这一术语）的控诉以及对于新闻是否可以成为某种财产权的客体的讨论，可以追溯到 19 世纪中期电报出现之前更早的年代。在 16、17 世纪，买卖新闻的印刷商和书商已经在为如何比竞争对手更快地触达读者以及如何阻止可能破坏其投资的复制行为而艰难斗争。因此，本书从论述 16 世纪和 17 世纪的章节开始。这一时期，新闻出版由审查制和王室特权的组合所调整。这一组合使对新闻享有专有权成为可能，但它也限制了可以出版的新闻的种类。17 世纪末印刷特许制的崩溃和 18 世纪第一部著作权法的制定是公共政策上的重大变革，这一变革对新闻出版具有深刻影响。在 18 世纪和 19 世纪的整个进程中，对创作的新态度和对允许信息流通的裨益的信念，使在新闻上设立可由法律实施的垄断权的观点看起来越来越没有道理。然而，新闻行业的变革也使出版商、报业协会和通讯社更渴望获得某种类型的专有权。在很多方面，我们今天依然生活在这种紧张关系之中。

何谓"拥有新闻"？

　　诚然，"谁拥有新闻"这个问题可以有很多种回答方式。本书

12　参见：*MN*。

关心的主要不是谁控制了重要新闻机构的资产（谁拥有媒体？），也不是广告主和技术企业所拥有的控制公众可以获取哪类信息的日益增长的权力。这些问题当然重要，它们也恰当地获得了学者和记者们的关注。[13] 本书关注的是，将新闻作为一种无形财产对待而对之加以控制的尝试。故事的核心是新闻出版与著作权法之间不断演变的关系，但是，从一开始就应当注意，著作权法并不是谁拥有新闻的斗争的唯一武器——这一点非常重要。正如接下来的章节所示，作者、编辑和出版商采用了一系列策略对他们所搜集或生产的新闻施加控制。他们请求并在有些时候获得国家授予的垄断权，组建能将"盗版者"转化为合作伙伴的卡特尔组织，设置陷阱——例如故意发表假新闻——来抓获"窃贼"，以及利用报刊羞辱那些不按他们意图推行的规则参与竞争的人们。

这些策略和其他一些策略——包括诉诸著作权法——都可以被看作是对将新闻作为商品所固有的问题的回应。新闻是经济学家所讲的"非竞争性物品"。不像食品或石油，一个人对新闻的消费不会降低其他人可以获取的数量。即使所有报纸全部售罄，更多的报纸也可以被印出来，而且是以极低的边际成本。新闻生产的固定成本

---

[13] 几本题为《谁拥有媒体？》及其变体的书籍已经研究了媒体集中的问题。对新闻商业化的历史，参见杰拉德·J.巴尔达斯蒂（Gerald J. Baldasty），《19世纪新闻的商业化》(*The Commercialization of News in the Nineteenth Century*, Madison: University of Wisconsin Press, 1992)；詹姆斯·柯伦（James Curren）和吉恩·锡顿（Jean Seaton）：《无责任的权力：英国的报刊与广播（第7版）》(*Power without Responsibility: The Press and Broadcasting in Britain*, 7th ed., London: Routledge, 2009)；以及约翰·纳罗纳（John Nerone），《媒体与公共生活史》(*The Media and Public Life: A History*, Cambridge, UK: Polity, 2015)。

是高昂的，因为它包含了工资、差旅费、设备和其他营运费用。边际成本——例如，多印一份报纸的成本——一直都很低，如今则趋近于零。新闻出版商倾向于就获取新闻收费，从而试图排除那些未支付费用的人。但新闻从来都无法完全排他。早在联网计算机使瞬时复制和传播文字、照片和视频成为可能之前，人们就已经可以通过谈论新闻、将新闻抄录在信件中或者传阅报纸的方式分享新闻消息。在没有法律或相反约定的情况下，转载竞争对手搜集或生产的新闻始终是可能的。基于这些原因，新闻类似于人们所说的"公共物品"。用经济学的术语讲，公共物品具有非竞争性和非排他性。它们无法被耗尽，而且可以被未付费的人群所享用。通常认为，公共物品向整个共同体——而不仅仅是向选择为其付费的个人——提供了好处。事实上，它们通常都需要补贴支持，因为个人愿意支付的费用不足以覆盖它们的成本。路灯和消防局就是很好的例子：本地纳税人为其养护付费，但任何访问该城镇的人都能从中受益。新闻则更加复杂：它具有非竞争性，但却可以部分地排他。出版商可以将文章置于"付费墙"之后，限制对它们的接触，但有些订户会将它们与非订户分享，所以新闻的消息很快将以多种方式传播开来。[14]

---

14 相关经济学概念在詹姆斯·T. 汉密尔顿（James T. Hamilton）的《所有适合销售的新闻：市场如何将信息转化为新闻》(*All the News That's Fit to Sell: How the Market Transforms Information into News*, Princeton, NJ: Princeton University Press, 2004)，第7—10页；以及戈本·贝克（Gerben Bakker）的《他们如何向新闻收费：新闻交易商对防危机商业模式的探索》(How They Made News Pay: News Traders' Quest for Crisis-Resistant Business Models)（伦敦政治经济学院经济史工作论文206/2014）中有清晰的论述。

著作权法可以被视为处理公共物品问题的机制，因为它不仅影响新闻出版，也影响所有类型的文学、艺术和科学作品。通过授予某些专有权利（特别是生产和销售作品复制件的独占权利），国家创造了在自然状态下并不存在的边界，由此为作者和出版商创造新作品提供了激励。[15] 但是，已发表的新闻具有非竞争性且可以以零边际成本复制的事实，并不意味着盗版问题是普遍存在和一成不变的。历史背景有重大影响。被指控为盗版的行为和用以打击盗版的策略，因时因地而异。支持或反对将新闻作为一种财产类型来看待的论点也随着时间而发展。要理解这段历史，意味着要设法解决几个在新闻权利讨论中处于中心地位，但对不同的人却意味着不同事物的概念——从"财产"开始。在我们的故事中，构成活靶的其他词汇包括"盗版""著作权"，以及"新闻"本身。对所有这些术语，很重要的一点是，注意人们在不同的背景下是如何使用它们的，以及他们希望达成的目标。

所有权的比喻：财产权与盗版

财产权长期以来都是支撑对著作和其他智力成果的法律权利

---

[15] 对法和经济学方法的概述，参见安妮·巴伦（Anne Barron），《著作权侵权、"搭便车"与生活世界"》（Copyright Infringement, "Free-Riding" and the Lifeworld），载于《著作权与盗版：一个跨学科的批判》（*Copyright and Piracy: An Interdisciplinary Critique*），莱昂内尔·本特利、珍妮弗·戴维斯（Jennifer Davis）和简·C. 金斯伯格（Jane C. Ginsburg）主编（Cambridge: Cambridge University Press, 2010），第93—127页。

的最重要的比喻。[16]对于土地而言，财产权通常被理解为所有者享有的一组权利，包括使用和处分土地（例如，将之售卖）的权利和排除他人进入土地的权利。排他权的必然结果是许可他人使用土地并设定其使用条件的权利。当适用于著作时，财产权可能涉及排除他人实施某些行为，但不排除实施其他行为的权利。例如，在18世纪的英国，著作权法授予作者及其受让人印刷、进口和销售其书籍复制件的独占权利，但它并未允许他们阻止他人制作翻译本、缩略本或者其他改编版本。随着时间的推移，著作权保护期延长了，而法律确认为著作权人的个人或法人所享有的专有权清单也随之扩大。[17]

但是，著作权法并非作者和出版商作出财产权主张的唯一基础。在不同的背景下，他们发展出交易习惯，或者求助于普通法，以求保护那些未被著作权成文法承认的权利。财产权产生于个人劳动的观念——最著名的是17世纪末约翰·洛克（John Locke）的论述——被那些寻求以作者的精神劳动为基础为财产权作辩护的人牢

---

[16] 威廉·圣·克莱尔（William St. Clair），《知识产权的比喻》（Metaphors of Intellectual Property），载于《特权与财产权：著作权史论文集》（Privilege and Property: Essays on the History of Copyright），罗南·德兹利（Ronan Deazley）、马丁·克雷奇默（Martin Kretschmer）和莱昂内尔·本特利主编（Cambridge, UK: Open Book Publishers, 2010），第369—395页。

[17] 参见海伦娜·R.豪（Helena R. Howe）和乔纳森·格里菲斯（Jonathan Griffiths）主编的《知识产权法中的财产权概念》（Concepts of Property in Intellectual Property Law, Cambridge: Cambridge University Press, 2013）中的论文。

牢抓住并详加阐释。[18]正如我们将要看到的,不同形式的新闻的出版者们发展出该论点的不同版本,强调有必要保护(另一个恒久的比喻)用于收集和分发新闻的劳动和投资,不论这一财产权是否事实上得到法律的承认。

财产权的比喻,在作者和出版商用于谴责侵犯其所谓权利的行为的许多用语中显而易见,包括"入侵"(invasion)和"擅自进入"(trespass)(类比土地财产权),"盗窃"(theft)和"抢劫"(robbery)(类比动产),以及"盗版/海盗"(piracy)(类比船上的货物)。[19]从17世纪中期开始,如阿德里安·约翰斯(Adrian Johns)所展示的,"盗版/海盗"一词就被印刷商和书商用来谴责那些违反了共同体共同规范的各种行为。这一比喻的感召力不仅依赖于盗窃的观念,还依赖于远航的海盗作为威胁社会和政治秩序的违法者的形象。[20]事实上,"盗版"一词曾经被用于指示一系列行为,在当时,并非所有这些行为都是非法的。例如,在19世纪的大部分时间里,美国法并不承认非美国公民或非居民作者的著作权。因此,美国出版商未经许可发行英国小说的重印本就完全是合法的。但在英国作者和出版商看来,未经授权的版本是不正当和不道德的。它们就是

---

18 对财产权的讨论在洛克的《政府论(下篇)》第五章中,该书于1690年首次出版。参见马克·罗斯(Mark Rose),《作者与所有者:著作权的发明》(*Authors and Owners: The Invention of Copyright*, Cambridge, MA: Harvard University Press, 1993)。

19 圣·克莱尔,《知识产权的比喻》(Metaphors),第391—393页。

20 阿德里安·约翰斯,《盗版:从古登堡到盖茨的知识产权战争》(*Piracy: The Intellectual Property Wars from Gutenberg to Gates*, Chicago: University of Chicago Press, 2009),第22—24页、第35—48页。

盗版。[21]有趣的是，发行这些重印本的美国出版商也发展出他们自己的习惯，称之为"行业礼仪"（courtesies of the trade），来避免彼此间的毁灭性竞争。他们创造了一些规则，来确定谁享有出版某本小说，甚至某个英国作者未来的作品的专有权。因印刷他人主张权利的图书而侵犯这些习惯权利的出版商被指控为盗版者，尽管根据美国法，该作品是处在公有领域的。[22]

跨大西洋重印的事例表明，何为盗版不仅取决于著作权管辖区的地理环境，还取决于出版策略和演化中的是非观。[23]在新闻领域，类似的因素也在发挥作用。"盗版"一词有时常用，有时不常用，取决于所处的时期。它被用于指代一系列不受欢迎的行为，从对标题的盗用或模仿到对单篇文章一字不差的复制或改写。在大多数情况下，被谴责的行为并未被法律明令禁止，但在那些作出指控的人们看来，这些行为是不公正、不光彩的。对于新闻而言，对复

---

21 参见梅瑞狄斯·L.麦吉尔（Meredith L. McGill），《美国文学与重印文化：1834—1853》(*American Literature and the Culture of Reprinting, 1834-1853*, Philadelphia: University of Pennsylvania Press, 2003）；以及凯瑟琳·塞维尔（Catherine Seville），《19世纪英美著作权关系：盗版话语与道德高地》(Nineteenth-Century Anglo-US Copyright Relations: The Language of Piracy versus the Moral High Ground），载本特利、戴维斯和金斯伯格主编，《著作权与盗版：一个跨学科的批判》(*Copyright and Piracy*)，第19—43页。

22 罗伯特·斯波（Robert Spoo），《无著作权：盗版、出版和公有领域》(*Without Copyrights: Piracy, Publishing and the Public Domain*, New York: Oxford University Press, 2013）。

23 关于地理的重要性，参见约翰斯，《盗版：从古登堡到盖茨的知识产权战争》(*Piracy: The Intellectual Property Wars from Gutenberg to Gates*)，第13—14页、第41—56页。

制行为的态度——不管它被视为有害、无害甚至是有益的——一般取决于谁在复制、复制得多快、是否标注来源，以及复制者与其顾客所处的相对位置。很大程度上还取决于出版的频次，以及出版商争取顾客的地理范围。例如，日报可能不介意被周报所复制，因为它早已因首先发布新闻而获利。但是，早报可能会反对同城晚报的复制。同时，一个城市的报纸可能接受被另一个城市的报纸复制，只要它被归认为新闻的来源——当然，除非它们在争取读者和广告主方面存在直接竞争关系。这种时空边界总有一定的弹性，但它们因新的出版形式（如晚报和杂志）、新的商业组织模式（特别是报业协会和通讯社）以及运输报纸或传播单篇报道的新手段（铁路、电报、无线电广播和互联网）而以多种方式被紧绷。新闻出版物总是处在相对于其他出版物和通讯技术提供者——从邮局和电报公司，再到社交媒体平台——的时空位置中。复制行为是否被认为是有害的，取决于这些关系。

如何书写著作权的历史

像"财产"和"盗版"一样，"著作权"一词的含义也取决于语境和使用者的目标。之所以如此，一个原因是，著作权的目的和范围总是备受争论。另一个原因是，作者、出版商和读者所理解的著作权的含义并不总是与律师或法官们所理解的相同。本书的前提假设是，著作权的历史，应当是一部关于著作权如何被过去的人们所理解和使用的历史。我的研究方法受以下研究的启发：一是强调个别作者和印刷商如何应对著作权问题的跨学科研究，二是对为了获得对新权利的确认而发动新立法运动或走向法庭的"著作权先驱者"的研究。[24] 我重构了与新闻出版物著作权有关的立法和判例法史,但我也坚持必须研究与出版实践的变革有关的法律发展。在这方面,拙著受惠于被称之为图书史的领域的数代学术研究。深耕本领域的历史学家和文学学者已经揭示了,不研究图书贸易的组织结构,是不可能理解著作权的早期历史的。他们也展示了,印刷商和出版商常常忽略著作权,或者发展出调整其商业活动的交易习惯。[25] 但是,大多数讨论著作权的出版史关注的是图书,而新闻出版遵循的是不同的轨迹。著作权法是为图书而设计的,出版新闻的不同形式和围绕新闻建立的不同商业模式在很多方面挑战着原有的框架。

尽管我试图将法律史和出版实践史交织在一起,我承认,两者之间的关系并不总是那么清晰。有时候,一部成文法或一个法院判决导致了新闻出版者运营方式的变革;而有的时候,出版业的转变激发了对法律的讨论或者改革法律的尝试。然而,很多时候是不可

---

[24] 迈克尔·伯恩哈克,《著作权先驱者》(Copyright Pioneers),载于《世界知识产权组织期刊》(*WIPO Journal*)第5卷,第1期(2013年),第118—126页。另参见梅丽莎·J.奥梅斯蒂德(Melissa J. Homestead),《美国女作家与文学财产权,1822—1869》(*American Women Authors and Literary Property, 1822-1869*, Cambridge: Cambridge University Press, 2005);以及马克·罗斯,《法庭上的作者:著作权大戏中的名场面》(*Authors in Court: Scenes from the Theater of Copyright*, Cambridge, MA: Harvard University Press, 2016)。

[25] 相关文献数量巨大,将在全文中引用。这方面的一个概述,参见梅瑞狄斯·L.麦吉尔,《著作权与知识产权:纪律之国》(Copyright and Intellectual Property: The State of the Discipline),载于《图书史》第16期(2013年),第387—427页。

能辨明它们的关系的。但是，通过将法律和出版实践一同考虑，我希望提供对历史发展的清晰解释，同时承认影响人们如何理解和利用著作权的那些模糊性与不确定性。著作权登记记录——一种未被充分利用的资料——被与法院判例、其他档案证据以及新闻出版物本身一道加以研究，以判断人们在何时、何地寻求著作权保护，出于何种动机，希望达到什么效果。主张新闻著作权或其他财产权的努力有时是由个人或群体建立新法律原则的意志所驱动的；而在其他情况下，它们反映了制止某个特定竞争者的愿望。有时候，用于为专有权提供正当性解释的论点与出版商或通讯社的实践有密切联系；而有的时候，修辞与现实之间存在着一道鸿沟。然而，这丝毫不会减损研究修辞的重要性。

什么是新闻？

通过法律手段保护新闻的努力，多次被定义新闻的困难所阻碍。我们试图保护的是什么？制止谁的侵害？保护多长时间？[26] 即使是业内人士，新闻的定义通常也似乎是难以捉摸的。1932年，在行业期刊《编辑与出版商》（*Editor & Publisher*）一项调查的推动下，

---

[26] 这一点也出现在一项关于德国出版商在广播时代以及更近的网络时代对新闻保护的研究中。海蒂·J. S. 特沃雷克和克里斯托弗·布绍（Christopher Buschow），《改变游戏规则：有策略的制度化与传统公司对新媒体的抵制》（Changing the Rules of the Game: Strategic Institutionalization and Legacy Companies' Resistance to New Media），载于《传播学国际期刊》（*International Journal of Communication*）第10期（2016年），第2119—2139页。

纽约报界的一些人物主动提出他们对新闻的定义。但是，看起来没有一个定义令发起调查的人或受访者自己感到满意。《纽约晚邮报》(*New York Evening Post*) 的朱利安·S.梅森（Julian S. Mason）强调个人的主观体验，提出"新闻就是你等不及要告诉别人的事情"。《太阳报》(*Sun*) 的弗朗克·M.奥布莱恩（Frank M. O'Brien）认为，要称其为新闻，该事物先前应当未经发表，且属于被认为适合于报纸的范围内。《纽约时报》(*New York Times*) 的亚瑟·海斯·苏兹贝格（Arthur Hays Sulzberger）提出："新的东西就是新闻"，但他认为这个定义不够完美。美联社总经理肯特·库珀（Kent Cooper）据说曾自夸道："美联社的报道就是我对'新闻'一词的定义。"[27]

历史学家和社会学家认为新闻是一种文化建构：新闻不是发生的事情，而是对发生的事情的报道，这些报道由专业规范和文学传统以及大众品味和广告主的考虑所塑造。[28] 虽然新闻史一般是按照国别的框架书写的，但最近的一批研究强调了新闻的跨国传播。通过强调交流与网络的重要性，这些研究认为新闻既是关乎其内容

---

[27] 这些定义引自詹姆斯·W.布朗写给A.H.苏兹贝格的信件，1932年3月11日，第96盒，第28号文件夹，载于纽约时报公司档案，阿道夫·S.奥克斯文件（James W. Brown to A. H. Sulzberger, 11 Mar. 1932, box 96, folder 28, New York Times Company Records, Adolph S. Ochs Papers, NYPL）。同一文件夹中还包含有与新闻的定义有关的更多通信。

[28] 参见罗伯特·达恩顿，《写新闻与说故事》(Writing News and Telling Storis)，载于《代达罗斯》(*Daedalus*) 第104卷，第2期（1975年春季刊），第175—194页；迈克尔·舒德森，《新闻的力量》(*The Power of News*, Cambridge, MA: Harvard University Press, 1995)；以及霍华德·通伯（Howard Tumber）主编，《新闻读本》(*News: A Reader*, Oxford: Oxford University Press, 1999)。

的，也是关乎人们获知事件的过程的。事实上，两者不能被轻易分开。[29] 新闻学学者有时会区分世界上发生的事件（events），关于那些事件的信息来源（sources），以及从这些信息源生产出来的新闻（news）。但在很多情况下这种区分变得模糊，难以辨认事件、来源、信息和新闻之间的区别。[30]

当人们试图主张对新闻的专有权时，为新闻下定义的困难就变得显而易见。本书所讨论的许多纠纷正是以保护突发新闻的斗争为中心的，这些突发新闻往往以对事件的简短事实描述的形式呈现。在这些案件中，出版商和通讯社努力将新闻定义为不同于事件的事物。在某事物发生的事实与对它的口头或视觉呈现之间存在区别，这一点似乎是显而易见的，但争取新闻专有权的努力却常常遭遇这样的反对理由：没有人可以拥有新闻。争论双方提及"新闻"时所指的是什么，常常是不清楚的；区分表达和事实是困难的。

相较于强加一个新闻的定义，我承认新闻总是难以定义的。在本书中，我强调关于所有权的纠纷如何经常地引向新的定义。例如，为了回应1884年美国通过新闻专门著作权法的努力，反对者们传播着一份请愿书，主张新闻是不能受著作权保护的，因为它并

---

[29] 参见乔德·雷蒙德和诺亚·莫克瑟姆主编，《欧洲现代早期的新闻网络》（News Networks in Early Modern Europe, Leiden: Brill, 2016）。新闻传播的计算研究也越来越具有跨国性。一个持续性项目的例子是："远洋交流：在历史报纸库中追寻全球信息网络，1840—1914"（Oceanic Exchange: Tracing Global Information Networks in Historical Newspaper Respositories, 1840-1914）。

[30] 泰希·兰塔宁（Terhi Rantanen），《当新闻还新时》（When News Was New, Chichester, UK: Wiley-Blackwell, 2009），第2—3页、第75页。

非"创造性和发明性才华"的产物。请愿书问道:"什么是新闻?"它回答道,新闻是"对事实的陈述,是当下事件的历史。有谁能创造或者发明一个事实或事件吗?如果他不能创造或发明一个事实或事件,他如何对之享有著作权?"[31]对1884年立法的积极抵制——将在第六章进一步探讨——提供了一个示例,展示了保护新闻的努力如何使作者、法官、政治家等提出关于著作权的目的与可接受的边界的不同论点。这种过程的另一示例是1828年美国的一个司法判例,该案件涉及对市场新闻未经许可的转载。在该案中——将在第四章全面分析——运用著作权保护商业和金融信息的努力使法官清楚阐明了一个即将在接下来几十年被遵循的原则:著作权法旨在促进那些对知识具有持续性贡献的作品。[32]关于新闻的争议也有助于塑造与著作权保护范围有关的法律规则。最早区分受保护的表达和不受保护的事实的法院判决之一,是1892年英国一个与复制新闻段落有关的案件。而1900年一个关于对公开演讲的新闻报道能否获得保护的纠纷则创造了重要的先例:通过强调记者的劳动和技巧作为著作权保护的基础,该案为英国著作权法设定了较低的独创性标准。[33]本书研究的这些案例和其他一些案例表明,对新闻与著作权法之间时而存在的紧张关系进行研究,将使两者的历史都更加易于理解。如果没有涉及新闻的立法提案、辩论和司法判例,著作权法的发展可能大为不同。同时,运用法律保护新闻的努力也带来了

---

[31] 《新闻著作权法案》(The News Copyright Bill, file S48A-H14, RG 46, Sen. Cmte. Library, NARA.)。

[32] *Clayton v. Stone*, 5 F. Cas. 999 (C. C. S. D. N. Y 1829). 参见第四章。

[33] *Walter v. Steinkoff* [1892] 3 Ch. 489; *Walter v. Lane* [1900] AC 539. 参见第五章。

关于新闻是什么以及如何最好地促进大众获取新闻的辩论。

怀着这样的目标，接下来的章节将大体按照时间顺序来组织，但它们强调的侧重点有所不同。有些章节提供了对相对较长时期的变革的叙述（第一章、第二章、第五章和第六章），有些章节则关注更加特定的时期，以考察报纸编辑们的态度和实践（第三章）或者分析单个司法判例及其重要性（第四章和第七章）。在所有章节中，有三章关注英国，四章关注美国；结语部分详细思考两国新近的发展以及仍在进行中的问题。鉴于本书是一部跨越四百年的概述，我必然要对强调的对象作出选择。熟悉新闻史的读者可能因本书缺少某些在对新闻发展史的叙述中通常占据重要地位的人物和事件而感到震惊。那些精通著作权法的读者们可能注意到，对新闻的关注使本书为了关注某些立法或司法发展而将另一些发展放到非中心的位置上。但是，通过将两者并置在一起研究，我希望本书所作的选择能为思考新闻出版史和著作权史提供一种新的方式。

第一章　审查制与垄断时代的新闻所有权

　　了解新事物的愿望深深植根于大多数社会，而通过满足这一愿望来获取利润的努力也有着悠久的历史。到16世纪，新闻的商业市场已经在英格兰和整个欧洲发展起来。关于政治和贸易的信息通过外交官和商人的信件流通着，而被称为"情报员"的人们则从事着为精英客户提供手写内部通讯（newsletters）的商业活动，这些手写内部通讯详细记录了其他城市和国家的最新发展情况。同时，印刷商和书商也在试验着如何为更大范围的付费客户传递关于战争、自然灾害和奇闻轶事的新闻。在整个17世纪，欧洲邮路和专递服务的扩张使得期望从其他地方获得更稳定的信息更新成为可能，创造了销售新闻的新机会。依赖于信件寄来的报道，出版商开始在试图保持读者长期兴趣的周刊上销售新闻。[1]

　　早期的新闻企业家必须设想出快速分发出版物的办法，才能在竞争对手的出版物出现之前获取利润。手写内部通讯的编写者和

---

[1] 乔德·雷蒙德主编，《英国现代早期的新闻、报纸与社会》（*News, Newspaper, and Society in Early Modern Britain*, London: Frank Cass, 1999）；保罗·阿伯拉斯特（Paul Arblaster），《邮政、内部通讯、报纸：欧洲传播系统中的英格兰》（Posts, Newsletters, Newspapers: England in a European System of Communications），载于《媒体史》（*Media History*）第11卷，第1—2期（2005），第21—36页；安德鲁·佩特格里（Andrew Pettegree），《新闻的发明：世界如何了解自己》（*The Invention of News: How the World Came to Know about Itself*, New Haven, CT: Yale University Press, 2014）。

印刷商定期复制由其他城市的同行们首先发表的报道。如果所涉人等并不争夺相同的顾客，这类复制行为一般不会遭致反对。但当他们视彼此为竞争对手时，复制行为就更多的是一种威胁。当然，未经授权的复制件损害原创作品销售的可能性对所有类型的作品都是共通的，不仅对新闻如此。在英格兰，印刷商和书商避免毁灭性竞争的愿望，是创立被称为"出版商公会"（Stationers' Company）的单一政府特许行会的重要动机。该公会于1557年通过王室特许状设立。[2] 为了保护他们的投资，出版商公会的会员建立起确定何人享有印刷和销售特定图书的权利的共同习惯。他们提及复制件上的权利，谈及维持"复制件的礼仪"（propriety of copies）的必要性。这一短语同时唤起了恰当行为和财产权利的观念［"礼仪"（propriety）和"财产"（property）两个词在那时几乎是同义的］。在这一语境下，"复制件"一词不仅指被印刷出来的实体手稿［该含义依然保留在作者的"清稿"（fair copy）这一概念中］，还指代无体的作品——文本和所有内容——即出版商主张专有权的那些对象。[3] 出

---

[2] 我将出版商公会称为行会（guild），是因为大部分研究都这样称呼，但在公会的早期历史中，它常常被称为"商会"（mistery）或"手工业协会"（craft）。另注意，公会的历史远早于1557年的特许状。彼得·W. M. 布莱内（Peter W. M. Blayney），《出版商公会与伦敦的印刷商，1507—1557》（*The Stationers' Company and the Printers of London, 1501-1557*, Cambridge: Cambridge University Press, 2013），第1卷：第14—19页。

[3] 阿德里安·约翰斯，《图书的性质：演进中的印刷与知识》（*The Nature of the Book: Print and Knowledge in the Making,* Chicago: University of Chicago Press, 1998），第187—190页、213—230页；约翰·费瑟（John Feather），《从复制件上的权利到著作权：16、17世纪英国法律与实践对作者权利的确认》（From Rights in Copies to Copyright: The Recognition of Authors' Rights in English（接下页）

版商公会监督其会员，并制裁那些印刷或销售他人作品的会员。到17世纪晚期，"盗版"一词被用于描述这类侵权行为，但对印刷他人作品的指控，历史要悠久得多。什么行为构成对交易礼仪的违反，以及后来什么行为会被打上盗版的标签，既取决于窃取的是什么，也取决于所涉主体之间的关系。[4] 16、17世纪的新闻生产者既控诉一字不差的重印，也反对标题的再利用或创办报道相同事件的竞争性出版物，即使它们并未复制任何一个单词。这类控诉源自于维持某种程度的专有权以使新闻有利可图的愿望。

但是，新闻出版物专有权的创设也取决于政府的利益。出版商公会会员们关心的是保护它们的投资，而政治和宗教当局寻求的是控制新闻的流通，以及对公共讨论施加限制。诚然，并非所有新闻都被当作商品对待。大部分新闻在亲戚朋友间或在贸易和政治赞助的关系网内以口头或书面的方式交流。这类非金钱的交流对新闻传播及其在人群中获得重要性的方式而言是至关重要的，但这些问题已在别处得到考察。[5] 本书关注的重点是以获利为目的而销售的印

（接上页）Law and Practice in the Sixteenth and Seventeenth Centuries），载于《作者的构建：法律与文学中的文本利用》(*The Construction of Authorship: Textual Appropriation in Law and Literature*)，玛莎·伍德曼西和彼得·杰西主编（Durham, NC: Duke University Press, 1994），第191—209页。

4 阿德里安·约翰斯，《盗版：从古登堡到盖茨的知识产权战争》(*Piracy: The Intellectual Property War from Gutenberg to Gates*, Chicago: University of Chicago Press, 2009)，第13—14页、第23—24页、第41—47页。

5 参见布兰登·杜利（Brendan Dooley）主编，《新闻传播与欧洲现代早期当代性的诞生》(*The Dissemination of News and the Emergence of Contemporaneity in Early Modern Europe*, Farnham, UK: Ashgate, 2010)；乔德·雷蒙德和诺亚·莫克瑟姆主编，《欧洲现代早期的新闻网络》(*News Networks in Early Modern Europe*, Leiden: Brill, 2016)。

刷新闻；正是在这一背景下，出版商才运用法律和商业策略的组合试图使新闻专有。也正是在印刷领域，王室、议会和伦敦市政府对控制新闻表现出最大的兴趣。

鉴于完全禁止新闻流通的困难，当局倾向于选择他们用于管理一般印刷行为的相同策略：他们使用特许（在出版之前获得批准）并授予特权（授予对一部作品或一整类出版物的专有权）。实践中，制止他人的复制行为仍然是困难的，但对于管理印刷的法律和习惯，新闻与其他类出版物并无差别。印刷商和书商主张对传递新闻的不折叠印页（broadsides）*、小册子和期刊的专有权。报道商业、公共卫生和刑事审判的出版物被授予专有特权。在许多年里，有一两个人享有出版政治新闻的垄断权。17世纪末，当特许制度永久崩溃，而对信息流通的新态度开始发展起来时，垄断对事件的报道或主张出版新闻特定版本的专有权就变得愈加困难。

因此，本章引入了一个悖论：在始于18世纪早期的现代著作权发展之前，主张对新闻的专有权比在此之后更加容易。英国第一部著作权法——被称为《安妮女王法》（the Statute of Anne）——在1710年实施。尽管其中部分条款建立在出版商公会所确立的习惯基础上，它也包含了与过去大不相同的新规则和新概念。[6] 尤其重要

---

* 根据苏世军、孙边旗主编的《英汉—汉英新闻出版词典》（河南人民出版社，2010年版），"broadside"一词指"不折叠的印页"。它是一种单面印刷的大幅纸张。——译者

6 对这一转变的经典研究，是莱曼·雷·帕特森（Lyman Ray Patterson）的《历史视角下的著作权》（*Copyright in Historical Perspective*, Nashville: Vanderbilt University Press, 1968）。

的是，《安妮女王法》所提供的保护与政府审查和行会惯例是完全分离的。人们在出版之前无需再提交手稿给审查官审查，在设立印刷厂或销售印刷作品（包括新闻）之前也无需成为出版商公会的会员。并且，从《安妮女王法》开始，法律承认作者是著作的第一所有人。从现代早期的特许制和行会习惯向著作权法的现代制度转变如何影响新闻出版，这一点较少被人们所了解。我的一个观点是，特许制的终结，以及1710年之后数十年著作权被解释和适用的特定方式，对于报纸的成长至关重要。但为了理解18世纪在多大程度上标志着一个转折点，则有必要考察在此之前发生的事情。

本章并不打算提供关于16、17世纪审查制与出版实践的全面论述，而是强调早期新闻出版物的多样性，并解释它们如何被放置到管理印刷世界的特许、特权和交易习惯的关系网中。时人用许多不同词汇描述新闻及其呈现的不同形式，包括消息（tidings）、故事（relations）、事件（occurrences）、即时新闻（corantos）*、日报（diurnals）、新闻书（newsbooks）和正式记录（proceedings）。相反，"报纸"（newspaper）一词一直到接近17世纪末才被使用，这提醒我们，在极其多样的早期新闻出版物中，报纸逐渐占据重要地位，这绝不是必然的。[7]事

---

* 根据苏世军、孙边旗主编的《英汉—汉英新闻出版词典》（河南人民出版社，2010年版），"coranto"一词指"报纸（荷兰、德、英等早期称谓）"。为与"newspaper"相区别，本书译为"即时新闻"。——译者

7 保罗·阿伯拉斯特等，《现代早期的新闻词典》（The Lexicons of Early Modern News），载于雷蒙德和莫克瑟姆，《欧洲现代早期的新闻网络》（News Networks），第64—101页；佩特格里，《新闻的发明：世界如何了解自己》（The Invention of News: How the World Came to Know about Itself），第8—11页；威尔·斯洛特，《报纸的兴起》（The Rise of the Newspaper），载于：MN，第19—46页。

实上，在英语世界中，某种特定类型的报纸的成功将取决于政府法规、出版实践以及在17世纪晚期到18世纪早期开始的对待信息流通的态度之间的一系列相互关联的变革。

新闻与对印刷的管理

在16、17世纪，普通人并不享有言论自由或者对外交或国内政策、决定的知情权。手抄新闻的传播比印刷新闻更容易被接受，因为其读者更有限。外交官、王室顾问和议员们交换信息，并为达到政治目的而泄露敏感信息。未经批准对庭审和议会程序的报道在内部通讯和销售给社会关系优越的顾客的其他手抄出版物中传播着。对"国家事务"更大范围的讨论被视为侵犯了"帝国的秘密"(arcana imperri)，这是保留给君主及其臣僚们的"知识的秘密领域"。[8]正如一项研究所言："国家的新闻是国家的财产。公众对政治信息不享有被认可的权利。"[9]当然，信息不是密不透风的，当人们聚集在市场、

---

[8] 理查德·卡斯特（Richard Cust），《英格兰17世纪早期的新闻与政治》(News and Politics in Early Seventeenth-Century England)，载于《历史与现实》(Past and Present) 第112卷（1986年8月），第60—90页。大卫·扎雷特（David Zaret），《民主文化的起源：英格兰现代早期的印刷、请愿和公共空间》(Origins of Democratic Culture: Printing, Petitions, and the Public Sphere in Early-Modern England, Princeton, NJ: Princeton University Press, 2000)，第44—67页。

[9] 卡洛琳·尼尔森（Carolyn Nelson）和马修·塞科姆（Matthew Seccombe），《期刊社的创办，1620—1695》(The Creation of the Periodical Press, 1620-1695)，载于《剑桥英国图书史》(The Cambridge History of the Book in Britain)，约翰·巴纳德（John Barnard）和D. F. 麦肯锡（McKenzie）主编，第4卷，1557—1695年（Cambridge: Cambridge University Press, 2002），第535页。

酒馆和教堂时,总能找到谈论某些事件和政策的机会。[10]但这并不改变他们不享有了解或讨论政治新闻的受认可的权利这一事实。

王室和出版商公会在管理"谁有权印刷什么"这件事上都存在利益。公会的商业目标和王室的政治目标共同塑造了这一时期审查制的运行方式。[11]笼统地概括是危险的,因为可以使用的控制机制被应用的程度取决于具体背景。但在16、17世纪,王室和出版商公会主要依赖两种方法管理印刷业:特许制和特权。

出版前应得到政府特许官批准的要求始于亨利八世[Henry VIII（1509—1547年在位）]统治时期。这一时期,与宗教改革（Protestant Reformation）有关的宗教争议导致对印刷内容更多的官方审查。审查制并不是系统性的,很大程度上取决于政治环境和特许官的热情。而且,特许官的数量太少,无法在出版前一一细读所有作品。[12]

---

10 戴维·克雷西（David Cressy）,《危险的谈话:前现代英格兰的丑闻性、煽动性和谋反性言论》（*Dangerous Talk: Scandalous, Seditious, and Treasonable Speech in Pre-Modern England*, Oxford: Oxford University Press, 2010）,第12—16页。杰森·皮西（Jason Peacey）,《英国革命中的出版界与公共政治》（*Print and Public Politics in the English Revolution*, Cambridge: Cambridge University Press, 2013）,第16—17页、第214—224页。

11 乔德·雷蒙德,《17世纪英格兰法律与实践中的审查制:弥尔顿的〈论出版自由〉》（Censorship in Law and Practice in Seventeenth-Century England: Milton's Areopagitica）,载于《牛津英国法律与文学手册,1500—1700》（*The Oxford Handbook of English Law and Literature, 1500–1700*）,洛娜·赫特森（Lorna Hutson）主编（Oxford: Oxford University Press, 2017）,第507—528页。

12 杰夫·肯普（Geoff Kemp）和乔森·麦克艾丽戈特（Jason McElligot）,《概述:现代早期审查制的构成》（General Introduction: The Constitution of Early Modern Censorship）,载于:*CP*,第1卷,第xiii–xxxiii页。

但这并不意味着审查制是无效的,政府不时追诉未获特许的人或追诉更严重的煽动性诽谤及叛国罪行,这一事实必然使作家们噤若寒蝉。印刷商倾向于依据如下假设运作:对于涉及敏感主题的作品,他们必须寻求特许官的批准。[13]

印刷商也需要通过某种方式制止竞争对手发行相同或实质相似的作品,所以他们也在争取特权。他们的动机与要求获得利用发明或从事特定贸易的专有权的发明人和制造商的动机类似。这些特权通常以专利特许证(letters patent)的方式授予,相当于指定年限内的商业垄断权。第一项授予印刷商的特权可以追溯到1510年左右,当时,理查德·潘森(Richard Pynson)获得在两年时间内印刷亨利八世当政时期的第一部成文法的专有权。通过授予这类特权,君主们不仅可以通过恩赐奖励某些人,也可以通过将生产集中到得到信任的人手中,促进重要作品(如《圣经》)的统一性。财政收入的需要也是一个因素,因为印刷商愿意为这些特权付费。每位君主都任命一名官方的国王(或女王)印刷商,其享有印刷公告、禁令和王室发布的其他作品的专有权。君主们也授予涵盖整类作品——如法律书或语法书——的特权。获得特权并不必然消除盗版

---

[13] 雷蒙德,《17世纪英格兰法律与实践中的审查制:弥尔顿的〈论出版自由〉》(Censorship in Law and Practice in Seventeenth-Century England: Milton's Areopagitica);辛迪亚·苏珊·克莱格(Cyndia Susan Clegg),《伊丽莎白时期英格兰的报刊审查制》(Press Censorship in Elizabethan England, Cambridge: Cambridge University Press, 1997),第37—44页;约翰斯,《图书的性质:演进中的印刷与知识》(The Nature of the Book: Print and Knowledge in the Making),第230—235页。

问题，而且偶尔还会有相互竞争的权利请求人。但权利受到侵害的专利权人可以向王室法院寻求救济。[14]

印刷商和书商意识到，如果他们效仿其他手工业协会，组成唯一一个获得官方许可的行会，他们就可以更有效地保护自己的利益。他们在1557年取得成功，这一年，玛丽一世女王［Queen Mary I（1553—1558年在位）］将注册成立的王室特许状授予出版商公会。该特许状得到继任君主们的承认，它赋予出版商公会培养学徒、搜查作坊以保证品质标准以及保护行业免遭外人侵害的权利。只有出版商公会会员可以保有和使用印刷机，这些印刷机必须设在伦敦。剑桥大学和牛津大学的例外得到认可，两者都已经有自己的印刷特权。因此，出版商公会对印刷和图书销售几乎

---

14 伊恩·加德，《1710年前英格兰的出版商公会》(The Stationers' Company in England before 1710)，载于《著作权法史研究手册》(Research Handbook on the History of Copyright Law)，伊莎贝拉·亚历山大和H. 托马斯·古梅兹-阿罗斯特圭主编 (Cheltenham, UK: Edward Elgar, 2016)，第81—95页；约翰斯，《图书的性质：演进中的印刷与知识》(The Nature of the Book: Print and Knowledge in the Making)，第248—262页；克莱格，《伊丽莎白时期英格兰的报刊审查制》(Press Censorship in Elizabethan Englang)，第7—13页；辛迪亚·苏珊·克莱格，《詹姆士一世时期英格兰的报刊审查制度》(Press Censorship in Jacobean England, Cambridge: Cambridge University Press, 2001)，第23—24页；阿诺德·亨特 (Arnold Hunt)，《图书贸易专利，1603—1640》(Book Trade Patents, 1603-1640)，载于《图书贸易及其顾客，1450—1900：献给罗宾·迈尔斯的历史论文》(The Book Trade and Its Customers, 1450-1900: Historical Essays for Robin Myers)，阿诺德·亨特、贾尔斯·曼德尔布罗特 (Giles Mandelbrote) 和艾莉森·谢尔 (Alison Shell) 主编 (Winchester, UK: St. Paul's Bibliographies, 1997)，第27—54页。

享有完全的垄断权。[15]至关重要的是,王室也授予公会实施这一垄断权所必要的权力。公会官员有权搜查王国内所有印刷商和书商的营业场所,没收所有违反任何成文法或公告的物品,关押任何经营非法印刷厂的人。随后的王室法令加强了这种搜查和没收的权力,这些权力表面上因政府镇压"煽动性"作品和"渎神性"作品的需要而得到合理化。[16]然而,出版商公会执行的搜查大部分并非针对当局已认定为危险的作品,而是针对盗版版本——即侵犯会员专有权利的作品。[17]

---

[15] 加德,《1710年前英格兰的出版商公会》(The Stationers' Company in England before 1710),第85—88页;希普利恩·布拉格登(Cyprian Blagden),《出版商公会史:1403—1959年》(*The Stationers' Company: A History, 1403-1959*, London: George Allen and Unwin, 1960),第19—21页、第101—104页。

[16] 煽动性诽谤与渎神性诽谤之间的区别通常是模糊的,两个术语的定义也很含糊。克雷西,《危险的谈话:前现代英格兰的丑闻性、煽动性和谋反性言论》(*Dangerous Talk: Scandalous, Seditious, and Treasonable Speech in Pre-Modern England*),第33—34页、第41页、第55页;菲利普·汉伯格(Philip Hamburger),《煽动性诽谤法的发展与对新闻界的管控》(The Development of the Law of Seditious Libel and the Control of the Press),载于《斯坦福法律评论》(*Stanford Law Review*)第37卷,第3期(1985年2月),第661—765页。

[17] 布拉格登,《出版商公会史:1403—1959年》(*The Stationers' Company: A History, 1403-1959*),第20—21页、第65—66页、第70—74页;克莱格,《伊丽莎白时期英格兰的报刊审查制》(*Press Censorship in Elizabethan England*),第20—21页;约瑟夫·洛温斯坦(Joseph Lowenstein),《作者应有的权利:印刷与著作权出现之前的历史》(*The Author's Due: Printing and the Prehistory of Copyright*, Chicago: University of Chicago Press, 2002),第42—43页。

复制件上的权利

在出版商公会内部,承认印刷作品专有权的正当性在于一种共同的愿望:避免那些妨碍回收投资、制造交易混乱的复制行为。出版商们发展出一套习惯:在公会的"复制件登记簿"[entry book of copies,通常简称为"登记册"(the register)]上登记书目的第一位会员将获得印刷和销售该作品的专有权。这一习惯随后被王室法令和议会立法所认可。到 17 世纪早期,这种权利被视为是永久的;它们可以被购买、继承,或者由若干出版商共享,在流传数代人后依然是有价值的资产。印刷商和书商都可以拥有"复制件",但最终书商占据统治地位。书商通过资助作品的印刷和协调它们的发行——通常需要与其他书商合作——而扮演着现代出版社的角色。[18]

作品在出版之前,必须先向出版商公会的一名管理人展示。管理人进行核查,以保证该作品未侵犯其他会员的权利。公会管理人的这一内部检查不同于王室官员的特许程序。事实上,登记册中的一些记录显示,公会的出版许可以出版商从特许官处获得批准为条件。但并非公会授权的所有作品都会记录在登记册中。登记除了需要向管

---

18 加德,《1710 年前英格兰的出版商公会》(The Stationers' Company in England before 1710),第 88—91 页;费瑟,《从复制件上的权利到著作权:16、17 世纪英国法律与实践对作者权利的确认》(From Rights in Copies to Copyright: The Recognition of Authors' Rights in English Law and Practice in the Sixteenth and Seventeenth Centuries),第 196—199 页;约翰·费瑟,《英国图书市场,1600—1800 年》(The British Book Market, 1600-1800),载于《图书史指南》(A Companion to the History of the Book),西蒙·艾略特(Simon Eliot)和乔纳森·罗斯(Johnathan Rose)主编(Oxford, UK: Wiley-Blackwell, 2007),第 232—246 页。

理人支付授权费外,还需要向书记员支付一笔单独的费用。出版商必须判断登记是否物有所值,结果,很多书目都没有录入登记册。[19]

登记册成了印刷和销售图书和其他出版物的权利记录,当发生纠纷时,人们便会查询该登记册。这些纠纷由出版商公会的管理机构处理,该机构被称为"助理法庭"(Court of Assistants),因为它是由被称为"助理"的高级会员们组成的。公会规则规定,权利被出版商同行侵犯的出版商在向王室法院寻求救济前,必须先向助理法庭寻求救济。其目标是在内部解决纠纷,避免纠纷对外曝光。如果被控侵权的一方否认指控,法庭将指派调解员调查两造的证据,并提出解决方案。在大规模复制之外的其他案件中,调解员还必须审查两部作品,以确定在后作品是否包含了在先作品的内容。在有些情况下,他们判决概要、缩略本甚至翻译均构成对其他会员作品的侵权。[20]

---

[19] 克莱格,《伊丽莎白时期英格兰的报刊审查制》(*Press Censorship in Elizabethan England*),第14—19页;加德,《1710年前英格兰的出版商公会》(The Stationers' Company in England before 1710),第88—89页。

[20] 约翰斯,《图书的性质:演进中的印刷与知识》(*The Nature of the Book: Print and Knowledge in the Making*),第213—230页;W. W. 格雷格(W. W. Greg),《导论》(Introduction),载于《出版商公会法庭记录:1576—1602年,摘自登记册B》(*Records of the Court of the Stationers' Company: 1576-1602 from Register B*),W. W. 格雷格和E. 博斯韦尔(E. Boswell)主编(London: Bibliographical Society, 1930),第v-lxxvii页;H. 托马斯·古梅兹-阿罗斯特圭,《关于著作权禁令及"法律救济不足"要求,历史教会我们什么?》(What History Teaches Us about Copyright Injunctions and the Inadequate-Remedy-at-Law Requirement),载于《南加利福尼亚法律评论》(*Southern California Law Review*),第81卷,2008年:第1256—1262页。

出版商倾向于尊重助理法庭的裁决。作者并非出版商公会成员，在诉至助理法庭的大多数纠纷中发挥很小的作用，甚至完全没有作用。在大多数案件中，一旦作者将手稿交付或出卖给出版商，后者便拥有了该作品。[21] 公会的规模足够小——有20名到30名印刷业主（取决于不同时期），外加熟练工及学徒——会员之间知根知底，相互监督。在极少数案件中，当助理法庭的裁决没有被遵守时，会员们可以将案件上诉至王室法院，以维护其专有权，宣布侵权作品非法。在不同时期，为公会印刷特权提供法律授权的权力渊源是不同的。在有些时期，政治环境没有为印刷商提供外部保护，但在这一时期的大多数时候，记录在登记册中的特权受到王室法令或者议会立法的认可。[22] 而在印刷权利的问题上，新闻和其他类别的出版物之间并无区别：如果一部作品已获登记，它必然是属于某一主体的。

---

21 约翰斯，《图书的性质：演进中的印刷与知识》(The Nature of the Book: Print and Knowledge in the Making)，第221—228页。另见洛温斯坦，《作者应有的权利：印刷与著作权出现之前的历史》(The Author's Due: Printing and the Prehistory of Copyright)，第132—151页；以及丽贝卡·肖夫·科廷 (Rebecca Schoff Curtin)，《作者著作权的交易性起源》(The Transactional Origins of Authors' Copyright)，载于《哥伦比亚法律与艺术期刊》(Columbia Journal of Law and the Arts)，第40卷，第2期，2016年，第175—235页。

22 承认出版商印刷权利的主要立法命令是1566年、1586年和1637年的星法院法令；1643年、1647年和1649年的议会条例；以及1662年的《印刷法》。参见迈克尔·特雷德韦尔 (Michael Treadwell)，《17世纪末的出版商及印刷法》(The Stationers and the Printing Acts at the End of the Seventeenth Century)，载于巴纳德和麦肯锡主编，《剑桥英国图书史》(Cambridge History of the Book)，第4卷：第755—778页。

民谣和小册子中的新闻所有权

应当记住的是，印刷新闻以多种形式存在，在 18 世纪之前，报纸并非销售新闻的主导模式，这一点非常重要。报纸是拥有稳定的、可识别的标题，并定期发行的持续性出版物。在这个意义上，它们其实是期刊。[23] 以期刊形式出版新闻的做法是人为的，因为大部分大众关切的事件并不按照可预期的时间表发生。坚持按周或天的周期出版，制造了一种新闻出版的义务，不论是否有有趣的事情发生。在一期报纸印刷之后收到的新闻必须留待第二天或下一周再出版。除了需要稳定的新闻供给外，期刊还要求有将每一期刊物分发给客户的有效手段。这两项任务都依赖于可靠的邮政服务，而邮政服务在 17 世纪早期才刚刚发展起来。另外，期刊必然要求在固定地点的固定生产计划，这就使当局更容易监视它们。这些因素加总起来有助于解释，为什么在 16、17 世纪，大部分印刷新闻不是以期刊形式，而是以独立出版物，特别是不折叠印页和小册子的形式呈现。[24]

---

23 我将把报纸也称作期刊，但应注意，图书管理员为了对其藏品进行编目和分类，采用了更加精确的定义，因此将报纸和期刊加以区分。参见琼·M. 赖茨（Joan M. Reitz），《图书馆和信息科学在线词典》（*Online Dictionary for Library and Information Science*, ABC-CLIO），最后一次更新于 2013 年 1 月。另外，还可以根据报纸所包含的内容来对报纸下定义。

24 C. 约翰·萨默维尔（C. John Sommerville），《英格兰的新闻革命：日常信息的文化动力学》（*The News Revolution in England: Cultural Dynamics of Daily Information*, New York: Oxford University Press, 1996）；乔德·雷蒙德，《新闻》（News），载于《牛津流行印刷文化史》（*The Oxford History of Popular Print Culture*），（接下页）

不折叠印页主要由印刷在纸张一面的文字——有时是图像——组成,这样,它们就可以被张贴在墙上或邮寄给公众观看。官方的不折叠印页——如王室公告和议会立法——并非任何人都可以复制,只有指定专利权人有此权利。而非官方的不折叠印页则是出版商的一项重要的商业经营项目。它们被沿街叫卖,一份卖半便士或一便士,最受欢迎的刊物可以售出几千份。[25] 许多这种不折叠印页包含有新闻,以散文或韵文的形式呈现,并配有木刻插图。民谣作家将时事材料——如一场火灾或罪犯的行刑——写成韵文,但是,他们不是提供直截了当的叙事,而是倾向于利用事件来讲述一个道德上的道理。例如,一场自然灾害或一次生育畸形将被描述为共同体因其罪恶而遭受报应的证据,这是一次争取道德改进的机会。当然,并非所有民谣都可以被看作新闻,但大多数民谣关注的是新近的事件,包括犯罪、自然灾害和战争。据估计,从17世纪留存至今的大约一万份不折叠印页民谣中,有三分之一在某种程度上与政治有关。[26]

(接上页)乔德·雷蒙德主编,第1卷,《1660年前英国和爱尔兰的廉价印刷品》(*Cheap Print in Britain and Ireland to 1660*, Oxford: Oxford University Press, 2011),第377—397页;佩特格里,《新闻的发明:世界如何了解自己》(*The Invention of News: How the World Came to Know about Itself*)。

25 安吉拉·麦克沙恩(Angela McShane),《民谣与不折叠印页》(Ballads and Broadsides),载于雷蒙德,《牛津流行印刷文化史》(*Oxford History of Popular Print*),第1卷,第339—362页。

26 海德·罗林斯(Hyder Rollins),《黑体字的不折叠印页民谣》(The Black-Letter Broadside Ballad),载于《美国现代语言协会学刊》(*PMLA*),第34卷,第2期(1919),第258—339页。罗林斯认为民谣的作用是提供新闻,(接下页)

歌唱是这一时期接触新闻和政治评论最流行的方式之一。即使那些不会阅读或无钱购买印刷品的人也可以通过聆听民谣或参与集体音乐体验来了解正在发生的事情。媒介的灵活性正是其强大的原因：新故事可以被放置到熟悉的旋律中，且歌唱者在传播过程中可以修改故事的细节。[27] 民谣本质上具有合作性，因此很难确定谁是作者，但专门销售民谣的出版商倾向于向作家支付一笔一次性的费用，从这一刻开始，印刷商即拥有该作品。[28] 民谣占据了16世纪晚期到17世纪早期在出版商公会登记的作品的绝大部分。理论上，所有印刷作品都应当登记，但据估计，现存民谣中只有一半是

（接上页）但安吉拉·麦克沙恩质疑这一观点，她强调民谣具有政治功能。安吉拉·麦克沙恩·琼斯（Angela McShane Jones），《"韵文与论理"：不折叠印页民谣中的政治世界，1640—1689年》（"Rime and Reason": The Political World of the Broadside Ballad, 1640–1689, PhD diss., Warwick University, 2004）。这些数字来源于安吉拉·麦克沙恩，《版式设计问题：斯图亚特时期英格兰烙印的民谣与烫金的编策》（Typography Matters: Branding Ballads and Gelding Curates in Stuart England），载于《17世纪到20世纪的图书贸易关系网》（*Book Trade Connections from the Seventeenth to the Twentieth Centuries*），约翰·辛克斯（John Hinks）和凯瑟琳·阿姆斯特朗（Catherine Armstrong）主编（New Castle, DE: Oak Knoll Press, 2008），第19页。

27　尤娜·麦克伊万娜（Una McIlvenna），《新闻被歌唱的时代：欧洲现代早期作为新闻媒介的民谣》（When the News Was Sung: Ballads as News Media in Early Modern Europe），载于《媒体史》，第22卷，第3—4期（2016），第317—333页。

28　麦克沙恩·琼斯，《"韵文与论理"：不折叠印页民谣中的政治世界，1640—1689年》（"Rime and Reason": The Political World of the Broadside Ballad, 1640-1689），第67—70页。

登记了的。[29] 对于已经登记的民谣，盗版案件可以起诉到助理法庭，该法庭倾向于命令侵权人停止印刷作品，并向已登记的权利人支付罚金或损害赔偿金。[30]

但是，登记并非出版商制止盗版的唯一方法。1612年，出版商公会将民谣的印刷限于五家会员，表面上是为了制止生产未经特许和冒犯性的作品。公会于1620年取消这一限制，但建立合伙关系的六家出版商很快创设了一种事实上的垄断权。通过共享一大批流行民谣的所有权，合伙人们避免了彼此间的竞争。与此同时，通过共同快速发行这些民谣，它们使盗版版本更难兴起。这类合伙关系的存在有助于解释为何起诉到助理法庭的涉及民谣的案件数量在

---

[29] 海德·罗林斯，《伦敦出版商公会登记册中的民谣条目（1557—1709年）分析索引》[*An Analytic Index to the Ballad-Entries (1557-1709) in the Registers of the Company of Stationers of London,* Chapel Hill: University of North Carolina Press, 1924]，第1页；罗林斯，《黑体字的不折叠印页民谣》(The Black-Letter Broadside Ballad)，第281页。

[30] 但是，在一些案件中，避免浪费材料的愿望带来更加复杂的协议。参见古梅兹-阿罗斯特圭，《关于著作权禁令及"法律救济不足"要求，历史教会我们什么？》(What History Teaches Us about Copyright Injunctions and the Inadequate-Remedy-at-Law Requirement)，第1260—1262页；格雷格和博斯韦尔，《出版商公会法庭记录：1576—1602年，摘自登记册B》(*Records of the Court of the Stationers' Company: 1576-1602 from Register B*)，第lxxv页、第109—110页（"关于……的著作权、习惯和命令"的索引条目）；以及艾莉森·谢尔（Alison Shell）和艾莉森·安布洛（Alison Emblow），《出版商公会法庭记录索引，1679—1717年》(*Index to the Court Books of the Stationers' Company, 1679-1717*, London: Bibiliography Society, 2007)，第11—26页。

17世纪下半叶有所下降。[31]

除了民谣和其他不折叠印页,印刷新闻的另一种主要形式是散文小册子。小册子是由一张或多张折叠并装订成小书的纸张构成的。新闻小册子的篇幅通常是 24 页。许多新闻小册子聚焦于外交事务,这不仅是因为国内新闻受到更严密的监视,还因为英国读者对欧洲大陆的事件很感兴趣。由于对"国家事务"的讨论受到限制,报道英国事件的小册子倾向于关注事故、犯罪和行刑。并非所有的新闻小册子都会在出版商登记册中登记。有些出版商预见到它们的作品无法通过审查,于是以虚假名称来出版它们(印上其他印刷商而非真正的印刷商的名称)或者干脆不印出版商的名称。有些出版商则是为了避免支付在登记册登记作品所要求的费用。[32] 但是,那些已登

---

[31] 特莎·瓦特(Tessa Watt),《廉价印刷品与流行的信仰,1550—1640 年》(*Cheap Print and Popular Piety, 1550-1640*, Cambridge: Cambridge University Press, 1991),第 74—78 页;希普利恩·布拉格登,《17 世纪下半叶的叙事诗市场简介》(Notes on the Ballad Market in the Second Half of the Seventeenth Century),载于《文献学研究》(*Studies in Bibliography*)第 6 期(1954),第 161—180 页。麦克沙恩·琼斯,《"韵文与论理":不折叠印页民谣中的政治世界,1640—1689 年》,第 72—74 页。最初的合伙很可能是为了对抗托马斯·西姆科克(Thomas Symcock)的请求而形成的,他在 1618 年获得所有在单张纸的一面印刷的作品的专利。该专利很快受到出版商公会的挑战,并于 1631 年被大法官法院宣告无效。《出版商公会法庭记录》(*Records of the Court of the Stationers' Company*),威廉·A. 杰克逊(William A. Jackson)主编,第 2 卷,1602—1640 年(London: Bibliographical Society, 1957),第 xvi—xxii 页。

[32] 乔德·雷蒙德,《英国现代早期的小册子及小册子写作》(*Pamphlet and Pamphleteering in Early Modern Britain*, Cambridge: Cambridge University Press, 2003),第 5 页、第 16—17 页、第 98—160 页。

记的小册子则以和其他印刷作品一样的方式被承认为财产。[33]

图 3 展示了一本小册子的扉页。这个"真实故事"（"true rela-

> A
> True Relation of a most
> desperate Murder, committed vpon
> the Body of Sir IOHN TINDALL
> Knight, one of the Maisters of the
> Chancery;
> Who with a Pistoll charged with 3. bullets, was flaine
> going into his Chamber within Lincolnes-Inne, the 12.
> day of Nouember, by one Iohn Barterham Gent:
> Which Barterham afterwards hanged himselfe in the
> Kinges-Bench in Southwarke, on Sunday being the
> 17. day following. 1616.
>
> LONDON
> Printed by Edw: Al-de, for L. L. dwelling in Pauls Church-yard,
> at the signe of the Tygers head. 1617.

图 3 这本小册子出版于 1617 年，在出版商公会登记册中登记为书商劳伦斯·莱尔（Lawrence Lisle）——在扉页中显示为"L. L."——的财产。该图的使用获得福尔杰·莎士比亚图书馆（Folger Shakespeare Library）许可（STC 24435）。

---

[33] 小册子被登记为"图书"，并同样收取六便士登记费。爱德华·阿尔伯（Edward Arber），《伦敦出版商公会登记册抄本：公元 1554—1640 年》，第 2—3 卷（*A Transcript of the Registers of the Company of Stationers of London: 1554-1640 AD*, vols. 2-3, London: privately printed, 1875-1894）。我并不是在做任何关于已登记新闻小册子的占比的判断，我的重点是说，出版商的习惯性权利同样适用于新闻出版物。

tion"）——这一时期新闻出版物的常见名称——讲述了一位名为约翰·巴特罕［John Barterham，在别的地方拼写为巴特朗（Bartram）］的绅士在大法官法院败诉后，杀害了对他作出不利判决的司法官员，并在几天后了结了自己的性命的故事。这类事件的新闻在该报道印刷出来之前可能早就以口头方式传开了。

小册子具有半官方属性，其目的是辟谣，消减大众对巴特朗的同情，并以其故事作道德和政治上的说教。它所要传递的信息是，当一名绅士认为自己遭遇法院的不公对待时，他应该向国王寻求救济，而不是自行伸张正义，更不能做出自杀这种懦夫式的、罪恶的行为。[34] 小册子也许具有宣传目的，但印刷和销售该小册子却是书商劳伦斯·莱尔的财产权，他在出版商登记册中登记该书目（在扉页中显示为"L. L."）。[35]

图 3 中的木刻插图提出另一些问题。民谣和新闻小册子通常含有这类木刻图，但大多数是库存图像，而不是新闻中特定人物或地点的图像。尽管有些插图是直接为了新闻报道的目的而委托制作

---

[34] 《真实故事：一次针对约翰·廷德尔爵士身体的最绝望的谋杀》［*A True Relation of a Most Desperate Murder, Committed upon the Body of Sir John Tindall*, London: Printed by Edw. All-de for L. L. (Lawrence Lisle), 1617］。该小册子有可能是弗朗西斯·培根爵士（Sir. Francis Bacon）委托或监制的。参见肯·麦克米兰（Ken MacMillan）主编，《都铎和斯图亚特时期英格兰的真实犯罪故事》（*Stories of True Crime in Tudor and Stuart England*, London: Routledge, 2015），第二章包含了该小册子的抄本。

[35] 阿尔伯，《伦敦出版商公会登记册抄本，公元 1554—1640 年》（*A Transcript of the Registers of the Company of Stationers of London: 1554–1640 AD*），第 3 卷，第 598 页。

的，因此更接近地反映了被报道的事件，但在许多情况下，插图的选择取决于可以获得的木版。复制另一家出版商已登记的小册子显然是对其"作品"的侵犯，但较少证据显示出版商如何看待将插图重新用于其他作品中的行为。相同的图像出现在多份小册子和不折叠印页，甚至是相隔多年生产的小册子和不折叠印页上，这是很常见的。有时候，这是因为出版商模仿已有的图像雕刻新的木版，但有时候这反映了一个事实：印刷商们共享一个木版库，或者它们购买或承继了其他印刷商的库存。[36]

出版商登记册显示，印刷商和书商有时试图垄断特定事件的新闻市场。1597年，一家印刷商登记了报道当时一场战斗的民谣，其记录主张他保留对"制作与之相关的任何民谣"的专有权。[37]一种类似的技巧是登记一个笼统的标题，以阻止他人发行类似的作品。出版商公会的书记员享有决定登记形式的权力，且可与成员达成非正式协议，例如，承诺拒绝未来相同主题作品的登记申请。一些出版商将出版同一事件的民谣和小册子，并同时登记这两个书目。双重登记使其他出版商更难登记他们对同一事件的叙述，除非他们非常小心地使用不同的标题和具有实质差异的文本。即便如

---

[36] 瓦特，《廉价印刷品与流行的信仰，1550—1640年》(*Cheap Print and Popular Piety, 1550-1640*)，第148—149页；阿拉斯泰尔·贝兰尼（Alastair Bellany），《英格兰现代早期法庭丑闻的政治学：新闻文化与欧弗伯里事件，1603—1660年》(*The Politics of Court Scandal in Early Modern England: News Culture and the Overbury Affair, 1603-1660*, Cambridge: Cambridge University Press, 2002)，第127页。对新闻视觉图像主张财产权的历史值得进一步研究。

[37] 罗林斯，《黑体字的不折叠印页民谣》，第294页。

此，他们也依然有和印刷商同行发生摩擦的风险。[38]

拥有对某一事件特定版本的权利和垄断对该事件的所有叙述，两者的区别并不总是清晰的。1602年，两家出版商通过登记"由金赛尔公司出版的来自爱尔兰的所有新闻"，试图保护当时英国战胜西班牙军和爱尔兰叛军的新闻。它们很快指控另一家出版商侵犯其权利。助理法庭作出对它们有利的判决，责令该出版商必须为侵犯它们"对爱尔兰新闻的权利"支付10先令。[39]该新闻的信息源是在爱尔兰的士兵寄给他在伦敦的朋友的一封信。被告很可能以为，任何出版商都有权出版这类新闻，但助理法庭却作出相反的判决。[40]

---

[38] 约翰斯，《图书的性质：演进中的印刷与知识》(*The Nature of the Book: Print and Knowledge in the Making*)，第218页；阿尔伯，《伦敦出版商公会登记册抄本，公元1554—1640年》(*A Transcript of the Registers of the Company of Stationers of London: 1554-1640 AD*)，第2卷，第25页。弗雷德里克·西顿·西伯特（Fredrick Seaton Siebert），《1476—1776年英格兰的新闻自由：政府管控的兴衰》(*Freedom of the Press in England 1476-1776: The Rise and Decline of Government Control*, Urbana: University of Illinois Press, 1965)，第152页。

[39] 阿尔伯，《伦敦出版商公会登记册抄本，公元1554—1640年》(*A Transcript of the Registers of the Company of Stationers of London: 1554-1640 AD*)，第3卷：第200页；格雷格和博斯韦尔，《出版商公会法庭记录：1576—1602年，摘自登记册B》(*Records of the Court of the Stationers' Company: 1576-1602 from Register B*)，第85页。

[40] 似乎只有被认为侵权的作品留存下来了，所以无法知晓它是对在先作品一字不差的复制，还是以新的形式重述该新闻。该侵权作品是：《来自爱尔兰一个好地方的士兵的信件》(*A Letter from a Soldier of Good Place in Ireland*, London: Imprinted for Symon Waterson, 1602, STC 7434)。未能找到由提起原告的出版商托马斯·帕维尔（Thomas Pavier）和约翰·哈迪（John Hardie）出版的类似作品。

控制商业和城市卫生的新闻

在出版商公会的登记册登记书目不是在这一时期主张对印刷作品专有权的唯一方式。特权也以专利特许证的形式由君主授予。要获得专利,并不必须是出版商公会的会员(尽管出版商也会获取专利),且该权利可以超越特定的书目,而涵盖一整类出版物。在新闻领域,这一点从很早开始就对一类出版物非常重要,这类出版物就是市价表(price current)。市价表本质上是商品交易价格的清单。它们一般是按周出版的,并以订阅方式销售给商人共同体。在安特卫普(1540年)和阿姆斯特丹(1585年)出版最早一批市价表后,伦敦也在1601年有了第一份市价表。[41]

在17世纪的大部分时间里,专利权人对这种形式的出版物享有垄断权。1634年,一位名为约翰·戴伊(John Day)的经纪商从查理一世[Charles I (1625年—1649年在位)]处获得出版"每周所有商品多种价格清单"的专利。[42] 该专利的初始保护期是14年,但

---

41 约翰·麦卡斯克,《1800年前英国的商业与金融新闻》(British Commercial and Financial Journalism Before 1800),载于《剑桥英国图书史》(The Cambridge History of the Book in Britain),迈克尔·F. 苏亚雷斯(Michael F. Suarez)和迈克尔·L. 特纳(Michael L. Turner)主编,第5卷,1695—1830年(Cambridge: Cambridge University Press, 2009),第448—465页;约翰·J. 麦卡斯克与科拉·格雷夫施泰因(Cora Gravesteijn),《商业与金融新闻的开始:欧洲现代早期的商品市价表、汇率表和货币表》(The Beginnings of Commercial and Financial Journalism: The Commodity Price Currents, Exchange Rate Currents, and Money Currents of Early Modern Europe,(Amsterdam: NEHA, 1991),第291—299页。

42 引自麦卡斯克与格雷夫施泰因,《商业与金融新闻的开始:欧洲现代早期的商品市价表、汇率表和货币表》第293页。

戴伊成功获得续期,并于1655年将它转让给名为汉弗莱·布罗姆(Humphrey Brome)的前学徒。除了应对从英国内战(1642—1651年)到英联邦和护国时期(1649—1660年)这段动荡岁月的历届政府外,戴伊和布罗姆还必须迎合伦敦市长和高级市政官们的喜好,对于他们而言,保证所出版的价格的准确性符合其利益。1660年王室复辟之后,布罗姆向查理二世[Charles II(1660—1685年在位)]申请并获得了新的专利特许证。新专利授予布罗姆对市价表的31年的垄断权,以及将该授权转让给他人的权利。数易其手之后,该专利成为富裕商人、查理二世的忠实臣仆——罗伯特·伍利(Robert Wooley)——的财产。他从1671年开始发行市价表,一直到1696年去世为止。[43]

获得专利保护的另一类市场新闻是入关报表(bills of entry),其中罗列了记入海关登记簿的商品类型和数量。到17世纪早期,商人和店主们从海关书记员那里购买这些入关报表的手写复制件,后来,有人想到可以将印刷入关报表变成一门生意。1619年,两位王室家族成员——亚历山大·福斯特(Alexander Foster)和理查德·格林(Richard Greene)——从国王詹姆士一世[King James I(1603—1625年在位)]处购买了报表书记员办公室(the office of Clerk of the Bills),由此授予了他们发行这类出版物的独占权利。和市价表专利一样,该专利是重要的激励,因为这类出版物的客

---

[43] 引自麦卡斯克与格雷夫施泰因,《商业与金融新闻的开始:欧洲现代早期的商品市价表、汇率表和货币表》(The Beginnings of Commercial and Financial Journalism: The Commodity Price Currents, Exchange Rate Currents, and Money Currents of Early Modern Europe),第293—294页。

户是有限的——几百份复制件分别销售给商人、政府官员和咖啡馆。1660年,查理二世将该垄断权授予商人安德鲁·金(Andrew King),奖励他在英国内战期间对王室的效忠。在金去世后,一些品行不端的书记员将他们的信息传达给印刷商,后者便开始发行未经授权的入关报表。金的遗嘱执行人向国王寻求帮助,于是,查理二世亲自致信海关关长,要求其禁止这种行为并尊重该专利。金的继承人一直持有该专利,直到1722年,该专利被一位名为托马斯·路易斯(Thomas Lewis)的男子所继受。路易斯家族在18世纪余下的时间里控制着这一专利。该专利授予他们出版英格兰和威尔士每一个海关关口的入关报表的专有权。许多港口的书记员对这一垄断权心怀不满;他们希望能从每个前来问询的商人那里收取费用。[44]

在商业领域外,伦敦的人口生死报表(bills of mortality)是另一种受专利保护的、定期发行的期刊。人口生死报表提供了每周城市人口出生和死亡的数据更新。随着时间的推移,这些数据被印在纸的两面。一面按照教区罗列入葬和因疫病入葬的人口数量,并提供受洗者和入葬者的累计总数。另一面提供按照死亡原因分类的细分表(见图4和图5)。每周受洗者和入葬者的记录是由每个本地教区教堂的书记员所编制的。死亡原因是由被称为"搜查员"(searcher)的人所确定的,她们通常是缺乏医学训练,但会尽全力

---

44 约翰·J. 麦卡斯克,《欧洲入关报表和海运清单:早期的商业出版物与商业新闻的起源》(*European Bills of Entry and Marine Lists: Early Commercial Publications and the Origins of the Business Press*, Cambridge, MA: Harvard University Library, 1985),第18—33页。

搞明白发生了什么事情的老妪。最初，人口生死报表是供政府使用的。伦敦市政府与教区书记员达成协议，书记员们每周须提交一份报告，以换取一份年度津贴。但这些数字最终进入商人们的信函中，报表的手抄复制件也开始流传。在1603—1604年的流行性传染病期间，伦敦市政府官方印刷商约翰·温戴特（John Windet）开始向一般大众发行印刷的报表。从那时起，报表可以通过年度订阅的方式购买，一年四先令；也可以按份购买，每份一便士，与一般的民谣价格相同。[45]

在1603—1604年流行病期间，温戴特采取了特殊措施使顾客可以尽快获得报表，从而减少了其他印刷商发行盗版版本的诱惑。为了加速生产，他尽可能多地备好铅字，并同时运行两台印刷机，使其能以两倍的速度印刷。[46]他不得不这么做，因为其他出版商侵犯了他作为伦敦市政府印刷商的专利，试图从对报表的需求中渔利。第一个这么做的是1603年的菲利克斯·金斯顿（Felix

---

[45] 对人口生死报表的论述部分取材于威尔·斯洛特，《记录死亡：人口生死报表和1665年伦敦瘟疫》（Write Up Your Dead: The Bills of Mortality and the London Plague of 1665），载于《媒体史》，第17卷，第1期（2011）：第1—15页。另参见 J. C. 罗伯森（J. C. Robertson），《认真对待伦敦：在约翰·葛兰特之前解释人口生死报表》（Reckoning with London: Interpreting the Bills of Mortality before John Graunt），载于《城市史》（Urban History）第23卷，第3期（1996年12月），第325—350页。

[46] 斯蒂芬·格林伯格（Stephen Greenberg），《17世纪伦敦的瘟疫、印刷出版社和公共卫生》（Plague, the Printing Press, and Public Health in Seventeenth-Century London），载于《亨廷顿图书馆季刊》（Huntington Library Quarterly）第67卷，第4期（2004年），第508—527页。

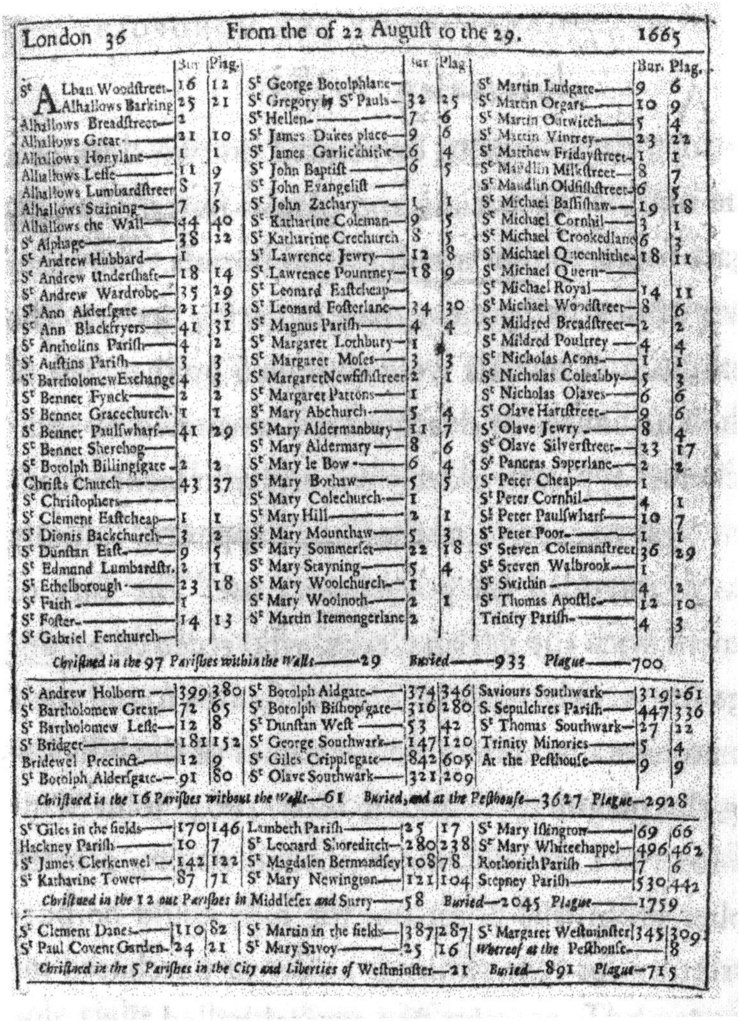

London 36 From the of 22 Auguſt to the 29. 1665

	Bur.	Plag.		Bur.	Plag.		Bur.	Plag.
Sᵗ Alban Woodſtreet	16	12	Sᵗ George Botolphlane			Sᵗ Martin Ludgate	9	6
Alhallows Barking	25	21	Sᵗ Gregory by Sᵗ Pauls	32	25	Sᵗ Martin Orgars	10	9
Alhallows Breadſtreet	2		Sᵗ Hellen	7	6	Sᵗ Martin Outwitch	5	4
Alhallows Great	21	10	Sᵗ James Dukes place	9	6	Sᵗ Martin Vintrey	23	22
Alhallows Honylane	1	1	Sᵗ James Garlickhithe	6	4	Sᵗ Matthew Fridayſtreet	1	1
Alhallows Leſſe	11	9	Sᵗ John Baptiſt	6	5	Sᵗ Maudlin Milkſtreet	8	7
Alhallows Lumbardſtreet	8	7	Sᵗ John Evangeliſt			Sᵗ Maudlin Oldfiſhſtreet	6	5
Alhallows Staining	7	5	Sᵗ John Zachary	1	1	Sᵗ Michael Baſſiſhaw	19	18
Alhallows the Wall	44	40	Sᵗ Katharine Coleman	9	5	Sᵗ Michael Cornhil	3	1
Sᵗ Alphage	38	32	Sᵗ Katharine Crechurch	8	5	Sᵗ Michael Crookedlane	6	3
Sᵗ Andrew Hubbard	1		Sᵗ Lawrence Jewry	12	8	Sᵗ Michael Queenhithe	18	11
Sᵗ Andrew Underſhaft	18	14	Sᵗ Lawrence Pountney	18	9	Sᵗ Michael Quern		
Sᵗ Andrew Wardrobe	35	29	Sᵗ Leonard Eaſtcheap			Sᵗ Michael Royal	14	11
Sᵗ Ann Alderſgate	21	13	Sᵗ Leonard Foſterlane	34	30	Sᵗ Michael Woodſtreet	8	6
Sᵗ Ann Blackfryers	41	31	Sᵗ Magnus Pariſh	4	4	Sᵗ Mildred Breadſtreet	2	2
Sᵗ Antholins Pariſh	4	2	Sᵗ Margaret Lothbury	1		Sᵗ Mildred Poultrey	4	4
Sᵗ Auſtins Pariſh	3	3	Sᵗ Margaret Moſes	3	3	Sᵗ Nicholas Acons	1	1
Sᵗ Bartholomew Exchange	4	3	Sᵗ Margaret Newfiſhſtreet	2	1	Sᵗ Nicholas Coleabby	5	3
Sᵗ Bennet Fynck	2	2	Sᵗ Margaret Pattons	1		Sᵗ Nicholas Olaves	6	6
Sᵗ Bennet Gracechurch	1	1	Sᵗ Mary Abchurch	5	4	Sᵗ Olave Hartſtreet	9	6
Sᵗ Bennet Paulſwharf	41	29	Sᵗ Mary Aldermanbury	11	7	Sᵗ Olave Jewry	8	4
Sᵗ Bennet Sherehog			Sᵗ Mary Aldermary	8	6	Sᵗ Olave Silverſtreet	23	17
Sᵗ Botolph Billingſgate	2	2	Sᵗ Mary le Bow	6	4	Sᵗ Pancras Soperlane	2	2
Chriſts Church	43	37	Sᵗ Mary Bothaw	5	5	Sᵗ Peter Cheap	1	
Sᵗ Chriſtophers			Sᵗ Mary Colechurch	1		Sᵗ Peter Cornhil	4	1
Sᵗ Clement Eaſtcheap	1	1	Sᵗ Mary Hill	2	1	Sᵗ Peter Paulſwharf	10	7
Sᵗ Dionis Backchurch	3	2	Sᵗ Mary Mounthaw	5	3	Sᵗ Peter Poor	1	1
Sᵗ Dunſtan Eaſt	9	5	Sᵗ Mary Sommerſet	22	18	Sᵗ Steven Colemanſtreet	36	29
Sᵗ Edmund Lumbardſtr.	2	1	Sᵗ Mary Stayning	5	4	Sᵗ Steven Walbrook	1	
Sᵗ Ethelborough	23	18	Sᵗ Mary Woolchurch	1		Sᵗ Swithin	4	2
Sᵗ Faith	1		Sᵗ Mary Woolnoth	2	1	Sᵗ Thomas Apoſtle	12	10
Sᵗ Foſter	14	13	Sᵗ Martin Iremongerlane	2		Trinity Pariſh	4	3
Sᵗ Gabriel Fenchurch								

Chriſtned in the 97 Pariſhes within the Walls——29　*Buried*——933　*Plague*——700

Sᵗ Andrew Holborn	399	380	Sᵗ Botolph Aldgate	374	346	Saviours Southwark	319	261
Sᵗ Bartholomew Great	72	65	Sᵗ Botolph Biſhopſgate	316	280	S. Sepulchres Pariſh	447	336
Sᵗ Bartholomew Leſſe	12	8	Sᵗ Dunſtan Weſt	53	42	Sᵗ Thomas Southwark	27	22
Sᵗ Bridget	181	152	Sᵗ George Southwark	147	120	Trinity Minories	5	4
Bridewel Precinct	12	9	Sᵗ Giles Cripplegate	842	605	At the Peſthouſe	9	9
Sᵗ Botolph Alderſgate	91	80	Sᵗ Olave Southwark	321	209			

Chriſtned in the 16 Pariſhes without the Walls—61　*Buried, and at the Peſthouſe*—3627　*Plague*—2928

Sᵗ Giles in the fields	170	146	Lambeth Pariſh	25	17	Sᵗ Mary Iſlington	69	66
Hackney Pariſh	10	7	Sᵗ Leonard Shoreditch	280	238	Sᵗ Mary Whitechappel	496	462
Sᵗ James Clerkenwel	142	122	Sᵗ Magdalen Bermondſey	108	78	Rotherith Pariſh	7	6
Sᵗ Katharine Tower	87	71	Sᵗ Mary Newington	121	104	Stepney Pariſh	530	442

Chriſtned in the 12 out Pariſhes in Middleſex *and* Surry——58　*Buried*—2045　*Plague*——1759

Sᵗ Clement Danes	110	82	Sᵗ Martin in the fields	387	287	Sᵗ Margaret Weſtminſter	345	309
Sᵗ Paul Covent Garden	24	21	Sᵗ Mary Savoy	25	16	*Whereof at the* Peſthouſe		8

Chriſtned in the 5 Pariſhes in the City and Liberties of Weſtminſter—21　*Buried*—891　*Plague*—715

图 4　1665 年 8 月 22 日—29 日这一周伦敦的人口生死报表（报表右页），展示了按教区分布的入葬和因疫病入葬的人口数量。经牛津大学伯德雷恩图书馆（The Bodleian Library）许可复制（Arch. Ad35）。 30

The Diseases and Casualties this Week.

Abortive	6	Meagrome	1
Aged	52	Plague	6102
Bleeding	1	Planet	3
Cancer	2	Purples	3
Childbed	40	Quinsie	2
Chrisomes	19	Rickets	23
Collick	1	Rising of the Lights	18
Consumption	145	Scowring	3
Convulsion	93	Scurvy	3
Dropsie	34	Spotted Feaver	156
Feaver	383	Stilborn	10
Flox and Small-pox	5	Stone	1
Flux	1	Stopping of the stomach	7
Gangrene	1	Strangury	1
Gowt	1	Suddenly	1
Grief	4	Surfeit	99
Griping in the Guts	65	Teeth	133
Jaundies	4	Thrush	3
Imposthume	13	Timpany	1
Infants	17	Tissick	3
Kill'd by a fall from a horse at Alhallows Lumbardstreet	1	Ulcer	4
		Winde	4
Kingsevil	3	Wormes	23

Christned { Males — 87, Females — 82, In all — 169 } Buried { Males — 3811, Females — 3685, In all — 7496 } Plague — 6102

Increased in the Burials this Week————1928
Parishes clear of the Plague——17 Parishes Infected——113

The Assize of Bread set forth by Order of the Lord Maior and Court of Aldermen, A penny Wheaten Loaf to contain Nine Ounces and a half, and three half-penny White Loaves the like weight.

图 5　1665 年 8 月 22 日—29 日这一周伦敦的人口生死报表（报表左页），提供了按照教区搜查员确认的不同死因进行划分的细分表。经牛津大学伯德雷恩图书馆许可复制（Arch. Ad35）。

Kyngston）。温戴特向出版商公会投诉，后者确认了温戴特的权利，责令金斯顿赔偿10先令罚金。[47] 几年后，温戴特就另一版未经授权的报表提起申诉，公会责令侵权印刷商赔偿20先令。[48]

随着时间的推移，教区书记员对每周报表的生产和销售主张更强的控制。詹姆士一世和查理一世授予的皇室特许状承认教区书记员公会（the Worshipful Company of Parish Clerks）负有向国王和市长呈送每周人口生死报表的义务，也享有向大众销售报表的专有权。1625年，另一次瘟疫的爆发再次使报表利益攸关，书记员们获准在其公会大厅中安装印刷机。他们不再被限于使用市政府的官方印刷商，但他们必须向出版商公会支付一笔保证金，保证他们不会将印刷机用于印刷报表之外的任何其他东西。[49] 此时，书记员们获得了对流行病期间最畅销的周刊的专有权，但需要巨大的协调努力来实现快速生产和发行。

---

47 杰克逊，《出版商公会法庭记录》（Records of the Court of the Stationers' Company），第8页。虽然温戴特在登记册中登记了这些报表 [见阿尔伯，《伦敦出版商公会登记册抄本，公元1554—1640年》（A Transcript of the Registers of the Company of Stationers of London: 1554-1640 AD），第3卷，第243页]，但他并没有为每一周的报表再单独登记。没有证据显示助理法庭在乎这一点。出版商公会确认专利权人的权利，而温戴特是官方的市政府印刷商。

48 杰克逊，《出版商公会法庭的记录》（Records of the Court of the Stationers' Company），第441页。

49 詹姆斯·克里斯蒂（James Christie），《教区书记员的一些叙述》（Some Account of Parish Clerks, London: privately printed, 1893），第132—135页、第187—188页；《与新特许状的授予有关的文件，1635年》（Papers relating to grant of new charter, 1635），载于《教区书记员公会文集》（Collection of the Worshipful Company of Parish Clerks, CLC/L/PB/A/003/MS04893, LMA）。

其他人渴望加入竞争。1635 年，两位绅士——亚历山大·梅（Alexander May）和托马斯·马修（Thomas Mathew）——获得了生产一种更详细的人口生死报表的专利。书记员发行的报表仅仅罗列了每个教区的名称，相反，梅和马修承诺要根据"街道、巷道和通常聚集的广场"来组织信息，相关信息将被安排在 16 个栏目中。该专利要求教区书记员在每周特定时间向梅和马修提供他们搜集到的所有信息。书记员可以像过去那样，使用相同的信息来生产他们自己的报表，但不允许模仿梅和马修发明的新样式。[50] 由于某些不明的原因，梅和马修从未发行过任何报表——至少未能找到任何一份——但这种竞争的威胁似乎足以鞭策教区书记员采取行动，因为现存最早的出自书记员印刷机的每周报表正是 1635 年出版的。[51] 接下来的将近两个世纪，教区书记员公会管理着这一周刊，而生产可靠信息所需要的协调工作常常是充满挑战的。留存的公会档案显示，公会官员们不断对未能提交及时、完整的报告的书记员处以罚款。他们还不得不为假冒报表犯愁，这些假冒报表混淆大众，使公会声誉受损。书记员个人可以获得一定数量的报表在其教区内销售，但有些书记员希望在辖区外销售，赚取额外收入。公会官员对

---

50 亨特，《图书贸易专利，1603—1640 年》(*Book Trade Patents, 1603-1640*)，第 53 页。

51 A. W. 波拉德（A. W. Pollard）和 G. R. 雷德格雷夫（G. R. Redgrave）主编，《在英格兰、苏格兰和爱尔兰印刷的图书和在海外印刷的英语图书的短标题目录，1475—1640 年》（第 2 版）(*A Short-Title Catalogue of Books Printed in England, Scotland, and Ireland and of English Books Printed Abroad, 1475-1640*, 2nd ed., London: Bibliographical Society, 1976)，第 2 卷：第 112—113 页。

此作出回应，命令所有人必须遵守指定的出版日期和时间，并留在各自的教区内活动。[52]

人口生死报表是伦敦街头被沿街叫卖的众多产品之一，而书记员们不得不与已经在他们的辖区内工作的小贩、货郎和民谣贩卖者竞争。在1665—1666年的流行性传染病期间，教区书记员公会命令会员不得向流动商贩提供任何可供销售的报表。其目标是保障各教区书记员的销售区域。1695年进一步的命令规定，与第三方发行人——如书商和小贩——的所有安排都必须获得公会官员的批准，且须是为了"公会的共同利润与利益"。[53] 1695年，公会在这方面的麻烦才刚刚开始。在整个18世纪，每周人口生死报表将面临订户基数的下降。这一下降，部分原因是1666年之后英格兰就少有流行性传染病。但是，报表也因18世纪报纸和杂志从报表中提取信息的方式而遭受损失，使报表更难作为一种独立出版物存活。市价表的出版者也面临类似挑战。这类出版物的王室专利日渐衰落的有效性，与第二章所要讨论的新闻行业与文化变革相伴而行。

---

52 克里斯蒂，《教区书记员的一些叙述》(Some Account of Parish Clerks)，第136—139页；《教区书记员公会会议记录复制摘录，1610—1926年》(Copy Extracts from the Minutes of the Parish Clerks' Company, 1610—1926)，第10页（CLC/L/PB/F/001/MS04894/001, LMA）。

53 1666年1月8日的命令，载于《教区书记员公会会议记录复制摘录，1610—1926年》(Copy Extracts from the Minutes of the Parish Clerks' Company, 1610-1926)，第10页（CLC/478/MS03706, LMA）；1695年10月14日的命令与规则，载于《公会历史文集剪贴簿，1187—1697年》(Scrapbook of Collectanea for the History of the Company, 1187-1697)（CLC/L/PB/F/001/MS04894/001, LMA）。

即时新闻与控制外国新闻的努力

鉴于所谓的"国家事务"被视为君主特权，而专利又被授予诸如市价表和人口生死报表这类期刊，有些人寻求出版报道政治和外交新闻的期刊的特权，就毫不奇怪了。第一份针对此类专利的申请似乎是在1621年前后提出的。那时，英国读者渴望获得对三十年战争（1618—1648年）的报道，而詹姆士一世则担心人们对其战争政策的批评。此时，一对被称为"情报员"的、有着为精英客户提供手写内部通讯经验的作者在争取印制专门报道外交事务的周刊的专有权。他们主张，这类出版物能够帮助君主抵制假新闻和谣言，常规连载的官方新闻还有助于实现政治和宗教上的和谐。申请书甚至暗示，当此类新闻在欧洲许多地方可以获取时，拒绝向英国人民提供新闻可能是有害的。按照申请书的说法，在这些地方，"农夫和匠人"能够通过印刷的"事件"*了解世界事务。他们质问道，为什么英国人不能获得相同的信息？ [54]

---

* "事件"（occurrence）是当时的一种新闻出版物。——译者

54 《申请书》（Petition, [1621?], SP 14/124, fol. 230, TNA），通过"在线国家文件，1509—1714"（State Papers Online, 1509–1714）获取。该申请书未署名，但它指出"波利先生（Mr. Porey）"[大概是约翰·波力（John Pory），一位内部通讯的编写者]是共同申请人。该申请信被认为是托马斯·威尔逊（Thomas Wilson）爵士所写的。参见玛丽·安妮·埃弗雷特·格林（Mary Anne Everett Green）主编，《詹姆士一世统治时期（1619–1623年）的国家文件（国内系列）一览表》（Calendar of State Papers, Domestic Series, of the Reign of James I, 1619-1623, London: Longman, Brown, Green, Longmans, and Roberts, 1858），第330页；（接下页）

该请求并未得到认可。比起鼓励农夫与匠人讨论外交事务，詹姆士一世对阻止来自欧洲的新闻流通更感兴趣。事实上，国王发布了两道公告，警告人民不要撰写或谈论"国家的事业和帝国的秘密，不论是国内的，还是国外的"。[55] 尽管有受到惩罚的威胁，一些出版商还是开始专门从事新闻出版，有几家甚至试图发行周刊。在进行这一工作时，他们模仿并翻译正在欧洲许多城市兴起的即时新闻（corantos）来报道三十年战争的新闻。[56] 这些出版物被称为"即

（接上页）弗里兹·利维（Fritz Levy），《新闻的礼仪》（The Decorum of News），载于雷蒙德主编，《英国现代早期的新闻、报纸与社会》（News, Newspaper, and Society in Early Modern Britain），第 28 页。该文件有一部分被复制在威廉·S. 鲍威尔（William S. Powell）的《约翰·波力，1572—1636 年：一个多才多艺者的生活与信札》（John Pory, 1572-1636: The Life and Letters of a Man of Many Parts, Chapel Hill: University of North Carolina Press, 1977），第 52—53 页。此处认为该文件是托马斯·洛克（Thomas Locke）所作是令人困惑的。

55 《关于禁止对国家事务无度与放肆的言论的公告（伦敦，1620 年）》[A Proclaimation against Excesse of Lavish and Licentious Speech in Matters of State (London, 1620)]，载于：CP，第 1 卷，第 201—202 页。另见：CP，第 1 卷，第 197—198 页。

56 1620 年到 1621 年，能够在伦敦获取的第一份英文即时新闻是在阿姆斯特丹印制的，它是荷兰出版商为英国读者而安排翻译其自己的出版物的成果。很快伦敦出版商也发行自己的即时新闻，这些即时新闻从欧洲大陆的信息源翻译而来。福尔克·达尔（Folke Dahl），《英语即时新闻和周期性新闻书的文献学研究，1620—1642 年》（A Bibliography of English Corantos and Periodical Newsbooks, 1620-1642, Stockholm: Almqvist and Wiskell, 1953），第 31—54 页；波拉德和雷德格雷夫，《在英格兰、苏格兰和爱尔兰印刷的图书和在海外印刷的英语图书的短标题目录，1475—1640 年》（第 2 版）（A Short-Title Catalogue of Books Printed in England, Scotlang, and Ireland and of English Books Printed Abroad, 1475-1640, 2nded.），第 2 卷，第 178 页。

时新闻",是因为它们提供了许多地方当下的新闻,使读者获得事件的最新[up-to-date,法语仍称"随时告知"(au courant)]消息。詹姆士一世试图通过禁止从荷兰进口即时新闻来切断新闻供给,但这一策略被证明是无效的。于是,1621年秋,他任命乔治·哥廷顿(George Cottington)为特许官,在所有新闻出版前进行审查。[57]

随着特许官的就位,新闻出版物的论调也发生变化。此时几乎没有新闻出版物敢于批评国王的政策。但是,哥廷顿确实批准了由出版商尼古拉斯·伯恩(Nicholas Bourne)和托马斯·亚契(Thomas Archer)出版的一系列即时新闻。标题的一致性(每期均以"某年某月某日的即时新闻"开头)表明他们希望通过承诺提供定期新闻连载,来建立追随者群体。当新的报道在一期即时新闻付梓后到达时,两位合伙人可能决定以"维也纳时间1622年5月18日的特别即时新闻"(*An extraordinarie Current of newes Dated at Vienna the 18th of May 1622*)等类似标题单独发布这些消息。在该标题中,"特别"(*extraordinary*)一词可能指示用于传递该新闻的特快专递服务[与所谓的"平邮"(ordinary)相对],但它也提供了后来称之为"号外"(extras)的事物的早期示例。不久,其他两位出版商——纳撒尼尔·纽贝里(Nathaniel Newbery)和威廉·谢菲尔德(William Sheffard)——开始发行一本周刊,也称为《即时新闻》(*A Currant of newes*)。八月份,另一位名为纳撒尼尔·巴特(Nathaniel Butter)的

---

57 雷蒙德,《英国现代早期的小册子及小册子写作》(*Pamphlet and Pamphleteering in Early Modern Britain*),第130页;尼尔森和塞科姆,《期刊社的创办,1620—1695》(The Creation of the Periodical Press, 1620-1695),第536页。

出版商开始出版《本周确定的新闻》(The certaine newes of this week)(此后标题略有变化)。[58] 虽然他们仍然将之称为"即时新闻",但伦敦的出版商们已不再模仿荷兰即时新闻的样式。相反,他们出版一种24页四开纸的小册子,这种样式使每周可以印刷的字数翻了三番。[59]

特许官的批准和在出版商登记册中的登记使这些印刷商和书商有权主张对其出版物的专有权,但这并没有减轻他们为争夺读者注意力而相互展开竞争的毁灭性效果。认识到这一事实,有五家出版商迅速组成一家联营企业共同出版一本新闻期刊。[60] 按周出版是他们的目标,但跨越英吉利海峡获取新闻的迟延使这一目标难以实现。当他们转载由另一家印刷商登记的具有新闻价值的文件时,合伙人们也遇到麻烦。争议作品是法国国王的一道敕令,而纳撒尼尔·纽贝里主张这是他的财产。助理法庭责令联营企业的合伙人须

---

[58] 阿尔伯,《伦敦出版商公会登记册抄本,公元1554—1640年》(A Transcript of the Registers of the Company of Stationers of London: 1554–1640 AD),第4卷,第60—61页、第68—70页、第77—78页。

[59] 雷蒙德,《英国现代早期的小册子及小册子写作》(Pamplet and Pamphleteering in Early Modern Britain),第101—134页;尼古拉斯·布朗利斯(Nicholas Brownlees),《17世纪英格兰期刊新闻的语言》(The Language of Periodical News in Seventeenth-Century England, Newcastle upon Tyne: Cambridge Scholars, 2011),第55—56页。

[60] 达尔,《英语即时新闻和周期性新闻书的文献学研究,1620—1642年》(A Bibliography of English Corantos and Periodical Newsbooks, 1620-1642),第19页、第86页。尼尔森和塞科姆,《期刊社的创办,1620—1695年》(The Creation of the Periodical Press, 1620-1695),第535—537页。其他学者倾向于将之称为"辛迪加"(syndicate),但我采用"联营企业"(consortium)一词来避免与第六章所讨论的那种"文学辛迪加"(literary syndicates)相混淆。

因"印刷纽贝里的复制件"而向其支付40先令的赔偿金。[61] 在出版商公会的官员眼中，该文本是外国统治者颁发的官方文件这一事实并未减损纽贝里的所有权。在他们看来，这类文件可以被视为是专有的，而不论它的来源或它对大众的潜在利益。

但出版商们知道，登记本身不足以保护作品不受盗版侵害。正如民谣那样，创设合伙关系可以使即时新闻的出版商分担风险，并在盗版者或模仿者开始工作之前满足市场需求。事实上，纽贝里很可能与联营企业的成员们达成和解，因为他的名字和其他成员的名字一同出现在下一期的期刊上。[62] 这一团体推出的每一期即时新闻都编了期数，使读者们认识到它们是一个系列的组成部分。另外，在1622年到1624年之间，托马斯·甘斯福德（Thomas Gainsford）独自一人担任主编，赋予了该刊物一种独特的叙事风格，有助于增强它的吸引力。然而，好景不长，甘斯福德于1624年去世，意见的分歧也导致合伙人们在这一年分道扬镳。[63]

---

61 杰克逊，《出版商公会法庭记录》（Records of the Court of the Stationers' Company），第154页。

62 达尔，《英语即时新闻和周期性新闻书的文献学研究，1620—1642年》（A Bibliography of English Corantos and Periodical Newsbooks, 1620–1642），第124页。

63 萨默维尔，《英格兰的新闻革命：日常信息的文化动力学》（The News Revolution in England: Cultural Dynamics of Daily Information），第23—26页；雷蒙德，《英国现代早期的小册子及小册子写作》（Pamplet and Pamphleteering in Early Modern Britain），第131—136页；布朗利斯，《17世纪英格兰期刊新闻的语言》（The Language of Periodical News in Seventeenth-Century England），第55—69页；佩特格里，《新闻的发明：世界如何了解自己》（The Invention of News: How the World Came to Know about Itself），第196—197页。

巴特和伯恩继续合作，但他们受到严密监控。1627年，当英格兰与法国开战后，查理一世被每周即时新闻中的报道所激怒。一位懂多国语言的前外交官——格奥尔格·鲁道夫·韦克林（Georg Rudolf Weckherlin）——被委派来审查所有新闻出版物。其工作是保证相关报道能较好地反映英国的利益。但是，有些出版商绕开审查，这导致国王亲自致信出版商公会，提醒他们要为所有新闻获取批准。1632年，西班牙大使投诉一份即时新闻中的一则报道，这为枢密院下令在有进一步的通知前禁止所有新闻的印刷提供了借口。[64]

巴特和伯恩向国王提起上诉。他们承诺，如果他们获得印刷新闻的专有权，他们将避免发表可能冒犯国王及其盟友的报道。和1621年前后由两位情报员提交的较早的申请一样，巴特和伯恩声称每周新闻纸（news-sheets）对他们而言具有经济利益，如果处理得当，也可为王国所用。[65]查理一世将问题交给国务大臣们处理，后

---

64 安东尼·B. 汤普森（Anthony B. Thompson），《特许新闻：查理一世个人统治时期G. R. 韦克林的职业》（Licensing the Press: The Career of G. R. Weckherlin during the Personal Rule of Charles I），载于《历史学刊》（*Historical Journal*）第41卷，第3期（1998年），第653—678页；凯文·夏普（Kevin Sharpe），《查理一世的个人统治》（*The Personal Rule of Charles I*, New Haven, CT: Yale University Press, 1992），第646—647页；雷蒙德，《英国现代早期的小册子及小册子写作》（*Pamphet and Pamphleteering in Early Modern Britain*），第149页；佩特格里，《新闻的发明：世界如何了解自己》（*The Invention of News: How the World Came to Know about Itself*），第198—200页；《停止新闻出版的枢密院令（1632年10月17日）》[Privy Council Order to Cease News Publication (17 October 1632)]，载于：*CP*，第1卷，第290页。

65 《N. 巴特和N. 伯恩的申请书》（Petition of N. Butter and N. Bourne），1633年9月30日（SP 16/246, fol. 177, TNA），通过"在线国家文件网"获取。

者对此事刻意拖延。有可能他们希望鼓励其他人提出要约,从而将专利卖给出价最高的竞价者。更可能的是,查理和国务大臣们都不相信效仿法国1631年创办的《公报》(*Gazette*)设立一个官方政府机构的用处。[66]

巴特和伯恩最终在1638年获得一项专利,授予他们出版外国新闻的独占权利。他们也希望报道国内新闻,但这项请求被拒绝了。尽管如此,他们现在获得了翻译在国外首次出版的新闻的专有权,这是一项可能获利丰厚的垄断权。王室授予二人21年的专利,以换取他们每年对圣保罗大教堂维修工程的捐款。这一专利代表了一种控制新闻流动的努力,即通过将这项工作委托给承诺绝不出版任何可能冒犯王室、教会和外国王公使节的内容的两名个人来实现对新闻流通的控制。[67]作为回报,巴特和伯恩可以仰赖枢密院维护其专利,制止侵权。但他们还是必须将每一期即时新闻提交给特许

---

[66] W. W. 格雷格主编,《阿尔伯指南:作为爱德华·阿尔伯的〈伦敦出版商公会登记册抄本,1554—1640年〉的文件一览表》(*A Companion to Arber: Being a Calendar of Documents in Edward Arber's Transcript of the Registers of the Company of Stationers of London, 1554-1640*, Oxford, UK: Clarendon Press, 1967),第292页;西伯特,《1476—1776年英格兰的新闻自由:政府管控的兴衰》(*Freedom of the Press in England 1476-1776: The Rise and Decline of Goverment Control*),第157—158页。

[67] 雷蒙德,《17世纪英格兰法律与实践中的审查制:弥尔顿的〈论出版自由〉》(*Censorship in Law and Practice in Seventeenth-Century England: Milton's Areopagitica*),第516页;雷蒙德,《英国现代早期的小册子及小册子写作》(*Pamphet and Pamphleteering in Early Modern Britain*),第150—151页;《国家文件一览表(国内系列)》(*Calendar of State Papers, Domestic Series*),约翰·布鲁斯(John Bruce)和威廉·道格拉斯·汉密尔顿(William Douglas Hamilton)主编,第13卷,1638年9月—1639年5月(London: Longman, 1871),第182页。

官。巴特和伯恩后来向读者们解释道，特许官所要求的修改使他们对出版他们知道不公正和不完整的报道保持谨慎。[68]

无论如何，当巴特和伯恩在 1638 年取得专利时，人们的注意力已经从欧洲事务转向更接近本土的斗争，即苏格兰对查理一世宗教政策的抵制以及国王与议会之间日益加深的裂痕。虽然极少数精英可以获取的手抄出版物对这些新事态有所报道，巴特和伯恩却不被允许报道这些内容。尽管如此，最终导致英国内战在 1642 年爆发的那些冲突破坏了王室对印刷的控制权，开辟了一条使短篇匿名出版物突然暴增的路径，这些出版物多数包含有新闻和政治评论。17 世纪 30 年代，每年出版的印刷作品平均有 500 到 700 种；到 1641年，这一数字激增到 2000 种。[69]

新闻的英国内战

英国内战是政治新闻发展史上的一个重要时期。17 世纪 40 年代早期，大多数活动聚焦于报道议会。在临近威斯敏斯特大厅的小房间内工作的抄写员们从议员处搜集传闻、索要信息，以准备议会议程的手写报道。他们中有些人开始出版被称为"日报"（diurnals）的手抄

---

[68] 西伯特，《1476—1776 年英格兰的新闻自由：政府管控的兴衰》（*Freedom of the Press in England 1476-1776: The Rise and Decline of Goverment Control*），第 159—160 页；汤普森，《特许新闻：查理一世个人统治时期 G. R. 韦克林的职业》（*Licensing the Press: The Career of G. R. Weckherlin during the Personal Rule of Charles I*），第 675 页。

[69] Jason McElligott, "1641", in *CP*, 2: 15-17.

出版物,这些出版物将每天的议会议程集合成每周文摘并面向大众销售。不久之后,印刷商们开始发行从手抄日报复制而来的新闻书,并最终取代了手抄日报。这些出版物之所以被称为"新闻书",是因为它们是8页或16页的小册子,其中一些还编制了从上一期到下一期的连续页码,使读者能够将连续几期小册子装订成书。一份手抄日报可能卖1先令6便士,而许多新闻书的售价仅仅是1便士,价格是手抄日报的十八分之一。印刷新闻书不仅是手抄日报的替代品;它还使获取政治新闻的范围从议员及其朋友的封闭世界扩张到大众成员。[70]

到1642年1月,伦敦至少有八种不同的新闻书。对于眼睁睁看着自己的作品被盗用的抄写员而言,符合逻辑的反应是与某家印刷商结成合作伙伴。其中最知名的是塞缪尔·佩克(Samuel Pecke),他编写《议会议程完全日报》(*A Perfect Diurnall of the Passages in Parliament*)超过十年,在此过程中与不同的印刷商和出版商合作。佩克和他的编辑同行多数是匿名的,他们的出版物名称也很相似。每一本都声称自己是"最真实的"或"最完全的"日报。[71]在吸引读者的竞争中,出版商经常复制现有出版物的名称和样式,却未必复制其文本。这些就是文献学家所说的"仿冒版",因为它

---

[70] 乔德·雷蒙德,《报纸的发明:英语新闻书,1641—1649年》(*The Invention of the Newspaper: English Newsbooks, 1641-1649,* Oxford, UK: Clarendon Press, 1996),第101—111页;皮西,《英国革命中的出版界与公共政治》(*Print and Public Politics in the English Revolution*),第57页。

[71] 雷蒙德,《报纸的发明:英语新闻书,1641—1649年》(*Invention*),第20—24页、第32—33页。

们就是用来抢夺现有出版物的读者群的。1642年，汉弗莱·布伦顿（Humphrey Blunden）出版一份题为《议会议程真实日报续编》（Continuation of the True Diurnall of Passages in Parliament）的新闻书。另一个出版商发行了一本书名相同但文本不同的仿冒本，而该仿冒本继而又被另一人所仿冒。佩克的《议会议程完全日报》被数本新闻书模仿，包括由罗伯特·伍德（Robert Wood）在1642年夏天出版的一本。伍德的仿冒本随后又被使用其姓名的变体［包括罗伯特·伍迪（Robert Woody）和罗伯特·伍德纳（Robert Woodner）］的印刷商所模仿。将正版出版商的姓名用在仿冒版上的做法是不可持续的，因为，如果顾客光顾书名页上署名者的商店，他将找到的是正版版本，而非仿冒版。所以，看起来这类仿冒本很可能是由小贩在街头兜售给毫无戒心的顾客的。[72]

对整本新闻书一字不差地复制是另一种威胁，但出版商基本上已经知道如何规避。赶在竞争对手之前到达大众手中是关键。在排版完成后（这是一个相当耗时的工序），两个人将共同操作一台木质印刷机。他们平均可以在1小时内印好大约250面（每张纸的一面），然后再把这叠纸翻过来，重复这一工序，印完另一面。[73]为了提升生产速度，出版商可以安排两台或多台印刷机供同时使用，每台

---

[72] 卡洛琳·尼尔森和马修·塞科姆，《期刊出版物，1641—1700年：一个附图说明的研究》（Periodical Publications, 1641-1700: A Survey with Illustrations, London: The Bibliographical Society, 1986），第78—81页。

[73] 菲利普·加斯卡尔（Philip Gaskell），《文献学新导论》（A New Introduction to Bibliography, New Castle, DE: Oak Knoll Press, 2006），第139—141页。另参见雷蒙德，《报纸的发明：英语新闻书，1641—1649年》（The Invention of the Newspaper: English Newbooks, 1641-1649），第234—236页。

使用各自的字版。现存的 1642 年到 1643 年佩克的《议会议程完全日报》显示，有两家不同的印刷厂在为该出版商执行印刷工作。使用两台印刷机制作同一作品［文献学家称之为"双重排版"（double typesettings）］，意味着不是所有复制件在视觉上都是一样的，有时其中一家印刷商还会引入一些讹误。图 6 和图 7 展示了 1642 年 3 月 7 日到 14 日这一周的《议会议程完全日报》的两种不同排版。新闻是一样的，但在一种排版中，期数的编码是"7"，而在另一种排版中编码是"9"。编码为"9"的那一版还署上了出版商的姓名，另一版则没有。由于它们是在不同印刷厂生产的，布局和版式设计也不一样。[74]

使用双重排版并不必然意味着出版商试图使复制件数量翻倍，但它确实反映了他们希望尽快满足市场需求的愿望。这一策略有效地使盗版无利可图。有一些证据显示在 17 世纪 40 年代早期存在一些未经授权的新闻书复印件，但看起来并未广泛传播，因为，等到复制者排好版并印刷自己的版本时，新闻已经不那么新鲜了。在这一周意识到自己无法满足需求的出版商，可以在下一周安排双重排版来调整自己的生产能力。当其他城市的原创印刷品复制件数量不足以满足需求时，在其他城市提供未经授权的复制件是一个具有吸引力的机会。但在 17 世纪 40 年代的大部分时间里，伦敦印刷商通

---

74 标题页上的年份是 1641 年，因为该书使用的是旧历。按照旧历，新的一年从 3 月 25 日开始。尼尔森和塞科姆指出，拼写和措辞上的变化也意味着存在两份手稿，每个印刷商各得一份。尼尔森和塞科姆，《期刊出版物，1641—1700 年：一个附图说明的研究》（Periodical Publications, 1641-1700: A Survey with Illustrations），第 42—45 页。

过与乡村书商和小贩的协调，似乎找到了将授权版本发行到外省城镇的有效方法，从而使盗版难以兴盛。[75]

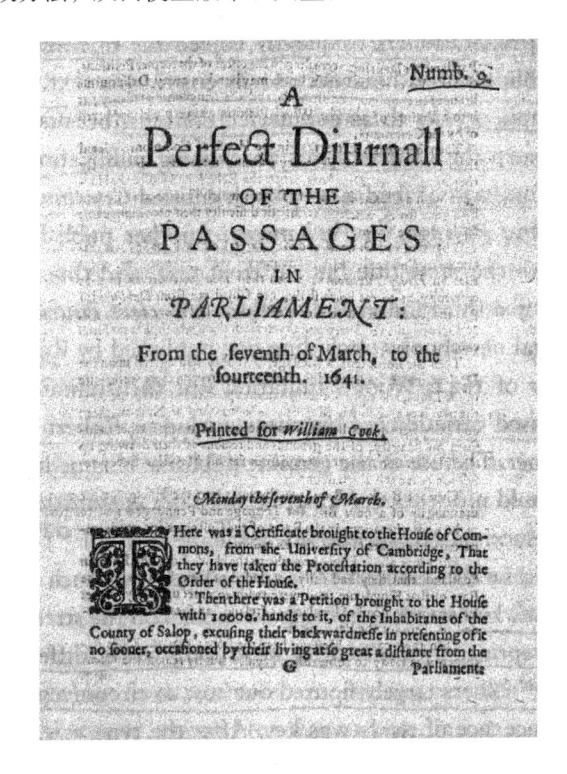

> Numb. 9.
> A
> Perfect Diurnall
> OF THE
> PASSAGES
> IN
> PARLIAMENT:
> From the seventh of March, to the fourteenth. 1641.
>
> Printed for *William Cook*.
>
> *Monday the seventh of March.*
>
> Here was a Certificate brought to the House of Commons, from the University of Cambridge, That they have taken the Protestation according to the Order of the House.
> Then there was a Petition brought to the House with 10000. hands to it, of the Inhabitants of the County of Salop, excusing their backwardnesse in presenting of it no sooner, occasioned by their living at so great a distance from the Parliament

---

[75] 前引，第62—63页。1643年，议会通过一项条例，要求所有图书、小册子和文件（包括新闻书）均需获得特许官的批准，并在出版商公会登记，但并非所有新闻书出版商都遵守这些要求。参见雷蒙德，《报纸的发明：英语新闻书，1641—1649年》(*The Invention of the Newspaper: English Newsbooks, 1641-1649*)，第28—29页、第60—61页、第77—78页；以及G.E.B.艾尔（G.E.B. Eyre），《出版商公会登记册抄本》(*A Transcript of the Registers of the Worshipful Company of Stationers*)，公元1640—1708年，第3册（London: privately printed, 1913），第1卷，第58—326页。

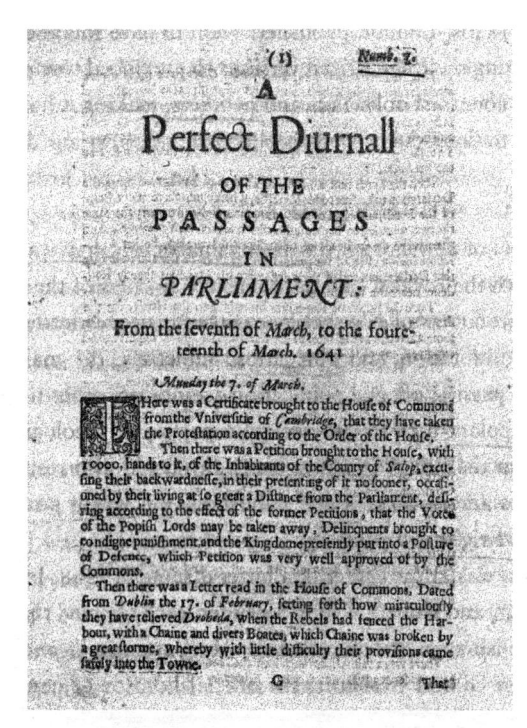

38　图6和图7　1642年3月7日—14日的新闻书《议会议程完全日报》的两种排版（按照英国旧历，标题页显示的年份是1641年。英国旧历新年开始于3月25日）。为了提升生产速度，手稿交给了两家印刷厂，导致布局和版式设计的不同及讹误的引入。上图中，期数的编码是"9"，且指明出版商是"威廉·库克（William Cook）"。下页图中，相同文本的编码却是"7"，且没有库克的署名。承蒙耶鲁大学拜内克古籍善本图书馆惠允复制。

书名纠纷

对新闻书的出版商而言，最有价值的财产是书名本身。无论是英国内战的保皇派还是议会派,新闻书的生产者均从事形式复杂的仿冒、模仿和篡夺行为。有时候,其目标是通过将一本出版物仿冒为另一本而从中渔利;另一些时候,其重点是取代竞争对手并占据反映在书名中的特定意识形态立场。[76] 关于书名的纠纷也有可能是作者与出版商联盟关系变化的结果。但是,是否可能对书名享有专有权呢?

这个问题是1648年一个激烈纠纷的中心。作家约翰·迪林厄姆(John Dillingham)和印刷商罗伯特·怀特(Robert White)都主张出版名为《温和派情报员》(*Moderate Intelligencer*)的新闻书的专有权。当议会任命的新闻书官方特许官吉尔伯特·马伯特(Gilbert Mabbott)以迪林厄姆的出版物中含有一篇冒犯几位议员的评论为由停止批准其出版时,这场旷日持久的纠纷开始了。马伯特属于希望将查理一世推向审判席的那群人,他具有迫使迪林厄姆——实际上更为"温和"——噤声的政治动机。虽然马伯特拒绝授予迪林厄姆特许证,他却允许怀特出版由其他作者撰写的一版《温和派情报员》。这个"其他作者"很可能是马伯特本人(众所周知,马伯特在担任特许官的同时也在为新闻书写作)。迪林厄姆申诉至上议院,敦促上议院承认他对已经使用了三年的书名的权利。上议院作出回应,责令马伯特批准迪林厄姆的(而不是任何其他人的)《温和派情报员》,除非马伯特能提供不这么做的充分理由。马伯

---

76 杰森·皮西,《"仿冒者愚蠢的叫唤声":英国内战期间的金钱、政治和保皇派报纸的伪造》("The Counterfeit Silly Curr": Money, Politics, and the Forging of Royalist Newspapers during the English Civil War),载于《亨廷顿图书馆季刊》(*Huntingdon Library Quarterly*),第67卷,第1期(2004年),第27—58页。

特指向出现在迪林厄姆新闻书中的一段看起来似乎是保皇的、反议会的文字,指控其并未获得包含该冒犯性文字的这一期新闻书的特许证。[77]

印刷商怀特也向上议院申诉,主张他拥有该书名,因为在出版商登记册中,该书名是登记在他名下的。怀特提供出版商公会书记员出具的证书作为其所有权的证据,并敦促上议院尊重公会的"习惯和古老的特权"。出版商的特权建立在如下假设基础上:一旦作者将手稿销售或交付给印刷商,它就属于后者了。新闻书则有所不同,因为它们涉及作者与印刷商之间的持续合作。尽管如此,怀特主张在登记册中的记录授予其专有权,不论是他本人撰写文本还是延聘他人做这一工作。[78]

最终,上议院将书名授予迪林厄姆。他们的理由很可能是政治上的。马伯特(看起来他似乎在与怀特合作)支持将国王推向审判,而上议院大部分议员支持和解。迪林厄姆找了新的印刷商罗伯特·利伯恩(Robert Leybourne),并向读者保证利伯恩印刷的版本是唯一正版的《温和派情报员》。怀特并未立刻放弃,但上议

---

[77] 《约翰·迪林厄姆的申诉书》(Petition of John Dillingham),1648年6月23日,以及吉尔伯特·马伯特的抗议书及申诉书,摘自《王室历史手稿委员会的第七份报告》(Seventh Report of the Royal Commission on Historical Manuscripts, London: H. M. Stationery Office, 1879),第33页;《1648年6月23日令》(Order of 23 June 1648),载于《上议院院报》(Journal of the Houses of Lords),第10卷,第345—346页。

[78] 《罗伯特·怀特的申诉书》(Petition of Robert White),载于《王室历史手稿委员会的第七份报告》(Seventh Report),第33页。

院很快责令其停止侵权。[79] 于是，他将"情报员"一词从书名中删去，改成《温和派》。虽然这一书名在一段时间内还是令迪林厄姆恼怒万分，但怀特也作出一些改变，最终使读者更容易区分这两份刊物。他将出版时间从星期四改到星期二，使《温和派》能够随星期二的邮班离开伦敦，从而吸引更多外省读者。此外，他将《温和派》变为一份激进出版物。关于发表什么报道以及如何进行表达的编选使混淆《温和派》和《温和派情报员》变得愈加困难。[80]

每本新闻书的命运随政治环境的变化而起伏，但这类出版物作为一个整体则一直兴盛到1649年。这一年大约有50种不同书目在不同时间出现。在1649年处决查理一世并建立英联邦之后，议会建立了一套新的特许制度。议会批准两本新闻书，一本关注政治和军事新闻，另一本则报道议会本身，尽管有些未经特许的刊物依然出现。[81] 1655年之后，特许制执行得更加严格。这一年，奥利弗·克伦威尔（Oliver Cromwell）和国务会议（Council of State）

79　威廉·克莱德（William Clyde），《为新闻自由而斗争：从卡克斯顿到克伦威尔》（*The Struggle for Freedom of the Press from Caxton to Cromwell*, Oxford: Oxford University Press, 1934），第145—147页；雷蒙德，《报纸的发明：英语新闻书，1641—1649年》，第65—67页。

80　洛朗·库雷利（Laurent Curelly），《对一份英格兰激进报纸的解剖：〈温和派〉（1648—1649年）》[*An Anatomy of an English Radical Newspaper: The Moderate (1648-9)*, Newcastle upon Tyne, UK: Cambridge Scholars, 2017]，第17—31页。

81　雷蒙德，《报纸的发明：英语新闻书，1641—1649年》（*The Invention of the Newspaper: English Newsbooks, 1641-1649*），第54—79页。尼尔森和塞科姆，《期刊社的创办，1620-1695》（*The Creation of the Periodical Press, 1620-1695*），第537—543页。

将新闻出版的垄断权授予马尔查蒙特·尼德姆(Marchamont Nedham)。若干年前,尼德姆是共和主义公开的支持者和审查制的批评者;如今,他与克伦威尔政权合作,并从垄断地位中获利。他的两份期刊,《公共情报员》(*Publick Intelligencer*)和《政治信使》(*Mercurius* Politicus*),是印刷新闻的唯一常规来源。尽管如此,尼德姆还是有相当自由的,他的刊物也不应被贬低为宣传工具。《政治信使》中混杂了新闻、社论、外国出版物引文,以及通讯员信件。通讯员信件有时是由尼德姆杜撰或润色的。在审查制和国家授权垄断的背景下,人们可能预期这是一本避免争议的、乏味的出版物。而事实上,《政治信使》是多元的、反映多种声音并受读者追捧的。尼德姆的垄断地位和他的编辑策略成就了一家利润极高的企业。[82]

官方报纸

政治新闻由官方垄断的主意并不新鲜,但从17世纪50年代克伦威尔的护国公时期开始,历任政府更多地利用这一策略。查理二世在1660年复辟,其国务大臣们被授予颁发新闻特许权的权力。起初,他们将垄断权授予亨利·穆迪曼(Henry Muddiman),一名在英国内战期间支持保皇派的新闻作家。穆迪曼与国务副大臣约瑟

---

* "Mercurius",墨丘利(英文为"Mercury"),是古希腊神话中的神明,信息传播是其掌管的重要职责之一。——译者

82 乔德·雷蒙德,《"带着良知之翼"的信使》:马尔查蒙特·尼德姆、垄断和审查制》,("A Mercury with a Winged Conscience": Marchamont Nedham, Monopoly and Censorship),载于《媒体史》(*Media History*),第4卷,第1期(1998年),第7—18页。

夫·威廉姆森（Joseph Williamson）的关系使他能够获得王室的外交通信与免费寄信的特权。穆迪曼利用这些优势建立了一个为其提供新闻的广阔的通信员网络。他将其中一部分新闻付印，剩下的留作范围更有限的客户的手写内部通讯。穆迪曼有大约一百位每一年为每周内部通讯支付5英镑的订户，算起来大约每周两先令，或者说，是售价1便士的印刷报纸价格的24倍。[83]

穆迪曼继续其内部通讯的生意，但在1663年，当查理二世将印刷和销售"所有不超过两张纸的叙事报（narratives）或故事报[relacions，（原文如此）]，以及所有广告、信使报（Mercuries）、日报（Diurnalls）和公共情报员书籍"的专有权授予充满激情的特许官罗杰·埃斯特兰奇（Roger L'Estrange）时，穆迪曼失去了对印刷新闻的垄断权。[84] 但是，国务副大臣威廉姆森很快找到一个方法，用一份直接受政府控制的官方刊物取代了埃斯特兰奇的报纸。为了换取补偿，埃斯特兰奇同意在1666年初结束他的两份新闻出版物，不过，也许是作为对其服务的回报，他保留了单独印刷广告的专有权。威廉姆森的官方报纸在1665年11月以《牛津公报》(*Oxford Gazette*）为名创刊（当瘟疫重创伦敦时，王室流亡于牛津），

---

83 詹姆斯·萨瑟兰（James Sutherland），《复辟时期的报纸及其发展》(*The Restoration Newspaper and Its Development*, New York: Cambridge University Press, 1986），第5—7页；哈罗德·勒沃（Harold Love），《17世纪英格兰的手抄出版物》(*Scribal Publication in Seventeenth-Century England*, Oxford, UK: Clarendon Press, 1993），第10—13页。这一段和本节接下来的段落很多取自斯洛特，《报纸的兴起》(*The Rise of the Newspaper*）。

84 《埃斯特兰奇被任命为印刷社公司的检验官》[（L'Estrange to bee Surveyor of the Printing Presse &c[1663年8月15日]），载于：*CP*，第3卷，第50—51页。

后于 1666 年 2 月更名为《伦敦公报》(London Gazette)。《伦敦公报》的主要内容包括外国新闻简讯和政府任命、破产之类的官方通告。[85]

威廉姆森为《伦敦公报》聘请了一位主编，但和穆迪曼一样，他也把最好的新闻留给自己的内部通讯订阅业务。这些内部通讯被寄给付费订户和其他通过提供新闻来换取内部通讯的人。威廉姆森希望，本地邮政局局长能总结从他们照管的信件中找到的信息和传言。作为回报，他将免费的《伦敦公报》复制件寄给他们，他们就可以销售给本地顾客。邮政局局长也将复制件分销给小酒店、客栈和咖啡馆。通过这种方式，邮政局既是王室传播官方版时事新闻的手段，也是搜集情报的强大组织。[86]

特许新闻出版物和所有其他印刷作品的法律基础，是 1662 年的《印刷法》(Printing Act)。该法确认了出版商公会的垄断权，限制印刷机的数量，并将印刷活动限制在伦敦。所有作品都必须获得王室审查官的批准，并在出版商公会的登记册登记。[87] 对议会而言，其目标

---

[85] 萨瑟兰，《复辟时期的报纸及其发展》(Restoration Newspaper)，第 8—11 页。关于后一时期《伦敦公报》的情况，参见娜塔莎·格莱西耶 (Natasha Glaisyer)，《"最全面的情报员"：17 世纪 90 年代〈伦敦公报〉的传播》("The Most Universal Intelligencers": The Circulation of the London Gazette in the 1690s)，载于《媒体史》(Media History)，第 23 卷，第 2 期 (2017 年)，第 256—280 页。

[86] 苏珊·E. 怀曼 (Susan E. Whyman)，《钢笔与人民：英国信件作家，1660—1800 年》(The Pen and the People: English Letter Writers, 1660-1800, Oxford: Oxford University Press, 2009)，第 49—52 页。

[87] 《禁止印刷煽动性、叛国性和未经许可的图书和小册子的错误行为，规范印刷业和印刷机的法案》(An Act for Preventing Abuses in Printing Seditious, Treasonable, and Unlicensed Books and Pamphlets, and for Regulating of Printing and Printing Presses)[文中称为《印刷法》]，1662 年 (13 & 14 Car. II c. 33)，可从 PSC 获取。

是保证所有印刷作品,不论形式,都受特许制规范。对出版商公会而言,其目标则是保护所有类型的作品上的权利,包括小册子、民谣和其他时效性更短的作品。虽然出版商可以获准在小册子或不折叠印页上印刷新闻,但他们不可能获得发行报纸(该词在这一时期开始使用)的特许,因为这将侵犯《伦敦公报》的垄断权。[88]然而,当议会使《印刷法》期满终止时,该垄断权就被暂时打破。该法需要周期性地续期,而议会有两次没有这么做。第一次发生在1679年,即人们就是否因查理二世的弟弟詹姆士是天主教徒而剥夺其王位而发生争议期间。争议期间,未经特许的反天主教小册子和报纸喷涌而出。支持剥夺王位的议员们可能故意拖延《印刷法》的续期,以鼓励这类反天主教作品。[89]

对查理二世而言,报纸特别令其困扰,因为它们是持续性的,且吸引了很多追随者。由于他无法依赖于特许制,国王需要用其他方法来镇压报纸。他征询了同情他的法官们的意见,后者认为国王可以运用其王室特权来禁止任何他认为危害治安的出版物。查理二世立即发布公告,禁止未经其事先批准的新闻出版。[90]该公告被用

---

88 《牛津英语词典》中记录的最早使用时间始于1667年[OED Online, 3rd ed. (Sept. 2003), s. v. "newspaper, n."]。

89 汉伯格,《煽动性诽谤法的发展与对新闻界的管控》(*The Development of the Law of Seditious Libel and the Control of the Press*),第682—683页。路易·G. 施沃雷尔(Louis G. Schwoerer),《新闻自由与公众意见:1660—1695年》(*Liberty of the Press and Public Opinion: 1660-1695*),载于《自由得到保障?1688年前后的英国》(*Liberty Secured? Britain before and after 1688*),J. R. 琼斯(J. R. Jones)主编(Stanford University Press, 1992),第199—230页。

90 《禁止印刷出版未经特许的新闻书和新闻小册子的公告(1680年5月12日)》[A Proclamation for Suppressing the Printing and Publishing Unlicensed News-Books, and Pamphlets of News (12 May 1680)],载于:*CP*,第3卷,第175—176页。

于对报纸的作者、印刷商和出版商提起公诉。1680年，在其中一件案件中，伦敦市首席法官（the Recorder of London）乔治·杰弗里斯爵士（George Jeffreys）在公诉书的开篇总结了当时的司法共识："无论如何，任何人都不能未经国王特许而向公众披露任何关系公共事务的知识。"[91]但特许制属于君主特权的主张惊动了一些议员，他们认为国王正在篡夺议会管理新闻的职能。到1680年末，也许是在这些议员的鼓动下，一些印刷商再次发行报纸。虽然政府在镇压报纸的努力中继续主张王室特权，但它也采取新的策略来回应和驳斥它的批评者。罗杰·埃斯特兰奇在一份名为《观察者问答（1681—1687年）》[Observator in Question and Answer (1681—1687)]的期刊中为王室辩护。当詹姆士二世［James II，（1685年—1688年在位）］在1685年登基时，议会延长了《印刷法》。它被用于清除未经特许的出版物，使《伦敦公报》和埃斯特兰奇的《观察者问答》成为硕果仅存的政治报纸。[92]

在犯罪报道方面，伦敦市政府从17世纪80年代早期开始授予了两项重要的垄断权。出版商长期发行报道审判和行刑的不折叠印

---

91 《对亨利·卡尔的审判》（The Trial of Henry Carr）（1680年），载于《国家审判全集》（A Complete Collection of State Trials），T. B. 豪威尔（T. B. Howell）主编（London: T. C. Hansard, 1816），第7卷，第1114页。另参见汉伯格，《煽动性诽谤法的发展与对新闻界的管控》（The Development of the Law of Seditious Libel and the Control of the Press），第688页。

92 杰夫·肯普，《复辟危机，1679—1681年》（Restoration Crisis, 1679—1681），载于：CP，第3卷，第169—172页；杰夫·肯普，《托利党的回应之一》（The Tory Reaction I），载于：CP，第3卷，第233—236页；萨瑟兰，《复辟时期的报纸及其发展》（The Restoration Newspaper and Its Development），第10—18页。

页和小册子,但这些出版物是不定期出版的,仅关注特定的案件,且经常是不完整或相互矛盾的。市政府试图通过批准两本官方系列出版物——《老贝里街的诉讼》(Proceedings of Old Bailey)和《新门监狱日常牧师报告》(Account of the Ordinary of Newgate)——来建立秩序。老贝里街是伦敦、威斯敏斯特和米德尔塞克斯等地重大犯罪的审判地。它是一些最为轰动的审判发生的地方。新门监狱是伦敦最大的监狱,所以它的牧师,或称"日常牧师"(ordinary),能够报告行刑罪犯的行为和临终遗言。从1684年开始,《老贝里街的诉讼》和《新门监狱日常牧师报告》获伦敦市政府批准出版。市政府与印刷商订立委托合同,后者通过支付年费换取印刷和销售这两本刊物的专有权。这些特权是非常有价值的,因为它们意味着其他任何人都不得出版老贝里街的审判,或者复制在新门监狱等待行刑的罪犯们煽情的陈述。[93]

17世纪80年代末,当詹姆士二世奋力保持对权力的控制时,许多未经特许的小册子和不折叠印页出现了,但定期出版报纸的风险依然太大。当国王在1688年12月流亡时,四本非官方的报纸创刊了,但它们没有延续多长时间,因为新任君主们——威廉三

---

[93] 迈克尔·哈里斯(Michael Harris),《审判与罪犯传记:发行的案例研究》(Trials and Criminal Biographies: A Case Study in Distribution),载于《1700年以来图书的销售与发行》(Sale and Distribution of Books from 1700),罗宾·迈尔斯(Robin Myers)和迈克尔·哈里斯主编(Oxford: Oxford Polytechnic Press, 1982),第1—36页;安德里·麦肯锡(Andrea McKenzie),《从真实的忏悔到真实的报道?〈日常牧师报告〉的衰落与消亡》(From True Confessions to True Reporting? The Decline and Fall of the Ordinary's Account),载于《伦敦学刊》(London Journal)第30卷,第1期(2005年5月),第55—70页。

世和玛丽二世（两人从1689年起共同执政，直到玛丽于1694年驾崩）——试图限制对政治发展的持续讨论。大众被警告说，新闻在出版之前应当先获得批准，所有牵涉未经特许出版的个人——作者、印刷商和商贩——都将被追诉。1689年的《权利法案》(Bill of Rights) 并未保障新闻自由，《伦敦公报》依然是唯一获得批准的报纸。下议院允许出版其投票结果，这一结果发表在一本官方监管的刊物上，但对议会的其他报道依然是对特权的侵犯。"光荣革命开启了新闻自由时代"的观点很快被如下事实所否定：1689年到1695年之间发生了17场有关未经特许的印刷的审判。[94]

特许制的崩溃

尽管如此，17世纪90年代是新闻出版物——特别是报道商业和金融的期刊——成长的一个重要时期。印刷信息发行量的增长与海外贸易的扩张、英格兰银行的创办和股份公司的成长有关。[95] 期刊是报道贸易和金融的理想载体，因为商业共同体的成员们需要关于股票和商品价格、轮船到港离港以及货物进出口的定期信息更新。17世纪伊始，伦敦就已经有市价表和入关报表，它们受到专

---

[94] 马克·戈尔迪（Mark Goldie），《导论》(Introduction)，载于：*CP*，第4卷，第ix—x页。施沃雷尔，《新闻自由与公众意见：1660—1695年》(*Liberty of the Press and Public Opinion: 1660-1695*)，第227—229页。

[95] 詹姆斯·雷文（James Raven），《18世纪英格兰的出版业》(*Publishing Business in Eighteenth-Century England*, Woodbridge, UK: Boydell Press, 2014)，第10—11页、第85页。

利权保护,使出版商通过售卖信息营利变得更加可行。随着17世纪末贸易的增长,对市场信息定期更新的需求增加,使得其他出版物甚至在没有专利优势的情况下也有可能兴起。从17世纪90年代开始,商人不仅可以订阅商品市价表和入关报表,还可以订阅列明股票价格和外国汇票本地交易价格的股票和汇率表,以及对多个港口轮船到港离港时间进行编目的海运清单。[96]另外,还有提供大量商业、制造业和农业信息和评论的周刊,例如约翰·霍顿(John Houghton)的《农牧业与贸易进步文集(1692—1703年)》[Collection for the Improvement of Husbandry and Trade (1692-1703)]。[97]

17世纪90年代也见证了对新闻特许制的支持的显著衰落。一些议员开始将特许制与恣意任性的规则和不受欢迎的垄断联系在一起。随着17世纪末政治派系——辉格党和托利党——的出现,审查制显然可以被当权的政党用作政治武器。作为《印刷法》核心的贸易限制也变得愈加不受欢迎。该法将印刷和图书销售活动限制在伦敦,且限制印刷机与印刷业主的数量。同时,它确认了出版商公会的垄断权及其会员通过在出版商登记册登记书目而享有的印刷权利。由于一小撮会员拥有最有利可图的作品,公会也极易招

---

[96] 麦卡斯克与格雷夫施泰因,《商业与金融新闻的开始:欧洲现代早期的商品市价表、汇率表和货币表》(*The Beginnings of Commercial and Financial Journalism: The Commodity Price Currents, Exchange Rate Currents, and Money Currents of Early Modern Europe*),第291—352页。

[97] 参见娜塔莎·格莱西耶,《英格兰的商业文化,1660—1720年》(*The Culture of Commerce in England, 1660-1720*, Woodbridge, UK: Boydell Press, 2006),第145—171页。

致来自内部的批评。事实上,当 1693 年《印刷法》面临续期时,几家印刷商和书商向下议院提出控诉,指责特许制使少数印刷商以制止煽动性出版物为借口支配了所有作品门类。议会确实为该法办理了续期,但仅续期一年,直到下届会期结束时为止。到 1695 年该法再次面临续期时,哲学家约翰·洛克已经准备好一份对特许制的书面批评,强调了审查制和贸易垄断的危害性。议员爱德华·克拉克(Edward Clarke)利用洛克的评论发起了反续期运动。克拉克提交了两项削弱出版商公会权力且消除或弱化特许制的议案,但到本期会议结束时,这两部议案都无法在委员会获得通过。结果,《印刷法》在 1695 年失效,却没有新的法规取代它。[98]

1695 年后,出版商公会不再享有对印刷的官方垄断权,也没有制止非会员、维护复制件上的权利的任何手段。尽管"盗版"一词早在 17 世纪中期就已经被使用,由于《印刷法》失效所带来的失序,它在 1695 年之后变得更加常见。助理法庭继续制裁印刷其他会员作品的出版商,但该问题超出了公会的控制能力。领导层的去世和破产削弱了公会的领导力,使情况进一步恶化。在这一背景下,"盗版"一词被用于指代违反存在已久的习惯的诸多行为,不论它们是不是非法的。被指责为盗版的行为不仅包括对整部图书一字不差地复制,也包括未经授权的缩略本和对现有作品的高度近似

---

[98] 特雷德韦尔(Treadwell),《17 世纪末的出版商及印刷法》(The Stationers and the Printing Acts at the End of the Seventeenth Century), 第 770—771 页; 马克·戈尔迪,《争论中的〈印刷法〉,1692—1693 年》(The Printing Act in Question, 1692-3), 载于: *CP*, 第 3 卷, 第 347—350 页; 马克·戈尔迪,《抵制特许制》(The Rejection of Licensing), 载于: *CP*, 第 3 卷, 第 413—421 页。

的模仿。[99] 1695 年之后的若干年，出版商公会不断向议会请愿，要求制定保护其会员权利，而且——据他们称——有助于制止煽动性作品和渎神作品传播的法规。但许多议员已经开始质疑特许制的有效性，且对针对公会垄断权的控诉心怀同情。尽管议员们同意某种形式的新闻管制是必要的，但议会未能在采取何种方案的问题上达成一致。1695 年《印刷法》失效后的 15 年内，有十余个议案被提交，但均未获通过。[100]

报纸的成长

1695 年后，报纸和期刊新闻快速成长。印刷不再需要获得特许官或出版商公会的批准，印刷机的数量和地点也不再受限制。仅就伦敦而言，1695 年的印刷厂数量是 45 家，而仅在十年后就增长到约七十家。[101] 出版后审查制仍然以追诉煽动性诽谤的形式存在。煽动性诽谤被理解为包括任何鼓励蔑视或嘲讽政府或其官员的公开陈述。尽管特许制在 1695 年终结了，但并没有法律保障不列颠群岛的新闻自由。另外，报道议会议程依然是非法的。上议院和下议院依

---

99 约翰斯，《盗版：从古登堡到盖茨的知识产权战争》，第 41—43 页。关于出版商公会的领导力，参见迈克尔·特雷德韦尔，《1695—1995 年：新闻自由三百年的思考》(1695-1995: Some Tercentenary Thoughts on the Freedoms of the Press)，载于《哈佛大学图书馆公告》(Harvard Library Bulletin) 新系列第 7 卷，第 1 期（1996 年春季刊），第 3—19 页。

100 马克·戈尔迪，《导论》(Introduction)，载于：CP，第 4 卷，第 ix—xxv 页。

101 特雷德韦尔，《17 世纪末的出版商及印刷法》(The Stationers and the Printing Acts at the End of the Seventeenth Century)，第 776 页。

然认为，将议会辩论出版或对议员们指名道姓是对议会特权的侵犯。一直到18世纪70年代，他们都坚持这些特权。[102]那些希望密切追踪议会活动的人只能求诸手写内部通讯；这些内部通讯的编写者努力在为精英顾客提供服务和避免与议会发生冲突之间取得平衡。[103]

尽管如此，在公众可获取的新闻期刊的数量和种类的意义上，1695年无疑标志着一个重大转折。1695年5月，至少五份新报纸在伦敦创刊，接下来数月还有几份新报纸出现。虽然许多报纸没有存活多长时间，但三份一周三期的报纸取得成功并一直持续到18世纪30年代，它们分别是：《飞翔邮报》（the *Flying Post*）、《小邮差报》和《邮差报》（the *Post Man*）。三份报纸都以"邮"为名，很显然，报纸依赖于定期的邮政递送服务（此时往返伦敦的邮政递送服务是一周三次）来获取新闻和将新闻分销给顾客。[104]但《印刷法》的失

---

[102] 汉伯格，《煽动性诽谤法的发展与对新闻界的管控》（*The Development of the Law of Seditious Libel and the Control of the Press*）；C. G. 吉布斯（C. G. Gibbs），《新闻与公众意见：展望》（*Press and Public Opinion: Prospective*），载于琼斯主编：《自由得到保障？1688年前后的英国》（*Liberty Secured? Britain before and after 1688*），第231—264页。

[103] 亚历克斯·巴伯（Alex Barber），《"说清楚我们的情况并不容易，更不用说将之写下"：18世纪早期手抄新闻持续的重要性》（"It Is Not Easy What to Say of Our Condition, Much Less to Write It": The Continued Importance of Scribal News in the Early 18th Century），载于《议会史》（*Parliamentary History*）第32卷，第2期（2013），第293—316页。

[104] 卡洛琳·尼尔森和马修·塞科姆，《英国的报纸和期刊，1641—1700年。在英格兰、苏格兰、爱尔兰和英属美利坚印制的系列的短标题目录》（*British Newspapers and Periodicals, 1641-1700. A Short-Title Catalogue of Serials Printed in England, Scotland, Ireland, and British America*, New York: Modern Language Association, 1987）；迈克尔·哈里斯，《伦敦报纸》（London Newspaper），（接下页）

效也意味着印刷商现在可以在其他城镇营业。到1705年,诺里奇、布里斯托、埃克塞特都有了报纸,而到1720年,伦敦以外的城镇已经有超过二十种报纸。[105] 民谣的情况亦是如此:1695年后设立的许多印刷厂带来了临时性的民谣,意味着这一行业不再像17世纪大部分时间那样集中在少数伦敦出版商手中。[106]

随着新闻和其他期刊的大量涌现,它们能否被作为财产对待的问题随之而来。出版商公会长期以来均承认对所有类型的印刷作品的专有权,不限于图书。为遵循该传统,1695年后议会考虑的一份法案曾打算确认印刷图书、小册子、肖像和"报纸"的"财产权或独占权"。[107] 同时,一部分政治领袖认为新闻出版应受特许制管理,即使其他形式的出版物不必如此。为回应1697年一份报纸上几篇引发异议的文章,下议院短暂地考虑一部"制止未经特许写作、印刷和出版任何新闻的法案"。[108] 尽管议会继续考虑各种措施,

---

(接上页)载于苏亚雷斯和特纳主编,《剑桥英国图书史》(The Cambridge History of the Book in Britain) 第5卷,第417—418页。

[105] 汉娜·巴克(Hannah Barker),《报纸、政治和英国社会,1695—1855年》(Newspapers, Politics and English Society, 1695-1855, Harlow, UK: Longman, 2000),第29、30页。

[106] 麦克沙恩,《版式设计问题:斯图亚特时期英格兰烙印的民谣与烫金的编策》(Typography Matters: Branding Ballad and Gilding Curates in Stuart England),第28页。

[107] 《印刷法案》(Printing Bill, 1695年11月),引自罗南·迪兹利,《论复制权的起源:记录18世纪英国的著作权法运动(1695—1775年)》[On the Origin of the Right to Copy: Charting the Movement of Copyright Law in Eighteenth-Century Britain (1695-1775), Oxford, UK: Hart, 2004],第15页。

[108] 迪兹利,《论复制权的起源:记录18世纪英国的著作权法运动(1695—1775年)》(On the Origin),第18页。

但类似法律均未获通过。而在1702年,安妮女王[Queen Anne,(1702年—1714年在位)]发布了一则公告,试图禁止"假新闻"和"反宗教及煽动性报纸和诽谤"的出版。[109]新闻特许制在议会中也有支持者,但这一问题仍然争议过大,无法取得共识。

因此,出版商公会为一部在不采用特许制的情况下保护"图书及其复制件的财产权"的法律展开游说。[110]在此背景下,出版商约翰·郝(John How)竭力主张,在保护更具学术性的大部头巨著——公会在立法请求中经常强调的那类作品——的同时,也需要保护报纸和小册子。郝在1709年写道:"当允许任何人享有我们这里这样的广泛自由,当新闻和其他任何类型的报纸被盗版,被一伙四处流浪的商贩沿街叫卖,从而严重损害和摧毁这类报纸的正当所有人时,世界上将没有文明的国家或文明的城市。"[111]郝建议议会通过一部法律,来保护所有形式的印刷品的财产权;他多次提及图书、小册子、报纸、地图、图表和图片,并总是加上"等"字,

---

[109] 《禁止传播假新闻、印刷和出版反宗教和煽动性报纸和诽谤的公告(1702年3月26日)》[A Proclaimation, for Restraining the Spreading of False News, and Printing and Publishing of Irreligious and Seditious Papers and Libels (26 March 1702], 载于:CP, 第4卷:第107—108页。另参见 J. A. 唐尼(J. A. Downie),《政治新闻的发展》(The Development of the Political Press), 载于《第一代政党时期的英国,1680—1750年》(Britain in the First Age of Party, 1680-1750), 克莱夫·琼斯(Clyve Jones)主编(London: Hambledon, 1987), 第117页。

[110] 《助理法庭令(1707年8月4日)》(Order of the Court of Assistants, 4 Aug. 1707), 摘自《法庭记录G册》(Court Book G), 第144v页, 载于:SC Myers, 第57卷。

[111] 约翰·郝,《对印刷和图书销售现状的一些思考》(Some Thoughts on the Present State of Printing and Bookselling, London, 1709), 第11页。

以表明他的列举是非穷尽的。他认为该法应明确禁止复制作品中的任何部分,且未经许可制作"概要"或缩略本应该是非法的。在郝看来,就连对现有标题的再利用或模仿都应该是违法的。[112]

这些建议均未被采纳。1710年初,议会通过了被称为第一部著作权法的法律,尽管"著作权"一词实际上并未出现在该法的文本中。虽然沿用了出版商公会所发明的"复制件上的权利"这一术语,新法的完整标题也宣告了这些权利的新的正当性基础。该法的名称是:《为鼓励知识而在本法指定时间内将印刷图书的复制件授予作者或者购买这些复制件的购买者的法律》(An Act for the Encouragement of Learning, by Vesting the Copies of Printed Books in the Authors or Purchasers of Such Copies, during the Times Therein Mentioned)。它为作者和"所有人"——即赞助出版的印刷商或书商——提供了在有限时间内印刷和销售图书的专有权。[113]该法没有提及报纸或其他期刊。这到底是疏忽还是有意限制著作权的客体,是个有待讨论的问题。但这是对先前新闻法规和出版商公会长期存在的习惯的偏离,这些习惯承认对范围广泛的作品——包括新闻出版物——的专有权。这一变革对新闻出版商和读者的重要意义将在下一章探讨。

---

112 约翰·郝,《对印刷和图书销售现状的一些思考》(Some Thoughts on the Present State of Printing and Bookselling, London, 1709),第8—16页。

113 《鼓励知识法(1710年)》(An Act for the Encouragement of Learning, 1710, 8 Ann. c. 19),第1条,可从PSC中获取。

第二章　18世纪英国的复制文化

17世纪，不列颠群岛的新闻出版受特许制和印刷特权的调整。18世纪期间，类似的安排在大多数欧洲国家延续。公报或期刊的出版商一般都享有在授予特权的国王或议会所统治的领土内的垄断权。[1] 相反，在英国，1695年《印刷法》的失效结束了新闻特许制和出版商公会的垄断。然而，1695年在多大程度上标志着出版业的转折仍然是一个有待讨论的问题。在当时，议会未能为特许制续期，这件事并未被看作开启了新闻自由时代而得到颂扬。审查制仍以追诉煽动性诽谤的形式存在，图书出版继续由少数伦敦出版商统治。[2] 不过，对于报纸而言，1695年无疑是一个转折点。发行报纸不再需要经过特许官或出版商公会批准，印刷机的数量和地点也不再受到约束。但特许制的终结也使对新近事件的报道主张专有权变得更加困难。既然任何人都可以出版报纸或周刊，还有什么方法可以制止竞争对手发行廉价复制件，更不用说将单篇文章复制后用在自己的

1　参见汉娜·巴克和西蒙·柏洛斯（Simon Burrows）主编，《欧洲与北美的报刊、政治和公共领域，1760—1820年》（*Press, Politics and the Public Sphere in Europe and North America, 1760-1820*, Cambridge: Cambridge University Press, 2002）。

2　马克·戈尔迪，《CP导论》（Introduction to *CP*），第4卷：第 ix—xx 页；约翰·费瑟，《英国图书市场：1600—1800年》（*The British Book Market, 1600-1800*），载于《图书史指南》（*A Companion to the History of the Book*），西蒙·艾略特和乔纳森·罗斯主编（Chichester, UK: Wiley-Blackwell, 2009），第239—243页。

出版物中？不受管制的报刊是否会被猖獗的盗版所摧毁？

1710年《鼓励知识法》（也被称为《安妮女王法》）为作者及其受让人规定了一定期限内印刷和销售其作品的独家权利。通过将作者认定为作品的原始所有者，且无需事前批准即授予他们专有权，《安妮女王法》代表着公共政策上的重大转变。通过允许作者出版他们希望出版的东西，保护印刷商和出版商在他们的作品上所做的投资，知识将得到鼓励。[3]出版商登记册仍然是文学财产的官方记录，但公会书记员如今被要求允许任何人（不论是不是公会会员）查询《登记册》，以了解哪些作品受到保护，且通过支付费用便可以登记他们自己的书目。为了实现鼓励知识的目标，该法还要求每部作品提交九份复制件供指定的图书馆使用。对于已有的作品，保护期为21年；对于该法实施后出版的作品，保护期为14年。如果在14年期限届满时作者仍然在世，那么该垄断权将再延长14年。[4]因此，《安妮女王法》宣告了出版商公会永久特权的终结和任何人都可以获得的、有期限的著作权的开始。

但是，法律的规定与出版业的运作之间是有差距的。虽然新法包含若干条可能使图书贸易发生革命性变革的条款，但在1710

---

[3] 马克·罗斯，《公共领域与著作权的诞生：〈论出版自由〉、出版商公会与〈安妮女王法〉》（The Public Sphere and the Emergence of Copyright: Areopagitica, the Stationers' Company, and the Statute of Anne），载于《特权与财产权：著作权史文集》（Privilege and Property: Essays on the History of Copyright），罗南·迪兹利、马丁·克雷奇默与莱昂内尔·本特利主编（Cambridge, UK: Open Book Publishers, 2010），第67—88页。

[4] 《鼓励知识法（1710年）》（8 Ann. c. 19）[下称《安妮女王法》（Statute of Anne）]，第1—3条、第5条、第11条，可从PSC中获取。

年后的几十年，印刷商和书商还是倾向于按照往常的方式继续其经营活动。有些人根本没有根据《安妮女王法》的规定登记其作品；另一些人则对交存的要求和法定的保护期限置之不理。伦敦主要书商继续购买和销售著作权（这个词在18世纪30年代后变得更常见），假定它们是永久的，而且他们还发展出实现其权利主张的商业策略。[5]当他们在法庭上受到挑战时，这些书商主张作者对其著作享有普通法上的财产权，这种财产权类似于土地上的财产权——它可以被购买和继承，但不会在一定年限后自动消失。他们的对手坚称，在已发表的作品上不存在永久财产权。相反，议会授予作者及其受让人一项临时垄断权，当这项垄断权期限届满时，任何人都可以自由再版该作品。这些论点在18世纪40年代到18世纪70年代之间被称为"书商之战"的一系列司法判例中发展起来。直到1774年，作为最高上诉法院的上议院才判决，任何人均有权复制按照《安妮女王法》的规定保护期已满的作品，从而解决了这一争议。[6]

---

[5] 威廉·圣·克莱尔，《浪漫主义时期的阅读国民》(*The Reading Nation in the Romantic Period*, Cambridge: Cambridge University Press, 2004）；詹姆斯·雷文，《图书行业：书商与英国图书贸易，1450—1850年》(*The Business of Books: Booksellers and the English Book Trade, 1450-1850,* New Haven, CT: Yale University Press, 2007）；伊莎贝拉·亚历山大，《19世纪的著作权法与公共利益》(*Copyright Law and the Public Interest in the Nineteenth Century,* Oxford: Hart, 2010）, 第20—28页、第47—49页。

[6] 马克·罗斯，《作者与所有者：著作权的发明》(*Authors and Owners: The Invention of Copyright,* Cambridge, MA: Harvard University Press, 1993）；罗南·迪兹利，《论复制权的起源：记录18世纪英国的著作权法运动（1695—1775年）》（接下页）

除了对已发表著作的权利来源和保护期的争议外,何种类型的作品可以获得著作权保护也存在不确定性。《安妮女王法》的前言提到"图书和其他著作",但随后的条款仅仅提到图书,且该法所明示的立法原理是要鼓励"有学识的人创作和撰写有用的图书"。[7] 提及"有用的图书"可以被解读为是议会有意限制可受保护的作品类型的标志,但没有证据证明这就是议会的原意。[8] 更重要的问题是那个时代的人如何解释和利用这部法律。由于该法主要指向图书,且多数司法判例皆以图书为中心,有时人们便假定报纸和其他期刊是完全不能获得著作权保护的。[9] 这种假定忽视了当时著作权法的范围——包括可受保护的作品范围以及著作权保护的范围——饱受争议的程度。另外,注意到整个18世纪态度和实

(接上页)[*On the Origin of the Right to Copy: Charting the Movement of Copyright Law in Eighteenth-Century Britain (1695—1775)*, Oxford, UK: Hart, 2004];以及 H. 托马斯·古梅兹-阿罗斯特圭,《1774年普通法中的著作权》(Copyright at Common Law in 1774),载于《康涅狄格法律评论》(*Connecticut Law Review*)第47卷,第1期(2014年11月),第1—57页。

7 《安妮女王法》第1条。

8 下议院和上议院确实对原始法案作出过修订,这些修订揭示了它们限制垄断权保护期、增进公众获取图书的意图。罗南·迪兹利,《〈安妮女王法〉(1710年)评注》(Commentary on the Statute of Anne (1710)),载于:*PSC*。

9 例如,参见詹姆斯·萨瑟兰,《复辟时期的报纸及其发展》(*The Restoration Newspaper and Its Development*, New York: Cambridge University Press, 1986),第42页;艾奥娜·伊塔利亚(Iona Italia),《18世纪文字新闻的兴起:焦虑的职业》(*The Rise of Literary Journalism in the Eighteen Century: Anxious Employment*, London: Routledge, 2005),第114页。

践的转变也是很重要的。[10] 在 1710 年时，报纸是否被排除出《安妮女王法》的保护范围，远不是那么清晰。事实上，1710 年后的若干年，一些作家和出版商对包括新闻和时事评论在内的多种出版物主张专有权。然而，到该世纪末，这类主张几乎都不存在了。本章描述这一转变，该转变对随后报纸的成长和它们在公共讨论中的角色至为关键。18 世纪发展起来的复制文化并非直接源自《安妮女王法》的语言或法院判决。相反，它取决于使著作权最终看起来不适合于报纸的出版实践的变革。在整个 18 世纪，一种特定类型的报纸——通过订阅方式销售、由广告资助，且包含范围较广的材料——在英语新闻业中占据统治地位。这些报纸的编辑和出版商们认识到，复制使新闻得以传播，也有利于对竞争对手发布的报道进行评论。他们本可以主张著作权，但是，考虑到当时新闻出版的运作方式，这么做将产生相反的效果。

早期的著作权登记

当《安妮女王法》在 1710 年生效时，它对从事新闻出版的作

---

10 对保护范围的更多论述，参见西蒙·斯特恩（Simon Stern），《在 18 世纪英格兰创造公共领域》（Creating a Public Domain in Eighteenth-Century England），载于《牛津在线手册》（Oxford Handbooks Online），2015 年 8 月网络出版；以及伊莎贝拉·亚历山大，《在 18 世纪和 19 世纪英国裁断侵权问题：一项棘手的工作"》（Determining Infringement in the Eighteenth and Nineteenth Centuries in Britain: "A Ticklish Job"），载于《著作权法史研究手册》（Research Handbook on the History of Copyright Law），伊莎贝拉·亚历山大和 H. 托马斯·古梅兹-阿罗斯特圭主编（Cheltenham, UK: Edward Elgar, 2016），第 174—194 页。

者和出版商看起来并非毫不相干或不可适用的。判断时人寻求保护的作品的一种方式是，考察他们在出版商登记册上登记的书目。不过，登记册不能被看作文学财产的完整记录，因为未完成对作品的登记并不意味着它就自动进入公有领域。为寻求法定救济——即没收未经许可的复制件和支付罚款——而提起诉讼则必须以登记为前提。这类救济可以通过王座法院（King's Bench）、民事诉讼法院（the Common Pleas）或财政法院（the Exchequer）获得。[11] 但在实践中，大多数文学财产权争议是在大法官法院（Court of Chancery）提起诉讼的。大法官法院是衡平法院，原告可以在此获取禁令，禁止被告印刷或销售未经许可的复制件。行业成员发现，禁令提供了比《安妮女王法》所提供的争取罚款的诉讼更简便也更有效的救济。而早在1716年，大法官法院就否定如下主张：如果一部作品未完成登记，那么任何人都可以自由地复制该作品。[12] 精明的出版商——尤其是那些咨询了律师的出版商——可能已经意识到，为了获取禁令，他们并不需要对作品进行登记，只要他们能够证明他们已经从作者

---

11 《安妮女王法》第1条、第2条。

12 H. 托马斯·古梅兹-阿罗斯特圭，《关于著作权禁令及"法律救济不足"要求，历史教会我们什么？》（What History Teaches Us about Copyright Injunctions and the Inadequate-Remedy-at-law Requirement），载于《南加利福尼亚法律评论》（Southern California Law Review），第81卷，（2008年），第1218—1250页。H. 托马斯·古梅兹-阿罗斯特圭《第一起依照1710年〈安妮女王法〉提起的著作权诉讼背后不为人知的故事》（The Untold Story of the First Copyright Suit under the Statute of Anne in 1710），载于《伯克利技术法期刊》（Berkeley Technology Law Journal），第25卷，（2010年），第1322—1323页注407中总结了"Stationers v. White"（1716年）案和随后的判决。

那里获得授权即可。而不为作品做登记的原因是多种多样的,从无知和冷漠,到关心图书馆交存的成本,再到对该法能否有效打击盗版的质疑。无论如何,一部作品未出现在登记册中不应被解读为著作权的丧失,而将登记册看作文学财产的完整记录也是错误的。[13]

就我们的目的而言,登记册确实提供了人们积极寻求《安妮女王法》保护的作品类型的线索。1710年后的那几年,人们为各种各样的非图书类出版物做了登记,包括不折叠印页、小册子、报纸、地图和铜版(用于生产雕版印刷品)。出版商长期以来都为各式各样的作品做登记,所以,1710年之后他们继续这么做也毫不奇怪。和17世纪的情况一样,登记的书目呈现了一系列类型和主题,从字典和舞台剧剧本到对演讲的报道和对战争的报道。以不折叠印页和小册子形式呈现的独立的新闻出版物实际上是1710年登记的最早的作品之一。这些新闻出版物包括各城镇和各郡向女王报告的正式演说,对演讲、庭审和行刑的报道,以及讨论当时的政治和宗教问题的小册子。[14]

---

13 与登记要求相关的问题和图书馆交存问题紧密相连。1775年的一部法律规定,如果未履行登记和交存要求,将无法获得《安妮女王法》所规定的侵权罚款。但是,法院仍然允许未经登记的作品财产权人获取禁令或者提起普通法上的损害赔偿诉讼。亚历山大,《19世纪的著作权法与公共利益》(*Copyright Law and the Public Interest in the Nineteenth Century*),第47—56页、第93页。旨在解决长期存在的与图书馆交存有关的争议的1814年《著作权法》明确规定,未经登记的作品并不丧失著作权。《修订数部鼓励知识法的法律(1814年)》(*An Act to Amend the Several Acts for the Encouragement of Learning*, 1814, 54 Geo. III c. 156),第5条。

14 《复制件登记,1710—1746年》(Entries of Copies 1710-1746),载于:*SC Myers*,第6卷。相关例子参见第11页、第14页、第17页、第21—22页、第24—25页、第36页、第56页、第64页、第78页。

当时最轰动的政治事件，也是导致第一起《安妮女王法》侵权诉讼的政治事件，是为"重罪和轻罪"而对托利党牧师亨利·萨谢弗雷尔（Henry Sacheverell）所进行的审判。该争议以萨谢弗雷尔的《11月5日》布道为中心，该布道对新教定居点提出批评，并质疑安妮女王部分大臣们的宗教信仰。该布道的印刷版可能已销售了十万份之多。[15] 对萨谢弗雷尔审判的报道的需求因此也将是很高的。许多与庭审有关的不折叠印页和小册子根据《安妮女王法》做了登记，但也有一个官方版本受到议会特权的保护。由此带来的斗争表明，维护庭审报道的著作权是可能的，但也表明了（即使在议会已经授予某个印刷商专有权的情况下，）垄断对事件的报道也变得越来越困难。

一场轰动的审判

在萨谢弗雷尔的审判开始前，下议院通过一项决议，禁止任何未经下议院许可而复制议员或证人陈述的出版物。另外，监督上议院审判的大法官任命雅各布·汤森（Jacob Tonson）为该审判的官方印刷商；其他任何人都不得出版对它的报道。汤森是他所处的时代最强大的图书出版商之一，而且他和将萨谢弗雷尔推向审判的辉格党领袖过从甚密。他和他的侄子还是《伦敦公报》和《下议院投

---

15 布莱恩·考恩（Brian Cowan），《对亨利·萨谢弗雷尔博士的国家审判》（*The State Trial of Doctor Henry Sacheverell*, Chechester, UK: Wiley-Blackwell, 2012），第1页。

票》(Votes of the House of Commons)的官方印刷商。对于汤森是否为上议院授予的特权支付了费用,抑或说他获得该特权是大法官的恩宠,这在当时有诸多猜测。无论如何,汤森都不仅仅依赖于上议院的命令,他还根据《安妮女王法》对他的作品做了登记。[16]

授予汤森特权可能是辉格党领袖压制关于审判的争论的一种努力,但这一策略并未奏效。托利党出版了自己的版本,并也根据《安妮女王法》做了登记。书商兼报社主编亚伯·罗珀(Abel Roper)是第一个这么做的人。事实上,罗珀通过将汤森而非他自己的名字印在扉页上,试图将其作品伪装成官方版本。被激怒的汤森在报纸上发表声明,批评罗珀的版本是"伪造的"和"有缺陷的"。[17]他还向上议院提起控诉,后者以罗珀侵犯特权为由将其逮捕。但罗珀通过支付保释金被释放了,也没有相关的审判记录。最终,汤森无法阻止罗珀销售其图书。该书满足了对托利党版本的市场需求,并因罗珀在其报纸——《小邮差报》(Post Boy)——中的宣传而获益。[18]

---

[16] H. 托马斯·古梅兹-阿罗斯特圭,《第一起依照1710年〈安妮女王法〉提起的著作权诉讼背后不为人知的故事》(The Untold Story of the First Copyright Suit under the Statute of Ann in 1710),第1266—1265页;考恩,《对亨利·萨谢弗雷尔博士的国家审判》(The State Trial of Doctor Henry Sacheverell),第273页;《复制件登记,1710—1746年》(Entries of Copies 1710-1746),第24页、第32页。

[17] 《复制件登记,1710—1746年》,第40页(罗珀的登记);考恩,《对亨利·萨谢弗雷尔博士的国家审判》(State Trial),第17—18页(见汤森的引文)。

[18] H. 托马斯·古梅兹-阿罗斯特圭,《第一起依照1710年〈安妮女王法〉提起的著作权诉讼背后不为人知的故事》,第1266—1274页;考恩,《对亨利·萨谢弗雷尔博士的国家审判》,第18—21页。

对萨谢弗雷尔审判的另一版未经授权的报道是由约翰·贝克（John Baker）发行的，他也根据《安妮女王法》对其书目做了登记。他能够这么做，预示着一个重要的转变正在发生。1710年《安妮女王法》生效之前，出版商公会对登记册有完全的控制权。依照公会的习惯，书记员在将作品记入登记册之前会核实该作品未侵犯任何现有权利，而会员们总能找到方法拦截相同主题的竞争性作品。[19]《安妮女王法》向所有人开放登记，包括像贝克这样既不是印刷商，对激怒汤森——公会资历最老的会员之一——也毫无顾忌的人。另外，该法还规定，如果书记员拒绝登记书目，他将被处以罚款，由此使作者或出版商无法阻止他人登记采用近似书名的作品。[20]不过，应当记住，登记仅仅是对所有权的主张，这一点尤为重要；当发生诉讼时，该主张的有效性还有待法官判定。

贝克版审判报道的广告号称，它比任何现有的版本都要"全面"，并承诺如果读者不满意，可以保证退款。它之所以更全面，是因为贝克收入了从汤森和罗珀已有报道中获取的材料。由于很明显贝克复制了汤森的报道，汤森援引他通过上议院命令和《安妮

---

[19] 阿德里安·约翰斯,《图书的性质：演进中的印刷与知识》(The Nature of the Book: Print and Knowledge in the Making, Chicago: University of Chicago Press, 1998), 第218页。

[20] H.托马斯·古梅兹-阿罗斯特圭,《第一起依照1710年〈安妮女王法〉提起的著作权诉讼背后不为人知的故事》(The Untold Story of the First Copyright Suit under the Statute of Ann in 1710), 第1292—1311页;《安妮女王法》第3条。出版商公会的一个委员会在1710年春召开会议，确定"维护《登记册》最妥当的方法"，但对于他们作出什么决定没有任何记录。登记于1710年4月18日,《法庭记录G册》, 第178v页, (SC Myers) 第57卷。

女王法》获得的权利向大法官法院申请禁令。他获得了一个临时禁令，并发布广告提醒所有业内成员尊重法院的命令。为保险起见，他还出版了自己对该审判的更便宜的八开本版报道。作为回应，贝克聘请了一名事务律师挑战大法官法院对本案的管辖权，但他从未积极要求庭审，所以禁令继续有效。汤森很快便发布了他的更廉价的版本，而贝克似乎就此便停止了为自己的版本做广告宣传。[21]

汤森成功获得针对贝克的禁令，表明保护对一宗轰动的审判的报道是可能的；而他无法阻止罗珀的版本则表明，垄断对审判的报道是不可能的，即使有上议院的命令。[22] 罗珀能够继续销售其未经授权的版本，可能表明他拥有一个有效的发行体系。但汤森的发行体系甚至更加有效。正如图书贸易的惯常实践那样，汤森通过与书商们——这些书商结成被称为"康格"（congers）的协会——勾结来保护其文学财产。康格的会员将购买其他会员出版的图书复制件，并同意遵守一个设定的零售价，从而避免竞争并保证彼此的图书更大范围的发行。为了进一步捆绑他们的利益，他们将一些作品的著作权分成股份。每位持股人在监督这些图书的快速发行方面都利益攸关，由此使盗版版本更难成功。通过同意切断任何给买卖未授权复制件的零售商的图书供应——一项可能有强大效果的报复威

---

[21] H. 托马斯·古梅兹-阿罗斯特圭：《第一起依照 1710 年〈安妮女王法〉提起的著作权诉讼背后不为人知的故事》，第 1311—1320 页。

[22] 在 1716 年上议院的另一宗案件中，汤森的侄子小雅各布·汤森（Jacob Tonson Jr.）成功利用上议院的命令制止了竞争对手的版本，并惩罚了那些对它负有责任的人。H. 托马斯·古梅兹-阿罗斯特圭，《第一起依照 1710 年〈安妮女王法〉提起的著作权诉讼背后不为人知的故事》，第 1324 页。

胁——康格进一步阻止了盗版业。对英国图书贸易的一项经典研究将这类共谋行动所提供的保护称之为"事实上的著作权"（de facto copyright）——一项有效的财产权主张，因为它被行业成员所遵守，而不论其法律基础是什么。[23]

在18世纪10年代保护期刊

虽然《安妮女王法》未提及报纸和其他期刊，但一些报纸和期刊已经做了登记。在18世纪10年代，至少有24种不同的期刊做了登记，包括以小品文为主的期刊，如《旁观者》（Spectator）和《卫报》（Guardian），2种1周3期的报纸（《飞翔邮报》和《邮差报》），以及1种1周2期的市价表。[24] 有些权利人以一次数十份甚至几百

---

[23] 格雷厄姆·波拉德（Graham Pollard），《英国印刷图书市场：桑德斯讲座，1959年》（The English Market for Printed Books: The Sandars Lectures, 1959），载于《出版史》（Publishing History）第4卷（1978年），第27—29页。另参见伊莎贝拉·亚历山大，《全因数字经济而改变：18世纪早期的著作权和商业模式》（All Change for the Digital Economy: Copyright and Business Models in the Early Eighteenth Century），载于《伯克利技术法期刊》（Berkeley Technology Law Journal），第25卷（2010年），第1358—1361页。

[24] 《复制件登记，1710—1746年》（Entries of Copies 1710-1746）。从1710年到1719年间，按照时间顺序，做了登记的系列刊物包括：《闲谈者》，《雅典新闻或邓顿的神谕》（Athenian News, or Dunton's Oracle），《审查者》（Examiner），《邮差报》，《混合曲》（Medley），《每月天气报》（Monthly Weather Paper），《旁观者》，《英国信使》（British Mercury），《狂想曲》（rhapsody），《卫报》，《英格兰人》（Englishman），约翰·弗里克（John Freke）的《股价报》（Prices of Stocks & c.），《飞翔邮报》，《每周信息》（Weekly Packet），约翰·阿普（接下页）

份的方式对期刊进行批量登记,有些则只对标题做一次登记,然后标明该刊物"将每周持续更新"。如果一份期刊每期6便士的登记费和提交9份复制件的交存要求被执行,那么,这一成本将打消出版商登记期刊和报纸的念头。但是,由于该法没有规定关于期刊的明确条款,所以,并不清楚是不是每期期刊都必须单独登记。有些作家和出版商不顾这一不确定性而对期刊加以登记,表明他们希望寻求对这些刊物的某种程度的专有权。

其中一种动机是保护以图书形式再次发行期刊的权利。理查德·斯蒂尔(Richard Steele)创办的《闲谈者》[*Tatler*(1709—1711年)],以及(特别是)斯蒂尔和约瑟夫·艾迪生(Joseph Addison)创办的《旁观者》正是整个18世纪以合订本形式再版并广为传阅的期刊的范例。《闲谈者》融合了一系列新闻文字、反映当时兴趣的小品文,以及广告。1709年末,当时最臭名昭著的文学盗版商小亨利·希尔斯(Henry Hills Jr.)复制了《闲谈者》的前一百期内容,并将之装订成册。他的想法是,通过将《闲谈者》以图书形式再包装而从对该刊物的兴趣者中渔利,但他这么做并没有征得任何人同意。印刷商约翰·纳特(John Nutt)急忙代表斯蒂尔将《闲谈者》登记在《出版商登记册》中,主张对这些文本在任何可以想象得到的出版形式上——对开本、八开本、十二开本、"以及所有任何卷册"——的

(接上页)比(John Applebee)的《周刊》(*Weekly Journal*),《牢骚者》(*Grumbler*),罗伯特·莫森(Robert Mawson)的《周刊》(*Weekly Journal*),《审查者》,《邮差报》,《罗宾的最后一班》(*Robin's Last Shift*),《换挡》(*Shift Shifted*),《徐福特的最后一班》(*Shift's Last Shift*),《自由人》(*Freeholder*),以及《大不列颠每周信息》(*Great Britain's Weekly Pacquet*)。

"财产权"。[25]纳特还印制报纸声明,谴责希尔斯的版本是破旧且有缺陷的,并承诺即将交付整洁而正确的版本。希尔斯撤退了,但他的行动却刺激了出版业的一种创新:将成功的期刊以图书形式再次发行。[26]在《闲谈者》之后发行的《旁观者》包含了关于社会、文化和经济主题的生动的小品文。它在出版之时就批量登记在出版商登记册中,而再版合订版本的权利在此后几十年里仍非常有价值。[27]

对于报纸,推动18世纪10年代登记的主要因素,是1712年《印花税法》(Stamp Act)通过后整体的竞争氛围。《印花税法》要求,印刷在半页标准纸上的报纸必须支付每份半便士的印花税;印刷在整页标准纸上的报纸每份必须支付一便士。但该法没有具体规

---

[25] 《复制件登记,1710—1746年》(*Entries of Copies 1710-1746*),第12页。第一条登记涵盖第1期到第200期。后来的一条登记主张对第201期到第400期的类似权利(第76页)。两条登记都仅支付6便士登记费。

[26] 关于这整个事件,参见里士满·P.邦德(Richmond P. Bond),《盗版者与〈闲谈者〉》(The Pirate and the *Tatler*),载于《图书馆》(*The Library*),第5册,第18卷,第4期(1963年12月),第257—274页;以及卡尔霍恩·温顿(Calhoun Winton),《〈闲谈者〉:从半页纸到图书》(*The Tatler*: From Half-Sheet to Book),载于《散文研究》(*Prose Studies*),第16卷,第1期(1993年4月),第23—33页。

[27] 《复制件登记,1710—1746年》,第113页、第118页、第129页、第134页、第136页、第149页、第165页、第173页、第219页、第227页。汤森诉柯林斯案(*Tonson v. Collins*,1761年,1762年二审)正是以《旁观者》为中心,但双方均未提及最初以系列形式出版的出版物。到18世纪60年代,著作权的价值在于以图书形式重印合订文章的专有权利。而且,当时《安妮女王法》所规定的保护期已经届满,所以本案取决于作者是否享有可以超过该法规定的保护期的普通法上的权利。罗南·迪兹利,《汤森诉柯林斯案(1762年)评注》[Commentary on *Tonson v. Collins* (1762)],载于:PSC。

定什么是报纸（因此必须缴税），也未包含针对印刷在超过整张标准纸上的报纸的条款。[28] 结果，一些印刷商增加其刊物的篇幅，将它们作为小册子而非报纸来登记，由此支付低得多的税金，即一份小册子中每张纸两先令，而不是每份报纸一便士。其他印刷商则公然违反该法，通过将刊物印刷在未加印花的纸张上来逃避缴税。那些交了税的印刷商不得不提高售价，所以他们怨恨与之竞价的未加印花的报纸。虽然印刷商和书商在这种背景下有时也使用"盗版"一词，但他们更多地是指损害其销售额的"盗版印刷商们"的削价行为，而不是未经许可复制单篇文章。[29]

许多报纸和周刊在18世纪10年代创刊，它们大部分模仿现有的刊物。这种模仿通常始于刊名，这使得那些认为刊名应当专有的人们倍感失望。1714年，罗伯特·莫森（Robert Mawson）发行一份名为《周刊》（Weekly Journal）的报纸，而仅在一年内，他就抱怨道"有两家盗版印刷商出版假冒的《周刊》，售价为一便士……仅仅是从其他报纸摘编的文章合集"。[30] 约翰·阿普比（John Applebee）是这两家印刷商之一。尽管他创刊比莫森晚九个月，但实际上阿普比最先根据《安妮女王法》登记该刊物。同时，他通过将报纸更名

---

[28] 《征收若干种税的法律》（An Act for Laying Several Duties），1711年（10 Ann. c. 19），第101条。注意，第112条取消了遵守该法规定的超过两张标准纸的小册子上的所有"财产"权利，但该条并未提及报纸。

[29] 迈克尔·哈里斯，《沃波尔时代的伦敦报纸：现代英国媒体起源研究》（London Newspapers in the Age of Walpole: A Study of the Origins of the Modern English Press, Cranbury, NJ: Associated University Presses, 1987），第19—22页。

[30] 《周刊》（Weekly Journal）（伦敦），1715年2月19日，引自萨瑟兰，《复辟时期的报纸及其发展》，第34页。

为《原版周刊》(Original Weekly Journal)来吸引大众。莫森登记了其报纸的"附录"和"增刊",意味着他寻求保护这些特定的文章,防止他人复制。且他还做了更加系统的登记,主张对"1714年1月1日到1715年8月27日所有日期内的《周刊》"的所有权。[31] 可叹的是,这一登记并未阻止他人以相同的刊名印刷类似刊物。最终,莫森放弃了他的《周刊》,而创办一份同样采用通用名称的新刊物:《新闻通讯》(News Letter)。莫森挖苦地宣布,任何寻求其施舍的"盗版印刷商或贩卖书商"都将获得其完全的许可,"以印刷《周刊》,无须因缺少其他工作机会而自寻短见"。[32]

读者们被警告应小心那些试图将自己的刊物伪装成他人刊物的无良印刷商。《牛津邮报》(Oxford Post)的弗朗西斯·克里夫顿(Francis Clifton)在1718年批评詹姆斯·里德(James Read)的这一行径。"我非常清楚",克里夫顿写道,"这个大盗版印刷商通过以《牛津邮报》为名印刷和出版报纸,有意侵犯我的权利"。在克里夫顿看来,里德试图通过将克里夫顿的姓名首字母印在报纸上并使用"与卷首插图相同的数字"来欺骗读者。克里夫顿敦促消费者核实"我的名字被准确而完整地拼写,印在首页和末页的底部,如果有一个字母与这张报纸的不同,你可以确信整一份都是假冒的"。[33] 印

---

31 《复制件登记,1710—1746年》(Entries of Copies 1710-1746),第214页、第227页、第229页。

32 《新闻通讯》(伦敦),1716年1月7日。

33 《牛津邮报》1718年1月6日,引自哈里斯,《沃波尔时代的伦敦报纸:现代英国媒体起源研究》(London Newspapers in the Age of Walpole: A Study of the Origins of the Modern English Press),第142页。

刷商在排版时偶尔会犯错,这一事实提供了一种区分复制版和原版的方法。鉴于这一时期模仿与假冒盛行,印刷商提醒读者们注意这类细节。

复制文化

担心转载单篇文章的作者和出版商比那些担忧假冒版本和对刊名的利用的人面临更大的障碍。诚然,部分复制的问题影响报纸之外的许多类出版物。例如,参考书通常是从现有作品中汇编而来的。尽管像字典和百科全书这样的汇编作品也被视作适格的文学财产,但其他编写者往往并不尊重作品中单个组成部分的权利。首次出版于1728年的伊弗雷姆·钱伯斯(Ephraim Chambers)的《百科全书》(Cydopaedia)到该世纪中叶仍是英国最具价值的著作权。虽然钱伯斯因他以新的方式编排和呈现已有材料而将自己称为《百科全书》的"作者",但他从未主张组成整体的各个部分是他的功劳。他说:"这本书不是我的,它是每个人的,是一千块腰肉的合成物……如果你自己曾经写过任何东西,那么这里面有可能有些东西是你的。"[34] 钱伯斯和百科全书的其他编写者在文学财产权问题上

---

[34] 伊弗雷姆·钱伯斯(Ephraim Chambers),《百科全书:艺术与科学通用词典》(Cydopaedia: Or, An Universal Dictionary of Arts and Sciences, London, 1728),第1卷:第 xxix 页,引自杰夫·洛芙兰(Jeff Loveland)和约瑟夫·雷格尔(Joseph Reagle),《维基百科与百科全书生产》(Wikipedia and Encyclopedic Production),载于《新媒体与社会》(New Media and Society),第15卷,第8期(2013年),第1300页。

处在复杂的位置上。他们捍卫摘录、缩编现有作品的权利,以创作使公众得以获取知识的新汇编作品。但他们也主张,他们对材料仔细的选择和安排应当获得著作权保护。通过这种方式,他们主张对自己的汇编作品的财产权,而将他们再次利用现有作品的行为合法化。[35]

对百科全书历史的新近研究借用动物学术语"共识主动性"(stigmergy)来描述依赖于诸多个人撰稿的出版物,这些个人并不必然知晓他们在为同一部作品撰稿,就像黄蜂和白蚁通过对先辈和同辈建造的结构进行改造和添加而建造自己的住处那样。[36] 报纸的价值显然比百科全书的价值更具有时效性。尽管如此,早期的报纸取材于一系列现有的信息源,在这个意义上,它们也可以被看作共识主动式的合作作品。一份报纸或期刊的撰稿人并不必然知晓还有谁在为同一本刊物撰稿,或者印刷商/主编会在其文章的同一页选择和安排哪些其他文章。期刊与百科全书具有相似性:期刊生产者必须能够对现有作品的一些部分进行再利用,但又要保护自己免遭制作其产品廉价替代品的整本的复制行为的伤害。正是基于这一原因,一些期刊、报纸和市价表的出版商根据《安妮女王法》对其刊物进行登记。

保护单篇报纸文章的努力则更加罕见,不过,1710 年,作家约翰·德·冯维夫(John De Fonvive)确实将其报纸——《邮差

---

35 理查德·杨(Richard Yeo),《百科全书式的视角:科学词典与启蒙文化》(Encyclopaedic Visions: Scientific Dictionaries and Enlightenment Culture, Cambridge: Cambridge University Press, 2001),第 208—209 页、第 215—216 页。

36 洛芙兰和雷格尔,《维基百科与百科全书生产》,第 1298 页。

报》——的若干期作了登记,试图阻止他人转载题为《荷兰战争状态序言》(The Preamble to the State of the War of the Dutch)的系列文章。[37] 该文本实际上是呈交给荷兰总督的一份官方文件;也许它是专为《邮差报》而作的译稿。无论如何,德·冯维夫的登记清楚显示,他试图从时人对该文件的兴趣中获取尽可能多的收益,而不是对其报纸上的所有内容主张专有权。一些权利人对单期报纸作了登记,无疑是为了保护有价值的文章,但这种做法仍然是极其罕见的。[38]

阻止竞争对手复制单篇内容的一种更为常见的策略,是改变刊物出版的日期或时间。要阻止周报再利用日报上的材料,或者阻止晚报窃取早报的内容,是更加困难的。1709 年创刊的《晚邮报》(*Evening Post*)将出版时间定在正好可以随开往乡间的晚班邮车离开伦敦的时候。《晚邮报》非但没有掩饰其对各种早报的依赖,反而声称其为顾客提供了非常有价值的服务。页面顶端的横条宣称,"本报在每个邮递日夜晚六点整出版"且"包含了所有其他新闻的内容及新鲜的见解"。[39]《晚邮报》的模式将被接下来数年、数十年的无数晚报所效仿。在每天较晚的时候印刷使其得以转载从各类早报中获取的材料,并增加最新突发新闻作为补充。

---

37 《复制件登记,1710—1746 年》(*Entries of Copies 1710-1746*),第 88—91 页,(*SC Myers*)第 6 卷。

38 除了前面所引用的莫森的例子外,詹姆斯·罗伯特兹(James Roberts)在 1716 年也对两期《邮差报》作了登记。《复制件登记,1710—1746 年》(*Entries of Copies 1710-1746*),第 233 页。

39 《晚邮报》(伦敦),1710 年 1 月 26—28 日。

18世纪10年代末，作家约翰·托兰（John Toland）在为他的一名政治赞助人准备的政策建议书中提出了一项巧妙方案，以解决晚报复制早报的问题。托兰注意到晚报的大部分新闻都是从早报复制而来，增加了"一些新鲜的文段，这些文段通常由丑闻和煽动性言论组成"。[40] 根据托兰的观察，在晚报出现之前，伦敦人在阅读完早报后，会将报纸寄送给乡间的亲朋好友，由此增加了邮局的收入，并提升相对温和的早报的发行量。如今，晚报削减了早报的销量，还传播了更多讲述丑闻的著作。托兰还声称，晚报对复制行为的依赖迫使官方的《伦敦公报》将出版时间推迟到"深夜，以防被这些晚报所盗版（用书商的话说）"。出版的延迟进一步使读者的注意力从《伦敦公报》转向晚报。托兰的建议书建议加强对报纸的管制，以更好地服务政府的利益，保护"臣民的财产"。他所指的是早报所有者的权利。托兰将晚报描述为"对作者和其他报纸所有者的明显不公。这些作者和其他报纸所有者为获取国内外情报付出了巨大努力和巨额费用，而晚间复制其报纸的那些盗版者抢夺了其勤劳的果实，却无须付出更多辛劳或费用"。[41]

个人能对其劳动成果主张权利，这一思想可以追溯到约翰·洛克最早在1690年发表的对财产权起源的极富影响力的论述。洛克主张，财产权来源于个人对其身体劳动的自然权利。通过耕种未被主张权利的土地，个人将其劳动与土地"混合"在一起，由此占有

---

40 约翰·托兰，《管制你们的报纸的建议（1717年？）》（Proposal for Regulating ye Newspapers [1717?]），载于：*CP*，第4卷，第204页。

41 前引，第204—205页。

了土地。这一推理同样适用于从公地上采集到的果实：采撷果实使它变成采集者的财产。[42] 洛克的基本思想对随后许多关于文学财产权的争论产生了巨大影响，尤其是18世纪中叶的数十年，当时，伦敦书商正处在一系列法庭斗争中，争取确认作者对其精神劳动享有不受《安妮女王法》限制的普通法上的权利。[43] 在其政策建议书中，托兰将非常类似的思想应用于新闻采编上，他主张，搜集"情报"所付出的"痛苦"和"费用"证明，从这些情报中获利的专有权是正当的。托兰正在搜集尽可能多的论点来支持对报纸采取新的管制的观点，他似乎认为，在这一背景下，政府诉诸"作者与所有者"的权利是明智的。他的观点是，更严格的管制能够增加政府岁入，并限制讲述丑闻的著作的传播，同时保护守法出版商免遭"不公"。为了实现这些目标，托兰建议应填补《印花税法》中的漏洞，并完全禁止下午和晚间的报纸。为了阻止盗版并鼓励更为体面的早间出版物，他认为所有新闻都必须在上午十点前出版。[44]

《印花税法》于1725年修改，部分是因为缴纳印花税的报纸所有者们游说的结果，他们早已厌倦了未缴纳印花税的报社的压价销售行为。关于纸张页数的漏洞被填补了，但托兰禁止下午和晚间出

---

42 约翰·洛克，《政府论》(*Two Treatises of Government*)，彼得·拉斯莱特（Peter Laslett）主编，学生版（Cambridge: Cambridge University Press, 1992），第287—289页。

43 参见罗斯，《作者与所有者：著作权的发明》(*Authors and Owners: The Invention of Copyright*)。

44 托兰，《管制你们的报纸的建议（1717年？）》(Proposal for Regulating ye Newspapers [1717?])，第204—206页。

第二章 18世纪英国的复制文化　　*111*

版物的建议未被采纳。缴纳印花税的晚报兴盛起来，虽然《印花税法》的用语愈加清晰，未缴纳印花税的报纸还是继续出现。最终，在已缴印花税的报社支持下，政府通过抓捕分销未缴印花税报纸的报贩而查禁了这类报纸。1743年的一部法律明确规定了销售未缴印花税报纸的罚款和徒刑，强有力的执法很快将这类报纸赶尽杀绝。[45]

如晚报的所有者那样，伦敦外的城镇印刷商也以复制行为营生。通过加入来自伦敦和国内其他地区报纸的报道，外省报纸提供了新闻的摘要，为读者节约进一步订阅的费用和邮资。在本地附近印刷的报纸也有包含本地人感兴趣的新闻和广告的优势。到18世纪20年代初，已有二十多家外省报社，大多数分布在从伦敦辐射出来的主要邮路上。它们大部分都未曾主张原创性。有些甚至通过指明信息源并声明不负责报道的准确性来否认其与所复制材料之间的关系。[46]另一些报社强调，每周一次的出版周期使他们有时间过滤掉伦敦出版的日报或一周两期的报纸上常有的谣言和矛盾。得益于道路的修缮和更加快捷的马车服务，运输时间有所下降，但是，外省报纸每周出版一期，这意味着在伦敦首次发表的新闻和在其他地方的转载之间至少会有一天——通常不止——的迟延。在这

45　哈里斯，《沃波尔时代的伦敦报纸：现代英国媒体起源研究》(*London Newspapers in the Age of Walpole: A Study of the Origins of the Modern English Press*)，第21—22页、第29—30页。

46　R. M. 维尔斯（R. M. Wiles），《最新鲜的消息：英格兰早期的外省报纸》(*Freshest Advices: Early Provincial Newspapers in England*, Columbus: Ohio State University Press, 1965)，第14—16页、第23—24页；G. A. 克兰菲尔德（G. A. Cranfield），《外省报纸的发展，1700—1760年》(*The Development of the Provincial Newspaper 1700-1760*, Oxford, UK: Clarendon Press, 1962)，第10—12页、第28—29页。

一背景下，伦敦的报社所有者没有什么理由抱怨其他地区的报社摘编其新闻的方式。[47]而在整个19世纪，正如第五章将要讨论的，伦敦报界与外省报社之间的互动关系显著改变，导致对读者群更加直接的争夺和对盗版的更多担忧。

但是，18世纪的文化和经济因素对"报纸文章的文学财产权"这个主意是不利的。匿名作品相当普遍。除了从其他刊物翻译或复制的文段和小品文外，报纸上含有由读者提交的匿名或署笔名的信件，以及由未署名但"尊贵的"人（商人和军官是常见的信息源）所写的报道。习惯于不指明每个文本的作者，部分原因是报纸内容的混杂性，但也有政治和文化上的原因。一些作家希望避免因煽动性诽谤而遭追诉，另一些则单纯希望避免将自己与某个特定的观点建立联系。当时，许多作家赞颂在公共事务讨论过程中秉持非个人化立场的能力，也赞颂为大众而非以个人名义说话的能力。匿名有利于这一时代论辩的开展。[48]

伦敦报刊的行业组织形式也不利于将报纸文章视为专有的思想。到1730年，将报纸和周刊的所有权划分成股份的做法变得普遍。8到12名股东——有时可能更多——的共同所有权分担了出版

---

[47] 维多利亚·E. M. 加德纳（Victoria E. M. Gardner），《英国的新闻行业，1760—1820年》（*The Business of News in England, 1760-1820,* Basingstoke, UK: Palgrave Macmillan, 2016），第2—4页、第24—28页、第138—161页。

[48] 加德纳，《英国的新闻行业，1760—1820年》，第27页、第38页；迈克尔·华纳（Michael Warner），《共和党人的信件：18世纪美国的出版物和公共领域》（*Letters of the Republic: Publication and the Public Sphere in Eighteenth-Century America,* Cambridge, MA: Harvard University Press, 1990）。

的经济风险,并以股息形式为合伙人提供了一份副业收入。至关重要的是,这也为他们提供了其他产品的广告渠道。书商在股东名单中占据统治地位,这有助于解释为什么在18世纪的报纸上有大量的图书广告。其他股东包括戏剧经理人、拍卖商,有时还包括刊物的主要作者或主编。成功的报纸有望销售两千到三千份,有时还更多,但盈利性取决于广告,而股东有引进付费声明的责任。[49] 18世纪报纸留给广告的版面反映了自17世纪以来的重大变化,在17世纪的报纸中,广告相对是较少的。在英格兰最早的日报《每日新闻》[Daily Courant(1702—1735年)]中,每期四页的报纸上,广告占了一半,有时甚至是三分之二的版面。《每日邮报》(1719—1746年)和《每日广告报》[Daily Advertiser(1731—1798年)]将四分之三的版面留给广告,包括头版的大部分版面;而1730年后,大多数日报都在其报名上使用"广告报"(advertiser)一词。[50] 股东们将日常运营交给印刷商和主编们,后者浏览其他报纸,以寻找可供复制的文段和小品文,特别是他们可以用来嘲讽或批评其竞争对手的材料。这种取巧占上风的伎俩是伦敦报刊的一大特色,只要他们的

---

[49] 哈里斯,《沃波尔时代的伦敦报纸:现代英国媒体起源研究》(London Newspapers in the Age of Walpole: A Study of the Origins of the Modern English Press),第四章;迈克尔·哈里斯,《伦敦报纸》(London Newspaper),载于《剑桥英国图书史》(The Cambridge History of the Book in Britain),迈克尔·F. 苏亚雷斯和迈克尔·特纳主编,第5卷,1695—1830年(Cambridge: Cambridge University Press, 2009),第413—433页。

[50] R. B. 沃克(R. B. Walker),《伦敦报纸中的广告,1650—1750年》(Advertising in London Newspapers, 1650–1750),载于《商业史》(Business History)第15卷,第2期(1973年7月),第122页。

报社在经济上表现良好，所有者们就没有理由抱怨对单篇文章的复制行为。事实上，他们知道自己的报纸依赖于复制行为。

杂志的出现

18世纪10年代后，极少有报纸所有者根据《安妮女王法》为报纸做登记，期刊的登记总数从18世纪10年代的24件下降到18世纪20年代的3件，再到18世纪30年代的0件。[51]登记数量的下降可能由几个因素造成。有些印刷商和书商可能意识到，未作登记并不会妨碍其获取针对未经授权的复制件的禁令。[52]其他人可能决定避免为不确定的保护而登记和交存作品的麻烦和成本。许多人可能认为著作权是非必要的。但是，登记量的下降不能被解释为证明没有人对报纸或其他期刊的文学财产权问题感兴趣。事实上，在18世纪30年代，就有一段关于该主题的简短但重要的讨论。

该讨论的背景是第一本成功的月刊的问世。1731年由爱德华·凯夫（Edward Cave）创办的《绅士杂志》（Gentleman's Magazine）包含了从报纸和周刊中摘录的新闻和小品文。尽管此后数年凯夫增加了杂志中原创材料的数量，但在18世纪30年代，他从其

---

51 《复制件登记，1710—1746年》（Entries of Copies 1710-1746）。18世纪20年代的登记包括：《牧师的最后一班岗；忠诚者周刊》（The Church-Man's Last Shift; or, Loyalists Weekly Journal）（第278页）；《圣詹姆斯邮报》（St. James' Post）（第293页）；《希思科特情报：国内外最新消息合集》（Heathecote's Intelligence, Being a Collection of the Freshest Advices Foreign and Domestick）（第310页）。

52 参见注释12和13。

他刊物中借用了大量内容。[53]出现在每期扉页上的版画展示了凯夫如何利用已有刊物创作新的作品（见图8）。版画中的图像是圣约翰门——《绅士杂志》编辑部所在地。在门的两侧支撑着的，是本杂志所利用的报纸和周刊的刊名。凯夫不仅没有掩饰他对其他出版

图8　发表在《绅士杂志》（1732年4月的一例）扉页上的版画，该版画以各类报纸和周刊的刊名支撑着爱德华·凯夫在圣约翰门开设的印刷厂。来源：哈蒂信托（原件来自于普林斯顿大学，由谷歌作数字化处理）。

53　虽然1735年时原创小品文和诗歌占每期杂志的内容略多于10%，但到1754年凯夫去世时，它们占到杂志的内容超过90%。詹姆斯·蒂尔尼（James Tierney），《期刊与贸易，1695—1780年》（Periodicals and the Trade, 1695—1780），载于苏亚雷斯和特纳主编，《剑桥英国图书史》（The Cambridge History of the Book in Britain），第5卷，第488—489页。

物的依赖，反而借它们的刊名来吸引顾客。

凯夫企业的成功使一伙书商在1732年创办了与之竞争的《伦敦杂志》(London Magazine)。这份新杂志嘲讽它的前辈，但又几乎在所有方面都模仿它。《伦敦杂志》分为两部分——正如《绅士杂志》那样——且收录了相同类型的材料。其副标题，"绅士的每月情报员"(Gentleman's Monthly Intelligencer)，也呼应了凯夫的刊物，后者的全名是《绅士杂志：每月情报员》(Gentleman's Magazine; Or, Monthly Intelligencer)。凯夫的回应是，建议读者不要被这一仿品所欺骗，并奉劝他们停止支持一项"在整个计划、设计甚至刊名上都取代作者"的项目。[54]《伦敦杂志》的所有者作出回应，公开指责凯夫的盗版行为。他们写道："考虑到我们从公开的报纸中汇编出这样一本书，且我们对这些报纸中的一部分享有财产权，而您却不享有任何权利，我们认为，您的自信真是令人惊奇。您的作品可不比彻头彻尾的盗版好多少。"[55]

《伦敦杂志》的所有者们主张的是，他们有权复制各类周报中的一些片段，因为他们对其中的一些周报享有所有权的股份。[56]他

---

54 《绅士杂志》的广告，载于《格拉布街周报》(Grub-Street Journal)，1732年5月4日。

55 《致爱德华·凯夫先生》(To Mr. Edward Cave)，载于《格拉布街周报》1732年5月18日。

56 约翰·威尔福德 (John Wilford) 是《福格周报》(Fog's Weekly Journal) 的大股东；约翰·克拉克 (John Clarke) 及印刷商查尔斯·阿克斯 (Charles Ackers) 拥有《每周登记报》(Weekly Register) 的股份。D. F. 麦肯锡 (D. F. McKenzie) 和 J. C. 罗斯 (J. C. Ross) 主编，《查尔斯·阿克斯的账簿：〈伦敦杂志〉的印刷商》(A Ledger of Charles Ackers: Printer of "The London Magazine", Oxford: Oxford Bibliographical Society, 1968)，第4—5页。

们的主张模糊了集体所有权的复杂性。这些人并不享有他们复制的所有刊物的股份,更不要说完整的所有权。他们也没有寻求从他人所有的报纸中转载材料的许可。双方均未提及《安妮女王法》或在出版商大厅的登记。辩论以交易习惯,而不是以法定著作权为中心。《伦敦杂志》的所有者们主张,作为拥有几份周报股份的书商,他们享有仅作为印刷商的凯夫所不享有的权利。作为回应,凯夫指出,《伦敦杂志》的一位合伙人——查尔斯·阿克斯(Charles Ackers)——也只是印刷商。合伙人都坚持原来的论点,坚称"阿克斯先生(虽然和凯夫先生一样是印刷商)是《每周登记报》(*Weekly Register*)的合伙人,因此有资格成为所有者,而凯夫则没有;因此,阿克斯先生从那里获取的每一篇小品文或者诗歌,都是属于他的权利,而凯夫先生仅仅是个取代者。"[57]凯夫拒绝接受"几个人独享出版缩略本的权利"这样的观点。他"对公开的报纸"正享有和其他任何人一样多的"权利"。[58]

凯夫也提出一个正面的主张:他对先前已出版材料的精心选择和安排为公众提供了服务。[59]凯夫主张,财产权并非存在于组成某一期杂志的单篇文本,而在于期刊的整体设计。在凯夫看来,不正当的地方在于对其计划、设计和刊名的高度模仿。事实上,凯夫

---

57 《每周登记报》(伦敦),1732年6月3日,引自麦肯锡和罗斯主编,《查尔斯·阿克斯的账簿:〈伦敦杂志〉的印刷商》(*A Ledger of Charles Ackers: Printer of "The London Magazine"*),第6页。

58 《格拉布街周报》,1732年5月25日。

59 伊塔利亚,《18世纪文字新闻的兴起:焦虑的职业》(*The Rise of Literary Journalism in the Eighteenth Century: Anxious Employment*),第114—116页。

正是第一个在月刊的刊名中使用"杂志"（magazine）一词的人。但《伦敦杂志》的所有者坚称，没有人可以对标题享有专有权，更不用说对一整类刊物。每个人都有出版报纸或杂志的自由，而公众将决定他们喜欢的是哪一份报刊。[60]

一份名为《格拉布街周报》的文学周刊因发表凯夫和《伦敦杂志》的所有者们的许多竞争性声明而被牵扯到这一纠纷中。《伦敦杂志》的两位股东也是《格拉布街周报》的合伙人，这就解释了为什么《格拉布街周报》在争议中大体上站在《伦敦杂志》的一边。[61]《格拉布街周报》的主编理查德·罗素（Richard Russel）同意未经许可转载他人的作品是错误的，并认为《安妮女王法》存在不足，因其无法制止《绅士杂志》所从事的那种"盗版"行为。[62]作为回应，凯夫指控《格拉布街周报》盗用各大日报和周报中的材料。罗素于是以公共效用为由为自己辩护。"我们将一份报纸中的文章与另一份报纸中的进行对比的方法"，他写道，"不仅不是盗版，而且非常实用，对于制止假新闻的流行甚至是必须的"。[63]各大周刊长

---

60 《格拉布街周报》，1732年5月18日。

61 这两位股东是约翰·克拉克和约翰·威尔福德。参见《〈格拉布街周报〉合伙人记录本》(The Minute Book of the Partners in the *Grub Street Journal*)，载于《出版史》(*Publishing History*)第4卷（1978年），第58—59页，以及注释56。

62 署名为"巴维斯"（*Bavius*）的稿件，载于《格拉布街周报》，1733年3月15日。巴维斯很可能是理查德·罗素的一个笔名。为求方便，我将直接将它归认于罗素，尽管该文的署名并不十分确定。参见伯特兰·A.戈德加（Bertrand A. Goldgar），《〈格拉布街周报〉（1730—1733年）导论》(introduction to *The Grub-Street Journal, 1730-1733*)，第4卷（London: Pickering and Chatto, 2002），第1卷，第vii—xv页。

63 《格拉布街周报》，1733年4月5日。

期以来收录了从各大日报中节选的片段,但各文段间常常相互矛盾,由于期刊很少指明文段的来源,读者们无从确认这些报道的真实性。相反,《格拉布街周报》将同一主题的报道排列在一起印刷,且通常会指明最初发表这些报道的报纸名称。这种形式使读者得以比较同一事件的多个版本,或者将来自多个信息源的细节组成一个综合报道(见"导论"中的图1和图2)。[64]

标明信息源的创意并不新鲜。在17世纪,一些即时新闻和新闻书就已经这么做了。当《每日新闻》在1702年创刊时,它承诺将指明信息源,以使"公众看到新闻是从哪个国家来的,且获得该国政府的许可,从而更好地判断故事的可信度和公正性"。[65]其目标是争取读者的信任,而不是要将功劳归认给首个发表报道的报纸。其他报纸也承诺要"忠实地"复制并标明信息源,但几乎没有一家能做好引注,且一直到19世纪,致谢仍是不常见的。在持续为每段新闻标识信息源方面,《格拉布街周报》是独一无二的,尽管当时的一些报纸也短暂地模仿这一做法。[66]

罗素为其汇编新闻的严谨方法辩护,以反驳关于抄袭和盗版的指控。他将"抄袭"定义为"从任何作者的作品中偷偷窃取文段而未指明作者的姓名",将"盗版"定义为"通过复制他人的作品

---

64 这些观点在威尔·斯洛特的《18世纪伦敦的一家讽刺性新闻聚合服务者》(A Satirical News Aggregator in Eighteenth-Century London)[载于《媒体史》(*Media History*)第22卷,第3—4期(2016),第371—385页]中进一步阐明。

65 《每日新闻》(伦敦),1702年3月12日。

66 克兰菲尔德提到《北国日报》(*North Country Journal*)(纽卡斯尔)和《阅读日报》(*Reading Journal*)的例子。克兰菲尔德,《外省报纸的发展,1700—1760年》(*The Development of the Provincial Newspaper 1700-1760*),第30—31页。

而侵犯其财产权,对其造成损害"。罗素主张,他不应该被指控为抄袭,因为他已经指明每篇文章作者的姓名,但是,事实上他只是指明刊物的刊名而已。至于盗版的指控,他坚称不存在新闻财产权这种东西。他写道:"没有人能通过雇佣他人搜集大量琐碎、荒唐和虚假的新闻文段,然后每天将之公之于世,就使自己取得一项财产权。"[67]对罗素而言,牵扯其中的人员(临时性的雇员而非作者)、工作流程("搜集"而非写作)和最终产品(琐碎、荒唐和虚假)都不利于新闻文学财产权的观念。

相同的标准未必适用于在周刊上发表的诗歌和小品文。《格拉布街周报》上一篇由罗素或其他人撰写的匿名文章抱怨道,报纸和杂志总是"从我们的《格拉布街周报》中窃取(尤其是)诗歌,将它们作为自己的作品转载,连最起码的承认它们从何处获取这些诗歌都没有交代:在最恰当的意义上,我们将这种行为称之为抄袭、盗版或者文学盗窃"。[68]在这里,作者并未清楚地区分盗版和抄袭。在整个18世纪,这两个词经常混用,并在一定程度上持续造成混淆。[69]《格拉布街周报》的撰稿人恼怒的究竟是诗歌被复制,还是《格拉布街周报》未获得这些诗歌来源的归认?他提供的例子暗示,是未归认来源

---

[67] 《格拉布街周报》,1734年1月3日。

[68] 《格拉布街周报》,1736年4月8日。

[69] 参见尼克·格鲁姆(Nick Groom),《非原创的天才:抄袭与"浪漫主义"作者的构建》(Unoriginal Genius: Plagiarism and the Construction of 'Romantic' Authorship),载于《著作权与盗版:一个跨学科的批评》,莱昂内尔·本特利、珍妮弗·戴维斯和简·C.金斯伯格主编(Cambridge: Cambridge University Press, 2010),第271—299页。

本身构成了"文学盗窃"。他解释道,《小邮差报》从《格拉布街周报》中复制了一首诗歌,而这首诗歌是《格拉布街周报》应作者的请求刊载的。但是,《小邮差报》没有标明诗歌来源于《格拉布街周报》,而是将诗歌放置在标明爱尔兰的日期栏*下,从而隐瞒了其真实来源。该事例凸显了这一时期确立共同引注规范的主要文化障碍:在一些情况下,编辑和印刷商们隐藏他们的信息源,以使文章看起来像是原创的。在另一些情况下,他们使文本看起来像是从其他地方获取的(例如将文本放在爱尔兰的日期栏下),而其实文本是在本地生产的。

并非所有18世纪的印刷商和编辑都同意罗素的观点,即报纸文段是可以复制的。毕竟,并非所有文段都是相似的。1737年,一份名为《常识》(Common Sense)的周报的作者主张,其撰稿人:

> 不时对世界上发生的事件作出简短的评论,他们选择以文段的形式发表,而不是将其放到小品文中;他们发现这些文段经常被《伦敦晚邮报》窃取,而未承认其从何处获取;——我们在此命令《伦敦晚邮报》继续停留在窃取那些愚蠢的国内新闻文段的范围内(不管他在哪里获取这些文段),而不要以任何借口试图掺和任何专为《常识》设计的东西。——如果他们继续这种掠夺,他们将以一种不利的方式得知后果。[70]

---

* 报纸通常在日期栏(dateline)下写明发稿日期及地点。——译者

70 引自哈里斯,《沃波尔时代的伦敦报纸:现代英国媒体起源研究》(*London Newspapers in the Age of Walpole: A Study of the Origins of the Modern English Press*),第162页。此处更改了若干拼写错误而未加说明。

该作者并未像《格拉布街周报》那样在文段与小品文之间作区分，而是区分两种不同类型的文段：(1)可以在不同报纸上找到的新闻内容；以及(2)专为《常识》撰写的文段。但作者并未解释读者或者一份竞争性刊物的编辑如何知晓其中的区别。

错失的良机？

18世纪30年代，以新法取代《安妮女王法》的几次努力为澄清报纸和期刊的文学财产权问题提供了机会。1737年，《格拉布街周报》的一位撰稿人引述由书商提出的一份法案，并表达了这样的愿望：希望它"比我听说的那样勾画得更加完整；如此，《格拉布街周报》的所有者们可以获得保护，免受杂志出版商的掠夺"。[71]该作者建议，周刊稿件应当被视为周刊所有者的，而不是作者们自己的财产，但他留下许多问题没有回答。每个文段、每封信件或每篇文章都需要在出版商登记册上登记吗？新闻报道能和诗歌、小品文一样获得保护吗？作者没有言明，也没有任何其他人进一步提出更加具体的方案。《格拉布街周报》的另一位撰稿人完全摒弃期刊文学财产权的观念，强调当作者看到他们的著作被从周刊复制到杂志时所享受的"朴素的愉悦"。[72]有些主编，如罗素，希望每次其刊物中的材料被复制时都应该提及其刊物。但罗素也认为在期刊中发表的诗歌和小品文应当被当作文学财产，而他正苦于无法制止

---

[71] 《格拉布街周报》，1737年3月3日。
[72] 《格拉布街周报》，1737年3月10日。

凯夫的行为。通过"一字不差且全文复制"文本而未提及文本的来源，凯夫将他人的作品仿冒成自己的，"就像通过将所有者的姓名标识摘下而将偷来的亚麻布、手帕等向裁缝销售那样"。[73]

《格拉布街周报》于 1737 年停刊，罗素和合伙人们责备凯夫毁掉了他们的报纸和其他几份周报。据他们估算，每月一期的《绅士杂志》收录了从 10 份不同周报中获取的材料，而这些报社所有者每月合计支付了 20 几尼[*]的"复制权费"（Copy-money）。这一价格相当于，每期周刊中社论的平均费率为半几尼/篇。[74] 有些报纸和期刊雇佣受薪作者，但大多数只是为临时投稿——如一篇社论——付费，然后依靠免费的通讯员和复制材料填补剩下的版面。[75]

---

[73] 《格拉布街协会大事记》（*Memoirs of the Society of Grub-Street*），第 2 卷（London: J. Wilford, 1737），第 1 期，第 xiii 页。

[*] 几尼（guineas），英国旧时金币或货币单位，价值 21 先令，现值 1.05 镑。——译者

[74] 前引；以及罗伯特·休谟（Robert Hume），《伦敦文化的经济学，1660—1740 年》（*The Economics of Culture in London, 1660-1740*），载于《亨廷顿图书馆季刊》（*Huntington Library Quarterly*），第 69 卷，第 4 期（2006 年 12 月），第 514 页。

[75] 迈克尔·哈里斯，《18 世纪作为职业或行业的新闻业》（Journalism as a Profession or Trade in the Eighteenth Century），载于《18、19 世纪的作者/出版者关系》（*Author/Publisher Relations During the Eighteenth and Nineteenth Centuries*），罗宾·迈尔斯与迈克尔·哈里斯主编（Oxford, UK: Oxford Polytechnic Press, 1983）；杰里米·布莱克（Jeremy Black），《18 世纪英格兰的新闻媒体》（*The English Press in the Eighteenth Century*, London: Croom Helm, 1987），第 87—104 页；J. A. 唐尼，《期刊、图书贸易与"中产阶级公共领域"》（Periodicals, the Book Trade and the "Bourgeois Public Sphere"），载于《媒体史》（*Media History*），第 14 卷，第 3 期（2008），第 261—274 页。

就出版成本而言，为临时投稿支付的费用与为印花税预付的费用相比相形见绌。月刊杂志是免交印花税的，周刊却未被豁免。罗素和合伙人们痛斥这一点，认为这是凯夫及其模仿者们享受的另一个不正当优势。通过从各周报中"掠夺"材料，杂志减少了后者的销售量，导致其每周总发行量下降数千份。[76] 回顾《绅士杂志》的早期历史，罗素表示讶异：这种"卑鄙的事业"竟然受到读者们的追捧，而伦敦的书商们也未作出制止的努力。相反，《伦敦杂志》的合伙人们通过创办一份自己的"盗版册子"来模仿凯夫。书商们未能坚守可以防止他们劫掠彼此作品的道德准则，罗素对此深表遗憾。"如果这种是非观普遍流行"，他写道，"那么，《绅士杂志》根本就不会出现，或者至少很快就被迫消失"。[77]

虽然《安妮女王法》并未提及报纸和杂志文章，但罗素主张它们也是文学财产的一种形式。如这一时期常见的做法那样，他从洛克式的前提假设——即，个人对其劳动成果享有财产权——开始论证。"为他人利益而创作著作的人"，罗素写道，"享有对某些好处的权利。这些好处是，他人为了作者的精神劳动产品和体力劳动产品而支付的感恩回报。他可以将这一原始权利通过赠与方式，或者以某些有价值的对价，转让给任何人，而受让人从此变成该产品的唯一所有者"。罗素认为，大部分书商不尊重作者的自然权利，所以《安妮女王法》应当被修改。"除非现在依凭的法案能有效制止

---

76 《格拉布街协会大事记》(*Memoirs of the Society of Grub-Street*)，第1期，第 xiii—xvii 页。

77 前引，第1期，第 xiv—xix 页，引文见第 xix 页。

它，否则图书销售的主要行业将由盗版项目的执行构成，这将极大损害公平商人和大众的利益。"[78]罗素所指的是1737年由伦敦书商提出的著作权法改革法案，其主要目标是将保护期延长到作者终身加11年。法案也包含了一些可能会影响报纸和杂志的建议。其中一条授予作者或其受让人授权制作缩略本或翻译本的独家权利，只要他们在作品发表的三年内作出授权。如果他们未在三年内行使该权利，那么，任何人都可以自由地生产其缩略本或翻译本。法案还规定了"任何图书、小册子或著作"上的著作权。提及"任何……著作"，也许为报纸和杂志稿件打开了一扇门，尽管它们并未被明确提及。不管怎样，由于延长著作权保护期的争议过大，法案未能在上议院通过。[79]

《安妮女王法》并未明确禁止他人制作受保护作品的缩略本，凯夫和其他杂志出版商正是利用了这一点。然而，1739年，凯夫因在《绅士杂志》中转载一本布道书中的一部分而被起诉。他为自己辩护，指出图书片段经常发表在期刊上而未遭投诉，且这些片段通过刺激读者的胃口来促进图书的销售。据凯夫称，"该议会立法的条文含义或立法目的均未限制任何人从任何作者的作品中节选任何单个或多个段落"。他认为，这种限制将"严重有害于知识与学

---

78 《格拉布街协会大事记》，第1期，第 xviii、xxii 页。
79 《书商法案，伦敦（1737年）》[Booksellers Bill, London (1737)]，可从 PSC 中获取。另参见亚历山大，《全因数字经济而改变：18世纪早期的著作权和商业模式》(*All Change for the Digital Economy: Copyright and Business Models in the Early Eighteenth Century*)，第1367页。

问的传播"。[80] 尽管凯夫在该案中败诉了，1741年的另一个法院判决却创设了一个重要的先例：有些缩略本可以被看作新作品——因此不侵害著作权——只要它们展现出准备这些作品的人的"发明、学问和判断"。仅仅将作品缩短而创作原作的替代品显然是对《安妮女王法》的违反，但其他缩略本则必须依个案判断，以确定它们是不是"合理的"，从而也是本法所允许的。[81]

该世纪中叶之后，一些杂志出版商开始表现出保护其为之付费的稿件的兴趣。这种兴趣的重要背景是1756年到1763年的"七年战争"，这一时期对新闻的需求刺激了出版商之间的竞争。1757年和1758年，《监督员》（Monitor）——一份以对战争的评论和对当前政府的批评为特色的周刊——经常刊发声明，表明它已在出版商大厅做了登记，"任何妄图印刷或出版本杂志或其中任何一部分的人都将被追诉，如法律所示"。[82] 这种竞争气氛也使《伦敦杂

---

[80] Austen v. Cave (1739) 中的法庭文件，引自亚历山大，《19世纪的著作权法与公共利益》（Copyright Law and the Public Interest in the Nineteenth Century）第166页。

[81] Cyles v. Wilcox (1741) 2 Atk. 141, 142-143. 参见罗南·迪兹利，《〈安妮女王法〉与缩略本大骗局》（The Statute of Anne and the Great Abridgment Swindle），载于《休斯顿法律评论》（Houston Law Review），第47卷，第4期（2010），第793—818页；以及亚历山大，《全因数字经济而改变：18世纪早期的著作权和商业模式》，第1364—1367页。

[82] 《监督员：英国自由人》（The Monitor: or The British Freeholder）（伦敦），1757年9月17日，以及随后到1758年8月的每一期。《先驱报》在1757年到1758年期间也对每一期报纸做了登记。《复制件登记，1746—1773年》（Entries of Copies 1746-1773），（SC Myers）第6卷，第172—185页。

志》的所有者们在 1759 年连续为每月的刊物做著作权登记。[83] 几个月后他们不再登记，也许是因为在此时，主要的所有人理查德·鲍德温（Richard Baldwin）获得了一项王室特许证（获得专利保护的第一步）。该特许证授予鲍德温超越《安妮女王法》规定的明示权利，包括缩写和翻译首次发表在杂志上的内容的专有权。鲍德温声称，"为了补偿作者为杂志写作和汇编作品而付出的劳动，杂志已投入巨大花销"，而他对保护题为"对当前战争的起源和进展的公正且简明的历史"（An Impartial and Succinct History of the Origin and Progress of the Present War）的系列连载特别感兴趣。[84] 该系列中收录了一些未经许可被其他期刊复制的地图和图表。鲍德温将王室特许证印刷出来并四处分发，希望制止竞争对手抢夺其杂志。十年后，《伦敦杂志》根据《安妮女王法》对几份月刊进行登记，登记中的用语显示，其目标是为了保护威廉·莎士比亚（William Shake-

---

83　《复制件登记，1746—1773 年》，第 147 页、第 198 页、第 199 页。
84　授予理查德·鲍德温的王室特许证印制件，1759 年 10 月 23 日，与 1782 年 1 月的《伦敦杂志》合订，载于《美国文物协会历史期刊合集》（AAS Historical Periodicals Collection），由 EBSCO 信息服务公司与美国文物协会合作进行数字化印制。鲍德温及其合伙人曾因在《伦敦杂志》中复制托马斯·杰弗里斯（Thomas Jefferys）主张权利的版画而被杰弗里斯起诉。法院判决杰弗里斯不能获得救济，因为他并非版画的设计者，而只是其购买者。*Jefferys v. Baldwin*, [1753] Amb. 164 (Ch.). 本案的结果也许是鲍德温及其合伙人寻求保护其委托创作的作品的王室特许证的动因。然而，该特许证是否能够被执行则是不清楚的。关于王室特许证的更多论述，参见沙夫·罗格斯（Shef Rogers），《英格兰王室印刷特许证的应用，1695—1760 年：一种文献学分析》（The Use of Royal Licenses for Printing in England, 1695—1760: A Bibliography），载于《图书馆》（*The Library*）第 1 卷，第 2 期（2000 年 6 月），第 133—192 页。

speare）、演员戴维·加里克（David Garrick）和其他人的传记作品。[85] 因此，出版商开始对期刊的单篇投稿主张文学财产权。到18世纪末，一些杂志为了获得著作权保护而做了登记，而报纸则还没有。[86]

商业广告报的兴起

报纸出版商对著作权缺乏兴趣的一个原因是一种特定类型的报纸崭露头角，这种报纸将一系列材料捆绑在一起，并由广告提供支持。18世纪的头20年，一周三期的报纸关注的是军事和外交新闻快讯，这为以小品文为主的期刊——如艾迪生和斯蒂尔的《旁观者》——更细致地处理多种主题留下空间。但随着时间的推移，一种新型的报纸——由于没有更好的术语来描述，权且称为商业广告报（commercial advertiser）——开始在英语新闻界占据统治地位。这类报纸不仅包含新闻文段和广告，还收录了小品文、致印刷商的信件、从小册子中摘编的片段、价目表、航运新闻和更多内容。商业广告报内容的综合性给了它们更大的吸引力，使单一的以小品文为主的出版物和专业期刊——如市价表、海运清单、人口生死

---

[85] 《复制件登记，1746—1773年》（Entries of Copies 1746-1773），第321—323页。
[86] 《复制件登记，1774—1792年》（Entries of Copies 1774-1792），（SC Myers）第7卷。报纸中唯一的例外是《新闻审查者：每周二、周四、周六出版的对公共事务状态的思考》（News-Examiner, or Considerations on the State of Public Affairs to Be Published Every Tuesday, Thursday, and Saturday），由让-路易·德·洛姆（Jean-Louis De Lolme）在1780年登记（第178页），但该登记可能关注的是政治评论，而非新闻报道，而且只有简章留存了下来。

报表等——难以与它们争夺读者和广告主。《大众广告报》[*Public Advertiser* (1752-1794)]、《公报与新每日广告报》[*Gazetteer and New Daily Advertiser* (1764-1796)]和《早晨纪事报》[*Morning Chronicle* (1769-1865)]是这类报纸的成功范例。虽然伦敦以外的报社通常是由一家本地印刷商而非一组股东所有,但他们也依赖于订阅销售和广告的组合来保证盈利。和伦敦的报社一样,他们也综合运用原创稿件和复制材料来填充他们的栏目。[87]

报纸中所有非本地的新闻几乎都是从其他城市的刊物中复制而来的。官方的《伦敦公报》依然存在,但此时它的功能已有所不同。《伦敦公报》不再像在17世纪晚期那样享有对新闻的垄断权,此时它提供政府公告和稳定持续的外国新闻,供其他报纸便利地转载和评论。当报纸通过邮政传送时,印刷商和编辑迅速抓取可以为本地读者转载的材料。新闻的基本组成部分是文段,即可以便利地从一个信息源分离再插入另一个信息源的文本单位。[88] 在标注报道来源的问题上,一些印刷商和编辑比其他人更加谨慎,但几乎没有人掩饰他们在实施复制行为的事实。在伦敦之外的城镇,报纸是按周出版的,这些城镇的印刷商以从伦敦出版的日报和每周三期的报

---

87 哈里斯,《伦敦报纸》(*London Newspaper*);加德纳,《英国的新闻行业,1760—1820年》(*The Business of News in England, 1760-1820*),第117—161页;斯洛特,《报纸的兴起》(*The Rise of the Newspaper*),第34—35页。

88 这些观点在威尔·斯洛特的《作为信息技术的文段:新闻如何在18世纪的大西洋世界传播》(The Paragraph as Information Technology: How News Traveled in the Eighteenth-Century Atlantic World)中有更深入的论述,载于《年鉴学派:历史与社会科学》(英文版)(*Annales: Histoire, sciences sociales*),第67卷,第2期(2012),第253—278页。

纸，以及在国内其他地区与它们同类的刊物上首次发表的报道中精心挑选新闻而骄傲自豪。[89]

随着时间的推移，文段本身成为一种新闻体裁。《常识》的作者在1737年抱怨其他报纸不正当地复制其独创的文段，但对于大多数作家和政客而言，恰恰是文段易于复制的事实使之成为说服的有效工具。到18世纪60年代，政治圈的作家们经常利用文段作为争取民意的战斗武器。相互竞争的主编们警告读者，有些"文段作家"为了报酬可以提笔为任何事业作辩护。约翰·坎贝尔（John Campbell）——首相比特伯爵（Lord Bute）聘请来反驳激进的约翰·威尔克斯（John Wilkes）及其支持者的作家——如此描述这一过程："我……非常细心地监视所有发表在报纸上的煽动性文段，然后利用其他论述得更扎实、方向更对的文段加以反驳。"[90]

鉴于商业和政治对报刊的影响，主编们经常相互嘲讽他们关于公正性和真实性的主张。在这一背景下，著作权的观念被提出来，但只是作为一个笑话。在一篇讽刺伦敦新闻行业惯例的作品中，一份报纸提供了名为《说谎的情报员》（The Lying Intelligence）的虚构刊物的选段。在选段中，该报的所有者承诺将向读者提供"国内外最新鲜、最重要、经过最严格证实的谎言"。说谎者还警告其他报社，其作品已经在出版商大厅登记，"任何在报纸上印刷其整份报纸、盗版其作品的，都将受到法律上最严厉的追诉。如果他

89　加德纳，《英国的新闻行业，1760—1820年》，第117—161页。

90　引自约翰·布鲁尔（John Brewer），《乔治三世登基后的政党意识形态与大众政治》（Party Ideology and Popular Politics at the Accession of George III, Cambridge: Cambridge University Press, 1976），第224页。

第二章 18世纪英国的复制文化 **131**

们仅仅窃取特定的文段，我将依靠大众的品味，来鉴别我所提供的风味绝佳的谎言，和他们那些寡然无味的真相"。[91]

虽然在有些人看来，报纸文章的著作权是荒谬的，但是，尽可能广泛地传播政治消息的愿望，与从对报纸上的流行信件或小品文的需求中获利的目标，并不必然是不相容的。18世纪60年代，几期颇具争议的《北英国人》(North Briton)做了著作权登记，并在声明中警告，任何复制这些报纸的人都将被追诉。[92] 出版商大概是想从对往期报纸的需求中获利。其他人曾主张过对以小册子形式出版的时事报道的著作权。因此，报道犯罪、审判或政治争议的小册子的启事有时会警告潜在的"盗版者"，他们将受到法律最大程度的追诉。有些声明声称复制小册子的"任何部分"都是违法的，但这种主张似乎从未在法庭上得到验证。[93] 轰动的犯罪可能激发多家报道，导致出版商发布结合了著作权声明和对"虚假"版本的警告的战斗檄文式的启事。[94] 对于那些受欢迎到以小册子形式再发行的报纸小品文，出版商可能在报纸出版之后、以小册子形式再发行之前对相关系列的标题进行登记。朱尼厄斯（Junius）信件——1769

---

91 《来自说谎的情报员》(From the Lying Intelligence)，《劳埃德晚邮报与英国纪事报》(Lloyd's Evening Post and British Chronicle)，1763年2月11日。

92 《复制件登记，1746—1773年》(Entries of Copies 1746-1773)，第228、269卷；《公报》(Gazetteer)，1762年8月7日(《北英国人》第10期的启事)。

93 《劳埃德晚邮报》中的启事，1763年11月23—25日；《大众广告报》，1767年3月4日；以及《公报》，1767年3月11日。

94 伊丽莎白·布朗里格（Elizabeth Brownrigg）所撰写的犯罪报道的启事，载于《大众广告报》，1767年9月18日；以及《圣詹姆斯纪事报》(Saint James's Chronicle)，1767年9月12—15日。

年到1722年间极大提升了《大众广告报》的发行量的系列政治小品文——的情况正是如此。这份报纸的印刷商/所有者亨利·桑普森·伍德福尔（Henry Sampson Woodfall）在1772年以图书形式再发行之前，对朱尼厄斯的信件做了著作权登记。[95] 登记并不能作为有效著作权的证据，因为著作权的效力应当由法院判定。但登记记录确实显示了出版商有时会主张转载精选小品文或者为其报纸而委托创作的信件的专有权。

然而，总体而言，报社相互之间是自由复制的，这在经济上是合理的。尽管18世纪报社的经营记录是罕见的，但《大众广告报》18世纪60年代的账本却留存了下来。这些账本显示，与纸张、印刷劳动和印花税、广告税相比，为搜集新闻及支付作者而偶然支出的费用是微不足道的。[96] 事实上，这一时期高昂的税收成本和报纸出版成本在一定程度上被可以忽略的报道成本所抵消。即使是伦敦报纸的主编们——我们以为他们会为争夺读者而竞争——一般也不关心单篇新闻报道的复制问题。他们倾向于将新闻视为共享资源，可以随意被再利用和改写。

18世纪末，出版商开始在一个领域内投资独创性的报道，这个领域就是对议会的报道。从17世纪开始，议会两院均坚持，任何报道议会辩论与提及议员姓名的行为都侵犯了议会的特权。尽管如此，消息还是以手写的内部通讯的形式泄露了出来。从18世纪

95　《复制件登记，1746—1773年》，第360卷。

96　1765年1月到1771年12月包含《大众广告报》账目的收支总账（Add. Ms. 38, 169, BL.）。

30年代开始,杂志偶尔会收录一些报道。但是,实质性的突破发生在1771年,这一年,下议院因几家印刷商和报纸主编违反禁止出版的现行命令而传唤他们。约翰·威尔克斯——此时已担任伦敦的高级市政官——调动警察并帮助部分印刷商抵制抓捕,由此挑战了下议院的权威。尽管一些议员主张应当禁止新闻报道,因为它们倾向于歪曲报道他们的发言,但其他议员则为公众的知情权而辩护。当威尔克斯很明显占上风时,下议院撤销了对印刷商的指控,默许他们的出版。若干年后,上议院也在1774年追随这一做法。[97]

一些日报和每周三期的报纸在派遣记者报道议会的活动上做出了投资,但他们的版本不被认为是专有的。未派遣记者的报社将那些派遣了记者的报社的报道拼凑在一起。主编选择强调哪位发言人,以及介绍他们的方式,揭示了报社的政治立场。事实上,演讲的文本本身通常会因读者所读的报纸而异。一些发言者将他们的手稿提交给报社,或者与记者合作准备一份授权版本,但没有记者声称他们提供的是对辩论过程一字不差的记录。威廉·伍德福尔(William Woodfall)——《早晨纪事报》一位受人尊敬的作者——将其典型的报道描述为"仅仅是情境驱动下的论点提纲",并警告读者不能期待其中包含了"发言者所使用的具体措辞"。[98]最终付印的报道受到记者的记忆、文学想象和政治信念的影响。随后,这些报

---

[97] 彼得·D. G. 托马斯(Peter D. G. Thomas),《报纸议会报道的开始,1768—1774年》(The Beginning of Parliamentary Reporting in Newspapers, 1768-1774),载于《英国史评论》(*English Historical Review*)第74卷,第293期(1959年10月),第623—636页。

[98] 引自托马斯,《报纸议会报道的开始,1768—1774年》,第636页。

道从一份报纸传递到另一份报纸，其间经历编辑之手的改动，以适应他们自己的专栏，并与其报社的政治倾向相一致。[99] 在这一背景下，可以认为，编辑利用和修改报道的自由便利了评论，促进了报道的多样性。

旧垄断权的崩溃

报道商业和金融的专业期刊对维持专有权更感兴趣，这无疑是因为这些刊物的订户更少，且一般无法获得广告支持。整个17世纪，列明了进入海关的商品且商人们很感兴趣的入关报表皆由王室专利所调整。到18世纪依然如此，但实施垄断权变得越来越难。18世纪60年代，一位名为理查德·罗宾逊（Richard Robinson）的男子与专利权人签订合同，获得出版利物浦港入关报表的权利。但是，随着本地报纸开始报道相同的信息——要么从他的官方刊物中复制，要么侵犯专利权从本地海关获取——他的订阅量随之下降。专利权人进行干预，试图保护他和罗宾逊的权利，但这一努力是徒

---

[99] 参见德罗尔·沃尔曼（Dror Wahrman），《仿真再现：18世纪90年代的议会报道与阶级语言》（Virtual Representation: Parliamentary Reporting and Languages of Class in the 1790s），载于《历史与现实》，第136卷（1992年8月），第83—113页；以及威尔·斯洛特，《议会中的特洛伊木马：美国革命时代的国际宣传》（A Trojan Horse in Parliament: International Publicity in the Age of the American Revolution），载于《走进印刷时代：启蒙时代的局限及其遗产——纪念罗伯特·达恩顿文集》（Into Print: Limits and Legacies of Enlightenment. Essays in Honor of Robert Darnton），查尔斯·沃尔顿编（Charles Walton, University Park: Pennsylvania State University Press, 2011），第15—31页。

劳的。虽然对于英格兰和威尔士所有港口的入关报表的权利理论上仍然掌握在专利权人手中，但利物浦和其他地方的报社编辑越来越认为此类信息是可以自由复制的。[100]

在17世纪的大部分时间里，另一类商业报纸——市价表——也由专利权人垄断，但从17世纪90年代开始，这个领域的竞争日趋激烈。随着证券交易所的发展，一位名为约翰·卡斯塔因（John Castaing）的经纪人看到了出版专注于股票行情而非商品价格的期刊的机会。其结果是《交易进程》（Course of the Exchange）刊物的诞生，该刊物在17世纪90年代到18世纪70年代由卡斯塔因及其后人出版。在这段时间里，他们遭遇了不少竞争。1714年到1722年，另一位名为约翰·弗里克（John Freke）的经纪人也出版了一份类似的刊物，收录了大致相同的信息，并在每周的相同时间出版。另外，弗里克的版本售价是10先令/年，而不是12先令，这迫使卡斯塔因的儿子小约翰不得不降价。[101]弗里克还根据《安妮女王法》对市价表进行登记，他是第一个这么做的商业报纸出版商。[102]

---

100 约翰·J. 麦卡斯克，《欧洲入关报表和海运清单：早期的商业出版物和商业新闻的起源》（European Bills of Entry and Marine Lists: Early Commercial Publications and the Origins of the Business Press, Cambridge, MA: Harvard University Library, 1985），第28—29页、第42—51页。

101 约翰·J. 麦卡斯克和科拉·格雷夫斯坦因，《商业与金融新闻的开始：现代欧洲早期的商品市价表、证券费率表和货币汇率表》（The Beginnings of Commercial and Financial Journalism: The Commodity Price Currents, Exchange Rate Currents, and Money Currents of Early Modern Europe, Amsterdam: NEHA, 1991），第315—316页。

102 《复制件登记，1710—1746年》，第206页。

最后，弗里克将其姓名印在刊头，意味着他并不想将自己的刊物伪装成卡斯塔因的刊物，而只是想从这一时期人们对股票日益增长的兴趣中获益——这种兴趣最终导致了 1720 年的南海泡沫事件*。他的刊物在泡沫破灭之后仅仅维持了两年。[103]

18 世纪 30 年度末，卡斯塔因遭遇了另一家竞争对手，这家竞争对手不仅复制他们的信息，还复制他们的刊名。由弗朗西斯·维乌亚（Francis Viouja）和本杰明·科尔（Benjamin Cole）发行的《伦敦交易进程》(The London Course of the Exchange) 与原版看起来如此相似，以致当时的人们和后来的图书管理员都被它所糊弄；甚至在英格兰银行的卷宗里，可以在一套正版的《交易进程》中找到一份《伦敦交易进程》。[104] 该盗版版本存续了大约三年，在此之后，卡斯塔因家族再次统治了这一领域，一直到该世纪末证券经纪人创建更加正式的组织为止。到 1786 年，《交易进程》由证券交易所会员委任的经纪人出版。最初由经纪人私下发起的项目由此变得与证券交易机构有更加正式的联系。[105]

---

* 南海泡沫事件（South Sea Bubble），是指 1720 年发生在英国的对南海公司股票的投机极其狂热，最终导致该公司倒闭，引发全面金融崩溃。该事件是欧洲早期"三大经济泡沫"之一。"经济泡沫"一语即源于南海泡沫事件。——译者

[103] 麦卡斯克和格雷夫斯泰因，《商业与金融新闻的开始：现代欧洲早期的商品市价表、证券费率表和货币汇率表》，第 315—316 页。

[104] 前引，第 316—322 页；詹姆斯·雷文，《18 世纪英格兰的出版业》(Woodbridge, UK: Boydell Press, 2014)，第 161—172 页。

[105] 麦卡斯克和格雷夫斯泰因，《商业与金融新闻的开始：现代欧洲早期的商品市价表、证券费率表和货币汇率表》，第 311—313 页。

18世纪最重要的金融与商业信息提供者，是劳埃德保险经纪人协会。该组织最初以17世纪末爱德华·劳埃德（Edward Lloyd）经营的咖啡馆起家。所有咖啡馆都是讨论新闻的重要场所，但随着时间的推移，劳埃德咖啡馆发展出一套搜集、存储和出版信息的系统性规划。组成协会的保险承保人在港口派有代理人。他们记录着到港和离港的船只及其货物，并记录在船长或船员之间流传的任何报道。这些报道被送到劳埃德咖啡馆的店主手上，他精心筛选并将精选的信息复制到一本可在咖啡馆中查阅的参考书中。店主还精选一些报道，供每周两期的刊物《劳埃德清单》（Lloyd's List）出版。该刊物的起源可以追溯到17世纪90年代，其中一版，今天还能在网上找到。[106]

劳埃德协会搜集新闻的努力对整个报刊界都是有利的，因为其他报社经常从《劳埃德清单》中复制信息。但是，有时候协会也尝试主张专有权。18世纪50年代，劳埃德协会向几家外省报纸发送了早期版本的停止侵害函，并威胁称，如果他们继续从《劳埃德清单》中复制，协会将对他们提起诉讼。一家收到该警告函的曼彻斯特报纸告知其读者，它将停止船舶新闻，"直到彻底弄清该行为的合法性为止"。[107]虽然劳埃德协会可以唬住个别主编，但报业流

---

[106] 麦卡斯克和格雷夫斯泰因，《商业与金融新闻的开始：现代欧洲早期的商品市价表、证券费率表和货币汇率表》，第323—326页。参见约翰·J. 麦卡斯克，《大西洋世界经济史论文集》（*Essays in the Economic History of the Atlantic World*, London: Routledge, 1997），第162—167页。

[107] 克兰菲尔德，《外省报纸的发展，1700—1760年》（*The Development of the Provincial Newspaper 1700-1760*），第97—98页。

行的实践意味着该组织正在打一场注定失败的仗。《劳埃德清单》的订户总数原本就比当时的许多政治报纸要少得多——只有几百份，而不是几千份——所以即使流失的只是少数订户，也足以对其造成伤害。劳埃德协会的信息经常被报社复制，但希望获取最新信息的商人和经纪人还是会订阅，而且，该刊物有可能得到劳埃德协会会员费或其他活动的补贴。[108]

17世纪享受垄断地位的专业期刊在18世纪遭受报纸杂志流行的威胁。其中一种是从17世纪早期开始即受到王室和伦敦市政府特权保护的人口生死报表。随着时间的推移，读者的注意力从报表转移到数量和种类日渐增多的、专注于时事的刊物。报表中收录的信息可靠性，特别是教区搜查员确认的死亡原因，也饱受批评。1819年，内科医生乔治·曼·巴罗斯（George Man Burrows）评论道，当"极少有其他信息渠道时，这些每周报表引起了相当的兴

---

[108] 麦卡斯克和格雷夫斯泰因，《商业与金融新闻的开始：现代欧洲早期的商品市价表、证券费率表和货币汇率表》，第325页。《劳埃德清单》似乎没有根据《安妮女王法》进行登记，但其他商业报纸则已做登记。1789年到1796年间，简·伊丽莎白·普林斯（Jane Elizabeth Prince）——在其丈夫去世后接管《伦敦市价表》——对每一期周刊都做了登记。《复制件登记，1786—1792年》（*Entries of Copies 1786-1792*），第217页，（*SC Myers*）第7卷，随后各期也做了登记，一直到1796年7月22日；《复制件登记，1795—1797年》《*Entries of Copies 1795-1797*》，（*SC Myers*）第8卷。1797年，J. B. 达富隆（J. B. Davallon）登记了一次《由伦敦约翰·希里亚特公司出版的市价表》（Prix Courant, de John Hiriart, & Cie. A Londres）。《复制件登记，1795—1797年》《*Entries of Copies 1795-1797*》，第265页。1802年，J. 亚伯拉罕（J. Abraham）登记了一期他的市价表。《复制件登记，1799—1806年》《*Entries of Copies 1799-1806*》，第232页，（*SC Myers*）第9卷。

趣,并成为[教区书记员]公会的盈利来源"。[109] 但如今报表远不能盈利,所以许多书记员缺乏提供准确、及时的报告的动力或资源。当1833年首席书记员出席议会会议时,他承认教区书记员公会依赖于市政府的年度补贴维持运营,且公会随时准备放弃其对报表的特权。[110] 根据1836年的《民事登记法》(Civil Registration Act),人口生死报表被户籍登记总署(the office of the Registrar General)发行的每周出生与死亡报告所取代。[111]

在犯罪新闻方面,1683年从伦敦市政府获得特权的两个系列——《新门监狱日常牧师报告》和《老贝里街的诉讼》——也遭遇报道犯罪与审判的非官方小册子、不折叠印页和报纸的日益激烈的竞争。到18世纪70年代,《新门监狱日常牧师报告》不再以系列的形式存在,不过,新门监狱的牧师(被称为"日常牧师")偶尔发行收录有臭名昭著的罪犯的忏悔的小册子,利用人们对这些罪犯

---

[109] 乔治·曼·巴罗斯,《对教区登记及人口生死报表的使用及其缺陷的批评》(Strictures on the Uses and Defects of Parish Registers and Bills of Mortality),载于《人口统计学的发展:与英格兰和威尔士普查与关键登记史有关的材料重印合集》(The Development of Population Statistics: A Collective Reprint of Materials Concerning the History of Census Taking and Vital Registration in England and Wales),D. V. 格拉斯(D. V. Glas, Westmead, UK: Gregg International, 1973),第40页。

[110] 詹姆斯·克里斯蒂,《教区书记员的一些叙述》(Some Account of Parish Clerks, London: privately printed, 1893),第143—145页。克里斯蒂报告称,报表继续发行,但不那么定时,一直到1858年才终止。

[111] 《英格兰与威尔士人口生死统计学导论:17—20世纪》(Introduction to Mortality Statistics in England and Wales: 17th–20th Century),主题指南,威尔科姆图书馆,2018年1月29日访问。

的兴趣营利。[112]《老贝里街的诉讼》延续的时间要长得多——最终更名为《庭审报》(Sessions Papers)——但主要是因为伦敦市政府同意为其提供资助。到18世纪末,由政府补贴对庭审的准确报道的思想,取代了授予个别专利权人——这些专利权人承担出版的风险,以换取专有权——垄断权的旧模式。[113]通过接手出版《庭审报》的责任,伦敦市政府承认,一份可靠、可信赖的报道能使更大范围的共同体受益,而不仅仅是选择购买报纸的个人。这是将某种特定类型的报道作为公共物品——既是在公民政治的意义上,也是在经济意义上使用该术语——对待的早期示例。

对新闻的权利?

除了鼓励报社相互复制的经济和文化因素外,人们不禁要问,复制行为是否也可以从政治上的理由得到辩护。毕竟,新闻已不再受出版前审查的约束,而17世纪就存在的财产权是与特许制紧密联系在一起的。18世纪的作家或出版商是否曾经阐述过对新闻和政治评论的公共权利,以论证排除报纸文章著作权的正当性?新闻

---

112 安德里·麦肯锡,《从真实的忏悔到真实的报道?〈日常牧师报告〉的衰落与消亡》(From True Confessions to True Reporting? The Decline and Fall of the Ordinary's Account),载于《伦敦学刊》(London Journal)第30卷,第1期(2005年5月),第55—70页。

113 西蒙·德弗罗(Simon Devereaux),《市政府与〈庭审报〉:伦敦的"公共正义",1770—1800年》(The City and the Sessions Paper: "Public Justice" in London, 1770–1800),《英国研究期刊》(Journal of British Studies),第35卷,第4期(1996年),第466—503页。

著作权是否在某种程度上被看作是与新闻自由相悖的?

18世纪关于新闻自由的大部分讨论关心的是免于事前批准的出版权。1689年的《权利法案》和随后的立法并未宣布这一自由;它只是1695年《印刷法》失效的结果。但是,随着时间的推移,作家们发展出需要监督和批评政府以揭示腐败和权力滥用的明确主张。随着17世纪的发展,政治领袖也开始讨论普通民众持有和表达意见的权利。尽管有些人赞扬将知识传播给更大范围的民众的益处,有些人则担心对政治和外交更大范围的讨论所带来的社会和政治后果。[114] 大众的可获取性问题也在关于图书文学财产权的辩论中被提出来。在17世纪的中间数十年,当伦敦书商主张著作权保护期应当延长时,反对者们就引用普通读者对知识的获取被书商索要的高昂价格所阻碍的数据,而著作权使这种高昂价格成为可能。即使是相信著作权通过向作者提供激励而有益于社会的那些人,也坚持这种益处以限制该垄断权的保护期为条件。他们认为,在图书的著作权保护期届满后,竞争将带来先前昂贵的

---

[114] 参见伦纳德·W. 李维(Leonard W. Levy),《自由新闻的出现》(*The Emergence of a Free Press*, New York: Oxford University Press, 1985),第四章至第五章;参见J. A. 唐尼,《政治新闻的发展》(*The Development of the Political Press*),载于《第一代政党时期的英国,1680—1750年》(*Britain in the First Age of Party, 1680-1750*),克莱夫·琼斯主编(London: Hambledon, 1987),第111—127页;理查德·D. 布朗(Richard D. Brown),《人民的力量:美国知情公民的观念,1650—1870年》(*The Strength of a People: The Idea of an Informed Citizenry in America, 1650-1870*, Chapel Hill: University of North Carolina Press, 1996),第一章至第二章。

作品的廉价版本。[115]

这些是在唐纳森诉贝克特案［*Donaldson v. Beckett* (1774)］中达到顶峰的所谓"书商之战"的核心问题。[116]该案中，苏格兰书商亚历山大·唐纳森（Alexander Donaldson）和他的兄弟约翰努力捍卫他们再版根据《安妮女王法》保护期届满的作品的权利。他们遭到伦敦书商的反对，后者主张作者对其著作享有普通法上的财产权，这一财产权取代了成文法的各项期限。唐纳森兄弟强调限制著作权保护期的"公共效用"。他们主张，"普通法历来重视公共效用，它是公正与公平之母。公共效用要求，心智的产品应当被尽可能广泛地传播，因此，根据任何与普通法相一致的原则，普通法不能限制增加复制件的权利"。[117]最终，上议院支持唐纳森兄弟的观点，申明任何人均有权再版那些在成文法上著作权已届满的作品。

有趣的是，公众获取新闻和政治评论的问题在上议院投票前

---

115 参见特雷弗·罗斯（Trevor Ross），《著作权与传统的发明》（Copyright and the Invention of Tradition），载于《18世纪研究》（*Eighteenth Century Studies*），第26卷，第1期（1992年秋季刊），第1—27页。

116 主要的解释包括：罗斯，《作者与所有者：著作权的发明》（*Authors and Owners: The Invention of Copyright*），第92—112页；迪兹利，《论复制权的起源：记录18世纪英国的著作权法运动（1695—1775年）》［*On the Origin of the Right to Copy: Charting the Movement of Copyright Law in Eighteenth-Century Britain (1695-1775)*］，第191—210页；以及H.托马斯·古梅兹-阿罗斯特圭，《1774年普通法中的著作权》（*Copyright at Common Law in 1774*）。

117 《文学财产权诉讼案中上诉人与被上诉人在上议院中提出的理由》（*The Cases of the Appellants and Respondants in the Cause of Literary Property, before the House of Lords*）（伦敦，1774年），第6页。

的辩论中被提出来。其中一名发言的上议院议员，是埃芬厄姆伯爵（Earl of Effingham）托马斯·霍华德（Thomas Howard）。他担心，过强的著作权保护将被用于限制批评政府大臣或其他公共官员的著作的流通。特别是，他假想了一本小册子的出版，该小册子描述了"一些非常不符合宪法的暴政措施……而大臣将整个版次和著作权买断，由此窒息了公共信息的渠道，而将可能防止臣民失去自由的秘密保护在他自己的密柜中"。[118]埃芬厄姆的讲话被当作一项证据，证明时人担心著作权可能限制新闻自由——著作权可能成为一种审查的形式。[119]但埃芬厄姆的担忧是以对公共官员的批评为中心的，而不是对新闻或信息本身，而且他所指的是首先发表在小册子而不是报纸上的报道。18世纪末的大部分讨论并未考虑报纸上的著作，大概是因为截至到当时仍没有出版商主张过对其报纸的著作权。著作权可能限制公众关切的信息的流通，这一观点将在19世纪中叶伊始时被更清楚地阐明，此时，终止印花税和其他"知识税"的运动使知名报社的所有者们为创设一种新闻报道的专门著作权而游说（参见第五章）。但在18世纪末，没有必要提出这种驳论，因为新闻出版的行业与文化本身就不支持专有权的观念。

---

118 《文学财产权大案中律师在上议院阶段提出的诉状》（*The Pleadings of the Counsel before the House of Lords, in the Great Cause Concerning Literary Property*）（伦敦，1774年），第39页。

119 爱德华·L.卡特（Edward L. Carter），《令人窒息的公共信息渠道：18世纪关于著作权与自由言论的警告再检视》（Choking the Channel of Public Information: Re-Examination of an Eighteenth-Century Warning about Copyright and Free Speech），载于《纽约大学知识产权与娱乐法期刊》（*N. Y. U. Journal of Intellectual Property and Entertainment Law*），第1卷（2011年），第79—127页。

出版实践与法律

《安妮女王法》中提及"有用的图书"和"鼓励知识",这可以被解释为议会有意限制可以获得文学财产权保护的作品类型的标志。但该法是模糊的,这种模糊性为作家、印刷商和书商创造了一定的空间,使他们可以形成共同的规范和实践。起初,他们为一些报纸和周刊做了著作权登记,复制像《旁观者》这样成功的期刊的专有权可能是非常有价值的;但在18世纪30年代那场关于杂志和周刊的辩论后,在此之后的18世纪中几乎没有关于报纸和杂志作品的著作权的讨论。大部分报社所有者并未根据《安妮女王法》为他们的作品做登记,或者主张对新闻的专有权。专门出版金融和商业信息的那些人确实尝试过制止他人复制,但几乎没有成功。少数杂志出版商试图保护他们购买的地图和其他专题文章,但报纸编辑们不曾想象禁止对个别文段、小品文或信件的复制,因为这将使填充他们的栏目变得更加困难。报社是相互依存的,编辑们将单篇文章视为共享资源。

报纸上的著作没有著作权,不能被看作18世纪出版商"赶潮流"的失败,即未能获得图书已经获得的那类保护。相反,18世纪新闻业的底层经济逻辑和主流文化实践不支持将新闻看作财产这个观念本身。如果作家、印刷商和读者无法从中受益,报纸文章的自由转载不可能在这么长的时间里兴旺发达。转载行为与匿名和化名作者的实践紧密相连。有些人编造故事或错标来源,试图推进其政治目标或经济目标,而有些人则珍视在关涉文化、社会和政府的辩论中发出非个人化的声音的能力。[120] 正如《格拉布街周报》的理查德·罗素早在18世纪30年代所承认的那样：复制行为不仅使新闻得以传播——它还便利了评论与分析。

---

120 关于伪造，参见威尔·斯洛特，《前视性陈述：美国革命时期的新闻与推测》（Forward-Looking Statements: News and Speculation in the Age of the American Revolution），载于《现代史学刊》（Journal of Modern History），第81卷（2009年12月），第759—792页。关于非个人化的声音，参见华纳，《共和党人的信件：18世纪美国的出版物和公共领域》（Letters of the Republic: Publication and the Public Sphere in the Eighteenth-Century America）。

第三章　剪刀编辑：美国早期的剪切与粘贴

1790年，一名费城读者因本杰明·富兰克林·贝奇（Benjamin Franklin Bache）——本杰明·富兰克林的孙子，《通用广告报》（General Advertiser）的印刷商——从其他报纸复制材料的方式而嘲笑他。[1]贝奇居然选择在其报纸上刊登了一封信，在这封信中，该读者描述了他访问印刷厂时看到的景象。贝奇的办公桌上摆着一瓶墨水，耳后插着一支钢笔，但他并不需要这两样东西，因为他仰赖的是他的剪刀：

> 桌子上和你周围的地板上摆满了成堆的报纸，你手中握着一把大裁缝剪，从其他报纸上剪裁出你认为可以填满你的报纸的内容。一名年轻人下楼索要更多复制件。还要多少？大概半栏。你翻找报纸，在半分钟内测量并剪出来给他。这就是你赚钱的方式，而你竟满腹牢骚，告诉我们做一个印刷商有多难。[2]

印刷商根据篇幅选择待转载的文章，这一想法并不荒唐。每

---

[1] 当时贝奇刚开始他的职业生涯，他希望出版一份具有广泛吸引力的报纸。后来他成为了一名坦率的共和党人。参见马库斯·丹尼尔（Marcus Daniel），《丑闻与文明：新闻与美国民主的诞生》(Scandal & Civility: Journalism and the Birth of American Democracy)（New York: Oxford University Press, 2005），第109—147页。

[2] 《通用广告报》（费城），1790年10月25日。

期报纸都有相同的页面和专栏需要填充。印刷商从广泛的信息源选择、安排和修改材料,以填充这些版面。从印刷商的立场上看,使用剪刀剪裁现有文本的做法是合理的(下文详述),但这也使他们饱受嘲讽。刚才所引的读者将贝奇描绘为一名失败的工匠,而不是作家;他使用另一个行当的工具——一把裁缝剪——来盗用其他印刷商的作品。

1800年前后,对带剪刀的报社编辑的描述变得更加常见,在英美两国皆如此。[3] 有些人将复制行为描绘为懒惰或不道德,有些人则颂扬编辑们从其他刊物选择和转载材料的能力。他们关注复制行为——特别是对使用剪刀的关注——这一事实意味着,在转载材料数量不断增加的那个时候,人们对待报纸文本的作者和所有权的态度正在发生转变。在美国,这种复制行为实际上得到邮政政策的鼓励。虽然复制行为对英国报社而言也很重要——且在整个19世纪都将如此——但美国特定的政策选择和文化实践创造了一个去中心化的新闻环境,鼓励出版商之间积极的新闻交换。[4] 本章将关注重

---

[3] 关于英国的情况,参见凯瑟琳·菲利(Catherine Feely),《剪刀与浆糊新闻业》(Scissors and Paste Journalism),载《19世纪大不列颠与爱尔兰新闻学词典》(*Dictionary of Nineteenth-Century Journalism in Great Britain and Ireland*),劳雷尔·布雷克和玛丽莎·德莫尔(Marysa Demoor)主编(Gent, BE: Academic Press, 2009),第561页;以及脚注7所引的学者们持续的研究成果。

[4] 另参见梅雷迪斯·L. 麦吉尔,《美国文学与重印文化,1834—1853年》(*American Literature and the Culture of Reprinting, 1834-1853*, Philadelphia: University of Pennsylvania Press, 2003);里昂·杰克逊,《信件产业:南北战争时期美国的作家经济》(The Business of Letters: Authorial Economies in Antebellum America, Stanford, CA: Stanford University Press, 2008),第89—141页;以及劳拉·J. 莫雷(Laura J. Murray),《19世纪美国报社编辑的交换实践:竞争中的合作》(接下页)

点从英国转移到共和国早期到南北战争爆发前的美国,研究新闻印刷商和编辑们是如何处理复制问题的。

　　独立战争期间及其后,政治领袖们经常性地论及报纸在民主社会中的重要性。他们捍卫报纸,将之视为政治和商业信息的重要载体。他们决定,鼓励新闻在全国范围内传播的方式是对寄送给订户的报纸收取极低的邮费,并允许印刷商免费通过邮件相互交换报纸。[5] 将这些原则制定为法律的1792年《邮政局法》(Post Office Act)应当被理解为1790年《著作权法》的对应物。后者明确保护"地图、图表和图书",反映了国会希望促进新国家的知识增长这一事实。[6] 通过建立新的邮政局,立法者试图便利对具有直接政治和

（接上页）(Exchange Practices among Nineteenth-Century US Newspaper Editors: Cooperation in Competition),载于《将知识产权放在适当的位置上:权利话语、创造性劳动和日常生活》(*Putting Intellectual Property in Its Place: Rights Discourses, Creative Labor, and the Everyday*),劳拉·J. 莫雷、S. 蒂娜·派珀(S. Tina Piper)和柯丝蒂·罗伯逊(Kirsty Robertson)主编(New York: Oxford University Press, 2014),第86—109页。

5　理查德·B. 基尔博维茨(Richard B. Kielbowicz),《邮件中的新闻:报刊、邮政局和公共信息,1700—1860年代》(*News in the Mail: The Press, Post Office, and Public Information, 1700–1860s*)(Westport, CT: Greenwood Press, 1989);理查德·R. 约翰,《传播新闻:从富兰克林到摩尔斯时期美国的邮政系统》(*Spreading the News: The American Postal System from Franklin to Morse*, Cambridge, MA: Harvard University Press, 1995);理查德·D. 布朗(Richard D. Brown),《人民的力量:美国知情市民的观念,1650—1870年》(*The Strength of a People: The Idea of an Informed Citizenry in America, 1650–1870*, Chapel Hill: University of North Carolina Press, 1996)。

6　《鼓励知识法》(An Act for the Encouragement of Learning),第15章(1 Stat. 124)(1790),可从PSC中获取。第四章将进一步讨论"1790年法"。

商业利益的信息的获取。没有证据证明立法者曾考虑过在著作权法中纳入对报纸的保护,而后又决定不这么做;但有充分的理由相信,对他们来说,为报纸提供著作权保护是不合理的。复制使新闻得以传播,而美利坚共和国早期的邮政政策鼓励印刷商交换报纸,以获取其他地方的新闻并为本地读者而转载。

虽然熟悉美国早期报纸的学者们长期以来都承认复制行为是普遍的,但数字技术还是使得在新规模上研究这一现象成为可能。通过利用计算机算法在数字化报纸馆藏中定位相似的文本字符串,学者们开始追踪报纸文章的运动并识别哪些文章最经常被转载。[7]

---

[7] 参见戴维·A.史密斯(David A. Smith)、瑞安·科德尔(Ryan Cordell)和伊丽莎白·马多克·狄龙(Elizabeth Maddock Dillon),《具有传染性的文本:为19世纪报纸文本的再利用情况建模》(Infectious Texts: Modeling Text Reuse in Nineteenth-Century Newspapers),载于《大人文学科工作坊会议记录》(Proceedings of the Workshop on Big Humanities, IEEE Computer Society Press, 2013);瑞安·科德尔,《南北战争报纸中的转载、发行和网络作者》(Reprinting, Circulation, and the Network Author in Antebellum Newspapers),载于《美国文学史》(American Literature History)第27卷,第3期(2015年8月),第417—445页;以及M. H.比尔斯,《剪刀加浆糊:乔治时代的转载,1800—1837年》(Scissors and Paste: The Georgian Reprints, 1800-1837),载于《开放人文数据期刊》(Journal of Open Humanities Data)第3卷(2017)。对于跨大西洋的维度,参见鲍勃·尼克尔森,《"你安心赴死,剩下的交给我们!":跨大西洋报刊中的笑话与转载文化》("You Kick the Bucket; We Do the Rest!": Jokes and the Culture of Reprinting in the Transatlantic Press),载于《维多利亚文化期刊》(Journal of Victorian Culture),第17卷,第3期(2012),第273—286页;以及斯蒂芬·皮金(Stephan Pigeon),《盗窃、改写、印刷:〈女性宝库〉中的跨大西洋剪刀加浆糊新闻学,1857—1895年》(Steal It, Change It, Print It: Transatlantic Scissors-and-Paste Journalism in the Ladies' Treasury, 1857-1895),载于《维多利亚文化期刊》第22卷,第1期(2017):第24—39页。

研究对复制行为的态度转变是这类计算分析的必要补充。邮政局的基础设施和价格表显然鼓励了新闻的交换，但这不意味着复制行为是没有问题的。事实上，报社编辑和出版商表现出对复制行为愈加敏感的趋势。他们还没有寻求著作权保护，但他们确实尝试发展共同习惯来规范复制材料的处理方式。1800年后，随着报纸的印刷和编辑功能开始分离，一些编辑开始表达关切，认为必须承认文章的来源，并将之归认于发表某篇文章的第一份报纸。这种对归认来源的要求——以及与此相关的对"偷窃"新闻的指控——也取决于行业实践的变革。19世纪20年代到30年代，为搜集新闻而日益增长的投资导致一些出版商切断了给未能充分归认来源的那些交换伙伴的新闻供给。有些甚至通过为复制者提供假新闻的方式对他们设下圈套。与此同时，东北部大城市——特别是纽约——的报社努力吸引临近城镇和周边农村的付费读者，抢占了广泛依赖于复制行为的小报的读者群。到19世纪40年代，许多地方的编辑们更经常地抱怨复制行为。他们尝试推行新的引注和致谢规范，但对著作权法仍然不感兴趣。[8]编辑们寻找各种方法既保持新闻流通，同时又获取能够提升其报纸声誉和发行量的那类来源归认。

---

8 正如在第六章所讨论的，一直到19世纪80年代，美国报纸出版商才寻求复制问题的法律解决方案。但在更早的时候，一些编辑就假定，如果满足法定形式要件，报纸也能获得著作权保护；例如，参见《要求归认来源》(Wanting Credit)，载于《巴尔的摩公报和每日广告报》(*Baltimore Gazette and Daily Advertiser*)，1826年11月13日。

剪切加粘贴

利用剪刀加浆糊为报刊准备作品的实践几乎和印刷业本身一样历史悠久。至少从 16 世纪开始,百科全书和其他参考书的编写者就意识到,从现有作品中剪裁段落并粘贴到纸张上,比手抄更快,而且可以避免誊抄过程中的讹误。[9] 使用印刷复制件也使得为报刊准备文本更加方便。对于手写稿,编辑需要辨认手写字体,并计算单词和句子的数量,以判断文本在印刷版中将占据多大的版面。而从印刷复制件开始工作,编辑就可以更轻松地估算需要多少文本,排版员的工作也更快、更少出错。[10]

18 世纪百科全书的编写者继续依赖于剪刀。第一版《大不列颠百科全书(1768—1771 年)》(*Encyclopaedia Britannica* (1768-1771))的主编据传曾开玩笑说,他"用一把剪刀完成了一部艺术与科学的词典"。[11] 节约时间和避免誊抄错误的需求对报纸也是适用的。美国

---

[9] 安·布莱尔(Ann Blair),《信息过载:前现代时期的学术信息管理》(*Too Much to Know: Managing Scholarly Information before the Modern Age*, New Haven, CT: Yale University Press, 2010),第 213—219 页;安·布莱尔和彼得·斯塔利布拉斯(Peter Stallybrass),《传达信息,1450—1800 年》(*Mediating Information, 1450-1800*),载于《这就是启蒙》(*This is Enlightenment*),克利福德·西斯金(Clifford Siskin)和威廉·华纳主编(Chicago: University of Chicago Press, 2010),第 139—163 页。

[10] 参见菲利普·加斯克尔(Phillip Gaskell),《文献学新导论》(*A New Introduction to Bibliography*, New Castle, DE: Oak Knoll Press, 2006),第 40—51 页。

[11] 引自布莱尔,《信息过载:前现代时期的学术信息管理》(*Too Much to Know*),第 228 页。

早期大多数报社都是小型家庭产业,但即使是大城市的大型印刷厂,在可能的情况下就从现有材料开始工作,也是更加可行的。如果可以剪裁文段,或者用钢笔标注出应该复制的文段和编辑想做的修改,就没有理由选择用手写的方式誊抄文本。[12]

一些留存下来的美国早期报纸是印刷商和编辑们作为信息源的交换件。在马萨诸塞州伍斯特县的美国文物协会[下简称"文物协会"(AAS)]收藏的大量报纸中,有一些是以赛亚·托马斯(Isaiah Thomas)——《马萨诸塞间谍报》(*Massachusetts Spy*)的印刷商和文物协会的创始人——所收藏的交换件。托马斯的许多合订本中包含着在他选择转载的文段、信件和小品文周围所圈的标记。托马斯的文件表明他不时地剪裁出一段或一栏文字。更常见的是,他用钢笔标记所选的素材并保持报纸的完整。这一做法与托马斯收藏印刷作品的旨趣一致,但也可能是因为,印刷商不太可能收藏已经残缺不全的报纸。尽管如此,在文物协和其他图书馆中保留的交换报纸中,仍有足够多的剪裁件足以证实,早期的报纸印刷商通过剪裁文章来节约时间。[13]

交换件提供了印刷商和编辑如何工作的确凿证据。在多数情

---

[12] 虽然对编辑流程的评论经常一并提及"剪刀加浆糊",但较少证据表明编辑们使用了浆糊。如果编辑希望将剪下的材料安排在纸张上制作模拟样本,浆糊可能是有用的。但我没有找到这样做的证据。

[13] 感谢文物协会的文森特·戈登和托马斯·G.诺尔斯(Thomas G. Knowles)帮助找到这些交换件。除文物协外,参见构成哈佛霍顿图书馆(Houghton Library)艾伯林馆藏(Ebeling Collection)主要部分的交换件,以及由费城图书馆公司(Library Company of Philadelphia)收藏、由马修·凯里(Mathew Carey)所有的报纸合订本。感谢詹姆斯·N.格林(James N. Green)对后者的协助。

况下，他们不得不依赖于中间信息源，这使得他们——更不用说读者——难以知晓复制的链条如何改变了新闻。例如，如果一份波士顿报纸转载一份伦敦报纸的材料，波士顿印刷商可能会指明报纸的完整名称，但更经常的是它仅仅提到"一份伦敦报纸"，或者将该新闻排在伦敦日期栏下。当另一份美国报纸使用该波士顿报纸作为伦敦新闻的信息源时，它几乎不会承认这一事实。如果一篇文章已经包含了诸如"引自《大众广告报》"的引注栏，印刷商将不得不决定，在转载这篇文章时是要纳入还是省略该引注栏。

　　托马斯的文件提供了示例。1782年，他的《马萨诸塞间谍报》中含有一封署名为"辛辛纳特斯"（Cincinnatus）的信件，并标明"引自《自由人日报》（Freeman's Journal）"。读者可能假定托马斯直接从费城的《自由人日报》复制这封信件。但托马斯的交换件表明，他是从《新泽西日报》（New Jersey Journal）中复制该信件和相应的引注栏的。[14] 邮件递送很不可靠，所以印刷商只能尽其所能地利用已送达的任何信息源。托马斯还会更改引注栏。《新泽西日报》在一篇文章中标注"引自《圣詹姆斯纪事报》"（St. James's Chronicle），但托马斯划去这一标题，写上"引自最近的一份伦敦报纸"。[15] 不管托马斯这么做的原因是什么——他可能只是为了帮助读者把事情简单化，也可能出于某种原因希望自己和《圣詹姆斯纪事报》保持距离——他的这一改动影响了证据的链条。托马斯的报纸文件显

14　《马萨诸塞间谍报》（伍斯特），1782年8月29日；以赛亚·托马斯收藏在文物协会的一份1782年7月24日的《新泽西日报》；《自由人日报：北美情报员》（*Freeman's Journal: or, The North-American Intelligencer*）（费城），1782年7月17日。

15　托马斯收藏在文物协会的一份1783年7月30日的《新泽西日报》。

示,他总体上是一名谨慎的编辑,会避免印刷可疑的新闻,并提醒读者注意未经证实的报道。例如,1781年夏,托马斯选择从《新泽西日报》转载一个文段,该文段报道了法国海军在加勒比海大胜英国海军。他在文章中增加了一句话,"该报道有待证实"。他还指示排字工,在本周其他新闻排版完成之前,先不排这一段。托马斯希望收到后续报道来证实或证伪这段来自《新泽西日报》的文段。该文段最终见诸《马萨诸塞间谍报》的报端,加上托马斯的提醒,意味着在报纸付梓之前未能收到进一步的报道。[16]

邮政交换

虽然从其他出版物复制新闻长期以来都是获取外地新闻的主要手段,但是,1792年《邮政局法》保证了印刷商和编辑们可以更可靠地获取按照更可预见的时间表递送的、范围更广的新闻。该法包含了两条能促使报社在19世纪成长和兴盛的条款。首先,它为报纸规定了相对于私人信件而言非常低的邮费。订户仅需为递送100英里的报纸支付1美分,对递送距离更远的支付1.5美分。一份典型的四页版报纸寄送450英里(或更远的距离)仅需1.5美分,而一封四页纸的书信寄送相同距离须支付1美元。这一费率意味着

---

[16] 托马斯收藏在文物协会的一份1783年7月11日的《新泽西日报》;《马萨诸塞间谍报》1781年7月26日。感谢约瑟夫·阿德尔曼(Joseph Adelman)提供这一示例。参见约瑟夫·M.阿德尔曼,《不再是"米尔机械工":印刷商如何塑造革命时期的信息》("Meer Mechanics" No More: How Printers Shaped Information in the Revolutionary Age),载于"革命时期"(*Age of Revolutions*)(博客),2017年9月11日。

第三章 剪刀编辑：美国早期的剪切与粘贴 **155**

通过邮件寄送私人信函对大多数人而言过分昂贵。[17]因此，从1792年到19世纪40年代后期（此时邮费降低了），邮政局的两大主要功能是处理商业通信和分发报纸。费率结构保证了前者可以补贴后者。通过邮件寄送的报纸总量从1800年的近200万份上升到1820年的600万份、1830年的1600万份和1840年的3900万份。不过，这些数字不代表报纸的总发行量，因为除了邮政局外，顾客还从私人承运商、街头商贩或者直接从印刷商处获取报纸。而报纸显然占据了邮政局处理的邮件的很大一部分，却仅仅对它的收入有微小的贡献。[18]

报纸邮费分两个档次是妥协的结果。统一邮费的支持者们主张，政府应该鼓励新闻在全国所有地区的流通。累进邮费的支持者们坚称，统一费率将使大城市的报社获益，而以牺牲农村地区的报社的利益为代价。如果邮费没有区别，那么乡村或其他城市的读者可能更愿意直接订阅纽约和费城的少数几份报纸，从而使本地小

---

17 理查德·B. 基尔博维茨，《共和国早期的报刊、邮政局和新闻流动》（The Press, Post Office, and Flow of News in the Early Republic），载于《早期共和国期刊》（*Journal of the Early Republic*）第3卷（1983年秋季刊），第259—260页。到19世纪40年代，邮费降低了，从而使信件写作成为一种大众现象。大卫·亨金（David Henkin），《邮政时代：19世纪美国现代通讯的诞生》（*The Postal Age: The Emergence of Modern Communications in Nineteenth-Century America*, Chicago: University of Chicago Press, 2006）。

18 约翰，《传播新闻：从富兰克林到摩尔斯时期美国的邮政系统》（*Spreading the News: The American Postal System from Franklin to Morse*），第36—39页；以及理查德·R. 约翰，《为工业时代重铸信息基础设施》（Recasting the Information Infrastructure for the Industrial Age），载于《被信息改变的国家》（*A Nation Transformed by Information*），阿尔弗雷德·钱德勒（Alfred Chandler）和詹姆斯·科塔达（James Cortada）主编（New York: Oxford University Press, 2000），第60—62页。

报更加难以生存。认为小城镇的报纸可以通过报道本地新闻来保持优势,这一点毫无道理。大城市外的报纸通常每周出版一次,所以大部分读者在新闻付印之前就已经通过口口相传的方式了解到最新的新闻。除了广告和偶有的社论外,人们阅读本地报纸的目的就是阅读其他城市的新闻。反对统一邮费的立法者赞扬本地印刷商／编辑在选择和评论来自其他地区——尤其是华盛顿和其他州首府——的新闻方面所发挥的作用。每次邮政局考虑改革其与报纸有关的政策时,类似的论点就会被公开提出来。[19]

"1792年法"的第二个重要特征是,印刷商之间交换报纸是免费的。这不是一个全新的主意。在殖民时期,一些地方上的邮政局长——通常由印刷商担任该职——已经鼓励邮差不要对印刷商之间邮寄的报纸收费。但是,殖民时期报纸的免费交换被邮路的有限开发和担任邮政局长的印刷商有时拒绝承运竞争对手的报纸这一事实所阻碍。[20]"1792年法"力图把这种特定化的特权转化为所有印刷商的权利,不论其政治关系是什么。印刷商可以向其他印刷商寄送一份他们的报纸,想寄多少家就寄多少家,免收邮费。这项政策相

---

[19] 基尔博维茨,《共和国早期的报刊、邮政局和新闻流动》(*The Press, Post Office, and Flow of News in the Early Republic*),第258—260页;约翰·纳罗纳(John Nerone),《代表公意:漫长的19世纪美国的报纸和新闻体系》(*Representing Public Opinion: US Newspapers and the News System in the Long Nineteenth Century*),载于《历史罗盘》(*History Compass*)第9卷,第9期(2011年),第746页。

[20] 约瑟夫·阿德尔曼,《"公共和私人情报受宪法保护的传递":邮政局、印刷业和美国革命》("A Constitutional Conveyance of Intelligence, Public and Private": The Post Office, the Business of Printing, and the American Revolution),载于《企业与社会》(*Enterprise and Society*),第11卷,第4期(2010),第1—44页。

当于对全国报社搜集新闻的努力提供的一项政府补贴。它对报社运行的方式和报纸能为读者提供的材料种类产生深刻的影响。[21]

印刷商和主编们努力建立它们的交换名单,但有很多理由导致交换报纸的请求被拒绝。有些主编不希望和不同政治倾向的报社交换报纸;有些则没有时间阅读更多的报纸,或者试图避免因生产更多用于寄送的交换件而产生的费用(对于一些报纸而言,交换件可能占据总印数的10%)。大型的、更知名的报社有能力进行区别对待。许多主编将交换视为宣传他们的政治观点、吸引更多订户的手段。为了实现这一目标,信息源必须被恰当归认,所以,未归认来源将成为终止交换关系的理由,这就不足为奇了。在选择印刷内容时,主编们心中通常会考虑这一广阔的交换网络。他们不仅寻找能够取悦自己读者的材料,而且还会寻找其他地区的主编们感兴趣的内容。[22] 保持互惠关系可能要付出巨大努力。佛蒙特州伯灵顿市的一名印刷商被其交换伙伴的疏忽惹恼,他甚至在外发报纸的报头栏上写下:"该死的,快给我寄报纸!"[23]

---

21 基尔博维茨,《邮件中的新闻:1700—1860年代的报刊、邮政局和公共信息》(News in the Mail),第17—18页、第142—145页;约翰,《传播新闻:从富兰克林到摩尔斯时期美国的邮政系统》,第32—33页;约翰·纳罗纳,《媒体与公共生活史》(The Media and Public Life: A History, Cambridge, UK: Polity, 2015),第56—57页。

22 纳罗纳,《媒体与公共生活史》(The Media and Public Life),第57页,10%的估算来自于此。

23 《哨兵报》(Sentinel)(佛蒙特州伯灵顿市),1832年9月15日,文物协会,引自杰克逊,《信件产业:南北战争时期美国的作家经济》(The Business of Letters),第126页。

从交换报纸中汇编新闻是一项劳动密集型的工作流程。希西家·尼尔斯（Hezekiah Niles）——1811年在巴尔的摩创立了《每周登记报》并编辑该报长达25年——力图创办一份全国领军的国内外新闻文摘报。尼尔斯细心地挑选他希望接收的报纸，而拒绝那些他认为无用的报纸。尽管如此，他每周还是要花三天时间通读交换报纸，以决定转载哪些报道。尼尔斯坚称，撰写社论要比整合一份全国新闻的有趣文摘容易得多。如他所言，"尝试从大量报道、推测和猜想中'去粗取精'；从上万栏被称为'新闻'的内容中搜集其精华；保留所有有用的、必要的事实，摒弃大量看起来仅仅是为了填充报纸版面的内容——要求有充分的耐心、恒心和细心"。[24]

请求被复制

尼尔斯的《每周登记报》代表着公正的新闻文摘的理想，但交换系统也使得传播高度偏见性的材料成为可能。事实上，许多报纸所宣称的公正理想常常是被违反的。有些主编积极主动地利用邮政网络传播政治观点，有些虽然宣称自己是中立的，但仍然转载高度偏见性的材料。系统的开放性及匿名文化使得政治家和主编们可以创作一系列看起来是由不同人撰写的文章，给人一种对特定主题已达成广泛共识的印象；然而，有经验的编辑可以看出这些文章是来自同一个来源。尼尔斯将这种欺骗行为称为公众意见的"制造"。[25]

---

[24] 《尼尔斯每周登记报》（*Niles' Weekly Register*）（巴尔的摩），1816年8月31日。

[25] 《尼尔斯每周登记报》，1832年9月15日，引自纳罗纳，《媒体与公共生活》，第66—73页。

第三章 剪刀编辑：美国早期的剪切与粘贴 *159*

他对交换系统被用于政治目的而感到沮丧，这表明该系统有利有弊。印刷商间的免费交换使读者可以获取全国的新闻，但也使虚假信息和片面信息得以传播。一份报纸可能只有有限的订户基数，但如果它的报道和社论材料在其他地区被转载的话，它仍颇具影响。但女性和少数族裔仍然很难使自己的意见见诸报端。[26]

为了传播新闻、社论和政治小品文，主编们有时真的会请求复制他们的报刊。1831年，宾夕法尼亚州威尔克斯-巴里市的一份报纸礼貌地请求纽约的《信使和调查者报》（*Courier and Enquirer*）转载一封信件，这封信件主张修建一条从纽约到宾夕法尼亚煤田的铁路。和典型的做法一样，该请求被公开印在这份威尔克斯-巴里报纸的页面上，这份报纸被寄去与《信使和调查者报》交换。[27]将请求印在报纸上，而不是通过寄信发送请求，可以降低成本（印刷商间的交换是免费的，而信件邮费高昂），但这么做也有重要的社会功能。公开发表的请求提供了一个公开赞颂交换伙伴的影响力、正直性或其他品质的机会。这种赞颂是建立交换关系的重要部分。[28]

政治争议也会刺激主编们公开请求某些文章被转载。1830年，《佐治亚日报》（*Georgia Journal*）对关于该州如何对待印第安人的不

26　参见纳罗纳，《代表公意：漫长的19世纪美国的报纸和新闻体系》（Representing Public Opinion），第748—754页；以及纳罗纳，《媒体与公共生活》，第66—73页。
27　《早晨信使和纽约调查者报》（*Morning Courier and New-York Enquirer*），1831年5月31日，文物协会。
28　参见杰克逊，《信件产业：南北战争时期美国的作家经济》，第95—97页、第120—126页。

利报道作出回应,请求道,"《国民日报》(National Journal)、《纽约商报》(New York Journal of Commerce)和《每日广告报》《波士顿信使》(Boston Courier)及其同事们可否转载下述声明,以作为对佐治亚不计其数的诽谤——这些诽谤正是他们所传播的——的一点弥补?"《佐治亚日报》希望报道一名白人男子因抢劫切罗基人而被定罪的事实,以证明佐治亚法院比通常所宣传的那样更加公正。[29] 多亏了数字报纸数据库,现在我们有可能找到选择转载涉事文章的报纸,但图书馆里的实体复制件揭示了更多"剪刀编辑们"的工作。[30] 例如,文物协会收藏的《佐治亚日报》是寄给华盛顿的《国民日报》的交换件,报纸上有一个洞,正是《佐治亚与印第安人》一文原来所在的位置。那是因为华盛顿的主编将这篇文章剪下交给排字工,让他加在即将出版的一期报纸上。他还加上了如下批注介绍该文:"我们乐于遵从这份[佐治亚州]米利奇维尔市的报纸提出的转载以下文章的请求。我们无意于不公正地对待佐治亚州,只

---

[29] 《佐治亚和印第安人》,载《佐治亚日报》,1830 年 11 月 13 日。文物协会收藏的复制件由 Readex 为"美国历史上的报纸"网来进行数字化,这份报纸中相关的文章是缺失的,原因如正文所述。但本期《佐治亚日报》的完整版本可以在"佐治亚历史上的报纸"网查看。

[30] 转载件包括《佐治亚人报》(Georgian)(萨凡纳),1830 年 11 月 18 日;《每日全国情报员报》(Daily National Intelligencer)(华盛顿特区),1830 年 11 月 24 日;《合众国电报》(United States' Telegraph)(华盛顿特区),1830 年 11 月 23 日;《每周东部阿古斯报》(Weekly Eastern Argus)(缅因州波特兰市),1830 年 11 月 30 日;《波塔基特(罗德岛)纪事及生产者和手工业者的代言人报》[Pawtucket (RI) Chronicle and Manufactures' and Artizans' Advocate],1830 年 12 月 3 日;《波士顿记录报》(Boston Recorder),1830 年 12 月 8 日;《基督守护者报》(Christian Watchman)(波士顿),1830 年 12 月 10 日。

要本文可以被看作是该州没有不公对待印第安人的倾向的证据,我们欢迎她从这篇文章的传播中获益。"[31] 和前面提到的《信使和调查者报》一样,这个例子揭示了主编们如何阅读彼此的报纸,对批评作出回应并寻求帮助传播他们的观点。为了鼓励同行们尊重这些请求,他们通常会加上能够引发编辑同行荣誉感或正义感的眉批。《国民日报》的回应表明,文章被转载以及获得"传播利益"的程度取决于相关主编们的内心确信。

免费邮政交换是美国早期报刊的根基,它使得新闻和政治意见得以传播,但也为邮政局制造了负担。随着1812年战争后美国的西扩,印刷商交换的成本开始接受审查,尤其是当邮政局遭遇赤字时。1822年,而后在1825年,提交国会的议案提出将每家印刷商免费交换的报纸总数限制在最多50份,超过这个数量,他们就必须支付邮费。但是,两次修法中,该条款都被删除了。到19世纪20年代,这一特权已经成为美国报刊的基石,参议员和众议员都积极为之辩护。[32] 到19世纪30年代,邮政部长阿莫斯·肯德尔(Amos Kendall)提出一个新方案,以减轻交换报纸日渐加重的负担。肯德尔估算,全国的报业网络已经从1792年东海岸的约150份增长到1838年覆盖更大地理范围的1300份到1500份。他的估算似乎偏低了,但并非低得离谱。[33] 肯德尔主张,许多报纸都在与另

---

31 《每日国民日报》(华盛顿特区),1830年11月23日。

32 《哥伦比亚凤凰报》(*Columbian Phenix*)(罗德岛州普罗维登斯市),1822年5月11日;《每日国民情报员报》,1825年1月29日、1825年3月1日。

33 国会图书馆的《美国报纸目录》收录了1792年印刷的161份报纸和1838年印刷的1863份报纸的信息。注意其中一些报名是重复的,但该目录又是不完整的。

外 500 份到 600 份报纸交换，但其中只有 100 份左右可能是有用的。他提议将交换限制在被称为"纸条"（slip）的简短新闻摘要，最多包含两栏文字。纸条既可以是从报纸常规版本中剪裁下来的，也可以是为了交换目的而特别印制的。1837 年，邮政局在一些精选的路线上开辟了马车快递服务，肯德尔报告称在这些线路上纸条已经发挥其作用。他认为，在所有邮路上使用纸条可以缓解邮政局的负担，同时减少编辑们的工作——他们不再需要筛查成堆的报纸，只为找到相对独特的内容。[34] 国会未采纳以上任何一项建议，对印刷商交换的全面补贴仍然继续，直到 1873 年作为从整体上废除免费邮递服务的一部分才被终止。即使到那时，该政策也并非凭空消失，新闻出版商和政治家仍然为之而战，他们为免费交换的价值辩护，试图恢复该政策，但均以失败告终。[35]

---

34 基尔博维茨，《邮件中的新闻：1700—1860 年代的报刊、邮政局和公共信息》，第 146—147 页；理查德·R. 约翰：《网络化国家：美国电子通讯的发明》（Network Nation: Inventing American Telecommunications, Cambridge, MA: Harvard University Press, 2010），第 69—81 页。

35 《为邮政部门服务拨款的法律》（An Act Making Appropriations for the Service of the Post-Office Department），第 231 章，第 3 条 [17 Stat. 556, 559 (1873)]。关于对此事的回应，参见《每日政府公报》（Daily State Gazette）（新泽西州特伦顿市），1873 年 6 月 11 日；《每日全国共和党人报》（Daily National Republican）（华盛顿特区），1873 年 12 月 11 日；《奥本（纽约州）每日新闻简报》（Auburn (NY) Daily Bulletin），1873 年 12 月 16 日；《普罗维登斯（罗德岛）晚报》（Providence (RI) Evening Press），1874 年 2 月 19 日；及《奥尔巴尼（纽约州）晚报》[Albany (NY) Evening Journal]，1874 年 5 月 15 日。

转变中的态度

交换系统的开放性也带来了复制材料是否应当归认来源的问题。这一时期对复制行为的态度正在演化中。作家开始赞美原创——而非模仿——作为创作的理想形式，印刷文本中引号的使用也变得更加普遍。[36]这种变化也反映在报纸上。1799年，罗德岛州普罗维登斯市一份报纸的投稿人宣称："当我的读者们记住我大量使用的引号，以及我在借用思想和表达时谨慎地归认来源，我就应该免于抄袭的罪名。"[37]更早些年，费城《国民公报》(National Gazette)的一名读者批评报纸印刷商和编辑们试图粉饰抄袭，美其名曰"借用"或"精选"。他举了一个新近的例子：立法辩论的报道被复制了，但没有承认它是来源于另一份报纸的。虽然"同道中人"可能认为这类材料应是可以自由使用的，但这名读者却坚称，这种行为就是"恶劣的抄袭"。他怀疑大多数编辑并不愿意承认他

---

[36] 参见尼克·格鲁姆，《非原创的天才：抄袭与"浪漫"作者的构建》，载于《著作权与盗版：一个跨学科的批判》，莱昂内尔·本特利、珍妮弗·戴维斯和简·G.金斯伯格主编（Cambridge: Cambridge University Press, 2010），第271—299页；以及玛格丽塔·德·格拉齐亚（Margreta De Grazia），《批准发声：引号、废除酷刑和第五修正案》(Sanctioning Voice: Quotation Marks, the Abolition of Torture, and the Fifth Amendment)，载于《作者的构建：法律与文学中的文本利用》(The Construction of Authorship: Textual Appropriation in Law and Literature)，玛莎·伍德曼希和彼得·杰西主编（Durham, NC: Duke University Press, 1994），第281—302页。

[37] 《普罗维登斯（罗德岛）日报及乡镇广告报》[Providence (RI) Journal, and Town and Country Advertiser]，1799年10月16日。

们复制了多少内容，也不愿意使读者们注意到同行们的才华。他希望他们将来可以更诚实一些。[38]

一些报社主编也开始因发表在报纸上的原创材料未能获得来源归认而表达不满。《纽约晚邮报》主编威廉·科尔曼（William Coleman）是最早阐述新闻业中的不正当竞争观念的人之一。1805年，科尔曼解释道，当他看到"属于我们的一篇文章被他人利用，作为他自己的文章公之于世"时，他总会感到不公正。科尔曼主张，所有作者都应当享有对劳动所得的任何"优势"的权利。"属于报纸社论著作的优势，是订户数量的增加"，他写道，而当"有人拿起剪刀剪下我的文章，将它作为自己的作品公之于世，他就从我的产品中获得不正当优势，以我为代价增加他的订户"。在科尔曼看来，使用日期栏而不是引用报名的通常做法是这个问题的原因之一。他抱怨道，"一些企图避免被戴上'抄袭'帽子的排字绅士"在转载文章时将文章放在"纽约"或"波士顿"的标题下，而不是指明他们复制的那份具体的报纸。"这些'剪刀作者'清楚地知道，读者几乎不会停下来注意地点或日期，因此，这种计谋剥夺了所有者投诉的权利，而事实上却将文章的功劳和优势统统归于他们自己。"[39]

科尔曼所厌恶的日期栏在最早的手写内部通讯和印刷版即时新闻中就已经存在，这类刊物是根据地理来源而非主题或重要性来组织新闻的。虽然有些报纸会使用更加准确的标签，如"引自《伦

---

[38] 《国民公报》（费城），1793年3月13日；转载于《阿格斯报》（*Argus*）（波士顿），1793年3月26日。

[39] 《被改正的错误》（A Mistake Corrected），载于《纽约晚邮报》，1805年1月16日。拼写错误已改正，不作特别说明。

敦晚邮报》(London Evening Post)",但大多数报纸仅仅将复制来的文段放置在伦敦日期栏之下。这种惯例让科尔曼感到不满,他将自己视为作家,而非汇编者。他集中批评的对象是各类"广告报"。在科尔曼看来,要办一份成功的广告报,所需要的仅仅是排字的技巧和足以阅读校样的受教育水平。他说:"那些能够做到这一点的,且具备找出能取悦读者的信息的相当的洞察力,并聚精会神地通过一把剪刀获取这些信息的人,必能快乐地使自己富足。"[40]

费城《极光报》(Aurora)的威廉·杜安(William Duane)在一篇题为《剪刀编辑》的社论中引用这一论点,并表示赞同。[41]杜安和科尔曼代表了新一代的主编,他们与政党之间建立了更加紧密的联系;他们也比他们的大部分前辈有更强的"社论声音"。在美国,大约1800年开始,将政治编辑作为一项职业已经成为可能。共和党人和联邦党人在地方、州和全国层面都需要喉舌,这就为工匠和中产阶级的青年人创造了机会。创办报社为他们提供了一个既可营生,又可实现政治抱负的方式。尽管这些主编们发表的新闻报道有很多都是复制的,但他们也贡献了很多原创的政治小品文,在这些政治小品文中,他们及政治赞助人的观点被旗帜鲜明地表达出来。[42]这种萌芽意义上的社论声音有助于解释为什么科尔曼和杜安对复制

---

40 《被改正的错误》(A Mistake Corrected),载于《纽约晚邮报》,1805年1月16日。

41 《剪刀编辑》,载于《极光通用广告报》(Aurora General Advertiser)(费城),1805年1月19日。

42 杰弗里·帕斯利,《"印刷商专政":美利坚共和国早期的报纸政治》("The Tyranny of Printers": Newspaper Politics in the Early American Republic, Charlottesville: University of Virginia Press, 2001),第六章及第九章。

行为特别敏感。

　　杜安和科尔曼态度一致，尽管他们处在对立的政治阵营。《极光报》是由本杰明·富兰克林·贝奇于1790年创立的，原名为《通用广告报》，但很快该报就变成一份直言不讳的共和党报纸，并于1794年更名为《极光报》。《纽约晚邮报》是一份由亚历山大·汉密尔顿（Alexander Hamilton）及其合伙人于1801年创办的联邦党人报纸，科尔曼任首任主编。科尔曼和杜安常常恶语相向，但他们都同意，转载文章而未归认来源是不公正的。正如杜安所言：" 尽管我们的政治立场与《纽约晚邮报》不同，但在尊重财产方面我们有共同的情感。"[43] 事实上，科尔曼收入颇高，但他的薪金依赖于政治捐助，而非订阅费用。杜安的《极光报》是颇具影响的共和党机关报，却未能获得水平相当的财政支持。和那一时期大部分报纸出版商一样，杜安常为债务而挣扎。订户常常迟交订费，甚至完全不交，所以如果一些订户还被竞争对手抢走，就更令人难以接受。[44] 杜安声称，由于从《极光报》转载文章的乡村报纸的兴起，他在5年内丢失了600名订户。[45] 600名订户的损失是相当严重的，在那时，许多报纸甚至要艰苦奋斗多时才能达到这样的订阅量。

　　虽然杜安将未归认来源的复制行为描述为"盗窃"或"抢劫"，但他也暗示，只要他们将来源归认于《极光报》，就可以避开这些

43　《剪刀编辑》。

44　帕斯利，《"印刷商专政"：美利坚共和国早期的报纸政治》（Tyranny），第130页、第237—238页；杰克逊，《信件产业：南北战争时期美国的作家经济》，第144页。

45　《剪刀编辑》。

罪行。"信用"（credit）*——这个既具有伦理又具有金融含义的词汇——成为19世纪新闻实践讨论的中心。18世纪的报纸也使用该词汇，但主要指新闻的可靠性（或可信性），而非对作者的承认（或回报）。例如，1787年一份南卡罗莱纳州的报纸是这样介绍一篇报道的："我们从德国一份最可信（of the first credit）的报纸中选摘关于现任普鲁士国王的如下轶闻。"[46]对于科尔曼、杜安和19世纪其他抱怨未归认来源的复制行为的主编们而言，获得来源归认是为了获得对其劳动的正当回报。他们批评那些转载了——用杜安的话说——"付出劳动和金钱并运用能力所搜集到的"材料，而后伪装成是他们自己的东西的主编们。杜安指控其政治对手通过从《极光报》窃取材料的方式，意欲摧毁该报。他举了一个例子，一名竞争对手的主编号称其参加了宾夕法尼亚州兰卡斯特市的法官弹劾程序，但事实上，该主编只是从《极光报》上一字不落地复制了该报道。杜安将这种转载行为称为"彻头彻尾的抢劫"。他用"盗窃"一词来描述稍轻一些的侵权行为，例如，当竞争对手将复制材料排在费城的日期栏下，而不是明确将来源归认于《极光报》时。"通过这种方式，"杜安写道，"这些文章没能为《纽约晚邮报》或《极光报》提供充分支持，相反，文章的内容被用于为其他报纸提供支持，所以，黄蜂们正在偷吃蜜蜂辛勤劳动的果实"。[47]

---

* "credit"本义为"信用"，但根据上下文文义，本书将"give credit to"译为"归认来源"。——译者
46 《南卡罗莱纳州政府公报》（*State Gazette of South Carolina*）（查尔斯顿），1787年1月18日。
47 《剪刀编辑》。

通过将没有归认来源的复制行为描述为"盗窃"和"抢劫"，这些主编们将报纸上的著作当作类似于动产上的财产权来看待，而非难以被偷窃（但可能被侵扰或非法侵入）的土地上的财产权。在关于复制图书的控诉中，盗窃也是一个常见的比喻。在1891年美国修改著作权法前，美国出版商未经许可重印外国作者的作品是完全合法的。然而这种重印经常被指责为"抢劫"或者"盗窃"。[48]但是，当作者和书商们为修改著作权法而游说，以使这类所谓的盗版行为变成违法行为时，新闻出版商对著作权却没有表现出相同的兴趣。事实上，杜安、科尔曼和其他新闻主编们仅仅部分使用了19世纪早期的财产修辞。虽然他们描述了从劳动中获利的权利，但他们并未要求排除他人使用新闻或社论的权利。他们也并未设想在

---

[48] 威廉·圣·克莱尔，《知识产权的比喻》（Metaphors of Intellectual Property），载于《特权与财产权：著作权史论文集》（Privilege and Property: Essays on the History of Copyright），罗南·德兹利、马丁·克雷奇默和莱昂内尔·本特利主编（Cambridge, UK: Open Book Publishers, 2010），第369—395页；以及凯瑟琳·塞维尔，《19世纪英美著作权关系：盗版话语与道德高地》（Nineteenth-Century Anglo-US Copyright Relations: The Language of Piracy versus the Moral High Ground），载本特利、戴维斯、金斯伯格主编，《著作权与盗版：一种跨学科的批判》（Copyright and Piracy: An Interdisciplinary Critique），第19—43页。如梅雷迪斯·麦吉尔所示，美国印刷商和出版商经常以政治上的理由为重印行为辩护［麦吉尔，《美国文学与重印文化，1834—1853年》（American Literature and the Culture of Reprinting, 1834–1853），第76—108页］。1891年的《蔡斯法》允许非美国居民的作品获得著作权，但仍有一系列要求（尤其是图书必须是在美国生产的）使外国作品无法受到美国的著作权保护。参见罗伯特·斯波，《无著作权：盗版、出版和公有领域》（Without Copyrights: Piracy, Publishing and the Public Domain, New York: Oxford University Press, 2013）。

第三章　剪刀编辑：美国早期的剪切与粘贴

复制报纸材料前要求获得许可或支付费用。波士顿《哥伦比亚前哨报》(*Columbian Centinel*)的本杰明·罗素（Benjamin Russel）解释道，没有出版商"愿意为他们从交换报纸中获取的信息付费"。[49] 通过参加交换系统，主编们主动将自己的新闻和社论提供给其他报社，包括竞争对手。但有些主编通过坚持必须归认来源而开始对如何使用他们的著作寻求一定程度的控制。

"剪刀骑士"

作为美国早期新闻业核心的交换系统暗含着一种紧张关系。一方面，交换便利了新闻的流通，使编辑们发挥为读者挑选材料的积极作用。另一方面，它也使那些不喜欢看到自己的作品被他人使用而未归认来源的编辑们深感不满。这种紧张关系有助于解释为什么剪刀这个意象既可以被用来赞扬认真的编辑的美德，也可以用来谴责被视为懒惰或不公平的行为。小镇或农村地区的周报印刷商——被称为"乡村报纸"——倾向于赞扬细心精选的价值更胜于原创文章的吸引力。这一时期美国新闻学的领军专家安迪·图歇如是说："在乡村报纸中，原创性并不重要，发表新鲜事件或者本地事件通常被看作编辑陷于绝望的标志，是承载更重要的消息的邮件

49　《本杰明·罗素致查尔斯·普伦蒂斯》(Benjamin Russell to Charles Prentiss)，1806年12月20日，引自帕斯利，《"印刷商专政"：美利坚共和国早期的报纸政治》(*"The Tyranny of Printers": Newspaper Politics in the Early American Republic*)，第173页。

图 9　19 世纪漫画卡片集里对"剪刀编辑"的描绘图片（约 1840—1900 年间）。承蒙美国文物协会惠允复制。

迟到时的最后手段。"[50] 但是，对剪刀的依赖也和过分忙碌或没有能力创作自己的著作的编辑相联系——特别是当他们处在相互竞争的政治阵营时。1807 年，波基普西市《晴雨表报》(*Barometer*) 的

---

[50] 安迪·图歇,《报纸与期刊》(Newspaper and Periodicals)，载《美国图书史》(*A History of the Book in America*)，第 2 卷,《广阔的共和国：新国度的印刷、文化和社会，1790—1840 年》(*An Extensive Republic: Print, Culture, and Society in the New Nation, 1790-1840*)，罗伯特·格罗斯（Robert Gross）和玛丽·凯莉（Mary Kelley）主编（Chapel Hill: University of North Carolina Press, 2010），第 396 页。

主编被描述为"一位忧伤的老绅士,用他的剪刀裁出文段,再交给他的排字工,并将之作为新鲜事物摆放到他日渐减少的顾客面前,这个工作需要确定的支出,却只带来越来越少的、不确定的收入"。[51]

几乎没有编辑会否认,剪刀是这个行业的基本工具。波士顿《新英格兰银河报》(*New England Galaxy*)的印刷商兼主编约瑟夫·T.白金汉(Joseph T. Buckingham)用一种戏谑的方式描述他的编辑流程。白金汉经营一份日报和一份周报。为了跟上新闻,他每天早晨必须阅读 70 份到 80 份交换报纸。

> 我们坐在前述圆桌前,桌上放着剪刀、浆糊、钢笔和墨水——我们这一行必备的工具——开始了我们日常的劳作……我们看过《纽约公报》(*New York Gazette*)和《每日广告报》(这是我们获取那个城市的新闻的不变标准),并裁出若干文段,接着我们就征用来自华盛顿的报纸。看中一篇选自《国民日报》或《国民情报员报》(*National Intelligencer*)的文章,我们便启动再制造流程(将初始材料的来源归认于《国民日报》和《国民情报员报》)。[52]

---

51 《美国公民》(*American Citizen*)(纽约),1807 年 9 月 19 日;《共和党人瞭望塔》(*Republican Watch-Tower*)(纽约),1807 年 9 月 22 日。

52 《家中的编辑》(A Editor at Home),载于约瑟夫·T.白金汉,《个人自传与编辑生活回忆录》(*Personal Memoirs and Recollections of Editorial Life*),第 2 卷(Boston: Ticknor, Reed, and Fields, 1852),第 1 卷,第 237 页。白金汉声称他在 1824 年撰写并发表了这篇文章。

归认来源的必要性在19世纪10年代和20年代被更加频繁地讨论。有些人担心，未归认来源将导致读者混淆，他们将假定未署名的报道是由他们当地的编辑所准备的。[53] 其他人抱怨，不提及信息源将抢夺第一份报纸的声誉。白金汉特别关心对"原创信息"的来源归认，并描述了当看到他的作品被转载却未归认来源时的"苦楚"。他猜测道："可能有些人从未有过这类财产，故而对所有权无所感知；其他人因为习惯而对这类抢劫行为变得冷漠无情。"[54] 此处白金汉所举的例子，与其说是未归认来源的复制行为，不如说是错误归认的行为。《华盛顿市公报》(City of Washington Gazette)转载了一首诗歌，并将来源归认于《纽约晚邮报》，该报又将来源归认于《戴德姆（英格兰）公报》[Dedham (Eng.) Gazette]。但白金汉指出，这首诗最早发表在他的《新英格兰银河报》，《戴德姆公报》正是从该报中转载这首诗歌的，而《戴德姆公报》是在马萨诸塞州，并不在英格兰。[55] 对白金汉而言，粗心的引注行为只会让"编辑盗贼和小偷"更容易靠"勤劳者的劳动维生"。注意到"这种犯罪行为变得越来越普遍"，他建议应当制作"一份'剪刀骑士'目录，以使这些编辑感到羞愧，从而改变他们的行为方式"。[56]

随着报纸数量的增加，编辑的数量也随之增加，更不用说对适

---

53 《美国灯塔报》(American Beacon)（弗吉尼亚州罗福市），1817年5月9日。
54 《编辑们的苦楚》(Miseries of Editors)，载于《新英格兰银河报》(波士顿)，1818年8月21日，文物协会。
55 前引。
56 《新英格兰银河报》，1818年11月20日，文物协会。

应于被马萨诸塞州皮茨菲尔德市的《太阳报》称为"新闻和文段制造者的强劲数码产品"的专业性剪刀的需求。[57]对剪刀进行拟人化的做法越来越普遍。[58]于是,一份俄亥俄州奇利科西市报纸的主编因丢失了一把能够找到好文章的可靠伙伴剪刀而悲痛万分:

> 从未有一把剪刀对文段如此敏锐——它有一种本能必定能引导它恰好剪裁出那些辛辣而有趣的东西……五年来——漫长而充满冒险的五年——它尽忠职守——总是时刻准备着、从无怨言、孜孜不倦!——它是剪刀中的模范!——当新鲜的报纸在它面前被裁开时,发出多么清脆悦耳的声音!我们不必"讨好"这冰冷的钢铁,让它以任何形式出现吧,恰如我们对待久经考验的"助手"那样![59]

许多编辑将选择可供转载的最佳材料视为他们最重要的任务。在这一背景下,按照1854年另一位俄亥俄州编辑的说法:"剪刀和浆糊对我国数百万报纸读者的愉悦和利益作出了相当巨大的贡献,

---

57 《皮茨菲尔德(马萨诸塞州)太阳报》[*Pittsfield (MA) Sun*],1833年4月11日。
58 参见艾伦·格鲁伯·加维(Ellen Gruber Garvey)在《用剪刀写作:从南北战争到哈雷姆文艺复兴时期美国的剪贴簿》(*Writing with Scissors: American Scrapbooks from the Civil War to the Harlem Renaissance*, Oxford: Oxford University Press, 2013),第29—37页中的精彩描述。
59 《遗憾》(Regrets),载于《亚历山大市(弗吉尼亚州)公报》[*Alexandria (VA) Gazette*],1845年12月9日,来源于《奇利科西市(俄亥俄州)公报》[*Chillicothe (OH) Gazette*]。

因此至少值得获得相当程度的赞誉。"[60]但是，剪刀也可能因报纸世界中所有糟糕的事物而被指责。在一些编辑看来，对剪刀的过度依赖鼓励了错误和片面陈述的传播，仿佛人类施为只发挥微不足道的作用。[61]

应当记住，编辑们可以修改他们转载的材料，这一点很重要。在一篇题为《如何使旧物焕然一新》的文章中，纽约《商业广告报》（Commercial Advertiser）在 1826 年描述了报纸文章是如何经常经历"比蝗虫或蝴蝶由茧化蝶的变化还要大的变身"的。有些编辑改写文段，用自己的观点修改文章，有些则缩写、组合，将材料重组，"以至于当这篇文章回到它原初的作者那里时，作者也完全辨认不出来"。这样做的结果可能不堪入目。"有时候，我们的剪刀骑士裁剪下文段的开头，粘贴在他认为更合适的另一段文字前，而另一位编辑，基于同样的理由删除了文章的结尾，再到下一位编辑，裁剪掉文章的主干。"[62]

据前引《商业广告报》的主编称，某些类型的报纸材料特别可能"绕一大圈又回到我们这里"，有时中间间隔数月甚至数年。[63]这些材料包括在首次发表的数年后仍然对人们具有吸引力的名言警句、幽默故事和奇闻异事。利用计算机算法识别转载文本的新近研

---

60 《剪刀》（Scissors），载于《弗里蒙特（俄亥俄）日报》[*Fremont (OH) Journal*]，1854 年 12 月 29 日，引自科德尔，《南北战争报纸中的转载、发行和网络作者》，第 435 页。

61 《重浸派》（Anabaptists），载于《基督守护者报》（波士顿），1850 年 10 月 24 日。

62 《如何使旧物焕然一新》，载于《商业广告报》（纽约），1826 年 8 月 25 日。

63 前引。

究揭示,这一描述在多大程度上是真实的。由东北大学(Northeastern University)瑞安·科德尔主持的、持续进行中的"病毒式传播文本"(Viral Texts)项目的一个早期发现是,在他们所掌握的19世纪报纸库中,清单、表格、菜谱、科学报告和琐事栏是最经常被转载的信息。事实清单和轶闻趣事被转载数百次,由于它们不像新闻那么具有时效性,它们可以被放在抽屉里或箱子里以作备用。科德尔发现,最常被转载的材料通常是"易于为不同报纸和新读者进行语境重构的简短、可引用、获得广泛理解的文本——以及那些易于填补到报纸页面不同位置的材料,如编辑和排字工们所需"。[64]

同时代编辑的评论证实,他们会保留时效性弱的文章以作备用。一名波士顿的编辑在19世纪40年代中期描述他自己的做法:

> 在没有新闻也没有什么足够有趣的主题值得我们撰写的情况下,昨天,我们在桌上的一堆旧剪报中翻找。日复一日,随着我们的双眼和剪刀偶然碰到一些足以取悦我们的文段,这些剪报逐渐堆积成山——变成一本杂乱无章的剪贴簿——我们从成堆的材料中选出几篇文章端到读者面前,当作思想的盛宴。[65]

"杂乱无章的剪贴簿"这一意象证明,报纸编辑是知晓19世纪

---

64 科德尔,《南北战争报纸中的转载、发行和网络作者》(*Reprinting, Circulation, and the Network Author in Antebellum Newspapers*),第424页。

65 《思想的盛宴》(Food for Thought),载于《波士顿每日蜜蜂报》(*Boston Daily Bee*),1850年10月24日。

美国更广泛的剪贴簿文化的。他们知道一些读者会剪裁和保存精选的文章,然后把报纸剩下的部分丢弃。类似的,编辑们精读他们收到的交换报纸,不仅寻找新闻,也寻找读者喜爱和重复利用的、时效性较弱的材料。填充版面的需要是许多印刷商持续的关注,但应该记住,报纸除了新闻外还包含很多别的内容,这一点很重要。诗歌、故事、轶闻趣事和清单都是报纸吸引力的重要组成部分。[66]

那一时期主编的回忆录和对报社编辑部的描述揭示了更多关于剪报是如何融入到编辑和印刷流程的信息。1855年《纽约论坛报》(New York Tribune)主编贺拉斯·格里利(Horace Greeley)的自传作者描述了他造访该报编辑部的经历。一位夜间的审读员翻阅着交换报纸,"拿着一把剪刀随时准备剪裁吸引其眼球的任何新闻文段"。一旦主编同意将剪报或原创文章付印,他就将这些纸条送到排版室。在排版室中,这些纸条将根据它们即将被编排的字体被挂在对应的挂钩上。排字员从挂钩上取出一"条"(take),进行排版,然后放回去换另一条。领班给主编一个文章清单,列明哪些已经排版好,哪些还有待排版,而主编会标记哪些需要立即付印,哪些可以再保留一天。主编们还会指明每篇文章在报纸上呈现的顺序。[67]报业人A. F. 希尔(A. F. Hill)在其1875年的回忆录中更加详

---

66 加维(Garvey),《用剪刀写作:从南北战争到哈雷姆文艺复兴时期美国的剪贴簿》(*Writing with Scissors: American Scrapbooks from the Civil War to the Harlem Renaissance*),第7—10页、第29—37页。

67 J. 帕顿(J. Parton),《〈纽约论坛报〉主编贺拉斯·格里利的一生》(*The Life of Horace Greeley, Editor of the New York Tribune*, New York: Mason Brothers, 1855),第394—395页、第407—408页。

尽地描述了编辑的流程，列举其如何修改文段，有时进行重大修改或用自己的话对它们进行总结的例子。希尔坚持剪刀的重要性，但他的回忆录也揭示了编辑们可以在多大程度上修改他们所复制的材料。[68]

为归认来源而斗争

哪些报纸材料需要归认来源，这是一个充满争议的问题。当《联邦共和党人报》(Federal Republican)指控《巴尔的摩爱国者报》(Baltimore Patriot)从其1821年的报纸中转载轮船信息却没有"按照通常做法归认来源"时，《巴尔的摩爱国者报》声称"为转载零星的轮船信息归认来源，并不'通常'"。不过，既然《联邦共和党人报》抱怨未归认来源的文章，《巴尔的摩爱国者报》决定认真审读一下这份报纸，结果发现，这份报纸从《国民情报员报》中复制了"整栏"国会会议记录，从《马里兰公报》(Maryland Gazette)复制了"整栏"州立法报告。这种情形是应该归认来源的，这样做不仅是"通常"的，而且是"正当和公平"的。[69]而对《康涅狄格先驱报》(Connecticut Herald)的主编而言，轮船信息也值得归认来源。他号召编辑们始终要指明轮船信息的原始来源，不

68　A. F. 希尔（A. F. Hill），《密室里的秘密：从内部视角看编辑们的生活》(Secrets of the Sanctum: An Inside View of an Editor's Life, Philadelphia: Claxton, Remsen and Haffelfinger, 1875)，第九章。

69　《巴尔的摩爱国者报》，1821年12月7日。

要引用转载的版本。[70]

除了归认他人作品的来源外,引注信息源的另一个原因是可以使个人为虚假或错误的报道负责。1822年一份新泽西报纸评论道,对每条新闻归认来源可以创造一种环境,在这种环境中"每个人都要为他发表的内容的真实性负责,因为,如果给公众提供的信息是错误的,作者将会立即被发现"。[71]这种理想在现实中很难实现。邮递延迟很常见;编辑和印刷商们不得不依赖于任何送达的报纸,而这些报纸并不总是会引注信息源,所以很容易意外地将来源归认于错误的报纸。[72]在电话或互联网诞生之前,验证外地新闻的真实性需要比对尽可能多的印刷信息源,寻找相一致的细节。当无法获取多份报道时,编辑们必须根据过往的经验判断应该相信哪一份报纸。《佛蒙特纪事报》(*Vermont Chronicle*)在1833年提供了以下示例:

东印度群岛讯。我报上周一篇题为《可怕的阴谋》的报道已经得到证实,但时间上应该是1772年前后,而非1832年。我们在纽约《商业广告报》中找到这篇报道,该报主编称,他"用自己的剪刀从一份英国报纸中剪下这篇报道",而该英国报纸的编辑们并不认为这篇报道是骗局。波尔森(Poulson)和

---

[70] 《康涅狄格先驱报》(纽黑文),1822年6月25日。

[71] 《华盛顿辉格党报》(*Washington Whig*)(新泽西州布里奇顿市),1822年9月16日。

[72] 例如,参见《巴尔的摩爱国者报》,1828年9月23日;《波士顿晚抄报》(*Boston Evening Transcript*),1842年4月29日。

第三章 剪刀编辑：美国早期的剪切与粘贴

其他可敬的主编也复制了这篇报道，我们犹豫再三，认为跟进他们的做法是安全的——尤其是本文展示了其并非虚构的内部证据。[73]

这位佛蒙特编辑非常清楚依赖其他报纸的弊端，但他也有判断报道真实性的策略。他对为什么刊出这篇报道的解释显示他是一位会寻找"发出示警信号的内部证据"的认真的编辑。这也显示了交换系统是如何使编辑们参与到信任和信誉的网络中的。

引用来源出版物提供了一种免责的方式，但归认来源又总是有被解释为表示支持的风险。19世纪20年代，《巴尔的摩爱国者报》的主编试图通过区分"归认来源"(*credit*)和"认可"(*approbation*)来解决这一问题，前者被他称为"印刷商用于表示引用信息源的技术性短语"，后者则表明了对所表达的观点的赞同。他写道："[具有竞争关系的报纸的主编]甚至不敢期待，他的陈述将有一半得到认可，或者他会因为作出这些陈述而得到任何认可。"尽管如此，当这份报纸中有一些片段被转载时，这家竞争对手的刊名还是应当被点明，因为"这是通行做法"。[74] 标明复制文段的信息源或者简单地把它们全部放到"交换报纸"的标题下，提供了一种避免为报道承担责任的途径。相反，未归认来源的文段或小品文此时可能会被认为是由本地报社所准备的。正如《新贝德福德信使报》(*New*

---

73 《佛蒙特纪事报》(佛蒙特州贝洛斯福尔斯市)，1833年8月9日。
74 《巴尔的摩爱国者报》，1822年4月24日。

Bedford Mercury）在1824年所解释的："我们将统一为我们从其他报纸中摘取的文章归认来源，而我们的读者将把这份报纸中所有未如此归认来源的文章都视为本报的社论。"[75]

到19世纪40年代，一些主编坚决要求，对于所有付费购买的材料或者职员稿件都应当归认来源。但并非所有人都同意这一观点。有些编辑试图执行归认来源的"通行做法"，而有些编辑在看到他们的材料发表于别处，甚至没有归认来源时，却倍感骄傲。为回应一份报纸关于"剽窃"的抱怨，费城的《公共账簿报》（Public Ledger）解释道："所有成果都剽窃自我们，但我们从未计较。我们很少能找到一份报纸，上面没有零星'源于我们'且未标记来源的东西。我们总是将之视为一种赞扬。"[76] 费城《国民公报》声称，编辑们没有义务为报纸上发表的大部分新闻归认来源。尽管如此，当这份报纸的商业报道被复制时，它又多有抱怨，列举为收集这些信息所付出的"劳动"和"支出"。主编认为，任何人都不得复制这些信息，无论是否归认来源。[77] 纽约《商报》认为这一要求是错误的，并宣布："我们认为源于一份报纸的任何文段或文章，不论是新闻还是社论，或者通讯，或者市场评论，或者其他任何东西，都可以被光明正大地复制到另一份报纸上，只要归认来源即可。"费城《北美报》（North American）支持这一观点。在这两家报社看来，对市场新闻和其他文章区别对待是没有道理的。正如《商报》主编

---

75 《新贝德福德（马萨诸塞州）信使报》[New Bedford (MA) Mercury]，1824年9月17日。

76 《公共账簿报》（费城），1838年2月14日。

77 《国民公报》，引自《北美报》（费城），1841年6月17日。

所言:"不管是通过新闻船,还是通信,或是搜集事实的产业,抑或来自朋友的善意,甚或意外获得的,可以这么说,它应该属于获得它的那家报社的财产。"虽然他用了"财产"这个词,但该主编并不期待报社可以禁止他人转载他们的原创材料。他声称,编辑有权转载任何他们需要的材料,只要归认来源即可。因此,"财产"一词在更多地是以《商报》所称的"编辑的礼仪或权利问题"为核心的讨论中占据了一个尴尬的位置。[78]

19世纪早期到中叶,要求归认复制材料的来源的编辑们并未考虑记者或编辑个人的署名行,而是要求归认首家发表此内容的报纸。虽然主编有时会在社论上署名,或者在刊头上展示他们的名字,但投稿人则很少获得来源归认。尽管归认来源的问题越来越引起人们的注意,报社编辑们仍未有彼此认可的引注规则。有的以斜体字将来源报纸的名称放在文段的底部;有的则全用大写放在一栏的顶部。而许多报纸则倾向于在报纸的开篇提及其来源。尽管许多文段和小品文的来源仍未被归认,但越来越多的文段和小品文已经被标记为归属于这份或者那份报纸。19世纪30年代,"来自我们的通讯员"或"为[报刊名称]发稿"等术语开始出现在大都市的报纸上,并在接下来数十年变得普遍。写明投稿人全名而非使用姓名首字母或假名的署名行开始出现在19世纪40年代的报纸和杂志上,但主要是用于小说、诗歌和偶尔发表的历史或传记作品。对于新闻文章而言,在19世纪90年代——此时,第一批商业日报开始发起提升记者的收入和地位的运动——之前,作者署名行是极端罕

---

78 《商报》,引自《北美报》(费城),1841年6月17日。

见的。这个过程是缓慢的,记者个人的署名行要到 20 世纪末才普及开来。[79]

嘲讽与报复

在 19 世纪 80 年代第一批专业期刊和 20 世纪初第一批新闻学院出现之前,报社编辑通过在其报纸栏目中相互监督的方式试图建立共同规范。[80] 惩罚未能归认来源的报纸的一种策略是,临时性地干扰它们对新闻的获取。服务于商人的纽约报社在 19 世纪二三十年代采用了这一策略,这一时期它们作出更多投资,从到港的轮船处搜集欧洲新闻。有一次,在 1831 年,当载有有趣新闻的轮船抵港后,《奥尔巴尼阿格斯报》(Albany Argus)*未能收到纽约《信使与调查者报》通常会寄来的"纸条",该报为此表示惊讶。一些大

---

79 凯文·G. 巴恩赫斯特(Kevin G. Barnhurst)与约翰·纳罗纳,《新闻的形式史》(The Form of News: A History, New York: Guilford, 2010),第 196—202 页;W. 约瑟夫·坎贝尔(W. Joseph Campbell),《定义美国新闻学的一年:1897 年与范式冲突》(The Year That Defined American Journalism: 1897 and the Clash of Paradigm, New York: Routledge, 2006),第 124—126 页;兹维·赖希(Zvi Reich),《受约束的作者:新闻报道中的署名行和作者身份》(Constrained Authors: Bylines and Authorship in News Reporting),载于《新闻学》第 11 卷,第 6 期(2010 年),第 707—725 页。

80 1884 年创刊的《新闻记者》(Journalist)是第一份专注于报纸写作的行业期刊(印刷商和排字工的行业期刊出现得更早)。早期的新闻学院包括密苏里大学(1908 年)和哥伦比亚大学(1912 年)。

* 阿格斯(Argus),希腊神话中的百眼巨人。他有 100 只眼睛,分布在全身,可以观察到各个方向发生的事情,即使睡觉时也有两只眼睛睁着。——译者

出版商开始发行这类纸条，以便更高效地交换突发新闻；纸条可以在常规版本之前寄送，它们主要是发行纸条的报社所搜集到的特别报道。[81]《信使与调查者报》对此事的解释是，它故意不给《奥尔巴尼阿格斯报》发送纸条，因为奥尔巴尼的主编没有归认从《信使与调查者报》获取的新闻的来源。他们希望这种报复可以成为对其他报社的警示。[82]

《信使与调查者报》报复的背景是报社之间为了获取最新的欧洲新闻而日渐激烈的竞争。19世纪20年代中期，纽约的几家早报组成协会，以集中资源，分担搜集外国新闻的成本。[83]《信使与调查者报》最终对这种安排感到失望，决定退出这个团体，并购买自己的船只，自行聘用前去接应到港轮船的经纪人。[84]虽然一些报社主张，在搜集新闻方面应当合作而不是竞争，但《信使与调查者报》提出相反的主张，宣称："我们喜欢竞争；这是商业的生命所在，至于《商报》（Commercial）[另一家报纸]所说的'毁灭性竞争'，这

---

[81] 19世纪30年代末，当邮政局短暂地试验马车快递服务时，纸条变得更加普及。约翰（John），《网络化国家：美国电子通讯的发明》（*Network Nation: Inventing American Telecommunications*），第69—81页。

[82] 《乡村版早晨信使和纽约调查者报》（*Morning Courier and New-York Enquirer, for the Country*），半周版[下称《早晨信使报》]，1831年10月11日，文物协会。

[83] 参见维克特·罗斯沃特（Victor Rosewater），《美国新闻搜集合作社的历史》（*History of Cooperative News-Gathering in the United States*, New York: Appleton, 1930）；以及理查德·A.施瓦茨洛斯（Richard A. Schwartzlose），《国家的新闻经纪人》（The Nation's News-brokers），第2卷（Evanston, II: Northwestern University Press, 1989—1990），第1卷，第1—32页。

[84] 《我们》，载于《早晨信使报》，1831年11月8日，文物协会。

不是公众关心的问题。如果新鲜的新闻值得拥有,编辑们就会提供,而那些获取新闻的人们也会高兴地付费……我们了解我们的商人们在这方面的感受;他们想要也必定会购买新闻,不管代价是什么。"[85]

但是,搜集新闻所需要的开支也导致《信使与调查者报》的所有者用假新闻来诱骗那些忘恩负义的复制者。也许还有更早的事例,但以下这件事在报业人的回忆录中常被引用,作为这一时期为竞逐突发新闻而发生的报复行为的典型事例。[86]1831年10月,《信使与调查者报》正确地报道了华沙在9月7日到8日落入俄罗斯的武装控制,终结了1830年到1831年的波俄战争(也被称为"十一月起义")。该新闻用了将近两个月才从欧洲传到英国,然后通过轮船传递到美国,而《信使与调查者报》是第一家获得该新闻的纽约报社。《信使与调查者报》依据的是由一艘刚抵港的轮船上的乘客交给他们的一份英国报纸上的报道。[87]其他报社复制这一报道,但没有将来源归认于《信使与调查者报》,在此之后,该报主编决定设下一个圈套。第二天清晨,他们给竞争对手的编辑部发送了一份虚假的早晨版报纸。这一版报纸宣称,前一天关于华沙的新闻是毫无依据的,波兰人民实际上取得了胜利。它甚至包含了由伦敦和

---

[85] 《早晨信使报》,1831年8月19日,文物协会。

[86] 艾萨克·克拉克·普雷(Issac Clarke Pray),《詹姆斯·戈登·班尼特及其时代的回忆录》(Memoirs of James Gordon Bennett and His Times, New York: Stringer and Townsend, 1855),第135页;罗斯沃特(Rosewater),《美国新闻搜集合作社的历史》(History of Cooperative News-Gathering in the United States),第19页。

[87] 《早晨信使报》,1831年10月31日,文物协会。

巴黎报社提供的——实际上是由《信使与调查者报》的编辑们伪造的——庆祝波兰胜利的报道。[88]《信使与调查者报》还在其户外公告栏上展示的正确新闻中故意插入一个错误。当时,纽约的出版商开始在编辑部门口的公告栏上用大字报宣布最新的突发新闻。公告诱导读者们购买最新的报纸,在这个过程中,还使阅读新闻变成一种群众聚集在一起了解最新消息的公共体验。[89]《信使与调查者报》的编辑们知道其他报社从这些公告中获取新闻。当他们在公告栏上宣布华沙沦陷时,他们谎报了事件发生的日期。任何印有错误日期的报纸必然是复制的。[90]

《信使与调查者报》声称,几位主编叫停了他们的印刷机,以宣布波兰人的胜利,后来才发现这条新闻是假的。[91]《信使与调查者报》的主要所有人詹姆斯·沃森·韦布(James Watson Webb)试图

---

88 虚假报道的内容可以在1831年11月2日的《商业日报》(纽约,晚间版,下午2点,文物协会)中读到,在该报中,该条消息被标记为"谣言"。

89 大卫·亨金,《城市阅读:南北战争期间纽约的书写文字与公共空间》(*City Reading: Written Words and Public Spaces in Antebellum New York*)(New York: Columbia University Press, 1998),第1—2页、第87—88页、第169页。

90 《盗版》(Piratical),载于《早晨信使报》,1831年11月4日,日期栏为11月1日;《早晨信使报》,1831年11月8日,日期栏为11月5日,文物协会。

91 现在我们很难判断有多少报纸无意间复制了假新闻。这一时期,主要的纽约报社每天都发行不止一版,而许多版本皆已遗失或难以获取。但在线数据库和文物协会留存的复制件显示,有些报社最初是上当了的。例如,参见:《华沙沦陷》(Fall of Warsaw),载于《新罕布什尔政治家与政府日报》(New-Hampshire Statesman and State Journal),1831年11月5日,该报从《纽约公报》中转载了一个文段;以及《早晨信使报》,1831年11月8日,引自《纽约公报》。

使组成早报协会的竞争对手承认他们上当了,并公开承认他们"每天都会在大清早获取一份《信使和调查者报》,且从中剽窃最新的外国资讯"。[92] 在韦布看来,竞争对手的行为构成欺诈:他们获取由他人搜集的新闻,然后伪装成是自己的。《商报》——协会的成员,韦布宣称被戏弄的报社之一——通过发表印刷工的证明他们从未对假新闻进行排版的书面证词来作出回应。《商报》还转载了九份不同报纸中的一系列文段,谴责《信使与调查者报》的行为,指责韦布和他的合伙人故意散布假新闻。[93]

除了似乎只有极少编辑上当这一事实外,《信使与调查者报》的骗局也弄巧成拙了。一些报社声称,《信使与调查者报》伪造新闻的行为是比"盗版"或"剽窃"新闻严重得多的罪行。《信使与调查者报》的竞争对手通过放大批评,试图削弱公众对该报的信心。其中一家批评者声称,透过该骗局可以看出,《信使与调查者报》试图"强求一种在此之前本行业既存传统礼仪规范中闻所未闻的来源归认"。[94] 言外之意是,《信使与调查者报》的所有者们过分妒忌,所以试图单方面强加一种新的新闻习惯。19 世纪中期以后,如第六章所论述,早报协会所选择的模式——合作而非竞争——将

---

92 《早晨信使报》1831 年 11 月 8 日,日期栏为 11 月 5 日,文物协会。

93 《小号字体的闲聊》(Small Talk in Small Type),载于《纽约信使报》(*New York Mercury*),1831 年 11 月 23 日;《信使报的骗局》(The Courier's Hoax),载于《商报》,1831 年 11 月 3 日,晚间版,下午 2 点,文物协会。

94 《纽约信使报》,1831 年 11 月 2 日;《商业广告报》(*Mercantile Advertiser*)(纽约),引自《普罗维登斯(罗德岛)爱国者报》[*Providence (RI) Patriot*],1831 年 11 月 5 日;《伪造新闻》(Forged News),载于《纽约观察者报》(*New York Spectator*),1831 年 11 月 8 日。

改造美国的新闻业并导向一条完全不同的保护新闻专有权的路径。然而，与此同时，《信使与调查者报》并非唯一一家呼吁归认来源，或者利用骗局试图逮住忘恩负义的复制者的报社。[95]

19世纪40年代，全国的报社更经常地提及它们为搜集新闻所投入的经济资源和劳动力。除了公开指责复制材料而不归认来源的报社外，他们还威胁切断与这些报社的交换伙伴关系。[96]在纽约，争取突发新闻的激烈竞争使出版商们采用更具有财产意味的修辞。例如，1840年，《纽约先驱报》(New York Herald)的詹姆斯·戈登·班尼特(James Gordon Bennett)安排一位记者报道丹尼尔·韦伯斯特(Daniel Webster)在长岛的演讲。为了将记录稿寄回纽约，班尼特还支付了快递费用。"快递费花了我们不少钱"，班尼特写道，"所以我们当然有权获得经营活动和开支所获得的收益，而不必受未归认来源的掠夺者和盗贼们的支配"。班尼特试图公开羞辱新闻"小偷"——用印刷体将他们的姓名单独列出——并告诉读者，有

---

[95] 参见《纽约时报》1852年3月10日中描述的事例。

[96] 例如，参见《纽约先驱报》(New York Herald)，1844年5月14日；《新奥尔良皮卡尤恩时报》(New Orleans Times Picayune)，1844年6月28日，引自费耶特·科普兰(Fayette Copeland)，《〈皮卡尤恩报〉的肯德尔》(Kendall of the Picayune, Norman: University of Oklahoma Press, 1943)，第111—112页；《哈德逊河纪事报》(Hudson River Chronicle)[纽约州新新监狱(Sing sing, NY)]，1841年6月29日；《巴尔的摩太阳报》(Baltimore Sun)，1841年8月12日；《北美报》(费城)，1841年6月17日；《新罕布什尔爱国者报》(New Hampshire Patriot)，1842年2月24日；《波士顿晚抄报》，1842年4月29日；《俄亥俄政治家报》(Ohio Statesman)，1848年3月24日；《巴里(马萨诸塞州)公报》[Barre (MA) Gazette]，1843年6月30日；及《每日赛欧托公报》(Daily Scioto Gazette)(俄亥俄州奇利科西市)，1851年1月3日。

时他不得不推迟出版《纽约先驱报》，以避免消息被抢先报道。[97]

编辑们频繁地讨论归认来源的必要性，使一些人用戏仿的方式加以回应。1841年，《巴尔的摩太阳报》(Baltimore Sun)嘲讽对这个问题过分较真的编辑们，尤其是考虑到南北战争时期美国骗局与谎言成风的背景。19世纪30年代，廉价报纸用假新闻来提升发行量。最著名的案例是1835年发表在本杰明·戴伊（Benjamin Day）的《纽约太阳报》上的所谓月亮骗局。它是由一系列报道约翰·赫歇尔爵士（Sir John Herschel）的望远镜发现月球上存在生命的文章组成的。[98]这些文章是由理查德·亚当斯·洛克（Richard Adams Locke）所写的，在结束为戴伊的工作后，他又创立了一份叫《新时代》(New Era)的报纸，这份报纸上发表了更多科学骗局。《巴尔的摩太阳报》的主编利用洛克的坏名声来取笑编辑们对归认来源的关注：

> **恰当地归认来源**。——来自昨天清晨的太阳，且是在前天晚上非常晚时才收到的，来自月球的意想不到的新闻，再加上月球人奇特的印刷方式，可能使太阳的印刷版［即，排字版］

---

97 班尼特，引自莫雷，《19世纪美国报社编辑的交换实践：竞争中的合作》(Exchange Practices among Nineteenth-Century US Newspaper Editors: Cooperation in Competition，完整引注参见脚注4)，第99页。注意，班尼特将《商业广告报》的霍尔（Hall）和斯通（Stone）单列出来，这两人也是第四章将论述的克莱顿诉斯通案（Clayton v. Stone）的被告。

98 安迪·图歇，《泡沫与浮渣：美国初代大众媒体中的真善美和斧头谋杀》(Froth and Scum: Truth, Beauty, Goodness, and the Ax Murder in America's First Mass Medium, Chapel Hill: University of North Carolina Press, 1994)，第51—60页。

产生了一些混乱。其后果是本应属于理查德·亚当斯·洛克的功劳被剥夺了，后者在 1835 年做出了发现月球人的壮举。[99]

归认来源抑或著作权

当费城印刷商兼出版商马修·凯里（Mathew Carey）在 19 世纪 30 年代坐下来写作自传时，他回望职业生涯的初期，评论道："那时的印刷商比如今的一些人更在意彼此之间的盗版行为。"[100] 凯里所指的是他为自己的报纸——1785 年创办的《宾夕法尼亚先驱报》（Pennsylvania Herald）——所准备的对立法辩论的报道。由于未经授权，这些报道最初并未被复制，且它们的成功也还未显现。凯里夸大了 18 世纪 80 年代以来报社编辑们的行为改变的程度，尽管如此，他的评论确实反映了对复制行为态度的转变。报纸的复制行为并非在 19 世纪 30 年代才出现，但比起 50 年前，它被更多地讨论。对"剪刀编辑"和"剪刀骑士"的经常性描述，揭示了对居于美国早期报刊核心地位的复制行为的一种新的认知。有些人将剪刀与懒惰或不道德的编辑相联系，有些人则将编辑的剪刀拟人化，强调一

---

99 《恰当地归认来源》（Credit Where Due），载于《巴尔的摩太阳报》，1841 年 4 月 24 日。

100 《马修·凯里自传。信件二》（Autobiography of Matthew Carey. Letter 2），载于《新英格兰杂志》（New England Magazine），第 5 期（1833 年），第 492 页。凯里在此处提到的是报纸，但是，其实他做了很多重印图书的工作。参见阿德里安·约翰斯，《盗版：从古登堡到盖茨的知识产权战争》（Piracy: The Intellectual Property Wars from Gutenberg to Gates, Chicago: University of Chicago Press, 2009），第 185—195 页。

种有益于读者的精选和转载流程。

这种对剪报的高度关注反映了转变中的态度以及新闻行业的重大转向。1800年后，一代在政治上活跃的编辑们将自己视为作家而非汇编者；他们开始阐述新闻业中的不正当竞争观念。19世纪20年代开始，大城市日报与乡村周报之间的竞争也引发了对复制行为的控诉。19世纪30年代，在搜集新闻方面，更多的投资及街头销售的竞争导致更加极端的尝试，试图通过切断交换伙伴的新闻或用假新闻诱骗竞争对手的方式来强加新的编辑规范。除了极少数例外，抱怨未归认来源的复制行为的报社编辑们并未使用"抄袭"（*plagiarism*）一词；他们只是提到"未归认来源"（*credit*）。用词的选择非常重要，因为他们对"信用"一词的伦理和经济含义感兴趣。编辑们希望建立引用和归认来源的共同规范，以提升报纸声誉，促进著作传播。[101]他们并不希望终止交换系统；而是希望它在特定的规范下继续运行。编辑们很清楚，报纸之间是相互依存的。正如俄亥俄州弗里蒙特市的一份报纸在1854年所称："一种整体上'互惠的条约'似乎在我国的不同报社间流行，从而使彼此可以协助搜集情报，并共同传播通过全国周期性报刊上数千个栏目传播的海量新闻及政治、文学作品。"[102]考虑到这一点，编辑们努力寻找既能保证新闻流通，又能将来源归认于首家发表新闻的报社的方法。

---

101 关于这种文学文本的动态关系的精彩讨论，参见梅丽莎·奥梅斯蒂德，《美国女作家与文学财产，1822—1869年》（*American Women Authors and Literary Property, 1822-1869*, Cambridge: Cambridge University Press, 2005），第154—163页。

102 《剪刀》（*Scissors*），载于《弗里蒙特（俄亥俄州）日报》，1854年12月29日。

第三章 剪刀编辑：美国早期的剪切与粘贴

本章所描述的对复制行为态度的转变发生在即将急剧改变新闻行业、始于19世纪中叶的重大技术和商业变革——电报的普及与第一家通讯社的创立——之前。第六章将讨论，这些变革最终将带来部分报纸出版商的一种观点，即复制行为应该由法律而不是由文化规范或编辑礼仪来管理。但在该世纪上半叶，大多数美国报纸出版商对著作权不感兴趣。这一点对服务于商业共同体的专业期刊——即市价表和航运清单——并不适用。这类刊物早在1791年就已经获得美国著作权登记，而在1828年，它们成为美国一个最早被报告的著作权案件的核心。现在，我们转向该案，并探讨在19世纪的美国，何种类型的作品可以获得著作权保护这个更大的问题。

第四章 19世纪美国的市场新闻与著作权的局限

在19世纪的美国,新闻出版物可以获得著作权保护吗?和英国一样,美国最初对著作权采取了所谓封闭式列举的模式:法律列举了受著作权保护的作品的具体类别。相反,在开放式列举模式中,法律规定了一般性的原则,并提供非穷尽式的说明性示例。[1] 1790年的《著作权法》,如英国的《安妮女王法》那样,也被称为"鼓励知识法",且其中的许多条款都是直接从这部英国法中复制过来的。但是,后者仅提到图书(并模糊地提到"其他著作"),而美国法则明确保护"地图、图表和图书"。[2] 在整个19世纪,该法的修正或修订增加了新的客体(印刷品、舞台表演、摄影作品等),而到1909年,美国改采开放式列举模式,规定著作权存在于"所有作者的著作"之上。[3]

---

1 塔尼娅·阿普林(Tanya Aplin)及珍妮弗·戴维斯,《知识产权法:文本、案例与材料(第二版)》(Intellectual Property Law: Text, Cases, and Materials, 2nd ed., Oxford: Oxford University Press, 2013),第63—64页。

2 《鼓励知识法》,第15章 [1 Stat. 124 (1790)(下称"1790年法")],可在 PSC 获取。参见奥伦·布拉查,《〈安妮女王法〉在无限可能之国的历险:法律移植的一生》(The Adverteres of the Statute of Anne in the Land of Unlimited Possibilities: The Life of a Legal Transplant),载于《伯克利技术法期刊》(Berkeley Technology Law Journal),第25卷,第3期(2010年夏季刊),第1427—1473页。

3 《修正与合并著作权相关法的法律》(An Act to Amend and Consolidate the Acts Respecting Copyright),第320章第4节 [35 Stat. 1075, 1076 (1909)(下称"1909年法")]。

19世纪采用封闭式列举模式的一个原因是，立法通常是对游说制定新法的利益集团诉求的回应。立法机关并不是从起草一部可以适用于所有智力成果的一般性知识产权法的设想出发的。知识产权作为独立部门法的观念在19世纪晚期之前甚至不存在。相反，著作权、专利和商标法是为了回应创造者和出版商的游说而起草的，他们因行业组织的变革、新技术的引入、新商业策略的发展等而希望获得保护。[4]这在今天依然如此。另外，著作权法适用和理解的方式取决于诉讼，这些诉讼可能有非常特定的根源，例如，两家企业之间的竞争，或者某个人或某家公司希望在行业内建立新原则的愿望。

对于1790年《著作权法》没有明确提及的出版物类型或形式，法官必须判断它们是否落入已确定的类别。但著作权诉讼是较少见的。解决司法模糊性的进程是缓慢的，这就为作者和出版商发展行业习惯——并为之产生纠纷——创造了空间。这种模糊性对于大多数新闻出版物而言特别明显。然而其中有些还是做了著作权登记，包括报道犯罪、庭审或行刑的小册子；表现突发事件——特别是火灾和轮船事故——的平版印刷画；以及发表在市价表上的市场

---

[4] 布拉德·谢尔曼（Brad Sherman）和莱昂内尔·本特利（Lionel Bently），《现代知识产权法的演进：英国的历程，1760—1911年》（*The Making of Modern Intellectual Property Law: The British Experience, 1760-1911*）（Cambridge: Cambridge University Press, 1999）；奥伦·布拉查，《思想的所有权：美国知识产权的智识起源，1790—1909年》（*Owning Ideas: The Intellectual Origins of American Intellectual Property, 1790-1909*, Cambridge: Cambridge University Press, 2016）。

新闻。[5] 这类著作权主张的有效性实则大多数未经法庭的考验。不过，商业和金融新闻能否成为所有权的客体这个问题，恰是美国一个最早被报告的著作权案件——克莱顿诉斯通案 [Clayton v. Stone（1828）] ——的核心。[6]

本案中，《航运和商业清单与纽约市价表》(Shipping and Commercial List, and New York Price Current) 的所有者起诉一份名为《商业广告报》的纽约报纸的所有者。《航运和商业清单与纽约市价表》为商业共同体提供服务；它包含了商品和股票的最新消息，列明轮船及其货物到港和离港的情况，并提供对多种货物市场趋势的评价。尽管该刊物是非常专业性的，但克莱顿诉斯通案通常却被理解为创设了"报纸不能受著作权保护"的更宽泛意义的先例。1856

---

[5] 关于平版印刷画，参见艾丽卡·皮奥拉（Erica Piola），《现场作画：费城轰动性新闻事件平版印刷画》（Drawn on the Spot: Philadelphia Sensational News-Event Lithographs），载于《石板上的费城：费城的商业平版印刷画，1828—1878 年》(Philadelphia on Stone: Commercial Lithography in Philadelphia, 1828-1878)，艾丽卡·皮奥拉主编（University Park: Pennsylvania State University Press, 2012），第 177—200 页；以及伊丽莎白·霍德马斯基（Elizabeth Hodermarsky），《凯洛格兄弟的墨西哥战争图像与现代新闻的诞生》（The Kellogg Brothers' Images of the Mexican War and the Birth of Modern-Day News），载于《描绘维多利亚时代的美国：康涅狄格州哈特福德市凯洛格兄弟的印刷画，1830—1880 年》(Picturing Victorian America: Prints by the Kellog Brothers of Hartford, Connecticut, 1830-1880)，南希·芬利（Nancy Finlay）主编（Hartford: Connecticut Historical Society, 2009），第 73—83 页。要找到已做著作权登记的犯罪、庭审及行刑报道的例子并不困难，不过，其他出版商会在多大程度上尊重这种权利主张，则不甚清楚。

[6] Clayton v. Stone, 5 F. Cas. 999 (C. C. S. D. N. Y. 1829). 通常本案的引注都标明裁判日期是 1829 年，但报纸上的报道证实该案是在 1828 年判决的。《商业广告报》（纽约），1828 年 12 月 11 日。

第四章　19世纪美国的市场新闻与著作权的局限　**195**

年巡回法院判例集——后被复制到西部出版社（West Publishing）出版的《联邦判例集》（*Federal Cases*）（这一来源现在仍被引用）中——报告的判决书的眉批指出，法院的主要判决是："报纸或市价表是不能落入著作权法保护范围的出版物。"[7] 美国最高法院在贝克诉希尔登［*Baker v. Selden* (1879)］案中引用和支持该法官的判决，因此也提升了克莱顿诉斯通案的重要性，使该案被以后的其他判例所引用。[8] 1900 年，一家联邦法院引用克莱顿案并进一步指出："大部分内容都不能获得保护的报纸，一般是没有著作权的。"[9] 该判决被 1909 年《著作权法》所推翻，该法将报纸列为可受保护的客体，并规定只要对一期报纸做一次登记，就可以保护报纸中所有可获著作权保护的组成部分。[10] 但是，出版商、律师和法官对于新闻文

7　小以利亚·佩因（Elijah Paine Jr.），《美国第二巡回法院辩论与裁判案例报告》（*Reports of Cases Argued and Determined in the Circuit Court of the United States for the Second Circuit*），托马斯·W. 沃特曼（Thomas W. Waterman）主编，第 2 卷（New York: Banks, Gould and Co., 1836），第 382 页；*Clayton*, 5 F. Cas. 999. 1856 年的判例集在佩因去世后发表。编辑解释道，佩因从法官们那里获得判决书，并特别向裁断克莱顿案的史密斯·汤普森（Smith Thompson）法官提供的判决书表示感谢。看起来很可能是汤普森提供了作为出版报告基础的判决书。判决书的眉批则是由沃特曼撰写的。佩因（Paine），《美国第二巡回法院辩论与裁判案例报告》（*Reports*），第 iv—vi 页。

8　*Baker v. Selden*, 101 U. S. 99, 105 (1879). 注意，贝克案与报纸毫无关系。最高法院引用克莱顿案是为了一个更一般性的论点，即著作权的目的是促进知识，而非促进商业。

9　*Tribune Co. of Chicago v. Associated Press*, 116 F. 126, 127-28 (C. C. N. D. Ill. 1900). 参见第六章。

10　"1909 年法"，第 3 条，第 5 条（b）款。

章——而不是发表在报纸上的文学艺术作品——能否获得著作权保护依然意见不一。在1918年最高法院审理的国际新闻社诉美联社案（*International News Service v. Associated Press*）中，克莱顿案的判决被原告、被告以及持多数意见和异议意见的大法官们多次引用。[11]

鉴于克莱顿案被作为先例对待的多种不同方式，深入审视法院拒绝为《航运和商业清单与纽约市价表》提供著作权保护的理由就变得非常重要。该判决提供了一个清晰例子，说明保护新闻——在本案中是对商业和金融的时效性报道——的努力使法官在判断新闻出版物是否能够获得著作权法保护之前，不得不解释该法的目的和范围。虽然克莱顿案的原告未能达成他们的目标，他们的诉讼却使法官阐述了一个接下来数十年都被遵守的原则：著作权旨在促进对知识有持续性贡献的作品。

"1790年法"及其功用

如前所述，1790年《著作权法》明确保护"地图、图表和图书"。法案中原本包含"及其他著作"这一表述，但参议院在修正稿中将这一表述从标题和法律条文中删除。[12]导致这一修改的原因不明，但它给无法清楚界定为图书的作品带来了不确定性。为地图

---

11 *International News Service v. Associated Press*, 248 U. S. 215 (1918). 参见第七章。

12 奥伦·布拉查，《美国1790年〈著作权法〉评注》（Commentary on the U. S. Copyright Act 1790），载于：*PSC*。

和图表提供明确保护,反映了立法者认为这类作品对一个新独立的、疆域不断扩张的国家而言是必不可少的。另外,地图和地图册制造商与拼写课本、历史课本的作者,是最早一批为著作权而向美国立法者游说的人。这些作者及其在国会中的支持者主张,著作权将是鼓励有用知识生产和传播的有效工具。[13]

与今天不同的是,著作权不是自动取得的。为了取得著作权,作者及其受让人必须履行一系列被称为著作权形式要件的手续。在出版前,权利人必须向本地地区法院书记员办公室交存一份本书的印刷复制件。然后,权利人必须在至少一份报纸上连续四周发布声明,告知大众,本书已完成著作权登记。最后,在该书出版后六个月内,权利人必须交存一份该作品的原件。从1802年开始,法律还要求作品上必须有著作权声明。[14]与英国不同,在美国,严格遵守形式要件是获得著作权的前提。登记、声明和报纸公告是为了保证其他作者、印刷商和读者大众获得哪些作品可受保护、保护时间多长的信息。在英国,未完成作品登记不会影响著作权,但在美国

---

13 布拉查,《美国1790年〈著作权法〉评注》;简·C.金斯伯格,《两种著作权的故事:革命时期法国和美国的文学财产权》(A Tale of Two Copyrights: Literary Property in Revolutionary France and America),载于《杜兰法律评论》(Tulane Law Review),第64卷,第5期(1990年),第1000—1005页。

14 "1790年法",第3—4条;《〈鼓励知识法〉增补法》(An Act Supplementary to an Act Intitled "An Act for the Encouragement of Learning"),第36章,第1条[2 Stat. 171 (1802)(下称"1802年法")]。自1831年起,只有在续展期时才需要在报纸上登公告见《修正若干著作权相关法的法律》(An Act to Amend Several Acts Respecting Copy Rights),第16章,第3—4节[4 Stat. 436, 437 (1831)(下称"1831年法")]。

则会导致作品进入公有领域。[15]

总体而言,18世纪末、19世纪初美国出版的作品中,只有极少数做了著作权登记。虽然仍属于估算,但我们可以获得的最佳数据是"1790年法"颁布后头十年的数据,这一时期,现存的著作权登记都已被编制为印刷版本,且经过文献学家数十年的研究,已经得到了这一时期已出版书目的清单。1790年到1800年间,在已知已出版的1.5万个版本中,大约只有800个(约占5%)做了著作权登记。[16] 虽然这个数字可能在某一天被修正,但是,非常清楚的

---

[15] 在惠顿诉彼得斯案[*Wheaton v. Peters*, 33 U. S. (8 Pet.) 591 (1834)]中,最高法院判决,遵守所有形式要件是取得著作权所必须的。在英国,1814年《著作权法》将现有原则编入法律,未进行登记或交存作品不会导致丧失著作权,但可能影响获得法定救济的起诉能力。《修正若干部鼓励知识法的法律》(An Act to Amend the Several Acts for the Encouragement of Learning, 1814, 54 Geo. III c. 156),第5节。在美国,交存复制件的数量和交存机关有数次改变。参见G.托马斯·坦赛尔(G. Thomas Tanselle),《著作权登记与文献学家》(Copyright Records and the Bibliographer),载于《文献学研究》(*Studies in Bibliography*),第22卷(1969年),第77—124页。

[16] 这些版本(imprint)包括同一作品的新版(edition)、同一版的新印次(impression)、同一印次的新期数(issue)。数据来源于詹姆斯·吉尔瑞思(James Gilreath),《1800年以前的美国文学、公共政策和著作权法》(American Literature, Public Policy, and the Copyright Laws before 1800),载于《联邦著作权记录,1790—1800年》(*Federal Copyright Records, 1790-1800*),詹姆斯·吉尔瑞思主编(Washington, DC: Library of Congress, 1987),第xxii页。对比克里斯托弗·斯普利格曼(Christopher Sprigman),《改革(并进一步规范)著作权法》(Reform(aliz)ing Copyright),载于《斯坦福法律评论》(*Stanford Law Review*),第57卷(2004年11月),第503页。文物协会的"北美版本项目"[North American Imprints (NAIP)]延续和扩大最初由查尔斯·伊万斯(Charles Evans)发起的对所有已知的美国早期已出版作品进行编目的工作。

是，绝大多数印刷作品都留在了公有领域。低著作权登记率意味着，在许多情况下，作者和出版商要么认为著作权保护没有必要，要么认为登记过于麻烦、成本过高，因此是不值得的。不过，有些类别的出版物比其他类别的更可能被登记。实用性作品和工具性作品占18世纪90年代登记条目的大多数；包括地图、地图册、通讯录、语法和拼写课本、算数课本和法律书籍。[17]信息类作品和教育类作品被广泛地认为是可以获得著作权保护的，这类作品的生产者希望保护自己的投资，以防竞争对手发行未经授权的复制件。著作权能否被用于阻止他人将现有作品中的一部分复制到新作品中，这个问题就没那么清楚。法律明确禁止他人印刷、翻印、进口、出版或销售已登记作品的复制件，但没有对制作缩编本或引用的权利作出规定。部分复制的行为是否构成侵权，必须由法官在个案中进行判断。[18]

尽管19世纪早期，大部分报社并未表达对著作权的任何兴趣，但这一点对以商业新闻为专业的出版商而言并不适用。列明交易

---

17 金斯伯格，《两种著作权的故事：革命时期法国和美国的文学财产权》（*A Tale of Two Copyrights: Literary Property in Revolutionary France and America*），第1000—1005页；吉尔瑞思，《1800年以前的美国文学、公共政策和著作权法》（*American Literature*），第xxii页。莫莉·奥哈根·哈迪（Molly O' Hagan Hardy）正在准备一份对18世纪90年代已登记作品的研究。

18 "1790年法"，第2条。关于什么行为构成侵权，参见R.安东尼·里斯（R. Anthony Reese），《美国著作权法中的无过错侵权：历史的视角》（*Innocent Infringement in U. S. Copyright Law: A History*），载于《哥伦比亚法律与艺术期刊》（*Columbia Journal of Law and the Arts*），第30卷，第2期（2007），第133—184页。

商品价格的市价表早在 16 世纪就在一些欧洲城市存在,随着时间的推移,相关商业报纸也发展起来,包括股票交易表、入关报表和海运清单。虽然这些独立的类型继续存在,但到 19 世纪,发展的趋势是出版信息范围更广的、更具多样性的刊物,但仍以"市价表""航运清单"或这些名称的组合作为刊名。[19](为简便起见,我也将它们称为"市价表",尽管它们的内容不仅仅包含市价。)在 17 世纪的英格兰,市价表已经获得专利保护,到 18 世纪,有些市价表则根据《安妮女王法》做了著作权登记。美国出版商也寻求对市价表的著作权保护,也许因为此类刊物的订户基数要远小于大部分报纸。市价表中也没有那么多付费广告,至少最初是如此。市价表的所有者通常是商人和经纪人,他们依赖于和商业共同体的关系获取最新的信息。为搜集这些信息而付出的时间和劳动,使他们具有更加强烈的追求专有权的愿望。

市价表与著作权

早在 1791 年——仅在第一部联邦著作权法通过一年后——费城经纪人文森特·M. 佩洛西(Vincent M. Pelosi)就为《佩洛西海运清单和市价表》(*Pelosi's Marine List and Price Current*)做了著作权

---

[19] 约翰·J. 麦卡斯克,《距离的消亡:大西洋世界现代早期的商业报刊与信息革命的起源》(The Demise of Distance: The Business Press and the Origins of the Information Revolution in the Early Modern Atlantic World),载于《美国历史评论》(*American Historical Review*),第 110 卷,第 2 期(2005 年 4 月),第 295—321 页。

登记。[20] 一年之内，佩洛西就放弃了这一刊物，专注于其他事业，但接下来的三十年，其他人都效仿他的做法，为他们出版的市价表做了著作权登记。1812年，当波士顿商人彼得·A.格罗特扬（Peter A. Grotjan）创办《格罗特扬费城公开销售报告》（Grotjan's Philadelphia Public Sale Reports）时，他将该刊物在地区法院的书记员处（作为图书）做了登记。[21] 虽然他只为本刊做了一次著作权登记（而不是为每周的每一期都做登记），但在六个月的时间里，他的刊物都印有"根据法律已取得著作权保护"的声明。[22] 不过，格罗特扬随后便删除了著作权声明，并在下一年宣布，他只会针对他所在城市——即费城——的竞争对手开展著作权维权。事实上，在其他城市开展著作权维权将破坏格罗特扬的目标。他相信，对可靠信息更广泛的获取能够促进贸易，商人们不必再花费那么多时间和金钱写信咨询关

---

20 吉尔瑞思，《联邦著作权记录，1790—1800年》（Federal Copyright Records, 1790-1800），第6页。

21 1812年3月17日登记，《著作权登记簿》（Copyright Records），宾夕法尼亚地区，1811—1817年，第487页，第264卷，第62轴。1870年之前原始的登记簿存放在国会图书馆珍藏本分馆，微缩胶卷版可以在美国版权局获取。但国会图书馆并未保存所有1870年之前的登记簿。参见兹维·罗森，《宣布发布超过2000页已丢失的、1870年之前的〈著作权登记簿〉》（Announcing the Release of Over 2,000 Pages of Lost Pre-1870 Copyright Records），载于"主要是关于知识产权史的"（Mostly IP History）（博客），2017年4月6日。

22 《格罗特扬费城公开销售报告》[下称《格罗特扬》]，1812年5月25日—1812年10月19日。格罗特扬的声明并未完全遵守著作权法的规定。在1802年到1831年（此时才引入较短版本的著作权声明）期间，出版者必须把在地方法院所做的著作权登记全文插入出版物中。一份完整的声明大约是一百字或以上的篇幅。"1802年法"，第1条；"1831年法"，第5条。

于价格和交易的信息。在格罗特扬看来,唯一可能反对这类信息传播的人,就是将其利益置于共同体需求之上的投机者。尽管如此,格罗特扬还是不能允许本地竞争者复制他的信息,因为这会减少他赖以保持刊物正常运营的订户基数。所以,他宣布,如果相关刊物是在费城之外出版的,他将放弃"原创内容"上的著作权。[23]

类似的,其他市场新闻的汇编者也将著作权视为限制何种内容可以复制、谁有权复制的工具。彼得·保罗·弗朗西斯·德格朗(Peter Paul Francis Degrand)——居住在波士顿的法裔商人——在1819年创办了一份周刊,部分地是为了给自己的商业经纪业务做广告。《P. F. 德格朗波士顿公开销售及到港每周报告》(P. F. Degrand's Boston Weekly Report of Public Sales and Arrivals)(1819—1828年)中最初并没有著作权声明,德格朗也乐见其作品被主流报纸所引用。[24]不过,受欢迎的宣传很快变成不受欢迎的盗用,德格朗决定为该报告做著作权登记,并在每一期上都附上声明。[25]德格朗取得著作权

---

23 《格罗特扬》,1813年6月21日。

24 《P. P. F. 德格朗波士顿公开销售与到港每周报告》(P. P. F. Degrand's Boston Weekly Report of Public Sales and Arrivals)[下称《德格朗》],1819年7月17日。1804年,德格朗从马赛移民到波士顿。他一生都是商人和经纪人,但似乎只在1819年到1826年之间在出版领域比较活跃。见印刷商文件,文物协会。

25 1819年9月2日登记,《著作权登记簿》,马萨诸塞地区,1814—1825年,第295页,第46卷,第8轴,美国版权局;《德格朗》,1819年9月4日。和格罗特扬一样,他仅就本刊物做了一次登记,而且他似乎未按法律要求交存一份作品。检索州办公室秘书处与著作权交存有关的收信簿,未能找到德格朗在1819年或1820年的来信。《马萨诸塞州著作权信件,1818—1856年》(MS Copyright Letters 1818-1856),国会图书馆著作权系列档案,国会图书馆手写本分馆。

最初的原因是为了阻止他人复制他的关税表,为了编制这份表格,他付出了很大努力。虽然在随后的许多年,著作权声明继续出现在每周一期的报告中,但德格朗主要担心的是如何保护这些表格的问题,因为这些表格的生命周期比发表在报告中的绝大部分信息更长。德格朗以独立册子的方式重新发行其中的部分表格,有时会加上一段警告,例如:"该关税表摘自波士顿每周报告,已根据法律获得著作权。由于它耗费了我大量劳动,拜托我的编辑兄弟和其他同行不要出版其他版本。"[26] 德格朗是一名商人和经纪人,而不是印刷商或报纸编辑,但他知道,如果想获得对其信息表的一定程度的专有权,他就必须诉诸后者的正义感。在这一背景下,著作权仍是不太好用的工具,诉诸法院亦成本高昂。所以,当竞争对手借助其关税指南制作竞争性作品时,德格朗就尝试用上公开羞辱复制者的旧手法。相竞争的指南成本比德格朗的原创版本低,但它也充满讹误,且没有更新并反映自德格朗的版本出版后财政部发布的规则修改。对德格朗而言,唯一的解释是,其竞争对手"旨在制作我的图书的完全一样的复制件,全然不顾我的著作权;也全然不顾其为大众提供及时、可靠的信息的责任"。[27]

---

[26] 《为〈P. P. F. 德格朗波士顿公开销售与到港每周报告〉编制的美国进口关税表》(*Tariff of Duties, on Importations into the United States, Compiled for P. P. F. Degrand's Boston Weekly Report of Public Sales and of Arrivals*, Boston: Elisha Belamy, [1820])第 3 页。本作品的第一版和第二版都印有著作权日期——1819 年 9 月 2 日,对应德格朗为报告做登记的日期;第三版(1824 年)和第四版(1828 年)则单独做了登记。

[27] 《德格朗》,1824 年 12 月 11 日。

1828 年，市价表著作权的有效性最终接受法庭的检验。原告是威克曼·布里特（Wakeman Burritt）和埃德温·B. 克莱顿（Edwin B. Clayton），他们是半周刊《航运和商业清单与纽约市价表》的共同所有人。克莱顿是纽约市的印刷商和书商。布里特有商业背景，他负责从本地商人处搜集信息，并为其出版做准备。[28] 在他们的合作开始不久后，1824 年，两人注意到其他刊物正在复制他们的材料，而没有归认来源。他们发布一则通告，要求任何从他们的刊物上复制的材料都应当归认来源。在布里特和克莱顿看来，未归认来源的行为相当于将他人的作品伪装成自己的，从而在信息来源方面欺骗了公众。[29]

布里特和克莱顿最初声称，他们感兴趣的是获得对其作品的来源归认，而不是禁止他人再利用，但他们的立场很快就变了。1825 年底，他们为其来年的市价表做著作权登记（那时，刊物必须在出版之前登记）。[30] 19 世纪 20 年代是纽约专注于市场新闻的出版商高度竞争的时期。在布里特和克莱顿为其刊物做登记不久之后，《纽约商业市价表》（*New York Mercantile Price Current*）也做了著作权登记。大约六个月后，《比较市价表与欧洲和商业报

---

28 戴维·P. 福赛斯（David P. Forsyth），《美国商业报刊：1750—1865 年》[*The Business Press in America: 1750-1865* (Philadelphia: Chilton Books, 1964)]，第49—53 页。布里特的名字首次出现在《航运和商业清单与纽约市价表》的刊头上［下称《航运》］，1824 年 2 月 7 日，文物协会。

29 《航运》，1824 年 9 月 1 日，1824 年 9 月 4 日，文物协会。

30 1825 年 11 月 16 日登记，《著作权登记簿》，纽约南区，1824—1828 年，第 167 页，第 136 卷，第 30 轴，美国版权局。

第四章 19世纪美国的市场新闻与著作权的局限

道》(Comparative Price Current, and European and Commercial Reporter)也紧随其后。[31]但是，布里特和克莱顿更担心的是日报的复制行为，而不是其他市价表的复制。"在过去一年多的时间里"，他们解释道，"本市的两份甚至更多报纸一年到头经常性地复制我们的市价表，包括我们对市场状况的评论。在它们出版后立刻就复制"。[32]

以《纽约市场评论》(Review of the New York Market)为标题的评论包含了布里特对最新情况（货物到港、公开销售等）及这些情况对多种货物供需的影响的点评。按照布里特和克莱顿的说法，报纸的复制行为使读者可以在不订阅《航运和商业清单与纽约市价表》的情况下获取所有他们需要的信息，对纽约市外的人们尤其如此。对于居住在每周可接收两到三次邮件的地方的人们，"原版和复制版将在同一批邮件中寄出，并在同一时间抵达目的地"。布里特和克莱顿请求报纸停止复制行为，当请求无效时，他们决定"采取措施，保护我们及家庭的劳动所得"。[33]后续的《航运和商业清单与纽约市价表》都印有"已取得著作权"的声明。[34]

布里特和克莱顿声称，和将商业信息与政治新闻、社论、致印刷商的信、广告和其他专题捆绑在一起的报纸相比，他们的刊物处于劣势。19世纪20年代，在所谓的廉价报刊出现之前，纽约的

---

31 1826年1月7日和1827年8月10日登记，见前引，第185页，第364页。
32 《航运》1826年1月4日，文物协会。
33 前引。
34 这些声明的出现超过两年。1828年2月27日的一期，当布里特和克莱顿准备针对《商业广告报》的诉讼时，该声明暂时性地消失了。

大部分日报是为商业和政治精英服务的,所以,市价表的订户是订阅诸如《商业广告报》或《信使与调查者报》等商业报纸的那类人群的子集。那类报纸的订户可能高达两千人,而市价表如能吸引到六百名订户就已颇感欣慰。[35] 鉴于刊物市场有限,布里特和克莱顿担心丢失个别的订户就是可以理解的了。

这些著作权声明对一份纽约报纸——《国民代言人报》(National Advocate)——发挥了其所意欲达到的作用。该报主编承认其经常依赖《航运和商业清单与纽约市价表》为读者提供市场新闻。现在,他觉得有必要获得布里特和克莱顿的许可,后者允许其复制价格清单,但不允许其复制布里特的《纽约市场评论》。[36] 布里特和克莱顿将后者视为其劳动的独特产物。但是,并非所有报社都认同将商业新闻视为专有的观点。1828年春,《商业广告报》对其材料的持续使用刺激了布里特和克莱顿,他们寻求律师的帮助,以更严格地遵守著作权的形式要件,并将竞争对手带上法庭。

什么是图书?

布里特和克莱顿试图实施其刊物上的著作权,这种做法是开

---

35 发行量估算并不可靠。关于市价表的估算,参见福赛斯,《美国商业报刊:1750—1865年》(The Business Press in America: 1750–1865),第49—50页。关于廉价报刊,参见迈克尔·舒德森,《发现新闻:美国报纸的社会史》(Discovering the News: A Social History of American Newspapers, New York: Basic Books, 1979),第12—60页。

36 《市价表》(Price Current),载,《国民代言人报》(纽约),1826年1月5日。

创性的。著作权登记记录显示了他们为遵守著作权法所付出的努力。他们面临的第一个问题是如何为市价表做登记。"1790 年法"只提及地图、图表和图书；1802 年的修订增加了对印刷品（prints）［雕版印刷品（engravings）］的保护。1828 年 5 月，布里特和克莱顿将其刊物登记为"印刷品"，但是，也许是听取了律师的建议，很快他们决定将系列刊物的每一期作为图书来登记。毕竟，《航运和商业清单与纽约市价表》是活字印刷的作品，而非雕版印刷作品。为了提起诉讼，他们仔细地为 6 月 21 日的那一期做登记，保证写明完整名称、日期和期数。[37] 按照著作权法的要求，他们还将 6 月 21 日的这一期交存到美国国务院办公室。但是，他们收到的登记证书将该作品称为"报纸"，而不是"图书"。布里特和克莱顿担心这一区别会在法庭上带来麻烦，于是坚决要求更正。"我们的律师反对'报纸'这个用词，因为这和我们在地区法院交存刊物时从该院收到的证书不一致——后者将该刊物定义为'图书'。"他们请求一份新的收据，写明他们提交了一本"由一张纸构成的图书"。[38] 这样，布里特和克莱顿在法庭上就可以有已经将市价表作为图书登记并交存的证据。

该案在 1828 年秋由最高法院史密斯·汤普森（Smith Thompson）

37　1828 年 5 月 21 日和 1828 年 6 月 19 日登记，《著作权登记簿》，纽约南区，1824—1828 年，第 494 页、第 509 页，第 136 卷，第 30 轴，美国版权局。

38　《W. 布里特和 E. B. 克莱顿致亨利·克莱》（W. Burritt and E. B. Clayton to Henry Clay），1828 年 9 月 2 日，《马萨诸塞州著作权信件，1818—1856 年》（*MS Copyright Letters 1818-1856*），国会图书馆著作权系列档案，国会图书馆手写本分馆。

大法官——以巡回法院法官的身份——审理。[39]为了强调在著作权意义上他们的刊物应被视为图书的主张，布里特和克莱顿提交了一卷皮面装帧、附有大理石纹封面纸的市价表。[40]将全年合订本称之为图书，这倒没有什么不诚实的。和许多杂志一样，《航运和商业清单与纽约市价表》也进行了连续编码（即，如果上一期结束的页码是第80页，下一期页码就从第81页开始）。它还提供了年度索引，使读者可以将之作为参考书。每年年末，订户可以将他们手中的半周刊寄给布里特和克莱顿，请他们将这些材料和索引一并"整齐装订"。他们还可以购买往期期刊来补齐他们的合订本。[41]本案的被告是威廉·L.斯通（William L. Stone）和弗朗西斯·霍尔（Francis Hall）——《商业广告报》的出版商。他们反对将合订本作为布里特和克莱顿的刊物构成图书的证据。他们的律师主张："无论作为日常用语还是法律术语，报纸都不应被定义为图书，而且，从它转瞬即逝的性质及它所服务的目的看，它完全不能够成为著作权的客体。"[42]为了否定《航运和商业清单与纽约市价表》获得著作权保护

---

39 当时，巡回法院的法官是由被指派到该院的数名地区法院法官和一名最高法院大法官担任的。1819年，巡回法院获得审理著作权案件及发布禁令的授权。这类案件由巡回法院的一名法官独任审理。见《将美国巡回法院的管辖权延伸至根据专利相关法提起的诉讼的法律》(An Act to Extend the Jurisdiction of the Circuit Courts of the United States to Cases Arising under the Law Relating to Patents)，第19章 [3 Stat. 481 (1819)]。

40 《美国巡回法院》(United States Circuit Court)，载于《商业广告报》，1828年11月1日。

41 《航运》，1824年12月29日、1825年1月1日、1826年12月30日、1827年12月29日，文物协会。

42 《美国巡回法院》，载于《商业广告报》，1828年11月1日。

的资格,被告律师将市价表与报纸相等同,坚称两者都过于"转瞬即逝",所以是不能获得著作权保护的。

"转瞬即逝"(*ephemeral*)一词过去是、现在也是充满价值判断的一个词汇,此处值得短暂地停下来思考,在试图将一整类出版物排除出著作权保护范围的论点中,这一词汇是如何获得巨大力量的。"*ephemeral*"一词起源于希腊语"*ephēmeros*",意为只持续一天的事物。其英语复数形式"*ephemera*"(短命物)最初被用于描述生命周期极短的植物和昆虫。18 世纪伊始,它被用于形容被认为只有短暂价值的出版物。作为对 18 世纪早期兴起的不折叠印页、小册子、报纸和期刊的回应,乔纳森·斯威夫特(Jonathan Swift)和亚历山大·蒲柏(Alexander Pope)等作家用"短命物"一词来贬低这种形式的出版物,他们认为这类出版物既挑起宗教争议,又腐蚀文学文化。斯威夫特和蒲柏区分对文学作出持续性贡献的图书和由"格拉布街"雇佣文人们生产的"短命物"。但也并非没有人反对他们的观点。例如,塞缪尔·约翰逊(Samuel Johnson)就主张,"小短文和易逝的作品"也是英国文学重要的组成部分。他还对报纸期刊大加赞赏。在约翰逊看来,"每日的报纸,可供学习的'短命物',比起那些华而不实、经久耐用的大部头来说,更能满足日常生活的需要"。[43] 尽管约翰逊为"短命物"中包含的思想和信息辩护,他对

---

[43] 约翰逊,引自保拉·麦克道威尔(Paula McDowell),《格拉布街文人和其他害虫:18 世纪英国著作中对"短命物"和"文学"两种类别的构建》(Of Grubs and Other Insects: Constructing the Categories of "Ephemera" and "Literature" in Eighteenth-Century British Writing),载于《图书史》(*Book History*)第 15 卷(2012 年),第 53 页。我在本段的论述仰赖于麦克道威尔精彩的分析。

该词的用法实际上暗示了这类刊物是在实体容量上小于图书，也没有图书那么明显值得保存的一类物品。

在听完两造的论点后，汤姆森大法官表示，从著作权的意义上看市价表能否被看作图书，这是一个值得深思的问题。于是，他允许原告的诉讼程序继续推进，在事实呈交之前暂不发表他自己对该法律问题的意见。鉴于复制行为是显而易见的，汤姆森指示陪审团通过原告胜诉的名义判决，并等候他自己关于市价表能否作为图书获得著作权的决定。经过一个小时的思考，陪审团同意霍尔和斯通构成侵权，并作出名义上的损害赔偿判决。[44]

随着对庭审的报道通过报纸交换传播开来，一些编辑对汤普森大法官暂时搁置的法律问题表达了兴趣。一家波士顿报纸提供了该案的一个概要，标题为"什么是图书？"[45]在随后被其他报纸复制的一篇报道中，费城《极光报》问道："报纸是图书并因此是著作权的客体吗？"[46]汤普森最终在12月初作出决定，判决《航运和商业清单与纽约市价表》不能受著作权保护。[47]但是，他的判决最终并不取决于市价表或报纸是否能被看作图书这个问题。相反，布里特和克莱顿对市场新闻主张专有权的企图促使汤普森转向宪法和联邦法来解释著作权的根本目的。

---

44 《美国巡回法院》，载于《商业广告报》，1828年11月11日；《航运》，1828年11月5日。

45 《美国旅行者报》(*American Traveller*)(波士顿)，1828年11月11日。

46 《南方爱国者报》(*Southern Patriot*)(南卡罗莱纳州查尔斯顿市)，1828年11月11日，来源归认于费城《极光报》。另参见《佐治亚人》(萨凡纳)，1828年11月12日。

47 《商业广告报》，1828年12月11日。

克莱顿诉斯通案的判决

乍看起来,汤普森大法官在克莱顿诉斯通案中的判决似乎与他在同年判决的另一宗著作权案件的逻辑不同。在布伦特诉帕滕案(*Blunt v. Patten*)中,汤普森判决道,只有在自己进行实地研究的情况下,个人才能制作与受著作权保护的作品包含相同信息的航海图;直接从受著作权保护的航海图开始工作则将构成侵权。该案中,原告派遣一艘载有勘测员的轮船前往美国东北海岸的两个浅滩。他用这次勘测的结果制作了一幅海岸图,数名水手声称该海岸图比此前已有的那些都要准确。被告被指控将浅滩的"形状、位置和方位"复制到自己的航海图中,他主张,没有人可以对浅滩的实际位置获得著作权,任何人都有权制作准确反映其自然特征的海岸图。汤普森判决道,任何人都不能获得对一个浅滩的著作权,这一点确实是正确的,但是,尽管如此,原告"对其劳动和勘测的结果享有一定的权利"。其他人有权雇用轮船并开展自己的勘测,但他们无权依赖现有的、受著作权保护的航海图来编制自己的航海图。[48] 汤普森在布伦特诉帕滕案中的判决显示,他不仅愿意为信息类作品的形式——即对文字和数字的特定编排——提供著作权保护,而且愿意为其中包含的事实提供保护。正如法学家罗伯特·布劳内斯(Robert Brauneis)所解释的:"独立智力劳动成果的任何事实表征都是可以获得著作权保护的,任何人都不得大规模复制这一表征,而

---

48 *Blunt v. Patten*, 3 F. Cas. 763 (C. C. S. D. N. Y. 1828).

不亲自走向现实世界完成搜集事实信息的艰苦工作。"[49] 那么,汤普森为什么会拒绝为布里特和克莱顿的市价表提供著作权保护呢?后者也是需要付出努力才能制作出来的、以事实为主要内容的作品。

汤普森提到,报纸和市价表出版的时间间隔相对较短,并将登记和交存作为立法机关并未考虑为二者提供著作权保护的证据。这样的论述实际上应和了《商业广告报》的主张,即这类刊物是"转瞬即逝的"。汤普森写道:"法律要求为获得著作权保护的前提步骤无法合理地适用于像报纸这样转瞬即逝的作品。"[50] 在汤普森看来,每一期报纸都应该遵循登记和交存的要求。他认为出版商"不大可能"选择这么做,所以法律规定的步骤意味着国会并不打算为报纸提供像图书那样的保护。然而,在本案中,布伦特和克莱顿已经为作为本案基础的每一期市价表都进行了登记和交存。因此,汤普森的判决不能建立在形式要件的问题上。[51] 他也没有被"市价表是否能被看作图书"的问题所困扰。他判决道,一个作品是否适合获得著作权保护,不应该由"构成其外表的大小、形式或形状来确定,

---

49 罗伯特·布劳内斯,《进步时期新闻著作权辩论中独创性标准的转变》(The Transformation of Originality in the Progressive-Era Debate over Copyright in News),载于《卡多佐艺术与娱乐法期刊》(*Cardozo Arts & Entertainment Law Journal*),第 27 卷,第 2 期,(2009 年),第 344—345 页。

50 *Clayton*, 5 F. Cas. at 1003.

51 1828 年 6 月 19 日登记,《著作权登记簿》,纽约南区,1824—1828 年,第 509 页,第 136 卷,第 30 轴,美国版权局。注意,在惠顿诉彼得斯案(1834 年)中,汤普森提出异议意见,他建议应当为惠顿提供永久禁令的救济。相反,多数派意见判决,如果惠顿没有遵循所有形式要件,他将无权获得救济。33 U. S. (8 Pet.) 591, 668–698 (1834).

而应该由作品的内容来确定。这个问题也不应该通过向字典编纂者确认'图书'一词的起源和含义来确定"。[52]英国的先例曾判决,即使是印在一张纸上,乐谱也可以获得著作权保护。依赖于该先例,汤普森判决道:"本法所规定的'图书'并不必然是对这个词通常和一般接受意义上的图书,即,由多张纸装订而成的一册;它可以只印在一张纸上,就像歌曲的歌词和与之相伴的音乐那样。"[53]因此,汤普森判决,每期市价表原本印在一张纸上,只是到后来才装订成册,这一点是无关紧要的。

在汤普森看来,判断一个作品是否可以获得著作权保护,最好的指南是《美国宪法》,该法授权国会"通过保护作者和发明人对其著作和发现在一定期限内的专有权,以推动知识和实用技术的进步"。[54]在这一条中,"知识"(*science*)*一词对应的是将受著作权保护的作者们的著作,"实用技术"指的是将获得专利的发明人们的发现。1790年和1802年著作权法是以《宪法》该条款授予国会的权力为基础的,鉴于该条提到的是"知识"(而不是"文学"或"创造"),要判断著作权的目的,就要求19世纪的法官们对这个词语作出定义。在其判决中,汤普森大法官指向"知识",仿佛是为了确认应当受到著作权鼓励的不同知识分支。他写道:"将每天或者每周关于市场状态的出版物视为落入其中的任一类型,都必定是

---

52 *Clayton*, 5 F. Cas. at 1000.

53 前引,第1000页。

54 《美国宪法》,第1条,第8款,第8项。

* 在《美国宪法》制定的时代,"science"一词意指"知识的总体",而不仅指"科学"。——译者

非常独特的知识观。知识具备更加固定、永恒和持久的性质。'知识'这个词不能恰当地用于像报纸或市价表这样波动且易逝的作品形式,其内容每天都在改变,且仅具有短暂的用处。"[55] 所以,汤普森将重点放在了被复制的文章的主题上。如前所述,布里特和克莱顿主要是为了保护他们的《纽约市场评论》,而不是市场数据。在布里特和克莱顿看来,这是由其中一名所有者撰写的"原创内容",因此是可以获得著作权保护的。[56] 但汤普森却作出相反的判决。

虽然汤普森的判决没有考虑其他类型的报纸材料——犯罪或庭审报道、社论、政治小品文、传略、诗歌等——能否受著作权保护的问题,但其判决所使用的语言可以作为相反的解释。通过将报纸和市价表的形式称为"波动且易逝的",该判决可能使当时的出版商得出如下结论:由于它们的材料形式及对其应用的预期——例如,它们是被阅读后即丢弃的"转瞬即逝的"出版物的观念——报纸和其他期刊是不能受保护的。事实上,除了后文将讨论的《航运和商业清单与纽约市价表》与《商业广告报》之间旷日持久的争论外,很少报纸对本案作出评论,而那些作出评论的报纸似乎承认,对法院而言,重要的不是市价表的"大小、形式或形状",而是它没有为"知识"带来持久的贡献这一事实。[57] 对汤普森而言,问题在于市价表中的信息和评论都只"具有短暂的用处",因为价格和

---

55 *Clayton*, 5 F. Cas. at 1003.

56 《航运》,1828 年 12 月 17 日,文物协会。

57 《著作权法》(Law of Copy-Right),《波塔基特(罗德岛)纪事及生产者和手工业者代言人报》[*Pawtucket (RI) Chronicle and Manufacturers'and Artizans' Advocate*],来源归认于《商报》。

市场条件始终处在变化中。将市价表和布里特与克莱顿提供的索引装订成册的商人们可能会看重从往期市价表中分析历史趋势的能力，但汤普森不这么看。对他而言，问题不在于一个作品是事实性的还是创造性的，而在于它是否对知识的进步作出贡献，而不是仅仅便利了商业交易。"虽然原告因出版该报的勤劳和事业心而应得到极高赞赏"，汤姆森写道，"法律并未考虑他们以这种方式得到报偿：他们应该从它对大众的实用功能而不是作为一部知识的作品而寻求资助和保护"。[58]

19世纪初的大部分著作权判决都以对知识的这种类似理解为基础，法学家劳伦斯·B. 索伦（Lawrence B. Solum）将其定义为"系统性知识或具有持久价值的学问"。[59]那一时期的大部分法官都同意汤普森的观点，认为著作权的目的是鼓励知识，而非鼓励工商业（如市价表所声称的功能）或娱乐创意（如现代文化产业所声称的功能）。在此背景下，市价表或报纸获得著作权保护的主要障碍是这样的认识：它们所包含的事实不会有太持久的价值。《商业广告报》的所有者吹嘘道，他们在"我们所听说过的最令人恼火也最不正当的诉讼中取得了胜利。在此之前，国内外都没有审理过这样的案件；通过对它的挑战，我们得到双重的满足：一是确立了此前仍未确立的原则；二是我们是以对手为代价来做到这

58　*Clayton*, 5 F. Cas. at 1003.

59　劳伦斯·B. 索伦，《国会推进知识进步的权力：埃尔德雷德诉阿什克罗夫案》（Congress's Power to Promote the Progress of Science: *Eldred v. Ashcroft*），载于《洛杉矶洛约拉法律评论》（*Loyola of Los Angeles Law Review*），第36卷，第1期（2002年），第3页。

一点的"。⁶⁰ 斯通和霍尔所说的"已确立的原则",指的是市价表和报纸不能受著作权保护。《商业广告报》试图将两类刊物等同起来,汤普森的判决也几乎将二者等同视之。布里特和克莱顿认为这是不公平的。在他们自己发表的对该案的评论中,他们坚持认为,自己的刊物与像《商业广告报》这样的综合性报纸是不同的。

公众意见的法庭

布里特和克莱顿对汤普森的判决大失所望,他们在自己的《航运和商业清单与纽约市价表》上发表一系列文章捍卫自己的权利,寻求大众的支持。这些文章揭示了本案中一些无法从法官公开的判决书中搜集到的侧面。仰赖于他的商业经验和关系网,布里特花费了超过四年的辛苦工作和"大量开支"改进他的《纽约市场评论》。虽然他和克莱顿成功增加了刊物在纽约和其他城市的发行量,甚至吸引了若干外国订户,但《商业广告报》的系统性复制行为妨碍了他们获取"努力的适当回报"的能力。从1828年2月开始,斯通和霍尔的报纸就在《纽约市场评论》发表于《航运和商业清单与纽约市价表》的同一天,全文转载了该作品。布里特和克莱顿抱怨道,他们的作品"在发表后的数小时内就在全城转载和流通,并通过同一批邮件,和原版作品一道,被寄往美国其他城镇"。《商业广告报》的所有者还在他们的半周报《旁观者》中转载《纽约市场评论》,"通过这第二个渠道到达日报可能错过的国人和地区,从而使

---

60 《著作权法》(Law of Copyright),载于《商业广告报》,1828年12月11日。

损害愈加严重和彻底"。[61]

布里特和克莱顿坚称，报纸和市价表不在一个公平的竞技场上竞争。《航运和商业清单与纽约市价表》针对的是特定读者，其内容也比大部分报纸更有限。《商业广告报》具有更广泛的吸引力和更大的订户基数，因为它包含了国内外新闻、社论、广告和商业信息。在布里特和克莱顿看来，将《纽约市场评论》加入到这类报纸的做法恰恰是特别具有伤害性的。他们甚至声称，这种形式的复制比"从头至尾，以相同形式"再版整份《航运和商业清单与纽约市价表》的伤害还要大。他们声称，作品的盗版版本带来的伤害要小一些，"因为复制版相对于原版而言并无优势；而我们目前遇到的情况是，复制内容因被纳入综合性的报纸而获得了优势"。布里特和克莱顿声称，这种复制行为使他们在9个月内失去了220名订户。他们引用一位退订用户的话："我们不需要你们的刊物，因为我们可以在报纸上看到相同的内容。"布里特和克莱顿深信报纸转载的危险，所以，当另一家纽约报社向他们咨询转载《纽约市场评论》的事宜时，他们表示，如果低于每年2000美元就拒绝允许转载，这在1828年是一个相当可观的数目。最终，他们达成协议，报社可以每周在"我们的刊物出版两天后、以不被追溯到来源的方式转载《纽约市场评论》，许可费每年500美元"。[62]他们不希望他们的文章"被追溯到来源"，因为他们深信报纸和市价表存在直接竞争关系：布伦特和克莱顿推理道，如果读者确认他们可以从报纸上

---

61 《航运》，1828年12月20日，文物协会。

62 前引。

获取相同的《纽约市场评论》上的信息，他们就会放弃《航运和商业清单与纽约市价表》。这一推理使他们采取了一个反直觉的策略。他们没有像当时大多数报社编辑那样要求归认来源，相反，他们坚决要求对《纽约市场评论》摘编进行匿名处理。事实上，《商业广告报》已通过点名的方式将来源归认于《航运和商业清单与纽约市价表》，但布里特要求他们不要这么做。斯通和霍尔由此得出结论：布里特不在乎归认来源；他只是希望从转载费中攫取尽可能多的收入。[63]

回应布里特和克莱顿在审判后的评论，斯通和霍尔为他们复制《纽约市场评论》和其他任何发表在市价表或报纸上的信息的权利作辩护。他们拒绝相信他们导致了任何伤害，指出《航运和商业清单与纽约市价表》的订户减少应该归因于类似市场评论如今已在多家早报上出现的事实。斯通和霍尔嘲笑布里特和克莱顿"对提供蜡烛和猪尾烟价格的劳动紧抓不放"。他们写道，"报纸总是尽可能相互借用可以获得的所有信息；而《市价表》的独创性如此之小，他们无法辨别哪些内容是属于自己的，哪些是属于其他报纸的。"[64]布里特和克莱顿回应道，他们所搜集的信息必然包含了他们努力的印记，因为这些信息来自于他们与商人们的交谈和通信。亲自搜集这些信息和依赖通过邮件送达的交换报纸不可同日而语。在布里特和克莱顿看来，见多识广的纽约商人不至于"被如此浅薄的伎俩蒙

---

63 《我们自己的事务》（Our Own Affairs），载于《商业广告报》，1828年12月30日。

64 前引。

骗，即试图让他们相信两个教育背景、习惯和追求不同的人进入市场，竟能获得完全相同的商品，并用相同的语言将之传递给大众，仅偶尔在一些地方调换顺序，或做近义词替换，或减掉总数中的一小部分"。[65]

在法院判决中，汤普森大法官区分了对"知识"有所贡献的作品和促进商业的作品；布里特和克莱顿主张法律应该保护所有人的努力，而不论努力的领域是什么。虽然他们的刊物服务于商业精英客户，布里特和克莱顿却将自己的努力与普通工人的日常奋斗相提并论。他们说："我们要求法律给我们的回报，不过是在追求一项合法事业的过程中，能够和普通劳动者处在平等的位置上：当我们挣得我们的面包时，可以与我们的妻儿分享，而不会被他人从我们的口中夺走。"[66] 布里特和克莱顿并不反对竞争。其他人有权编制自己的报告，但不应抢夺他们劳动的果实，同时又在信息来源方面欺骗大众。

从个人的劳动中取得财产权的思想——如约翰·洛克所阐述——在著作权的许多正当性论证中占据重要位置，包括汤普森自己在布伦特诉帕滕案中的意见。[67] 如果布里特和克莱顿的律师知晓这一判例，他们也许会问，为什么相同的逻辑不能适用于对商业信息的搜集。后来的评论者们将指出这种前后不一。乔治·蒂克纳·柯蒂斯（George Ticknor Curtis）——19世纪中期最有影响力的

---

65 《航运》，1828年12月27日，文物协会。
66 《航运》，1828年12月17日，文物协会。
67 *Blunt*, 3 F. Cas. 763.

法学专著之一的作者——反对汤普森将市价表界定为"勤劳的作品"（work of industry）而非"知识的作品"（work of learning），主张这种区分是不相干的。"勤劳的作品和天才的作品一样，都是保护的对象，"柯蒂斯写道，"事实上，在产品中不可能有一条界线来区分哪些是知识的成果，哪些仅仅是勤劳的成果。所有学问都是通过勤劳努力而获取的知识的积累"。[68] 柯蒂斯持更宽泛的著作权观，而且是在克莱顿案判决的二十年后写下这一评论的。布里特和克莱顿则坚称，唯一重要的区别在于，是独立完成自己的工作还是复制。他们认为"大众会对本案的好坏形成自己的意见"。[69]

《商业广告报》鄙夷布里特和克莱顿"在全国抱怨，竭力激发商人们对他们所幻想的苦难的同情"。其所有者——斯通和霍尔——指责布里特和克莱顿的虚伪：他们要求利用《纽约市场评论》时必须支付费用，但他们从报纸中复制其他内容时却从未付费。《商业广告报》号称，它是纽约目前每年花费一万到两万美元搜集航运和商业新闻的日报组织的一员。按照斯通和霍尔的说法，布里特和克莱顿并没有为这个信息池作出过任何贡献，但该组织搜集的新闻占每期《航运和商业清单与纽约市价表》内容的至少三分之一（布里特和克莱顿表示从未复制《商业广告报》的信息。）。[70]

很难判断商人共同体或一般大众在多大程度上支持布里特和克莱顿的主张。《商业广告报》声称《商报》是唯一一份转载布里

68　乔治·蒂克纳·柯蒂斯，《著作权法专论》（*A Treatise on the Law of Copyright*, Boston: Charles C. Little and James Brown, 1847），第 108 页。

69　《航运》，1828 年 12 月 27 日，文物协会。

70　《商业广告报》，1828 年 12 月 30 日；《航运》，1828 年 12 月 31 日，文物协会。

特和克莱顿的社论的报纸，但其实《纽约晚邮报》也这么做，而《国民代言人报》（与布里特和克莱顿达成协议的报社）还发表了一封署名为"波普利柯拉"（Publicola）的匿名信为他们辩护。[71]波普利柯拉很是惊讶，《商业广告报》的编辑们竟甘冒诉讼风险"使用勤劳的人们的劳动，而不愿为此补偿他们"。该作者还声称："威克曼·布里特不知疲惫的勤劳、精通实践的知识和坚定不屈的正直"是全城商人都公认的，作者问道：

> 就因为著作权法中的一个缺陷——如果真有这个缺陷——这样的人就应该被打倒压垮吗？再审判一次，结局也是一样的吗？难道他的头脑和双手的产品只能使他人致富，却不能得到一丁半点的报偿？他的商品上的品牌应该被擦除并作为上等品销售吗？因为一个追索之诉无法将之追回，就应该告诉他这些东西一文不值吗？——当整个共同体更加清楚它的价值时。[72]

波普利柯拉希望体面的商人和经纪人仔细审读这个案件，不要让像布里特和克莱顿这样诚实的人被一家无耻的报社所摧毁。

不论商业共同体的成员怎么想，《航运和商业清单与纽约市价表》肯定是没有被摧毁的。虽然他们的劳动被其他出版商所盗用，但布里特和克莱顿找到了制胜法宝，他们对信息准确性和新鲜度的

---

71 《商业广告报》，1828年12月30日；《纽约晚邮报》，1828年12月30日；《国民代言人报》（纽约），1828年12月27日。

72 《国民代言人报》（纽约），1828年12月27日，该文的片段出现在《航运》，1828年12月31日，文物协会。

重视使他们的刊物立于不败之地。他们通过雇佣更多的职员扩张业务，这些职员拜访代销商获取报价，再到码头编制轮船及其货物的清单。其中一名职员——詹姆斯·W. 奥滕（James W. Auten）——在1831年加入这一行当，那一年他17岁，而后在这一行干了45年。他后来回忆道，职员在临近出版的那几天是多么的忙碌，"因为所提供的信息要尽可能是最新的信息"。1848年左右，在克莱顿和布里特去世后，奥滕和另外两名职员合作接手了这一刊物，他们又经营了30年。奥滕声称本报因其公正性和准确性而受到广泛认可，使之成为商业共同体不可或缺的刊物。[73]

克莱顿案的后果

在1828年汤普森大法官的判决后，《航运和商业清单与纽约市价表》不再印有著作权声明，但这一判决是否对其他出版商产生影响？已出版的讨论本案的作品数量有限。虽然有少数报纸支持布里特和克莱顿的立场，但大部分并未对案件作详尽评论。至少有两份报纸用滑稽模仿作品逗乐他们的读者，在这些作品中，被告被描绘为"肆意地处置原告的苏木、威士忌、碳酸钾和其他'干货'"。原告则被描述为对判决大失所望，该判决认为"印有短绒棉和辣椒价格——就其性质而言比荷兰的风向标还易变——的一小页纸是不能

---

[73] 詹姆斯·W. 奥滕（James W. Auten），《个人回忆录：五十年干了什么！》（*Personal Reminiscences: What Fifty Years Have Done!* New York: Angell, 1882），第1—4页（引文在第3—4页）。

被看作受美国著作权法保护的'图书'的"。[74]

然而,复制市场新闻的问题并未消失,在著作权缺位的情况下,专注于该领域的出版商必须寻找其他策略。《费城市价表》(Philadelphia Price Current)的出版商亨利·比林顿(Henry Billington)和约瑟夫·M.桑德森(Joseph M. Sanderson)面临与布里特和克莱顿一样的难题:他们很难与包含了他们市价表中的信息和读者可以期待从报纸中获得的所有内容的本地报纸竞争。比林顿和桑德森的经营活动以费城的商人咖啡馆为基地(桑德森是咖啡馆的主管),这就使他们有了获取由聚集在此的商人和船长们带来的最新消息的有利条件。商人咖啡馆的广告强调,从其阅览室中获得的信息是"订户的专有财产",且将"得到细心保护,以防被那些拒绝作出贡献支持的人们侵犯"。船长们可以免费入场,因为他们很有可能贡献能够代替金钱的新鲜信息。[75]

在比林顿和桑德森的市价表上出版的信息,是可以在阅览室中获取的信息的一部分,但不可能像在阅览室中的那么新鲜。尽管如此,当他们在1829年初发现一位名为约翰·宾斯(John Binns)的本地出版商正从他们那里"窃取"信息并加入到他的《民主报》(Demoratic Press)中时,他们还是感到气愤。当市价表在早晨发表时,宾斯会购买一份,并将其中的《市场评论》[Review of the Market,到这一时期,"市场评论"已成为此类文章的标准题目]

---

74 《著作权》(Copy Right),载于《南方爱国者报》(南卡罗莱纳州查尔斯顿市),1829年1月3日,来源归认于《卡登姆日报》(Camden Journal)。
75 《波尔森美国每日广告报》(Poulson's American Daily Advertiser)(费城),1824年1月2日。

及时地加入到他自己的报纸中,以供下午发行。宾斯将《市场评论》的来源归认于《费城市价表》,但比林顿和桑德森还是感到不满。当他拒绝听从他们提出的停止复制请求时,他们在咖啡馆中贴满的告示中谴责他的"贪心""贪财"和"贪婪"。他们曾经用市价表与宾斯的《民主报》交换,但他们终止了这一交换。他们还拒绝接受宾斯作为付费订户,希望借此阻止他获取到他们的报道。[76]

宾斯坚持他所复制的材料在量上是合理的,而且他总是将来源归认于《费城市价表》。他认为他有义务为读者提供可以获得的最新鲜、最准确的信息,他承认比林顿和桑德森以一种便利、"浓缩"的形式提供了这种信息。为捍卫转载材料的权利,宾斯指向汤普森大法官在克莱顿诉斯通案中作出的最新判决,他在自己的报纸上转载了这份判决书。宾斯依靠一位朋友来获取市价表,这位朋友是市价表的订户。比林顿和桑德森在下一期出版的公告中谴责这种"偷偷摸摸"的行为,但宾斯不为所动。[77] 不过,不久之后,桑德森就放弃了他在企业中的股份,而比林顿决定采用一种对付系统性复制行为的新策略。首先,他扩展刊物内容的范围,使之可以更有效地与报纸竞争。其次,他改在晚间而不在早晨发行他的半周报,

---

[76] 《民主报》(费城),1829 年 1 月 26 日,文物协会。我无法查询到 1829 年 1 月 24 日的《费城市价表》,所以这一叙述是以宾斯的回信为基础的。参见福赛斯,《美国商业报刊:1750—1865 年》(*The Business Press in America: 1750–1865*),第 61—62 页。

[77] 《民主报》(Democratic Press)(费城),1829 年 1 月 24 日、1829 年 1 月 26 日、1829 年 1 月 31 日,美国文物协会。

第四章 19世纪美国的市场新闻与著作权的局限　　225

从而使宾斯不可能在同一天复制他的内容。[78] 1829年10月，比林顿发行名为《费城市价表和商业广告报》(Philadelphia Price Current, and Commercial Advertiser)的新系列的第一期。在对读者的一次演讲中，比林顿解释促成这一系列变革的动机。通过将政治新闻和对商业共同体有用的交易信息包括进来，他希望"将市价表的宗旨和报纸中通常有的多样性统合起来"，从而吸引更多订户和更多广告商。[79]布里特和克莱顿强调市价表与报纸的不同，而比林顿则试图通过将两者的元素结合在一起寻求盈利。

比林顿对其市价表做出改革后不到一个月，宾斯的《民主报》就停刊了。比林顿推迟出版的策略也许发挥了一些作用，但也可能有其他因素导致《民主报》的死亡。不论如何，比林顿借助这个机会重新在早晨出版他扩充了内容的报纸。商业新闻和政治新闻的结合看起来是成功的，在一年内，报纸的四页中就有三页填满了广告。从这个角度看，比林顿将市价表转变成更像报纸的刊物的努力是成功的。特别是广告的加入，标志着从早期的市价表以来的重大转变——早期的市价表几乎没有刊登任何广告。[80]

新闻行业与著作权的边界

市价表的汇编者很早就寻求专有权保护，特别是当它们遭遇

78　福赛斯，《美国商业报刊：1750—1865年》，第61—62页。
79　《致我们的顾客》(To Our Patrons)，载于《费城市价表和商业广告报》，1829年10月24日，文物协会。
80　福赛斯，《美国商业报刊：1750—1865年》，第62页。

本地报纸的复制时。与市价表相比，报纸有更大的发行量，更多的付费广告，以及为读者提供与政治新闻、评论和其他专题捆绑在一起的商业信息的能力。从本地信息源汇编最新鲜的信息所需要的努力，增加了遭遇本地报纸系统性复制时的不满。1828年《航运和商业清单与纽约市价表》与《商业广告报》之间的纠纷揭示了，新闻报道的时效性是如何对现行著作权法的概念带来挑战的。不应忘记的是，布里特和克莱顿提起诉讼，希望保护的是他们的《纽约市场评论》——不是价格列表，而是对市场趋势的一系列书面短评。在汤普森大法官看来，问题在于他们的刊物是为了促进商业而非"知识"和学问，而《宪法》著作权条款设计的目的却是为了促进后者。此外，汤普森还被一个想法所困扰：市价表中包含的信息和评论只在非常短的时间内有用。在他看来，只有对知识具有持久性贡献的作品才可以获得著作权的保护。

值得注意的是，正是关于转载新闻的权利纠纷使一位具有影响力的法官阐述了这样一种著作权目的观。虽然《宪法》提到"知识的进步"，1790年《著作权法》也以"鼓励知识法"为标题，但两部法律的文本中都没有规定，作品受保护的资格取决于它能在多长时间内保持效用。正是克莱顿诉斯通案的背景导致汤姆森大法官从刊物的价值能延续多久的角度思考，并认为市价表"仅具有短暂的用处"而否定其受保护的资格。汤普森对著作权目的的理解被后续的判决所引用，包括1879年最高法院的判决。[81] 然而，随着时间的推移，他所支持的原则面临越来越大的压力，这种压力来自于那

---

81 参见本章注释8。

些主张著作权应当保护作品的市场价值而不论其对文学、科学或教育的贡献的人。[82] 但是，即使在这种更具市场倾向的思路占优势后，新闻案件还是继续考验着著作权法的边界，正如我们在随后的章节将看到的那样。

在汤普森的时代，鼓励商业和金融新闻的复制也有政治上的原因。对价格信息不对称的获取将鼓励投机，所以在19世纪20年代开始，人们希望邮政局能尽快地传递市场信息，以抑制投机问题。[83] 汤普森的判决没有提及投机，但即使在较短的时间内，其判决确实使商业和金融信息的垄断更加困难。克莱顿案后，出版商可以合理地主张复制市场信息不是侵犯著作权的行为。汤普森的判决对其他类报纸材料所带来的影响则不么清楚。19世纪中叶开始，报纸上发表的一些小说、传记和历史类文章开始附有著作权声明，到19世纪晚期，文学辛迪加更普遍地利用著作权。[84] 但即使在克莱顿案的时代，即19世纪20年代末，也可以主张，至少有一部分类型的报纸材料，在当时的法官认可的意义上，是对知识有贡献的。事实上，有些读者就赞扬保存报纸供未来查阅的价值。在一篇题为《保存您的报纸》(Keep Your Newspapers)、在19世纪20年代到40

82　参见布拉查（Bracha），《思想的所有权：美国知识产权的智识起源，1790—1909年》(*Owning Ideas: The Intellectual Origins of American Intellectual Property, 1790-1909*)，第二章。

83　理查德·R. 约翰：《网络化国家：美国电子通讯的发明》(*Network Nation: Inventing American Telecommunications*, Cambridge, MA: Harvard University Press, 2010)，第20—22页、第69—70页。

84　参见第六章。

年代间被许多报纸转载的文章中,匿名作者声称:

> 一叠报纸就是一本未装订的图书。所以为什么要随意毁坏它呢?一个在20年间都收取周报的人,就收取到20卷和他从书店购买来填充其书架的图书具有至少有同等价值的东西。如果他购买的是装订好的版本,他在毁坏它们时会感到难受,这种损失就像损失其他任何财产一样真实。[85]

但真正的损失——我们的匿名作者认为——将由我们的子孙后代承受。从17世纪开始,部分新闻期刊出版商就引入了鼓励读者将连续刊物装订成册的一些特征,例如连续编码、索引和年度标题页等。一些编辑自觉地将其报纸杂志描述为"未来的历史学家可以依赖的文件库"。[86]《保存您的报纸》的匿名撰稿人回忆这一传统,

---

[85] 《保存您的报纸》,载于《波士顿旅行者报》(*Boston Traveller*),1826年2月10日,来源归认于《蒙彼利埃守卫者报;基督守卫者报》(*Montpelier Watchman; Christian Watchman*)(波士顿),1826年2月17日;以及《华盛顿评论与审查者报》(*Washington Review and Examiner*),1826年6月17日;《国民旗帜与纳什维尔辉格党报》(*National Banner and Nashville Whig*),1835年9月16日;《纽伯里波特(马萨诸塞)先驱报》[*Newburyport (MA) Herald*],1842年8月5日。

[86] 诺亚·米尔斯通(Noah Millstone),《为收藏而设计:现代早期的新闻和历史著作的生产》(Designed for Collection: Early Modern News and the Production of History),载于《媒体史》(*Media History*),第23卷,第2期(2017年),第177—198页。例如,1778年,《绅士杂志和历史纪事报》(*Gentleman Magazine and Historical Chronicle*)(第48卷,未标页码的前言)就承诺它们将保持公正,这样"我们的劳动就可以被公正地认为不仅仅是对时代的短暂记录——而是为未来的历史学家们提供的真实素材"。

当他或她写道："本周是新闻的东西，下周就不再是了；但是，随后它就变成了历史，我们的期刊文档提供了大量文件，从这些文件中，我们国家的简明历史已经被或者即将被编纂出来。"[87]

如果克莱顿诉斯通案所涉的是市场新闻之外的其他报纸内容，也许汤普森大法官会同意报纸也可以对知识作持久的贡献，而他也将支持报纸的著作权。但是，人们并未提起这一类诉讼；那一时代，报纸转载不受著作权约束，而是受交换系统和编辑们试图施加于彼此的习惯——这种习惯成功的程度各不相同——的管理。著作权要在该世纪很晚的时候才被援引（参见第六章）。这件事的讽刺之处在于，今天，我们越来越多地要通过受财产权保护的数据库来查阅19世纪的报纸，依靠著作权法和合同法，这些数据库将接触权限制于付费订户。幸运的是，我们有时还可以从美国文物协会这样的宝库里查阅到纸质的版本——有时甚至是用大理石纹纸装订的版本。

19世纪上半叶，美国没有一家新闻出版商主张对新闻报道的著作权。在复制是使新闻得以传播的手段的世界里，这么做是不可想象的。美国的报纸不须纳税（不像英国那样），却可以享受优惠的邮政政策，这一事实也有助于解释为何美国新闻出版商没有在19世纪上半叶寻求著作权保护。英国的管制环境非常不同，这正是伦敦报社早在19世纪30年代就开始为新闻报道的著作权而游说的原因。诱发保护新闻的早期努力的政策变革，以及对这些努力的回应，是下一章的主题。

---

[87]《保存您的报纸》。

第五章　英国工业化时期的新闻著作权争论

　　复制是个问题，"盗版"将减少创作新作品的激励——这种看法取决于多方面的因素。便利文本复制或传播的新技术有时是催化剂，但技术不能脱离塑造其使用的政策决定和商业策略而被单独看待。在英国，新闻出版商需要专门立法来保护投资的思想，是在回应政府管制变革、技术与行业新组合及行业领袖个人观点的特定时机出现的。而在 19 世纪，许多关于新闻盗版的讨论都与伦敦报纸和"外省报纸"——该术语被广泛用于指代伦敦以外的城镇出版的刊物——之间关系的变化有关。[1]

　　为报纸文章制定专门著作权法的第一次尝试出现在 19 世纪 30 年代，在电报出现之前。预料到税收和邮政政策改革将影响其利益，一小撮伦敦早报社开始为著作权而游说。他们主张，降低报纸印花税将导致廉价"盗版"报纸的出现，这类报纸靠复制行为而兴旺，从而将损害为搜集新闻而作出的投资。第一次提案并未走得太远，但紧接着在 19 世纪 50 年代，后又在 90 年代发起了为获取新闻著作权保护的进一步运动。到 20 世纪初，很大程度上归功于《泰晤士报》(The Times) 的持续努力，一系列法院判决确认报纸文章

---

[1] 关于伦敦与外省的关系，参见安德鲁·霍布斯，《外省期刊》(Provincial Periodicals)，载于《劳特利奇 19 世纪英国报刊手册》(The Routledge Handbook to Nineteenth-Century British Periodicals and Newspapers)，安德鲁·金、亚力克西斯·伊斯里和约翰·莫顿主编（London: Routledge, 2016），第 221—233 页。

可以获得著作权保护。然而，值得注意的是，法院也通过区分传递新闻的语言（受著作权保护）和其背后传递的事实信息（任何人都可以自由使用）来对著作权的范围加以限制。

这一结果并非不可避免。19世纪末，英国的几个殖民地制定了保护电报中的新闻内容的专门法律，但英国本土从未制订这样的法律。[2]对新闻本身的保护在英国屡次遭拒，这一事实有重要意义。本章所描述的努力引发了议会和报刊界关于如何最好地平衡相竞争的出版商的利益和公共利益的争论。回顾这些争论可以揭示出版商所追求的权利类型、他们提出的论点，以及他们遭遇的反对。为回应司法判例和立法提案，编辑、政治领袖和法官们讨论着新闻的特殊之处，这反过来又使他们阐述什么是他们所认为的著作权的可接受的边界。关于新闻的纠纷塑造着著作权法的发展，反之亦然。

---

2 参见莱昂内尔·本特利，《著作权与维多利亚时代的因特网：澳大利亚殖民时期的电报财产法》(Copyright and the Victorian Internet: Telegraphic Property Laws in Colonial Austrialia)，载于《洛杉矶洛约拉法律评论》(Loyala of Los Angeles Law Review)，第38卷（2004年），第71—176页；凯西·鲍瑞（Kathy Bowrey）和凯瑟琳·邦德（Catherine Bond），《著作权与第四等级：著作权能否支撑一个可持续的、可靠的新闻公共领域？》(Copyright and the Fourth Estate: Does Copyright Support a Sustainable and Reliable Public Domain of News?)，载于《知识产权季刊》(Intellectual Property Quarterly)第4卷（2009年），第399—427页；以及莱昂内尔·本特利，《电报及澳大利亚、英国和印度为新闻著作权的斗争》(The Electronic Telegraph and the Struggle over Copyright in News in Australia, Great Britain and India)，载于《著作权和新技术的挑战》(Copyright and the Challenge of the New)，布拉德·谢尔曼和琳恩·怀斯曼（Leane Wiseman）主编（Alphen aan den Rijn, NL: Wolters Kluwer, 2012），第43—76页。

印花税与著作权

18世纪到19世纪早期，在英国获取印刷报纸的机会仍然是有限的，主要原因是政府税收实质性地提高了报纸的价格。除了1712年开始实施、在接下来的一个世纪又数次提高的印花税，政府对报纸广告和纸张本身也进行征税。从1815年到1836年印花税调低为止，英格兰报纸的平均价格是七便士，远超大部分人的接受范围。虽然税收的目的主要是为了增加财政收入（大部分税率提升都发生在英国战争期间），但它们有效地阻止了更廉价和更激进的报纸的出版。其他措施则旨在约束报刊。所有报社都必须在政府注册，其所有者必须提供一大笔保证金和两名保证人，作为不发表煽动性或渎神言论的担保。[3]注册、担保、税收的结合，意味着经营一家合法的报社成本相当高昂，所以报社一般是服务于精英读者的。

但是，也有未加印花的报刊——低成本制作并以1到2便士卖给大街上的顾客的非法报纸。有超过400份这样的报纸在19世纪30年代创刊。[4]许多作家和印刷商因销售未加印花的报纸而入狱，

---

3 汉娜·巴克，《报纸、政治和英国社会，1695—1855年》(*Newspapers, Politics, and English Society, 1695-1855*, Harlow, UK: Longman, 2000)，第38—39页，第66—67页；以及格雷厄姆·罗（Graham Law），《发行》(Distribution)，载于安德鲁·金、亚力克西斯·伊斯里、约翰·莫顿主编，《劳特利奇19世纪英国报刊手册》(*The Routledge Handbook to Nineteenth-Century British Periodicals and Newspapers*)，第42—45页。

4 凯文·威廉姆斯（Kevin Williams），《阅读所有关于它的内容！英国报史》(*Read All About It! A History of the British Newspaper*, London: Routledge, 2010)，第87页；罗，《发行》，第57页。

第五章 英国工业化时期的新闻著作权争论

但当局不可能完全消灭这些报纸，部分原因在于议会内外都存在对印花税越来越多的反对。19世纪30年代初，激进的编辑和政治领袖开始将印花税称为"知识税"，这种比喻也被自由贸易的倡导者和那些将获取报纸视为19世纪30年代议会改革的必要补充的激进议员们所采用。[5] 印花税还因为未能平等适用而遭受批评，问题部分地在于如何判断哪些刊物应该征税这个固有难题上。未包含新闻或对最新事件评论的期刊得以豁免，但新闻可以说是一个相对的概念：一个行业或职业内最新的发展算新闻吗？文学新闻或对科学发现的报道呢？1851年，议会的一个特别委员会评论道，导致逃避印花税的一个重要因素是"定义和判断'新闻'一词的含义的困难"。[6]

正是废除印花税的运动引发了创设新闻报道专门著作权的第一次尝试。印花报纸的所有者担心，废除或降低印花税将导致廉价报纸的出现，这些廉价报纸将复制和销售新闻，与真正搜集这些新闻的报社相竞争。支持废除的运动——强调公众获取各类知识的益

---

[5] 乔尔·维纳（Joel Wiener），《无印花报之战：英国报纸税废除运动，1830—1836 年》(*The War of the Unstamped: The Movement to Repeal the British Newspaper Tax, 1830-1836*, Ithaca, NY: Cornell University Press, 1969)；帕特里夏·霍利斯（Patricia Hollis），《贫民报刊：19世纪30年代工人阶级激进主义研究》(*The Pauper Press: A Study in Working-Class Radicalism of the 1830s*, London: Oxford University Press, 1970)。

[6] 《报纸印花税特别委员会报告及委员会会议记录》(*Report from the Select Committee on Newspaper Stamps; With the Proceedings of the Committee*, PP 1851, no. 558, xii [下称《特别委员会报告》(*SCNS*)])。另参见劳雷尔·布雷克，《市场、体裁、迭代》(*Markets, Genres, Iterations*)，载于安德鲁·金、亚力克西斯·伊斯里、约翰·莫顿主编，《劳特利奇19世纪英国报刊手册》(*The Routledge Handbook to Nineteenth-Century British Periodicals and Newspapers*)，第237—248页。

处——遭遇到为经营者保护财产权的权利所作的辩护。[7]财政大臣托马斯·斯普林·赖斯（Thomas Spring Rice）非常担忧盗版报刊问题。1835年夏，他在下议院宣布，在降低印花税之前，"必须建立一种具备著作权法形式的制度"。[8]他评论道，为了在每天早晨分发新闻，报社在外国通讯、议会报道、设备和人员方面投入了大量资金。允许他人从这些投资中获利是不公平的。一些议员也支持这一观点。伦敦议员乔治·格罗特（George Grote）表示，"议会立法的几行规定就足以"保证免遭盗版的侵害。布里德波特议员亨利·沃伯顿（Henry Warburton）说，只要"与编辑和两到三家报社的所有者聊上一个小时"，就可以起草一条切实可行的著作权条款。爱德华·贝恩斯（Edward Baines）——一位富有改革精神的议员、《利兹信使报》（Leed Mercury）的印刷商和所有者——也支持报纸著作权，他认为这将使报社所有者满意，也对大众有利。[9]

知名早报社将著作权视为制止不正当竞争的手段。复制长久以来就对报刊具有重要意义，这是任何编辑都难以否认的事实。但是，印花税也制造了准入的障碍，因为在印刷之前获取有印花的纸张需要一定量的资本和商业上的协调。印花税也人为地提高了报纸的价格，进一步限制了竞争。印花报纸的所有者担心，管制环境的重大变革将带来更大的竞争和相应的利润下滑。他们对著作权的请求强调经营者从其劳动和经济投入中获利的权利。例如，《早晨

---

[7] 例如，参见：HC Deb, 1832年6月14日, 第13卷, 第619—642栏。
[8] HC Deb, 1835年8月21日, 第30卷, 第848栏。
[9] 前引, 第852栏、第854栏、第857—858栏。

第五章　英国工业化时期的新闻著作权争论

纪事报》就赞赏斯普林·赖斯所承诺的，为报社提供"对其劳动成果和资本开支的保护，即从事任何行业的人们都应该获得的那种保护"。[10]

《贫民卫报》(Poor Man's Guardian)代表无印花报刊谴责提案中的著作权是知名报社压制竞争的阴谋。《贫民卫报》由亨利·赫瑟林顿（Henry Hetherington）出版，他是一名激进的印刷商，伦敦工人协会（London Working Men's Association）的创始人之一，也是废除印花税运动的积极领导者。他曾因出版无印花报纸而三次入狱。[11] 每一期《贫民卫报》上印的不是印花，而是一台印刷机的图形，周围印有"知识就是力量"的标语。虽然著作权被视为制止廉价报纸复制高价报纸的方法，但《贫民卫报》坚称这样做将产生反效果，因为印花报纸"都是在出版的那一天就相互借用和盗取彼此的内容。很大程度上，它们是由彼此相互构成的，这一点每个人都能一眼看穿"。[12] 鉴于复制行为的普遍性，要断定哪家报社是一篇文章的合法所有者几乎是不可能的。编辑可以轻而易举地修改新闻报道的措辞，从而使侵权指控难于证明。另外，《贫民卫报》预测道，那些宁可入狱也不愿支付印花税的作家和印刷商是不太可能受著作权诉讼的恫吓的。

10　《早晨纪事报》，1835 年 8 月 22 日。

11　《大不列颠和爱尔兰 19 世纪新闻学词典》(Dictionary of Nineteenth-Century Journalism in Great Britain and Ireland)，劳雷尔·布雷克和玛丽莎·德莫尔（Marysa Demoor）主编（Gent, BE: Academia Press, 2009），见词条"赫瑟林顿，亨利（1792-1849）"。

12　《贫民卫报》(Poor Man's Guardian)，1835 年 8 月 29 日。

1836 年春，当斯普林·赖斯宣布他将提交一份将印花税降到一便士的法案时，印花报纸的所有者们就组织起来保护他们的利益。他们担心两件事：邮政发行和复制行为。截至于此时，支付印花税就可以获得免邮费的特权，包括顾客在阅读完报纸后再将他们的报纸寄送给亲朋好友的权利。[13] 赞扬印花税附赠的免费递送服务，成了反对废除印花税的一种政治上合理的手段。例如，一家曼彻斯特报社收到其订户的来信称，他总是将报纸寄给利物浦的朋友，而这位朋友又接着将报纸寄给在格拉斯哥的朋友，后者继续将报纸寄到邓迪市。"想想这种可能发生了几十万次的精彩交流吧"，这位曼彻斯特的主编写道，"我们已经有很多证据见证了这种二次传播的效果"。[14] 类似的，伦敦报社代表主张，将印花税称为"知识税"是错误的，因为它还包含了邮寄的费用。他们担心，一旦印花税废除，他们的发行成本将上升。[15]

印花报纸还担心廉价报纸的复制行为将破坏它们的生意。在 1836 年春提交给议会两院的请愿书中，《泰晤士报》《早晨先驱报》(*Morning Herald*)、《早晨邮报》(*Morning Post*) 和《标准报》(*Standard*) 抱怨议案缺少"公平的著作权来保护日常记者在为满足共同体的需求而不断获取和准备新闻内容的过程中付出的大量资

---

[13] 参见约瑟夫·M. 阿德尔曼和维多利亚·E. M. 加德纳，《在革命时代生产新闻》(*Making News in the Age of Revolution*)，载于 *MN*，第 63—64 页。

[14] 《报纸免邮费的影响》(*Effects of Free Postage of Newspapers*)，载于《曼彻斯特时代与公报》(*Manchester Times and Gazette*)，1836 年 5 月 21 日。

[15] 《报纸印花税的废除》(*Repeal of the Newspaper Stamp Duty*)，载于《泰晤士报》(伦敦)，1836 年 3 月 5 日。

本和文学劳动"。[16] 以这份请愿书为参考，议员亨利·古尔本（Henry Goulburn）强调作者与报社所有者之间地位的悬殊，前者可以获得著作权保护，后者则得不到任何保护，"不论它为购买信息而支出了多少资本"，也"不论所付出的文学劳动有多么巨大"。[17]

为了支撑支持著作权的论点，报社给出不同类型的盗版事例。例如，《每周电报》（Weekly Dispatch）控诉无印花的《两便士电报》（Twopenny Dispatch）既盗用它的名义，又盗用它的新闻。《两便士电报》的主编回应道，他的报纸比《每周电报》还要早几天印刷，而且他自己也是复制行为的受害者。他说，"我们的文章被印花报纸掠夺，并截取断章取义的片段"。[18]《真正的太阳报》（True Sun）警告它的读者，它与《每周真正的太阳报》（Weekly True Sun）之间并没有关系。"这是第二次盗版尝试，采用相同的伪装色，企图侵害我们的财产"，《真正的太阳报》解释道。[19] 正如1712年印花税创设后一直以来的情况那样，印花刊物与无印花刊物之间的竞争关涉对一份刊物试图"仿冒"另一份刊物的指控。与此同时，对未支付印花税的刊物的怨恨导致编辑和出版商们格外关注复制问题，而他们本不至于如此。

---

16 HC Deb，1836年4月25日，第33卷，第203栏。

17 HC Deb，1836年5月3日，第33卷，第517栏。

18 《两便士电报》，无日期（约1836年5月？），引自霍利斯（Hollis），《贫民报刊：19世纪30年代工人阶级激进主义研究》（The Pauper Press: A Study in Working-Class Radicalism of the 1830s），第150页。

19 《真正的太阳报》，1836年7月13日，引自霍利斯，《贫民报刊：19世纪30年代工人阶级激进主义研究》，第150页。

《早晨先驱报》的一篇社论解释了为什么现行著作权法不足以为报纸提供保护,这篇社论后被多份报纸转载。作者认为,从著作权法的意义上看,报纸文章可以被视作"文学作品",但获取禁令的现行程序过于迟缓。待到法官审理案件时,新闻已经陈旧得不值得保护了。新闻必须是新鲜热辣的,才能吸引读者和广告主。在盗版案件中,出版商应能在治安法官处获得即决判决,治安法官应能迅速命令被告停止销售新闻并向著作权人支付损害赔偿金。人们希望这种快速救济的存在能从根本上制止报纸的复制行为。[20]

于是,反新闻盗版法律保护的倡导者就引入了一些在著作权理论和实践中都相当陌生的思想。第一个创新点是,声称新闻行业的高速性是要求一套不同的法律程序的正当理由,即诉诸即决判决,而不是适用于其他类作品的程序。第二个创新点是,新闻的保护期可以短很多——几个小时足矣,而不是28年,更不是作者的一生。但最重要的创新点也许是时事报道竟然是可以获得著作权保护的这一主张。该观点将招致相当多基于政治和文化理由的反对。

1836年夏,一群印花报纸的所有者给财政大臣斯普林·赖斯呈上一条著作权条款草案。财政大臣赞扬报纸报道议会的高速和准确,并断言,"在所有者们投入这些开支后,通过快速印刷而剥夺他们通过自己的劳动和资本获取的优势,这将是极其不公平的"。[21]议会辩论的例子表明,新闻著作权的支持者们认为没有必要诉诸文

---

20 《报纸税》(Newspaper Duties),载于《加里东信使》(*Caledonian Mercury*)(爱丁堡),1836年7月11日(来源归认于《早晨先驱报》)。
21 HC Deb(1836年7月18日,第35卷,第297—298栏)。

学上的创造或独创性来为该保护作正当性论证——劳动和资本足矣。不过,斯普林·赖斯和其他人都预料到,新闻报道中的复制行为将比其他文学作品中的复制更难证明。被告可以声称自己已经派遣记者去报道相同的事件,或者对外国新闻有独立的信息源。权衡证据耗时长久,这就违背了即决判决的初衷。指出上述难点,以及在减免印花税的法案中不适合附加著作权条款的事实,斯普林·赖斯拒绝推进所提议的条款。[22]

最终在1836年通过的印花税法是一种妥协。印花税由四便士下调到一便士,且印花赋予了无限次邮政递送的特权。但报社依然要遵守严格的登记和担保要求,这就使小刊物难以创办。许多人认为,保留下来的印花税是新闻和知识获得更广泛传播的障碍。虽然在1836年到1856年间,报纸的总发行量上升大约70%,但大部分收益都流向现有刊物。"1836年法"最大的赢家是《泰晤士报》,据报道,在此后的六年里它的读者数量翻了一番。保留下来的印花税人为地制造了高价,减少了竞争,而邮政特权对《泰晤士报》又是一个非常有用的工具,因为它比其他报纸更重,包含更多广告,但实际上却只支付相同的邮资。[23]

---

22 HC Deb(1836年7月18日,第35卷,第297—298栏);《赫尔邮包报》(*Hull Packet*),1836年7月15日;另参见:HC Deb, 1836年7月11日,第35卷,第122—123栏。

23 维纳(Wiener),《无印花报之战:英国报纸税废除运动,1830—1836年》(*The War of the Unstamped: The Movement to Repeal the British Newspaper Tax, 1830-1836*),第266—277页;以及威廉姆斯(Williams),《阅读所有关于它的内容!英国报史》(*Read All about It! A History of the British Newspaper,* London: Routledge, 2010),第5页、第92—96页、第106—109页。

世纪中叶的争论

"1836年法"通过后,关于新闻盗版的讨论便偃旗息鼓了。复制新闻的行为无疑还在继续,但它可能不是像一些出版商在1835年到1836年期间担心的那样严重的问题。[24]从其他报纸和期刊中复制片段的行为是否可被允许的问题,在1839年的贝尔诉怀特海案(Bell v. Whitehead)中得到解决。《每月纪事:政治、文学、科学和艺术月刊》(Monthly Chronicle: A Journal of Politics, Literature, Science, and Art)的所有者起诉一份名为《铁路时报》(Railway Times)的周报所有者转载铁路工程师报告的一部分。原告主张,该报告是专门为他们准备的,而由于在一份廉价周报上转载本文"最实质、最有价值的部分",被告侵犯了他们的著作权。被告回应道,围绕大西部铁路公司(Great Western Railway)的争议中存在着"相当的公共利益",这使得将工程师报告的片段摘录进来具有正当性。《铁路时报》希望批评工程师报告的某些方面,为了批评的目的,必须为大众提供报告的片段。[25]大法官法院基于这些理由判决复制行为是正当合理的,并援引季度评论的传统为例——这类评论经常引用受著作权保护的图书。在判决书中,大法官指出,在本案中颁发禁令将确立一个不利于新闻报道的先例。"如果我接受原告的这种适用方式",他质问道,"我如何拒绝在其他案件中作类似的适用?在这

---

24 M. H. 比尔斯正在使用计算机方法研究英国报纸语料库中复制文本的程度。
25 起诉状与答辩状。Bell v. Whitehead [W1839B1], C13/400/13, TNA.

类案件中，报纸专栏中的文章被摘编转载于其他报纸上，其目的在于质疑或批评其中表达的观点"。[26] 为批评或评论而提供片段不同于转载整篇文章，但贝尔诉怀特海案的判决意味着，报纸有权享受著作权法的例外，允许它们对当下大众感兴趣的材料作有限的利用。

1842年，英国著作权法通过了一次重大修订。虽然该法为杂志、评论的稿件和"期刊作品"提供明确保护，报纸却未被提及，而且没有证据显示，在"1842年法"的立法过程中，报纸出版商曾为任何专门条款游说过。[27] 相反，19世纪中叶重燃的、废除残存的"知识税"的运动将新闻著作权问题重新带到前台。1849年成立的"全国废除印花税委员会"（National Stamp Abolition Committee）及其继任者"推动废除知识税协会"（Association for Promoting the Repeal of the Taxes on Knowledge）组织公共集会和报刊运动。作家们攻击印花税，认为它使"垄断"报刊得以永久化，《泰晤士报》经常成为攻击目标。在议会中，斗争是由坚定的自由贸易者，特别是约翰·布莱特（John Bright）、托马斯·米尔纳·吉布森（Thomas Milner Gibson）和理查德·科布登（Richard Cobden）等曼彻斯特派成员所领导的。他们的动机之一，是以牺牲大型伦敦日报为代价，扶持外省报刊。例如，科布登就希望，印花税的废止能够加强本地

26　*Bell v. Whitehead* (1839) 8 LJ Ch. 141, 142.
27　《修正著作权法的法律》（An Act to Amend the Law of Copyright, 1842, 5 & 6 Vict. c. 45, §18［下称1842年法］）。参见埃琳娜·库珀（Elena Cooper），《19世纪期刊著作权：体裁及投稿者和出版商权利的平衡》（Copyright in Periodicals in the Nineteenth Century: Genre and Balancing the Rights of Contributors and Publishers），载于《维多利亚时期的期刊评论》（*Victorian Periodicals Review*），第51卷，第4期。

的新闻业。[28]

废除印花税的支持者们必须解决《泰晤士报》和其他报纸提出的反对意见：废除印花税将导致廉价报纸泛滥，这些报纸从事盗版活动，降低了英国报刊的整体质量。小说家查尔斯·狄更斯（Charles Dickens）——他曾因著作权国际条约缺位导致美国出版商未经许可自由出版英国小说而感到愤愤不平——向吉布森解释他为什么不支持废除印花税："我倾向于认为这项税收增加了[报社]的声望——他们从邮费安排中得到它的合理回报——如果它被取消，我们可能会被洪水般的盗版、无知和无赖的报纸淹没，就像席卷美国的《印刷商之墨》（Printer's Ink）的黑色洪流那样。"[29] 全国废除印花税委员会［下称"废印委"（NSAC）］秘书科莱特·多布森·科莱特（Collet Dobson Collet）也使用了类似的比喻，他回忆道，1849年，"人们担心印花税废除后，洪水般的盗版将随之到来"。[30] 废印委必须解决这种担忧。伦敦《每周新闻报》

---

28 马丁·休伊特（Martin Hewitt），《英国维多利亚时期廉价报刊的黎明："知识税"的终结，1849—1869年》（*The Dawn of the Cheap Press in Victorian Britain: The End of the "Taxes on Knowledge", 1849-1869*, London: Bloomsbury, 2014），第16—19页。

29 《查尔斯·狄更斯致托马斯·米尔纳·吉布森》，1850年2月12日，引自休伊特，《英国维多利亚时期廉价报刊的黎明："知识税"的终结，1849—1869年》（*The Dawn of the Cheap Press in Victorian Britain: The End of the "Taxes on Knowledge", 1849-1869*），第28页。

30 科莱特·多布森·科莱特，《知识税的历史：起源与废除》（*History of the Taxes on Knowledge: Their Origin and Repeal*, London: T. Fisher Unwin, 1899），第1卷，第96页。

第五章　英国工业化时期的新闻著作权争论

（Weekly News）的主编建议，有两种可能的方法可以既使新闻更容易获取，同时又阻止盗版行为。可以制定一部法律，在新闻和社论出版后数个小时（必要时也可以是数天）内保护其著作权。又或者，由政府承担搜集新闻的开支，下议院雇用自己的记者，并将外国新闻发表在官方的《伦敦公报》的廉价版本上。科莱特的委员会拒绝第二个方案，理由是不可能相信政府会自己批评自己。废印委的一名成员强烈地认为，著作权保护应当延及新闻，但其他人并不认同这一观点。[31]

1851年后，报纸盗版的话题获得更持久的争论。这一年，议会指派一个特别委员会研究报纸印花税及废除印花税的潜在影响。和大部分证人一样，由吉布森担任主席的委员会赞同废除印花税。委员会考虑的问题之一是，如果废除印花税，盗版是否会成为一个问题。约翰·卡塞尔（John Cassell）——受人尊敬的出版商，出版了几份面向工人阶级家庭的期刊——被问到，如果印花税被废除了，而他将创办一份廉价报纸，他会不会觉得可以"毫无顾忌地复制"《泰晤士报》或《早晨纪事报》的内容？卡塞尔回答道，如果他创办的是一份晚报，他将会遵守现有惯例。他声称这一惯例是，从早报中复制前一天的新闻，但依靠自己的职员搜集当天的新闻。他认为，新闻文章和其他文学稿件不同，是可以自由借用的。"这与我们获取文学作品不同"，他说，"也不会被这样看待"。[32] 卡塞尔认为

31　科莱特·多布森·科莱特，《知识税的历史：起源与废除》（History of the Taxes on Knowledge: Their Origin and Repeal, London: T. Fisher Unwin, 1899），第1卷，第1卷，第96—97页。

32　《特别委员会报告》，第1449页。

复制新闻是更可接受的，因为与小说不同，新闻的价值很快就丧失了，且最早发表新闻的主体具有巨大优势。他认为盗版作为一种商业策略是不可行的；如果伦敦之外的报纸想要和《泰晤士报》竞争，它们就不得不搜集自己的新闻。[33]

特别委员会感兴趣的一个问题是，美国并无报纸税，这给读者和出版商带来了什么影响。他们采访了《纽约论坛报》的贺拉斯·格里利。被问及盗版是不是问题的时候，格里利回应道，"有时单纯从效果考虑，我们会提一提盗版问题"，但他将复制视为一种恭维。"我们在本市有6到7份报纸，由此形成一个联合体。我们一年在电报上可能花费了10万美元。"按照格里利的说法，"所有的晚报都从我们这里复制，但我们很欢迎这种现象"。[34]格里利和他的合伙人并不担心新闻缺少法律保护的问题；他们知道，大众会寻找享有最早报道的名声的报纸。但格里利的证词也表明，纽约的"联合体"已采取措施保护其投资。为了防止竞争对手复制，合伙人们有时同意延迟某些新闻稿件的出版。他们不依赖著作权，而是依赖于排他性的合伙与共谋关系。[35]

1851年特别委员会成立时，新闻财产权最坦率的支持者是《每日新闻报》(*Daily News*)的主编弗里德里克·奈特·亨特（Frederick Knight Hunt）。这份报纸由查尔斯·狄更斯创办于1846年，狄更斯聘请亨特并可能影响了后者关于需要某种形式的报纸著作权的观点。无论如何，到1851年时，狄更斯已不在《每日新闻报》任职，

---

[33]《特别委员会报告》，第1441—1449页。

[34] 前引，第2644页。

[35] 前引，第2644—2651页。

第五章 英国工业化时期的新闻著作权争论 245

亨特是总编，而该报也开始盈利。[36]在特别委员会前作证时，亨特声称，几乎在英国报纸上发表的所有新闻都可以追溯到控制伦敦"主要早报"的"四组所有者"。亨特指出电报和报道法院及议会的记者的高昂成本，并主张"他们购买的所有特别报道都应该被视为他们的财产。如果你们能给报社所有者对其购买的东西的12小时的著作权，我想在废除1便士印花税后，报社将兴盛起来，然后所有报纸也将随之降价"。[37]他断言，与移除印花税而新著作权措施又缺位的情况相比，目前的复制问题微不足道。在亨特看来，拥有印花报纸的人们受其"诚实和品性"的约束。相反，无印花报所有者"将印刷任何他们能抓住的东西"。如果印花税被移除，那么，廉价报纸的数量将上升，复制行为也将泛滥。于是，现有的早报将减少它们的投资，并"停止向你们提供现在所提供的这种完善的报纸"。[38]

亨特用国家荣誉的语言来包装他的论点。他声称，英国的报纸比美国、法国和德国更胜一筹，但如果它们的"财产"得不到保护，那么，英国报纸的质量将下滑。亨特认为，印花税的移除将带来"像《切尔滕纳姆旁观者》(Cheltenham Looker-On) 这样报道地方新闻的小报"，但如果邮费较低且著作权获得保护，那么"从伦敦、曼彻斯特和利物浦等大城市出版的报纸将在全国传播，从而比

---

36 《牛津国人传记词典》(Oxford Dictionary of National Biography)，词条"亨特、弗里德里克·奈特（1814—1854年）"，理查德·加内特（Richard Garnett）撰写，C. A. 克利菲尔德（C. A. Creffield）修订，2004年。

37 《特别委员会报告》，第2319页。

38 前引，第2320—2322页。

以往更好地为全国的舆论定调"。[39] 在亨特看来，大型都市日报有能力为全国提供可靠的信息，不被地方偏见所干扰。他对著作权的兴趣不仅仅是对无印花报刊可能的盗版行为的反应；它还反映了大都市报纸实现全国发行的志向。

委员会成员 T. F. 路易斯（T. F. Lewis）要求亨特界定他所设想的财产权的范围。路易斯问，这种权利是否可能"阻止他人窃取新闻的内容，然后，例如说，重新组合，并以略微不同的措辞加以表达的行为？"亨特主张，该著作权应该不仅能够制止一字不差的复制行为。他说，从印度获取新闻是非常昂贵的，所以，"对电报措辞的改变不能掩藏盗版行为，从而保护有过错的一方"。[40] 今天，著作权只保护表达，不保护事实或思想。虽然这一点在19世纪中期还没有像现在这么清楚，但"拥有新闻事实信息的所有权"这样的观点已经充满争议。许多报社编辑更关心的是获得最早发表新闻的来源归认，而不是禁止复制行为本身。亨特认为归认来源是不够的。鉴于电报传输的高昂成本，他认为支付这一成本的报社应该享有对新闻的专有使用权，直到该新闻可以通过普通邮件获取为止。他以假想的发生在巴黎的事件为例说明。如果一家报社支付了从巴黎向伦敦发送新闻的费用，那么，其他报社就不能发表这一新闻——即使他们对新闻进行改写也不行——除非它们有自己的付费安排。然而，一旦相同的新闻随邮件送达，该新闻上的所有专有权将消失，任何人都可以发表该新闻。类似的，"当通过邮件收到，或者通过邮件可以收到一篇来自印度的报道时，即当它事实上已成

---

39 《特别委员会报告》，第 2358—2360 页，引文见第 2360 页。

40 前引，第 2321 页。

为公共财产时",任何报社编辑都可以发表这篇报道。[41] 亨特认为同一则新闻是私有还是公有,取决于通讯的渠道,这一看法可能与当时电报控制在私人手中的事实有关(1870年后,电报将由邮政局管理)。但重点在于成本上的差异。在亨特看来,通过电报获取新闻的开支就是对该新闻享有临时性垄断权的正当理由。他并未设想一种能够覆盖报纸上所有内容的著作权。

在最终报告中,特别委员会建议废除印花税,并特别指出这对外省读者的潜在利益:较低的价格将为现有报纸吸引更多读者,并鼓励"小型、廉价的地方报"的创办,这类报纸将进一步扩大对"最实用的知识,即每天的新闻"的获取。[42] 报纸具有教育人民的功能,这不是新论点,但对新闻的强调则是。例如,"推动实用知识传播协会(1826—1848年)"(Society for the Diffusion of Useful Knowledge)强调的是科学和实用文本而非新闻的重要性;其《便士杂志》(*Penny Magazine*)最初出版的目的是替代激进的无印花报。到1851年,市面上已没有激进的无印花报,对于帮助工人更容易获得新闻的观点,特别委员会几乎没有遭遇反对意见。[43] 但委员会也承认盗版的潜在危险,并建议用短期著作权来保护伦敦报社为搜集新闻付出的努力。[44]

---

41 《特别委员会报告》,第2321—2347页,引文见第2336页。

42 前引,第xi页。

43 关于读者群和政治态度的转变,参见艾伦·J. 李(Alan J. Lee),《英国通俗报刊的起源:1855—1914年》(*The Origins of the Popular Press in England: 1855-1914*, London: Croom Helm, 1976);以及马克·汉普顿(Mark Hampton),《英国报刊的视野,1850—1950年》(*Visions of the Press in Britain, 1850-1950*, Urbana: University of Illinois Press, 2004)。

44 《特别委员会报告》,第xi页。

电报公司与新闻阅览室

尽管有 1851 年特别委员会的建议,议会在几年内却没有采取任何行动。财政上的考虑和关于如何最好地平衡直接税与间接税的政治争议,都不利于印花税的废除。[45] 当政府终于在 1855 年行动,提出一份废除印花税的法案时,这份法案中并没有著作权条款。《每日新闻报》和《泰晤士报》继续发起进攻。伦敦的早报越来越依赖于铁路和报刊经销商——特别是 W. H. 史密斯(W. H. Smith)——来接触其他城市的付费顾客。它们担心如果印花税被废除,各省也将创设日报,而这些地方目前的报纸都是周报或半周报。通过使用电报,外省报纸的代理人就可以从伦敦报纸中获取新闻并及时传送回本地供印刷和销售,与通过铁路到达当地的同一份伦敦报纸形成竞争。这一策略有可能破坏整个行业。按照《每日新闻报》的说法:"如果一则耗费我们 100〔英镑〕的情报在我们出版后 1 小时甚至更短的时间内就被出版,并以 1 便士销售,那么名副其实的报纸都将不复存在。"[46]

---

45 参见休伊特,《英国维多利亚时期廉价报刊的黎明:"知识税"的终结,1849—1869 年》(*The Dawn of the Cheap Press in Victorian Britain: The End of the "Taxes on Knowledge", 1849-1869*),第 61—66 页。

46 《泰晤士报》,1855 年 3 月 20 日;《每日新闻报》1855 年 3 月 26 日。另参见《每日新闻报》,1855 年 4 月 14 日。关于发行,参见 W. H. 史密斯在《特别委员会报告》中的证词(从第 2810 页开始);以及查尔斯·威尔逊(Charles Wilson),《先从新闻开始:W. H. 史密斯公司的历史,1792—1972 年》(*First with the News: The History of W. H. Smith, 1792-1972*, London: Jonathan Cape, 1985)。

长久以来,"情报"一词既被用于指代秘密信息(例如,由间谍搜集的信息),又被用于指代公开新闻,特别是关于外交和战争的报道。17世纪时,手写内部通讯的编写者被称为"情报员",这个词也出现在印刷报纸的报名中,如《温和派情报员》。在这些语境下,"情报"一词隐含着新闻已经过作者或编辑的筛选、有时还已经被解读的含义。[47]"情报""新闻"和"信息"三个词之间的效价关系随着时间的推移而改变,但这三个词在19世纪都仍在被使用。当《每日新闻报》提及"一则情报"的成本时,它很可能指的是关于克里米亚战争(1853—1856年)的新闻,这一新闻以政府官方的信息源为基础,但仍需与第三方安排来购买信息,并经过长途传送。在论证保护新闻搜集投资的必要性时,"情报"一词还指示了一些隐含的信息——姓名、日期、伤亡人数——这些信息是一篇公开新闻报道的组成要素。当《每日新闻报》和《泰晤士报》提及为情报付费时,它们就是希望制止他人从其专栏中复制这类事实信息。

除了担心外省报纸的复制行为外,《泰晤士报》和《每日新闻报》还抱怨电报公司的行为。从1848年开始,英国电报公司[Electric Telegraph Company (ETC)]就创设了自己的"情报部",提供议会、法院、天气、马赛结果、市场价格和其他新闻。查尔斯·文森特·博伊斯(Charles Vincent Boys)手下的在伦敦工作的职员将阅读各大早报,从中精选文章,并用电报将摘要发送给各省的顾客。

---

47 参见保罗·阿布拉斯特等,《现代早期新闻词典》(The Lexicons of Early Modern News),载于《欧洲现代早期的新闻网络》(News Networks in Early Modern Europe),乔德·雷蒙德和诺亚·莫克瑟姆主编(Leiden: Brill, 2016),第94页。

157 所有这些工作都可以在伦敦报纸销售后的一小时内完成。这种新闻服务的顾客包括外省报社和证券交易所、火车站、酒店、俱乐部和协会中的订阅新闻阅览室。[48] 在未接通电报的地方,铁路依然至关重要。事实上,甚至在英国电报公司设立情报部之前,W. H. 史密斯公司就细心地同时利用铁路和电报,率先尝试快速地、大规模地传播具有新闻价值的文本——例如女王在议会开幕式上的演讲。[49]

博伊斯公司和史密斯公司这样的企业与新闻阅览室联合,鼓励了一种新的创意:作为随电报抵达的情报,新闻是一种可以被全天候获取的东西。如今,时效性信息在本地报纸印刷前、在伦敦报纸通过铁路送达前,就已在新闻阅览室中提供。订阅阅览室早在 18 世纪就存在,当时劳埃德咖啡馆(Lloyd's Coffee House)就提

---

[48] 本特利,《电报及澳大利亚、英国和印度为新闻著作权的斗争》(*The Electronic Telegraph and the Struggle over Copyright in News in Australia, Great Britain and India*),第 62—66 页;罗杰·尼尔·巴顿(Roger Neil Barton),《新媒体:英国电报新闻的诞生,1847—1868 年》(New Media: The Birth of Telegraphic News in Britain, 1847-1868),载于《媒体史》(*Media History*),第 16 卷,第 4 期(2010),第 379—406 页;以及史蒂夫·罗伯茨(Steven Roberts),《远距离写作:1838—1868 年间英国电报公司史》(*Distant Writing: A History of the Telegraph Companies in Britain between 1838 and 1868*),网络发表于 2006—2012 年(2012 年 PDF 版,第 210—211 页)。

[49] 托马斯·斯密茨(Thomas Smits),《使新闻变成全国性的:应用数字化报纸研究 W. H. 史密斯父子公司对女王演讲的传播,1846—1858 年》(Making the News National: Using Digitized Newspapers to Study the Distribution of the Queen's Speech by W. H. Smith & Son, 1846-1858),载于《维多利亚时期的期刊评论》(*Victorian Periodicals Review*),第 49 卷,第 4 期(2016 年冬季刊),第 598—625 页。

供这种服务,但早期的大部分订阅阅览室都是为商人服务的。到19世纪50年代,机械研究所、俱乐部和图书馆中就设有面向手工业者和工人的新闻阅览室。例如,曼彻斯特促进和传播知识阅览室(Manchester Athenaeum for the Advancement and Diffusion of Knowledge)在1855年就拥有超过1100名会员,其中有许多是工人。那一年,该新闻阅览室为一系列英国报纸和爱尔兰、苏格兰、法国、德国及美国的几份重要报刊支付了273英镑。他们还花费了57英镑为会员提供几乎是每小时的电报信息更新。对克里米亚战争的兴趣使得从新闻需求的角度看,1855年是比较特殊的年份,但是,该阅览室在图书和杂志方面的支出(82英镑)与在报纸和电报上的支出(330英镑)相比相形见绌,这依然是事实。[50]

英国电报公司及其竞争对手提供的服务的成本激发了一些新闻阅览室派遣代理人到相竞争的新闻阅览室去复制张贴在那里的新闻。新闻阅览室将此视为盗版,但它们可以通过拒绝有复制嫌疑的人入场来制止这种行为。有些外省报社可能也曾派代理人到新闻阅览室搜集新闻,但随着时间推移,越来越多的外省报社付费从电报公司直接接收报道。到1854年,大约120家外省报社订阅这种服务。虽然它们有时候会抱怨成本和收到的新闻的质量,但外省报社还是赞扬电报在减少伦敦与其他城市间的时差方面的潜能。[51]

---

50 罗伯茨(Roberts),《远距离写作:1838—1868年间英国电报公司史》(*Distant Writing: A History of the Telegraph Companies in Britain between 1838 and 1868*),第210—211页。

51 巴顿(Barton),《新媒体:英国电报新闻的诞生,1847—1868年》(*New Media: The Birth of Telegraphic News in Britain, 1847-1868*),第385—387页。

《泰晤士报》谴责电报公司的活动，并以此作为需要新闻著作权的证据。[52] 作为回应，斯托克议员、英国电报公司主席约翰·路易斯·李嘉图（John Lewis Ricardo）为其公司辩护，主张其公司的服务是符合公共利益的。李嘉图是坚定的自由贸易者，他坚信，电报拥有使具有"普遍利益"的新闻传播到全国各地的潜能。他坚称其公司从未违反电报的保密性。代理人总是等待新闻出版之后，再将它发送到新闻阅览室或外省报社，而且他们总是标明了报道的信息源。李嘉图称，假如没有电报，伦敦报纸的摘录还是会在数小时的延迟后被张贴在新闻阅览室及被其他报纸转载。他的公司仅仅是加速了这个过程，使新闻能够以比过去更快的速度传播。[53]

和1836年一样，周报——不论在伦敦还是其他城市——都倾向于反对新闻著作权的观点。《雷诺兹周报》(*Reynolds's Weekly Newspaper*)——1850年由小说家、激进新闻记者乔治·威廉·麦克阿瑟·雷诺兹（George William MacArthur Reynolds）创办，在工人阶级读者中非常流行——甚至主张，复制行为对新闻业非常重要。"《泰晤士报》假装相信，财政大臣的措施［废除印花税］将召唤大量盗版印刷品。如果说将新闻从一份报纸转发到另一份报纸的行为是盗版，那么，盗版就是整个报纸出版业建立的基础。"在该社论看来，《泰晤士报》此前从未抱怨过复制问题，是因为印花税限制了竞争。"而当采取了必将使报纸数量更多、价格更低的措施时，

---

52 《泰晤士报》，1855年4月30日。
53 HC Deb（1855年4月30日，第137卷，第2003—2004栏）；巴顿，《新媒体：英国电报新闻的诞生，1847—1868年》。

《泰晤士报》突然发现,将一份印刷品中的新闻转发到另一份印刷品上的行为竟不亚于臭名昭著的盗版!"《雷诺兹周报》的社论还批评《每日新闻报》对著作权的支持,因为后者有一版晚报也转载了各大早报的电报。《泰晤士报》和《每日新闻报》应当承认,"所有报纸都是在互惠基础上持续劳作的",由于新闻对大众具有重要意义,著作权对新闻而言是不合适的。该社论继续断言:"共同体的利益清楚而明确地要求,有助于促进情报传播的任何东西都根本不应该被贴上非法盗版的标签。"[54]"情报"一词值得再次关注。《雷诺兹周报》的作者数次使用了"新闻"这个词,但当需要强调复制行为的好处时,"情报传播"这个短语更加强而有力。其重点在于,如果法律禁止"将新闻从一份报纸转发到另一份报纸"的行为,那么,许多读者将根本无法接触到这一情报,无论其形式如何。

提案中的著作权条款

《泰晤士报》和《每日新闻报》施加给财政大臣[此时是乔治·康沃尔·路易斯爵士(Sir George Cornewall Lewis)]及议员们的压力起初是见效的。1855年春,财政大臣路易斯提议在报纸印花税法案中加入一个著作权条款。该条款规定,报社所有者对首先由其发表的"任何原创文章、信件、文段、通讯或短文"享有24小时的著作权。这一相当详尽的清单意在将报纸中尽可能多的内容纳入著作权法的保护范围。此外,该条款旨在保护的不仅仅是对整个文段

---

54 《雷诺兹周报》(伦敦),1855年3月25日。

或整篇文章的一字不差的复制。惩罚既适用于对"任何实质部分",也适用于"对相同内容的任何似是而非的节略或改写"。[55] 即使是花时间对原报道进行改写的编辑,如果与原文过于接近,也可能被认定为侵权。最后,正如过去弗里德里克·奈特·亨特和其他人所要求的那样,提案中的条款提供了更快速的法律救济:原告不必申请禁令,而可以在地方治安法官的简易程序中获得经济罚金。[56]

提案中的著作权条款遭到外省报社的普遍批评,它们提出两条主要的反对意见。第一条是著作权将限制情报的流动。《利兹信使报》(Leeds Mercury)谴责该提案"是我国对情报自由传播施加障碍的第一次尝试"。在利兹的这家报社看来,当新闻发表之后,通常就假定它已经变成公共财产。要求每家报社对已发表的新闻都有独立的信息源,这是非常荒谬的。[57] 当时,《利兹信使报》由小爱德华·贝恩斯(Edward Baines Jr.)经营,他在1815年作为记者开始为其父亲的报社工作,并在1827年成为该报社的合伙人。在1836年时,老贝恩斯是支持著作权的,但其子认为著作权与他作为自由贸易者的观点不一致,他反对伦敦的支配地位,并支持本地为建设新工业社会而教育工人的努力。小贝恩斯对报纸著作权的反对使他与其他几家外省报社联合,向下议院递交请愿书,断言该法律提案将"阻碍重要情报的流通,严重伤害公众利益",并将使报纸所有

---

55 《财政大臣关于报纸著作权的提案》(Proposition of the Chancellor of the Exchequer for Newspaper Copyright),载于《每日新闻报》,1855年4月19日。

56 正如路易斯所评论的,"这种廉价救济的模式在外观设计著作权有关的法律中已经存在"。HC Deb(1855年4月30日,第137页,第1984栏)。

57 《利兹信使报》,1855年4月21日。

者遭遇愚蠢的诉讼。[58]

外省报社提出的另一个重要论点是，新闻不能获得著作权保护，因为它和其他类型的著作不同。有些报社承认，对于社论、传记、批评和评论，著作权是合理的，但《泰晤士报》和《每日新闻报》要求的并不是对这些作品的著作权。他们想要的是对突发新闻的保护，并以电报传输的费用作为保护的正当性基础。它们的反对者声称，这种新闻简报缺乏与创作有关的那种独创性。正如《曼彻斯特审查者时报》（Manchester Examiner and Times）的一位作者所言："在这种情况下，真正的独创性来源于事件的事实，而这是世界忙碌灵魂的产物……在新闻中，能够赋予作者或翻译者财产权的要素是根本不存在的。独创的作品早已完成；它是提供给任何能说话或能提笔的人的成品。新闻的寄送者不过是重复了他所听到或看到的东西。"[59]新闻是搜集来的，而不是作者撰写的——早在18世纪30年代《格拉布街周报》嘲讽新闻文段的文学财产权观点时就表达过这一观点。[60]到1855年，新闻行业的成本和复杂性已发生重大变化，但著作权支持者对电报信息而非更长的新闻著作的关注使他们遭遇同样的批评。将著作权延伸到电报信息的努力还使反对者强调

---

58 《牛津国人传记词典》（*Oxford Dictionary of National Biography*），词条"贝恩斯，爱德华爵士（1800—1890年）"[Baines, Sir Edward (1800–1890)]，J. R. 劳尔森（J. R. Lowerson）撰写；《下议院》（House of Commons），载于《曼彻斯特审查者时报》（*Manchester Examiner and Times*），1855年4月28日。

59 《新闻著作权》（Copyright in News），载于《曼彻斯特审查者时报》，1855年4月28日。

60 参见第二章。

一种著作权观，即强调具有独创性的创作，而非劳动或经济投入。在《曼彻斯特审查者时报》的那位作者看来，仅仅以传输某些东西的成本作为授予保护的基础，这不是著作权法合乎逻辑的延伸。著作权是作者创作的产物。承担电报费成本的正当回报不是对新闻的专有权，而是最早发表新闻的能力，这一能力本身就价值连城。[61]

也许，用"著作权"这个词来指示《泰晤士报》和《每日新闻报》想要的东西是错误的。它们是从"搜集"的角度来界定自己的努力的，而不是从"创作"的角度，它们将保护的正当性建立在所需要的开支和协调工作上。正如《泰晤士报》所言，"我们是新闻的搜集者和进口商"，我们"在世界所有重要城市和港口都拥有昂贵的代理机构、办事处、通讯员、款项和通讯渠道"。《泰晤士报》描述它如何进口"文章"，然后经历"筛除、破译、解释、创作和修正的流程"，再用昂贵的机器将之印刷并向大众提供。《泰晤士报》承认"有些人认为新闻、信息、情报、思想或其他可以被智力所理解的事物都不应享有财产权"，但其所有者们不能理解为什么对不同类型的作品标准会有所不同。如果小说可以受著作权保护，为什么外国新闻就不可以？他们呼吁下议院保护他们的投资，以制止不正当竞争。[62]

当下议院就提案中的著作权条款展开辩论时，财政大臣路易斯勉为其难地为之辩护。路易斯承认，即便是在大型日报之间，报纸文章的转载也是常见做法，"而如果现在作出任何限缩这项被实

---

[61] 《新闻著作权》。

[62] 《泰晤士报》，1855年4月30日。

践所承认的权利的尝试,必然会对大众整体带来相当的伤害"。[63]但他不认为主流报社会滥用提案中的著作权。如果他们以限制获取重要新闻的方式行事,必将受到公众的谴责,还将丢失顾客。在随后的辩论中,少数议员支持新闻著作权的一般原则,但大多数发言人反对提案中的措施,认为这是不必要的、不可行的,或者两者兼具。吉布森——1851年委员会的主席、废除印花税的支持者——并未看到有"盗版大军在迫近",他认为,为可能不存在的危险创设一个救济,这是不明智的。[64]其他人则指出,《泰晤士报》虽然被复制,但它仍然欣欣向荣,他们相信读者将会继续追寻新闻最早的来源,而不是购买廉价的盗版版本。一些发言人——包括政府的总检察长——主张这部法律是不可行的。在很多情况下确认新闻的合法所有者是困难的,特别是当该著作权既保护内容也保护形式时。呼应报纸社论中表达的担忧,一些议员也担心著作权将限制情报的流通。时任白金汉郡议员本杰明·迪斯雷利(Benjamin Disraeli)说,他自觉有责任"便利情报的交流……从而使我国数量最大的人民知晓情报"。[65]最后,还有一些反对意见认为报纸上的作品根本不应获得著作权保护。当议员约翰·菲利莫尔(John Phillimore)将报纸"界定为在几小时内发挥其全部功用,然后便

---

63 HC Deb(1855年4月30日,第137卷,第1984—1985栏).本段利用了本特利在《电报及澳大利亚、英国和印度为新闻著作权的斗争》(*The Electronic Telegraph and the Struggle over Copyright in News in Australia, Great Britain and India*)第66—69页的研究.

64 HC Deb(1855年4月30日,第127卷,第1994栏).

65 HC Deb(1855年4月30日,第127卷,第2011栏).

消失的'蜉蝣'——即一种生命只有一天的昆虫时，他揭示了对这种'转瞬即逝的'文本的偏见。它绝不能与伟大的作品——如诗人、演说家和历史学家的作品——相提并论"。[66] 其他发言人表示同意，并强调报纸与其他更具"持久"利益的作品之间的区别。斯坦利勋爵（Lord Stanley）认为，对于报纸中的"原创作文"而言，著作权是合适的，但对于"仅仅将已发生的事实公之于众的场景"则并不恰当。[67]

《泰晤士报》和《每日新闻报》在打一场注定失败的仗。伦敦每周日出版的《纪元报》(Era)解释道："下议院双方都强烈反对著作权条款，以致财政大臣不得不撤回提案。"[68] 另一份伦敦周报《审查者报》(Examiner)评论道，该提案使人们表露出对"压制"和"垄断"的担忧，这种担忧是不能被忽视的。而且，在借用的是新闻内容而非形式的案件中，几乎没有办法证实盗版行为。"因此，人们发现，主流日报的大部分内容都是无法用立法来保护的那类东西。通过小小的改写技巧，议会辩论、警察报告、外国情报都能以不符合严格、挑剔的法定证据规则的形式呈现。"[69] 换言之，利用著作权来制止对新闻文章一字不差的复制也许是可能的——这个想法也还未在法庭中经受检验——但却没有办法制止他人用不同形式来呈现相同的新闻。

66　HC Deb（1855年4月30日，第127卷，第1991栏）.

67　前引，第1999—2000栏。

68　《纪元报》(The Era)（伦敦），1855年5月6日。

69　《报刊问题》(The Press Question)，载于《审查者报》(The Examiner, London)，1855年5月5日。

改变后的新闻产业

1855年夏，饱受诟病的印花税被废除了，印花成为邮资收费的一项可选项。新法中没有报纸著作权条款，但对盗版的担忧迅速平息了。报纸继续相互复制，不时有关于未归认来源而盗用新闻的抱怨，但专门的新闻著作权这一想法大体上被抛诸脑后。[70] 1855年后创办的一些新廉价刊物为自己没有实施复制行为而感到骄傲。1857年创刊的《伯明翰每日邮报》(Birmingham Daily Post)反对错误的假设，为新廉价报纸辩护，它宣称："[廉价报纸]不仅没有从更昂贵的竞争对手的专栏里偷窃文章或新闻，而且和竞争对手在自己的阵地上正面对抗，还经常用自己的武器打败它们，在信息的及时性和准确性上超越它们。"[71] 到1859年，伦敦的《早晨邮报》可以声明，廉价报纸"可敬的、值得称颂的努力"表明，1855年时提议的著作权"完全是没有必要的"。[72]

尽管如此，英国电报公司经营的新闻服务还是对《泰晤士报》构成威胁。在著作权缺位的情况下，该报的所有者与英国电报公司达成协议。《泰晤士报》将为英国电报公司提供获取其新闻的特权，包括使用编辑在不同印刷版本之间收到的电报信息。英国电报公司可以将《泰晤士报》的新闻销售给订阅新闻的阅览室和外省报纸，但不可以将新闻传送给伦敦周围30英里内出版的任何报纸。另外，

70　例如，参见《普雷斯顿纪事报》(Preston Chronicle)，1855年5月5日。
71　《伯明翰每日邮报》，1860年1月3日。
72　《早晨邮报》(伦敦)，1859年4月28日。

英国电报公司还应当停止为未将来源归认于《泰晤士报》，或者未按"在其专栏中的通常方式"使用新闻的任何报纸提供服务。[73] 于是，该合同赋予了《泰晤士报》控制他人如何使用其新闻的一些手段。而该协议还提供了一些任何著作权法都无法提供的东西:《泰晤士报》享有在英国电报公司位于英格兰、苏格兰和爱尔兰的线路上免费传送信息的权利。《泰晤士报》的官方历史称，这一协议对该报十分有利，因为它显著降低了通过电报接收新闻的成本，[74] 但好景不长。1862 年李嘉图去世后，英国电报公司对报社采取更加敌对的策略，取消了报刊信息的折扣，废除了与《泰晤士报》的特别协议。[75]

与此同时，对私人电报公司日益增大的不满激发了一场支持国有化的运动，这场运动开启了改变英国新闻产业的一系列安排。外省报社因成本高昂以及私人电报公司所提供的新闻缺乏可选择性而感到不满，它们支持推动将电报交由邮政局管理的运动。印花税的废除使伦敦以外的日报得以创办，当纸张税在 1861 年被废除时，这一趋势又得到一次重大推进。1856 年到 1870 年之间共有 78 家新日报成立。[76] 外省报社渴望利用电报为读者提供最新鲜的新闻。

---

[73] 该合同引自《泰晤士报史》(*The History of the Times,* London: Office of the Times, 1935–1939)，第 2 卷，第 90—91 页。

[74] 《泰晤士报史》，第 2 卷，第 90—91 页。另参见巴顿，《新媒体：英国电报新闻的诞生，1847—1868 年》(*New Media: The Birth of Telegraphic News in Britain, 1847–1868*)，第 390 页。

[75] 巴顿，《新媒体：英国电报新闻的诞生，1847—1868 年》，第 391—394 页；罗伯茨，《远距离写作：1838—1868 年间英国电报公司史》(*Distant Writing: A History of the Telegraph Companies in Britain between 1838 and 1868*)，第 213 页。

[76] 威廉姆斯，《阅读所有关于它的内容！英国报史》(*Read All About It ! A History of the British Newspaper*)，第 116 页。

它们支持国有化，因为现有的安排严重限制了它们与伦敦报纸同台竞争的能力。电报公司没有将线路租给报社使用，所以报社只能满足于电报公司提供的任何报道。外省报社主张，由邮政局管理电报可以降低成本，提高效率，并使更多人从这种新通讯手段中受益。[77]

虽然伦敦报社有时声称外省报社过分依赖于它们，但事实并非如此。为了外国新闻或对议会的报道，外省报社也许会依赖于伦敦报社，但大部分伦敦报纸几乎没有来自英国其他地区的新闻。为了提供区域性和全国性报道，外省报纸必须相互依靠。[78] 如果每家报社都用电报搜集自己的新闻，那么竞争将加剧，生产一份报纸的成本也将上升。外省出版商发明的解决方案是建立英国新闻联合社［Press Association，英联社（PA）］，即一家由成员所有的非营利性合作通讯社。伦敦的报社被故意排除在外，因为其主要目标之一就是要保护外省报社的利益，对抗伦敦报社。英联社创建于1868年，此时议会正在讨论授权电报国有化的立法。[79] 合作社安排有几个好

---

77 乔纳森·西尔伯斯坦-勒布，《英国新闻市场的结构，1870—1914 年》(The Structure of the News Market in Britain, 1870-1914)，载于《商业史评论》(Business History Review)，第83卷，第4期（2009冬季刊），第763—764页。

78 安德鲁·霍布斯，《当外省报社是全国性报社时（约1836年—1900年）》[When the Provincial Press Was the National Press (c. 1836-1900)]，载于《区域与本土研究国际期刊》(International Journal of Regional and Local Studies)，第5卷，第1期（2009），第21—29页。

79 乔纳森·西尔伯斯坦-勒布，《英国新闻市场的结构，1870—1914 年》，第766—772页；以及乔治·斯科特（George Scott），《匿名记者：英国新闻联合社的故事》(Reporter Anonymous: The Story of the Press Association, London: Hutchinson, 1968)，第19—30页。

处。外省报社分担了搜集电报新闻的成本，并能更好地控制它们收到的报道类型。由于排除了伦敦报社，英联社还能将它们当成顾客，向它们销售由英联社成员搜集的本地或区域新闻。类似的，英联社将精选的报道卖给新闻阅览室，而保留其他报道供报纸出版。最后，合作使英联社获得谈判能力，使之可以与路透社协商获取外国新闻的更优费率。[80]

当邮政局在1870年接管电报时，英联社、路透社和主要伦敦报社实际上瓜分了英国的新闻市场。英联社和路透社签署了一个协议，该协议的不同版本一直延续到1925年，这一年，两家机构完全合并。英联社获得在伦敦之外出版路透社新闻的专有权，作为交换，英联社同意不自行搜集外国新闻，也不支持任何搜集外国新闻的其他通讯社。英联社也向路透社提供其成员搜集的本地新闻，供路透社在英国之外再发行。这一安排确保了大多数外省报社愿意加入英联社，因为会员享有获取廉价外国新闻的权利。伦敦报社也和路透社订立了合同，但他们支付的费率比外省报社因英联社与路透社之间的协议而享受的费率要高得多。英联社的竞争者中央新闻社（Central News）——一家营利性机构——既提供国内新闻，也提供外国新闻，但必须依靠自己的外国通讯员，因为英联社享有路透社新闻在伦敦之外的专有使用权。另一家名为"交换电讯社"［Exchange Telegraph Company (Extel)］的通讯社则专注于金融和体育新闻的快速传播。[81]

---

[80] 乔纳森·西尔伯斯坦-勒布，《英国新闻市场的结构，1870—1914年》（*The Structure of the News Market in Britain, 1870-1914*），第766—772页。

[81] 前引，第769—778页；斯科特（Scott），《匿名记者：英国新闻联合社的故事》（*Reporter Anonymous: The Story of the Press Association*），第114—119页。

所谓的"知识税"的终结,加上电报的国有化和英联社的组建,改变了英国媒体的格局。事后看来,我们可以看到,这些变革是《泰晤士报》在东南部地区之外发行量下降的原因。《泰晤士报》在新闻搜集方面做了大量投资,包括聘请外国通讯员,所以它无法将售价降至 3 便士以下,这使得它无法与新的外省日报竞争,后者的售价只需 1 便士。虽然因其报道的高质量,《泰晤士报》依然是重要的报纸,但它的发行量从 1861 年的 6 万 5 千份锐减到 1883 年的 4 万 9 千份,再到 1904 年的 3 万 2 千份。周日报纸——《劳埃德周报》(Lloyd's Weekly Newspaper)、《世界新闻报》(News of the World)和《雷诺兹周报》——销量最高,在 19 世纪中期,每一份报纸的销量都达到约 10 万份。在伦敦的日报中,"知识税"废除的第一个主要受益者是 1855 年创刊的廉价报纸《每日电报》(Daily Telegraph),1876 年时,它号称销量已接近 25 万份。到 19 世纪 80 年代,《标准报》与《每日电报》的发行量不相上下,《每日新闻报》和《每日纪事报》(Daily Chronicle)的销量大约是 10 万份,是《泰晤士报》发行量的两倍多。[82]《泰晤士报》在内容上也有些非典型,它刊载更多商业和外国新闻,但关于艺术、戏剧和文学的报道比许多伦敦和外省周报刊载得少。另外,和许多伦敦日报一样,《泰晤士报》相对较少刊载来自国内其他地区的新闻。基于上述理由,《泰晤士报》和其他伦敦日报更像是都市报,而不是全国性报纸;外省报纸数量更多,而且也比任何单一的伦敦日报被更广泛地

---

82 威廉姆斯,《阅读所有关于它的内容!英国报史》(Read All About It ! A History of the British Newspaper),第 5 页、第 101—102 页、第 109 页、第 119 页。

阅读。[83]

19世纪五六十年代的变革标志着外省报社相对于伦敦报社的重要性的转折点，而这有助于解释为什么报社变得较少为盗版问题发声。伦敦报纸没有任何正当理由声称外省报社依靠复制为生，因为它们有自己搜集新闻的协会，还与路透社签订了合同。加入英联社的外省报社认为，允许每家报社获取相同的新闻并分担搜集新闻的成本，比陷入毁灭性竞争的泥潭更好。在这一背景下，新闻著作权就变得无关紧要。然而，通讯社之间确实出现了纠纷。在1883年的一次事件中，英联社与中央新闻社之间的竞争使英联社和路透社指控中央通讯社以路透社的电报为基础创作报道，这种挑衅促使中央新闻社起诉英联社和路透社构成诽谤，但这个案件在庭外和解了。[84]选择光顾另一家通讯社——如中央新闻社——或者自行购买新闻的出版商不能抱怨自己被英联社不公正地排除，因为所有外省报纸都可以自由加入该协会。而美国的联合通讯社（Associated Press）就不是如此，如第六章中所阐释。

报纸能受著作权保护吗？

无法制定电报信息的专门著作权法，并不必然意味着报纸上

---

[83] 安德鲁·霍布斯，《19世纪学术研究中〈泰晤士报〉危害性的支配地位》(The Deleterious Dominance of *The Times* in Nineteenth Century Scholarship)，载于《维多利亚文化期刊》(*Journal of Victorian Culture*)，第18卷，第4期（2013年），第472—497页。

[84] 斯科特，《匿名记者：新闻协会的故事》(*Reporter Anonymous: The Story of the Press Association*)，第119页。

的内容不能受著作权保护，但既然1842年《著作权法》中并未提及报纸，这个问题就有相当的疑问。然而，从19世纪六十年代初开始，即纸张税废除之后，不少报纸都在出版商大厅做了登记。19世纪六七十年代，股票和商品价格清单以及体育报的登记也变得更加普遍。而早在1870年，路透社就在出版商大厅进行登记，试图取得对其电报信息的著作权。[85] 报纸中的文章——更不用说电报信息——能否受著作权保护，这个问题依然没有清晰的答案。但一些出版商对刊物进行登记并按要求支付五先令，表明他们希望在遭遇盗版时能从"1842年法"的保护中受益。[86]

任何人都可以在出版商大厅登记，但只有法院有权判断著作权请求是不是有效的。[87] 1869年，专注于狩猎新闻的《猎区报》(Field) 起诉《土地与水域报》(Land and Water Journal) 未经许可转

---

85 《著作权登记簿》(Copyright Registry Books)，《登记与转让》(Entries and Assignments)，《复制件3》(COPY 3) 系列 (TNA)。《每日新闻报》1846年的登记记录在《复制件3/3》，第163页。路透社1870年的登记记录在《复制件3/18》，第163页。1861年到1880年报纸和市价表的更多登记记录在《复制件3/10》到《复制件3/26》(TNA)。1842年后的登记记录仍未数字化，使得对登记模式的细致研究较难实现。当知晓刊名时，可以用《出版商公会登记簿记录（文学）索引》[Index to Entries (Literary) in the Book of Registry of the Stationers' Company] 第4卷 (London: Harrison and Sons, 1896-1907) 来找到登记记录。
86 在英国，著作权始于发表，只有当权利人希望对侵权提起诉讼时，才必须完成登记。早在1814年，法律就规定，未进行登记并不影响著作权。《修订若干部鼓励知识法的法律》(An Act to Amend Several Acts for the Encouragement of Learning, 1814, 54 Geo. III c.156)，第5条，可从 PSC 中获取；"1842年法"，第24条。
87 参见本特利，《著作权与维多利亚时代的因特网：澳大利亚殖民时期的电报财产法》(Copyright and the Victorian Internet: Telegraphic Property Laws in Colonial Australia)，第90—91页。

载了一份狩猎清单。原告主张,虽然任何人经过努力都可以获取涉案信息——每支狩猎队的名称、狩猎日、主人的姓名、猎犬的数量等,但如果从已有的刊物中复制这些信息,就是对著作权的侵犯。[88]法院曾经支持对以事实为主要内容的作品——如通讯录——的著作权保护。[89]问题是,如果这种汇编作品发表在报纸上,它可否获得保护?答辩方主张,报纸不是著作权的恰当客体,并援引"1842年法"的序言为依据,指出该法旨在鼓励"对世界具有持久利益的文学作品"。另外,《猎区报》的所有者没有在出版商大厅登记该作品,根据"1842年法",登记是提起法律诉讼所必须的。审理本案的法官是副大法官理查德·马林斯爵士(Sir. Richard Malins)。他判决道,报纸不能被认定为本法所定义的"图书",而鉴于与"周期性作品"有关的条款未提及报纸,立法机关必定有意将之排除在外。尽管如此,马林斯断言,报纸的所有者对他们购买的文章享有财产权,如果作相反的判决,将使"法律变得不公正,也与常识和共通的诚实相悖"。[90]在马林斯看来,《土地和水域报》的财产权人"不正当地使用"了原告的报纸。如果他们想要出版狩猎清单,他们必须依靠自己的劳动和资源搜集信息。因此,马林斯承认已购买的报纸文章上的财产权,但对这类财产权的来源却语焉不详。[91]

---

[88] Cox v. Land and Water Journal Company [1869] LR 9 Eq 324, 324-26. 另参见:Platt v. Walter [1867] 17 L. T. R. 157, 该案中,法院认为根据"1842年法",报纸应该是可以获得著作权保护的。

[89] Kelly v. Morris [1866] LR 1 Eq 697.

[90] Cox, LR 9 Eq at 327.

[91] 前引,第332—333页;亚历山大,《19世纪的著作权法与公共利益》(Copyright Law and the Public Interest in the Nineteenth Century),第206页。

马林斯的判决制造了一些混乱，因为，它认为，虽然立法中没有提到报纸，但报纸还是可以获得保护的；另外，由于报纸不是图书，所以不需要在出版商大厅登记。报纸是否可以获得著作权保护？如果是的话，是否需要登记？这种不确定性在马林斯的判决后延续了超过十年。1878年，一个被指派来审查著作权法总体运行情况的王室委员会得出结论说："报纸中的某种著作权已被承认，但不可能说清楚这种著作权是什么。"委员会建议，未来的立法应当厘清报纸登记的规则，并"通过区分对事实的通告和具有文学性质的表达，明确阐明报纸中哪些部分可以获得著作权保护"。[92] 遵循这一建议，1879年提出的著作权改革法案设想了报纸中发表的"具有文学性质的作品"的著作权，但没有设想新闻报道的著作权。[93]

在接下来的数十年里，著作权立法改革陷入僵局，但1881年《泰晤士报》提起的一个诉讼确实使大法官法院给出了关于报纸登记的更清晰的规则。《泰晤士报》的所有者起诉一本小册子的出版商，该小册子转载了最初发表在《泰晤士报》上的本杰明·迪斯雷利传记。原告援引《土地与水域报》案判决，主张不论登记与否，报纸都可以获得保护。该案由记事官（Master of the Rolls）乔治·杰塞尔爵士（Sir George Jessel）审理。他否定马林斯早先的判决，认为它是错误的，因为根据"1842年法"，在提起侵权诉讼之前，所有作

---

[92] 《著作权委员会：王室委员会与委员报告》（*Copyright Commission. The Royal Commissions and the Report of the Commissioners*, PP 1878, no. 2036, viii, xvii）。

[93] 凯瑟琳·塞维尔，《著作权法的国际化：19世纪的图书、盗版商和黑色旗帜》（*The Internationalisation of Copyright Law: Books, Buccaneers and the Black Flag in the Nineteenth Century*, Cambridge: Cambridge University Press, 2006），第276页。

品都应当登记。在杰塞尔看来，为了获得对本杰明·迪斯雷利传记的专有权，《泰晤士报》的所有者必须完成两项工作：在出版商大厅登记他们的报纸，并证明他们已经从传记的作者那里获得著作权。杰塞尔认为，在著作权的意义上，报纸既可以被看作"图书"，也可以被看作"周期性作品"，但是，不管是哪一种作品，都应当登记。[94]

　　后续的法院判决均确认报纸可以获得著作权保护，但要求所有者证明他们已经为每篇文章付费并从作者那里获得权利转让则带来了实践中的困难。任何希望对单篇稿件主张著作权的报纸必须系统性地要求其投稿人转让他们的权利。[95]另外，新闻报道是否能受著作权保护的问题仍然悬而未决。新闻报道可以和报纸中刊载的小说、传记、历史作品或科学作品那样被同等对待吗？结果，在英国法院考虑这一问题之前，如何对待报纸中不同类型著作的问题在国际著作权条约的背景下先得到了解决。

170　新闻能受著作权保护吗？

　　1852年的《国际著作权法》（International Copyright Act）将当时的英法著作权条约（Anglo-French copyright convention）纳入到英

---

[94] *Walter v. Howe* [1881] 17 Ch. D. 708.

[95] 《泰晤士报》随后开始这么做。参见何塞·贝利多（Jose Bellido）和凯西·鲍瑞（Kathy Bowrey），《从作者到所有者：报纸著作权与〈泰晤士报〉（1842—1956年）》[From the Author to the Proprietor: Newspaper Copyright and *The Times* (1842-1956)]，载于《媒体法学报》（*Journal of Media Law*），第6卷，第2期（2014年），第206—233页。

国法中，该法所要解决的主要问题不是报纸——其目标是确立英国和法国作者之间的互惠权利——但它确实包含了一条关于报纸和期刊文章的条款。根据该条款，发表于外国报纸或期刊上的"任何关于政治讨论的文章"均可在英国转载，不论原文还是译文，只要原始信息源得到归认。对于政治以外其他主题的文章，作者和出版商可以保留出版的权利，但他们必须在文章中附上著作权声明。任何未明确保留权利的文章都可以不经许可而被转载。[96]

该条款为第一部多边著作权协定——《保护文学艺术作品伯尔尼公约》（1886年及后续修订版本）——提供了一个范本。1886年最初的协定由比利时、法国、德国、英国、海地、意大利、利比里亚、瑞士和突尼斯签署。和刚刚所讨论的1852年英国法一样，1886年《伯尔尼公约》所采用的文本包括对报纸和期刊文章的专门规定。海地代表路易斯·约瑟夫·哈维尔（Louis Joseph Javier）主张，从外国报纸和期刊复制材料的宽泛权利有利于知识的国际传播。海地1885年著作权法明确允许从外国报刊上复制文章。英国代表团也支持采用一般条款而不采用取决于涉案文章类型或主题的复杂的例外清单。[97]最终确定的结论是，所有发表在外国报纸和期刊上的文章均可被复制，不论是原文还是译文，除非已附注明确禁止转载的声明。所以，在其他签约国保留转载材料的权利是可能的，在刊头上添加一个一般性的声明足矣。然而，至关重要的是，禁止他人复制"政治讨论文章""每日新闻"或"时事主题"（法语原文为

96　《国际著作权法》（1852, 15 & 16 Vict. c. 12），第7条。
97　萨拉·巴纳曼，《国际著作权与对知识的获取》（*International Copyright and Access to Knowledge*, Cambridge: Cambridge University Press, 2016），第85页。

"*fait divers*")则是不可能的。[98] 因此,第一部重要的国际著作权协定明确否定了对新闻和政治评论的保护。

《伯尔尼公约》不保护他们视为最有价值的资产——突发新闻,一些报纸编辑和出版商对此表示失望。1894年成立的国际新闻大会[International Congress of the Press (ICP)]在早期的几次会议上讨论了这一问题。一些代表竭力主张,有必要承认新闻报道在发表后数小时内的专有权。然而,并非所有人都同意报纸对读者的价值在于其报道事件的速度这一前提假设,即使是同意该前提假设的人,他们也无法就什么应当被保护的确切定义达成一致。许多人继续坚持,新闻应当可以被自由复制,只要引注来源即可。最终,国际新闻大会否决了新闻国际著作权的观点,因为它可能妨碍重要信息的传播。相反,该团体建议将未经授权的转载视为不正当竞争,交由各国法院在个案中具体判断。[99]

1896年,当《伯尔尼公约》在巴黎修订时,报纸和期刊文章条款变得更加类型特定化。海地没有派遣代表参会,这可能是一个因素。根据修订后的协定,发表于报纸或期刊的系列小说绝不能未经许可转载,但其他文章可以被翻译或者用原语言转载,除非它

---

98 《伯尔尼公约》(*Convention de Berne*),1886,第七条;英文文本参见《国际著作权联盟:伯尔尼公约, 1886;巴黎公约, 1896;柏林公约, 1908》(*International Copyright Union: Berne Convention, 1886. Paris Convention, 1896. Berlin Convention, 1908*, Washington: GPO, 1908),第35页。

99 乔纳斯·比约克(Jonas Bjork),《第一个国际新闻组织对新闻著作权的讨论,1894—1898年》(The First International Journalism Organization Debates News Copyright, 1894-1898),载于《新闻学史》(*Journalism History*),第22卷(1996年夏季刊),第56—63页。

第五章 英国工业化时期的新闻著作权争论

们附有保留权利的声明。在没有这类声明的情况下，只要指示来源，转载就是被允许的。但是，出版商仍然不能禁止对"政治讨论文章""每日新闻"或"时事主题"[fait divers]的转载。[100] 1908年，《伯尔尼公约》在柏林再一次修订，这一次，公约确定出版商可以保留对任何主题的报纸文章的权利，但"每日新闻"和"单纯消息报道性质的各种新闻[fait divers]"除外。[101] 删除"政治讨论文章"例外，并将时事主题（fait divers）例外限制于单纯的"报道消息"，减少了可以不经许可复制和翻译的报纸材料的范围。但是，重点在于，在国际著作权谈判中，仍然是区分新闻和报纸期刊上其他类型的文学和艺术材料的。[102]《伯尔尼公约》的现行版本继续排除对"每日新闻"和"单纯消息报道性质的各种事实"的国际保护[103]（但加入《伯尔尼公约》的国家有权采用保护这些类别的国内立法）。

为什么新闻会被主要的著作权国际协定排除在外？对于那些寻求新闻文章国际保护的人而言，这种排除意味着什么？不幸的是，1886年和1896年的大会记录没有提供任何线索。但1908年大会的委员会报告表明，"每日新闻"并非因公共政策理由——例如新闻自由流通的愿望——而被排除，而是因为代表们认为它并未落

---

100 《巴黎增订法》（Acte additonnel de Paris），1896，第七条；英文版参见：《国际著作权联盟：伯尔尼公约，1886；巴黎公约，1896；柏林公约，1908》，第35页。

101 《柏林增订法》（Acte de Berlin），1908，第九条；英文版参见《国际著作权联盟：伯尔尼公约，1886；巴黎公约，1896；柏林公约，1908》，第20页。

102 更多关于国际角度的分析，参见海蒂·J. S. 特沃雷克，载于《互联网之前的新闻保护》（Protecting News before the Internet），载于：MN，第196—222页。

103 《伯尔尼公约》（Berne Convention），1979年9月28日修订，第二条第（8）款。

入文学和艺术著作权的范围内。事实上，委员会提到，新闻可以用其他手段来保护——例如，与反不正当竞争有关的法律——但新闻不是著作权的恰当客体。[104]

英国的一些报社编辑认为，《伯尔尼公约》1886年关于报纸和期刊的原始条款是明智的。例如，《伯明翰每日邮报》赞扬该协定"允许转载对大众整体有即时利益的内容，同时，当文章具有小品文的性质时，又允许通过特别公告的方式保留权利"。伯明翰报纸的这位作者认为，不会有人为太多报纸材料寻求保护，因为"报纸新闻的效用很大程度上取决于大量刊物彼此摘编的自由"。[105] 1888年，当德国皇帝腓特烈（Emperor Frederick）的遗孀因英国和法国报纸转载腓特烈的日记——该日记最初被一份德国报纸未经许可而发表——而威胁起诉它们时，《帕摩尔公报》(Pall Mall Gazette)便以《伯尔尼公约》为依据，转载了日记全文。[106]

保护新闻的形式：沃尔特诉斯坦科夫案

当遇到在英国转载报纸文章的问题时，编辑和出版商们的意

---

[104] 山姆·里基森（Sam Ricketson）和简·金斯伯格，《新闻的知识产权？为什么不呢？》(Intellectual Property in News? Why Not?)，载于《媒体与娱乐知识产权研究手册》(Research Handbook on Intellectual Property in Media and Entertainment)，梅根·理查德森和山姆·里基森主编（Cheltenham, UK: Edward Elgar, 2017），第10—46页。

[105] 《伯明翰每日邮报》，1887年10月24日。

[106] 《著作权，而不是审查》(Copyright, Not Censorship)，载于《帕摩尔公报》，1888年10月11日。

见分歧更大。19世纪末，新闻文章著作权的主要支持者是《泰晤士报》的经理——查尔斯·弗里德里克·莫伯利·贝尔（Charles Frederick Moberly Bell）。和《泰晤士报》的主要所有者沃尔特家族（the Walter family）合作，贝尔发起了一系列诉讼，并为新立法游说，试图扩张新闻著作权的保护范围。在沃尔特诉斯坦科夫案［*Walter v. Steinkopff* (1892)］中，《泰晤士报》起诉一家名为《圣詹姆斯公报》（*St. James's Gazette*）的晚报转载了鲁德亚德·吉卜林（Rudyard Kipling）*所写的受著作权保护的小说的一部分，以及同一天早晨《泰晤士报》中的几个新闻文段。沃尔特家族确保在发起法律诉讼前已对这一期报纸进行登记。[107]《圣詹姆斯公报》复制了吉卜林小说的五分之二，以及22个基本上从《泰晤士报》一字不差地复制过来的新闻文段。但该案只以这些文段中的3段为中心，因为《泰晤士报》能够证明已经向这几个文段的作者支付报酬，且作者在创作这些文段时即同意其著作权归属于《泰晤士报》。亚瑟·弗雷泽·沃尔特（Arthur Fraser Walter）代表其他所有者表示，《泰晤士报》的外国通讯员都是"具备已被验证的文学技巧的绅士"，他们是精心选拔出来的，且薪酬优厚。[108]原告承认，只提及新闻文段看

---

* 鲁德亚德·吉卜林（1865—1936年），英国作家及诗人，生于印度孟买，19世纪至20世纪中期一位很受欢迎的散文作家，被誉为"短篇小说艺术创新之人"，是英国第一位，也是迄今为止最年轻的诺贝尔文学奖获得者。——译者

107 *Walter v. Steinkopff* [1892] 3 Ch. 489. 1892年4月13日登记，《著作权登记与转让》，《复制件3/37》，第233页，第304页（TNA）。

108 亚瑟·弗雷泽·沃尔特的书面证词。*Walter v. Steinkopff* [1892 W. 1281], 29 Apr. 1892, J4/4477/1890, TNA。

起来似乎微不足道,但他们声称《圣詹姆斯公报》的复制行为是"对《泰晤士报》造成严重伤害的系统的一部分",因此值得法院干预。[109] 该诉讼的目标是确立转载新闻文章必须获得许可的原则。

《圣詹姆斯公报》的所有者爱德华·斯坦科夫(Edward Steinkopff)承认复制吉卜林小说的行为是错误的,并表示,如果《泰晤士报》撤回关于新闻文段的诉讼,他愿意承担诉讼的费用。在《圣詹姆斯公报》的律师看来,新闻过于"微不足道"和"转瞬即逝",不能成为著作权的客体。[110] 另外,他们主张存在一种默示惯例,即只要已经归认来源,报社便承认转载文章的权利。贝尔和沃尔特家族寻求的是对新闻文章著作权的司法确认,而斯坦科夫及其职员寻求的是对新闻业原有的复制习惯的确认。《圣詹姆斯公报》的主编悉尼·罗(Sidney Low)将该习惯描述为"新闻业中广泛承认的规则,《泰晤士报》自己也经常依此规则行事"。根据罗的说法,报社编辑们均知晓,只要满足以下四个条件,复制行为就是被允许的:(1)归认来源报纸;(2)刊物之间不是直接竞争关系,他所指的"直接竞争",系指两份报纸在同一城市大致相同的时间(早晨或晚上)出版;(3)来源报纸曾经复制材料,"意味着它同意文学和其他材料的免费交换";以及(4)来源报纸的主编未明确反对他人从其报纸中获取材料。[111]

罗关于新闻业默示惯例的主张得到《圣詹姆斯公报》两位副主

---

[109] *Walter*, 3 Ch. at 492.

[110] 前引,第 493 页。

[111] 悉尼·詹姆斯·罗的书面证词,1892 年 5 月 3 日(J4/4477/1937, TNA)。

编的书面证词的支持。其中一位有三十年为多份报纸工作的经验，另一位也有二十年工作经验。他们坚称，报纸之间相互复制是符合习惯的，而在本诉讼之前，他们的报纸对《泰晤士报》材料的使用也从未遭到任何反对。[112] 为了支持他们的论点，《圣詹姆斯公报》安排数家晚报和周报的编辑、经理和所有者提交其他书面证词。所有人都发誓称，自他们从业以来，晚报都从早报中复制材料，而只要归认来源，这种行为就被认为是可以接受的。[113]《泰晤士报》的所有者们回应道，他们从未默许这种习惯，而且，假设早报与晚报之间不存在竞争关系已不再正确。亚瑟·弗雷泽·沃尔特承认，过去晚报经常从早报中复制材料，而只要这些报纸是在每天较晚的时候出版，他就没有太多理由抱怨。然而，最近几家晚报在上午10点或10点30分就发行，比《泰晤士报》的第二版向顾客发行的时间——即下午1点钟——还要早。沃尔特解释道，《泰晤士报》现在采取法律行动，是因为晚报"比过去摘编越来越多的片段"，它们用这些新闻更直接地与早报竞争。他还指出《圣詹姆斯公报》已经于1888年（斯坦科夫接手的那一年）在出版商大厅登记，这种所有权主张似乎与斯坦科夫自己的编辑此时所捍卫的复制习惯相

---

112 詹姆斯·沃森和戴维·布伦纳（David Brenner）的书面证词，1892年5月4日（J4/4477, fols. 1959–62, TNA）。

113 詹姆斯·沃特森、威廉·托马斯·马奇（William Thomas Madge）、托马斯·鲍尔·奥康纳（Thomas Power O' Connor）、戴维·布伦纳、詹姆斯·斯图尔特（James Stuart）、弗里德里克·威廉·威尔逊（Frederick William Wilson）及沃尔特·赫里斯·波洛克（Walter Herries Pollock）的书面证词，1892年5月4—5日（J4/4477, fols. 1960–79, TNA）。另参见《伯明翰每日邮报》，1892年5月14日；以及《利兹信使报》，1892年5月14日。

矛盾。[114]

该案由大法官法院的福特·诺斯法官（Ford North）审理，他认为并没有令人信服的证据证明《泰晤士报》已默许新闻复制的"习惯"。另外，诺斯判决道，即使这一习惯存在，也不能凌驾于著作权法之上。引注来源可以证明没有将现有作品伪装成自己的作品的故意，但并不能就此消除从著作权人那里获得许可的要求。诺斯援引两个早先的判例，在这两个判例中，被告都未能成功援引商业习惯来证明复制其他期刊的行为是正当的。在两个判例中，法院判决道，不论传播范围多广，这种习惯都不能成为违反由立法机关制定的著作权法的理由。[115]

诺斯判决最重要的方面，就是它比以往任何司法判决都更清楚地阐释了可受著作权保护的表达和不可受著作权保护的信息之间的区别。庭审中，诺斯敦促原告说明他们认为著作权应该保护什么。如果《泰晤士报》发表一则宣布某位外国领导人逝世的电报，如果其他报社没有获取自己的电报，他们会被禁止发表相同的新闻吗？在几个回合的讨论后，《泰晤士报》的律师愿意承认，

---

114 亚瑟·弗雷泽·沃尔特的书面证词，1892年5月6日（J4/4478/2012, TNA）。
115 *Walter*, 3 Ch. at 497–99. 1814年，被告主张，"杂志和月刊出版商"之间相互使用文章是"一种通常惯例"，但法院判决"书商之间的习惯不能操控法律"。*Wyatt v. Barnard* (1814) 35 Eng. Rep. 408. 1874年，《布里斯托信使报》(*Bristol Mercury*) 的所有者因未经许可转载报道而被《贝尔格莱维亚杂志》(*Belgravia Magazine*) 的出版商起诉。被告声称，原告寄送杂志给他，就预料到其中的文章会被他的报纸转载，而且他这么多年来都这么做，从未收到任何投诉。但是，原告寄送杂志的目的是希望他的杂志能够得到评论，而不是被复制，所以法官颁发了禁令。*Maxwell v. Somerton* [1874] 22 W. R. 313.

其他报社不能一字不差地复制《泰晤士报》的报道，但可以重述其中的事实。[116]诺斯相当清晰地解释了这一原则："据称新闻是没有著作权的。但传递信息所使用的特定语言形式或表达模式是有著作权的，而且，并不会因为所传递的信息是每日时事而有所不同。"[117]法院最终的命令承认原告"有权获得对诉讼请求中提到的海底电报、电信电报或通讯的著作权"。[118]虽然贝尔和沃尔特家族原则上胜诉了，但诺斯拒绝为三则新闻文段颁发禁令，理由是其中的利益已经过时了，《圣詹姆斯公报》不可能再次转载它们。他还批评原告在没有事先要求《圣詹姆斯公报》的编辑停止复制的情况下就提起诉讼。[119]诺斯这么做，本质上是承认，复制行为在多年来已十分普遍，而《泰晤士报》正试图用法律强加一个不允许复制的新习惯。

虽然受到诺斯的批评，但《泰晤士报》还是对该判决大加赞赏。一篇可能是由贝尔撰写的社论宣称："目前，著作权法对文学产品的保护完全延伸到报纸上发表的文章和新闻，这一规则已经得到权威确认。"[120]诺斯区分了信息和传递信息的形式。相反，《泰晤士报》的社论区分"事件"和"事件的新闻"，坚称新闻已经是劳

---

116 《利兹信使报》，1892年5月18日。

117 Walter, 3 Ch. at 495.

118 1892年6月2日的最终命令（J15/2037/1072, TNA）。

119 Walter, 3 Ch. at 500–501. 被告也抱怨了这个问题。注意，沃尔特的第一份书面证词仅仅提到吉卜林的小说。两周后的另一份书面证词增加了关于新闻文段的诉讼请求。亚瑟·弗雷泽·沃尔特的书面证词，1892年4月13日及1892年4月25日（J4/4476, fols. 1705, 1791, TNA）。

120 《泰晤士报》，1892年6月3日。

动和技能的产品。正如该社论所言,"新闻不是即兴的产品;它不是自然天成的;不是现成的。它是人的勤劳的创造物,新闻与事实和事件之间的关系,就如一篇创作完成的文章与原始材料之间的关系。事实本身并非新闻。它们必须通过言说或者书写的流程才能转化为新闻"。贝尔和沃尔特家族不欢迎"允许他人自由重构其新闻"的观点。如果《泰晤士报》承担了外国通讯员的开支,而该通讯员提供了唯一一则来源于某地的新闻,那么,"该新闻就是它的财产,是它自己的创造物"。[121]

报刊界的评论员们对沃尔特诉斯坦科夫案判决将如何影响报业有着不同看法。《每日新闻报》的一篇社论怀疑禁止新闻转载的可能性,因为新闻本质上就是要被分享和摘编的。"在俱乐部、交易所和许多其他一般休闲场所",《每日新闻报》宣称,"文章中的个别句子或摘要被张贴出来,供信息普及之用"。[122]《贝尔法斯特通讯报》(*Belfast News Letter*)猜测,该判决将导致"复制报纸刊物问题的重大革命",因为现在晚报改写从早报中获取的新闻时不得不愈加谨慎。[123]《帕摩尔公报》的一篇社论认为该判决具有不确定性,揭示了通过立法解决报纸著作权问题的必要性。与此同时,律师建议报社清楚标明它们希望保留专有权的那些文章。为了确立一个示范,《帕摩尔公报》"向各省、各殖民地及其他地方的相关人士宣布,我们不反对引用我们的专栏,只要归认引文的来源即可,除非我们

---

121 《泰晤士报》,1892 年 6 月 3 日。
122 《每日新闻报》,1892 年 6 月 3 日。
123 《贝尔法斯特通讯报》,1892 年 6 月 3 日。

以《伯尔尼公约》要求的方式作出相反的表示"[124]（然而，应当记住，《伯尔尼公约》排除了对"每日新闻"的国际保护，而诺斯在沃尔特诉斯坦科夫案的判决中指出，在英国，新闻的形式可以受著作权保护）。

19世纪90年代和20世纪初，一些英国报社和通讯社保护新闻报道的主张更加坚决，并在特别的外国新闻上附加了著作权声明。由于大量使用电报从国外获取新闻，特别是在如南非第一次和第二次布尔战争（Boer War）（1880—1881年和1899年—1902年）的帝国冲突期间，追求专有权的愿望在这一时期有所增加。另外，由邮政局经营电报所促成的、对报业信息收费较低的公平竞争环境，由于允许报社租用私人电报线路而遭到破坏。私人电报线路的出租增加了报社之间的竞争，例如，它使得那些没有从路透社购买新闻的报社可以复制伦敦报社的报道，再发送到各省印刷。[125] 为了保护其新闻报道的著作权，路透社在一份称为《路透日报》的日刊中出版精选电报信息，这份日刊已在出版商大厅登记且可供购买。他们希望，通过这一额外支出可以使电报落入著作权法的保护范围。交换电讯社也采取类似措施，以保护通过与伦敦证券交易所的排他性合同而获取的报价。交换电讯社用电报将报价发送给订户，订户通

---

[124] 《著作权的纠纷及其解决》（The Copyright Tangle, and How to Untie It），载于《帕摩尔公报》，1892年6月3日。

[125] 乔纳森·西尔伯斯坦-勒布，《媒体的政治经济学》（The Political Economy of Media），载于《劳特利奇英国媒体史指南》（The Routledge Companion to British Media History），马丁·康博伊（Martin Conboy）和约翰·斯蒂尔（John Steel）主编（London: Routledge, 2015），第80—81页。

过安装在办公室的自动收报机获取该电报。由于自动收报机信息条能否获得著作权保护是仍存在疑问的,交换电讯社出版了一份名为《交换电讯社证券交易新闻》(Exchange Telegraph Company's Stock Exchange News)的印刷刊物。这份刊物也在出版商大厅做了登记。[126]

1895 年,一家法院承认了交换电讯社的著作权。一位名为乔治·格里高利(George Gregory)的经纪人订购了交换电讯社的报价服务,一直到 1894 年。这一年,证券交易委员会(Stock Exchange Committee)要求交换通讯社停止为非证券交易所正式会员的经纪人提供服务。由于他无法再订购服务,格里高利秘密地从交换电讯社的合法客户那里获取报价。(合同禁止订户与外人分享信息)。格里高利主张他没有违反著作权法,因为他是从自动收报机而不是已经在出版商大厅登记的报纸上获取报价的。他还坚称,股票报价应该是没有著作权的。交换电讯社的律师主张,有时候格里高利是在交换通讯社的印刷报纸出版后才复制信息的,在这种情况下他侵犯了著作权;而有时候他在报纸发行之前就获取报价,由此侵犯了该信息上的普通法财产权。法院确认交换电讯社有权基于上述两个理由获得禁令。在这个过程中,法院确认股票报价是有可能获得著作权的。正如其中一名法官所言:"在我看来,本案中的书写内容是已有判例中所指的文学作品。在发表于报纸之前,它是原告的财

---

[126] 特沃雷克,《互联网之前的新闻保护》(*Protecting News before the Internet*),第 203—204 页;路透社 1890 年的登记见《复制件 3/35》,第 242 页(TNA);交换电讯社 1894 年的登记见《复制件 3/40》,第 158 页、第 190 页(TNA)。

产，在出版之后，它们有权获得著作权保护。"[127] 格里高利秘密获取信息，诱导违反交换电讯社和其中一名合法客户之间的保密合同，这一事实显然将他置于不利境地，使我们很难想象本案会有其他结果。[128]

贝尔的斗争

《泰晤士报》在自己的通讯员上作出重大投资，对路透社的依赖少于其他报社。该报基于两个原因对著作权法感到不满：一是通过正常程序获取禁令对新闻而言过于缓慢；二是此时的理解是，著作权排除了对事实的保护。对《泰晤士报》的经理贝尔而言，沃尔特诉斯坦科夫案的判决确认了这两个问题。贝尔倡议建立为侵权提供损害赔偿和罚款的简易程序。他主张，这种程序将阻止报社未经许可的复制行为。和19世纪50年代弗里德里克·奈特·亨特的看法一样，他也认为新闻的内容，而不仅仅是表达新闻的语言，应当获得保护。1898年，当贝尔在上议院特别委员会前作证时，他提出了以上两个论点。对著作权法的全面改革再一次被提上议程，在本

---

127 Exchange Tel. Co., Ltd. v. Gregory & Co. [1896] 1 Q. B. 147, 157.

128 参见塔尼娅·阿普林（Tanya Aplin）等，《盖瑞论违反保密义务：秘密信息的保护（第二版）》（Gurry on Breach of Confidence: The Protection of Confidential Information, 2nd ed., Oxford: Oxford University Press, 2012），第53—65页（本部分由莱昂内尔·本特利撰写）；以及梅根·理查德森、迈克尔·布莱恩（Michael Bryan）、马丁·弗兰肯（Martin Vranken）和凯蒂·巴内特（Katy Barnett），《违反保密协议：社会起源与现代发展》（Breach of Confidence: Social Origins and Modern Developments, Cheltenham, UK: Edward Elgar, 2012），第66—67页。

次审议的法案中包含了一个条款："报纸著作权只能适用于报纸中的如下部分：具有原创文学性质的文章，其中的原创插图，以及专门、独立获取的新闻和信息。"[129]通过加入对"新闻与信息"的保护，该条款超越了1878年王室著作权委员会的建议，即建议为文学稿件，而不为"事实通告"提供著作权保护。[130]它也偏离了《伯尔尼公约》1896年修订版的规定，即排除对"政治讨论文章""每日新闻"和"时事主题"的保护。[131]

1898年特别委员会注意到这些不一致。他们敦促证人们解释，新闻受著作权保护究竟意味着什么。曾任副检察长和大法官的律师法雷尔·赫歇尔（Farrer Herschell）领导了这些审查。他强调，一直以来著作权都限于保护"表达形式"，思想是没有著作权的。[132]支持该条款的证人——如出版商约翰·默里（John Murray）、著作权协会秘书弗里德里克·理查德·达尔迪（Frederic Richard Daldy）和《泰晤士报》的贝尔——努力说服委员会，新闻的内容应该被视为是专有的。他们主张，该条的目标是为了保护报社对外国通讯员的投资，而出版商不会去垄断事实。但当委员会对证人们施压，要求

---

[129] 《著作权法案》(Copyright Bill [H. L.] 1898)，引自亚历山大，《19世纪的著作权法与公共利益》(Copyright Law and the Public Interest in the Nineteenth Century)，第206页。

[130] 《著作权委员会：王室委员会与委员报告》(Copyright Commission. The Royal Commissions and the Report of the Commissioners)，第 viii 页（参见注释92）。

[131] 参见注释100。

[132] 《上议院特别委员会关于著作权法案及著作权（修订）法案的报告》(Report from the Select Committee of the House of Lords on the Copyright Bill [H. L.] and the Copyright [Amendment] Bill [H. L.], PP 1898, no. 393, 17.)。

他们考虑具体的例子时——例如墨西哥的革命或一名世界领袖的逝世——他们的回答显示,他们设想将著作权作为阻止他人报道未经独立获取的新闻的一种手段。[133]

贝尔希望确立的基本原则是,每家报社必须搜集自己的新闻。为了支持其主张,他以通讯录作比喻。商店的名称是任何人都可以搜集和出版的事实,但法院已判决其他人不得从已有的通讯录中复制这些事实。他希望报纸能受相同的原则约束。任何做出专门安排的报社——例如,派遣通讯员到国外用电报将新闻发回英国——应该享有有限的著作权(他建议24小时),从而制止他人的复制行为。其他报社可以通过付费获得复制新闻的许可。但贝尔认为这种安排应该是不常见的,该法的主要效果是鼓励更多报社搜集自己的新闻,从而使报道更加多样化。[134]

为了回应对著作权限制新闻流动的担忧,贝尔和达尔迪等人努力区分事件的事实和该事实的新闻。当被问及事件的"单纯事实"能否受保护时,达尔迪回答道,现行法已经为"任何超过基本事实的描述"提供保护,提案中的条款的意义在于提供更进一步的保护。当贝尔被问到,他以什么基础为新闻著作权的正当性论证时,他回应道:"事实与事实的新闻之间存在巨大的区别。"当被要求从著作权法的角度为新闻下定义时,他说:"新闻是对事实的表达或传输。"[135]贝尔坚称,其目标不是要获得给定事实的专有使用

---

133 《上议院特别委员会关于著作权法案及著作权(修订)法案的报告》,第18页、第39页、第54页、第63页。

134 前引,第53—64页。

135 前引,第39页、第53页、第63页。

权,而仅仅是获得阻止竞争对手复制其报社搜集的事实的权利。如果他们想要报道相同的事实,他们必须独立搜集这些信息。

特别委员会成员认为这一点难以接受。赫歇尔以科学发现作类比。最早确定某一特定事实的化学家可以对其这一发现的报告享有著作权,但不能对事实本身享有著作权。贝尔承认,著作权不能被用于要求其他科学家在陈述某个事实之前必须独立完成研究。但他认为赫歇尔的类比是不切题的,"因为报社并未主张对事实的任何著作权,而是主张它对事实的出版享有的权利"。[136] 委员会提醒他,一字不差的复制行为已经为现行法所禁止,特别是考虑到沃尔特诉斯坦科夫案的判决,但贝尔坚称这种保护实际上毫无用处。他援引 1891 年的《塔斯马尼亚报纸著作权法》(Tasmania Newspaper Copyright Act)作为范本,不过,他认为 24 小时就足以提供充分的保护,而不需要像塔斯马尼亚那样提供 48 小时的保护。通过允许使用简易程序,并规定损害赔偿和罚款的救济措施而不是禁令,贝尔认为这部法律可以被用于阻止报社的复制行为,并鼓励他们做更多的独立报道。虽然 1898 年特别委员会考虑的法案并未提出这些救济措施,但贝尔仍然认为它是朝正确的方向迈出的一步。[137] 但是,委员会就此休会了,对 1898 年法案也没有作出结论。[138]

由于多方面的原因,1900 年前后的著作权改革是一个极其复杂的过程,但是,因为有贝尔的努力,当新的法案被考虑时,新闻

---

136 《上议院特别委员会关于著作权法案及著作权(修订)法案的报告》,第 54 页。
137 前引,第 53—64 页。
138 亚历山大,《19 世纪的著作权法与公共利益》(*Copyright Law and the Public Interest in the Nineteenth Century*),第 238—239 页。

问题依然留在议程上。1899 年提交上议院的法案为报纸文章提供 12 小时的保护。赫伯特·德·路透（Herbert de Reuter）——以其姓氏命名的通讯社的领导者——和贝尔一道支持该法案，部分原因在于，专门的新闻条款将减轻路透社为保护其电报著作权而印刷《路透日报》的"相当大的年度开支"。不过，他认为 12 小时的保护是不够的，24 小时更好。[139] 而正如 19 世纪 50 年代那样，外省报社反对这一整个的设想。报业协会（Newspaper Association）和新闻联合社秘书亨利·沃罗（Henry Whorlow）告诉上议院特别委员会，贝尔和路透的观点远不具有代表性。以发送给报业协会 369 家会员的调查问卷为基础，沃罗得出结论说，大部分报社所有者认为现行著作权法就足够了，且担心提案中的专门保护将以伤害大众的方式"带来新闻业惯例的革命"。[140]

沃罗否认外省报纸中大部分有价值的新闻都是从伦敦报纸中复制而来的说法。伯明翰、利物浦、曼彻斯特和格拉斯哥的多家早报投入了和任何伦敦报社——《泰晤士报》除外——一样多的经费用于获取外国情报。其他外省报社几乎都是英联社会员，意味着它们需付费来从路透社处获取新闻。这些报纸的早间版本几乎完全是由从英联社获取的新闻或者报社自己的职员获取的新闻构成。沃罗

---

[139] 《赫伯特·德·路透致 C. F. 莫伯利·贝尔》(Herbert de Reuter to C. F. Moberly Bell)，1899 年 6 月 7 日，载于《上议院特别委员会关于著作权法案 [H. L.] 和著作权（艺术）法案 [H. L.] 的报告》(Report from the Select Committee of the House of Lords on the Copyright Bill [H. L.] and the Copyright (Artistic) Bill [H. L.], PP 1899, no. 362, 235.)。

[140] 前引，第 110—114 页，引文见第 110 页。

承认，许多报纸有"城镇版"，"城镇版"大约在上午九点发行，其中包含有来自伦敦报纸的片段和摘要。他声称，这些新闻基本上都有归认来源，且使用时已获得伦敦报社的"默示许可"。沃罗和他所代表的外省报社所有者想要延续的，大体上是这个习惯。对新闻内容的明确的著作权保护将终结他所说的：保证"信息自由流动"的"交换系统"。[141]

特别委员会没有考虑记者个人的视角。当记者协会（Institute of Journalists）会员于 1899 年夏在利物浦召开年会时，他们对这一事实感到遗憾。代表们同意保护为搜集新闻而作出的投资的公正性，但认为盗版问题并不局限于电报新闻领域。本地和区域性报社有记者职员，他们的作品被其他刊物所"抢劫"。记者协会的一些会员主张，记者个人应该有使其作品获得保护的权利，他们很遗憾目前的法案并未包含任何遵循这一思路的条款。[142]

尽管外省所有者和记者们表示反对，上议院特别委员会认可了贝尔和路透所倡议的这种著作权。委员会报告建议采用 18 小时的保护期，这是提案中 12 小时的保护期与贝尔和路透所希望的 24 小时保护期的妥协。[143] 著作权法案于 1900 年再度被修改和提交，

---

141 《赫伯特·德·路透致 C. F. 莫伯利·贝尔》（Herbert de Reuter to C. F. Moberly Bell），1899 年 6 月 7 日，载于《上议院特别委员会关于著作权法案 [H. L.] 和著作权（艺术）法案 [H. L.] 的报告》，第 181—182 页。

142 《记者大会》（The Journalists' Conference），载于《阿伯丁周报》（Aberdeen Weekly Journal），1899 年 8 月 31 日。

143 《上议院特别委员会关于著作权法案 [H. L.] 和著作权（艺术）法案 [H. L.] 的报告》（Report ... on the Copyright [Artistic] Bill [H. L.]），第 247 页。

该法案仍然设计了对新闻的保护。"专门且独立获取英国之外发生的任何事实或事件的新闻"的报社和通讯社将获得在英国境内发表该新闻的18小时的专有权。该保护延及新闻的事实信息。当两家或多家机构独立搜集到相同事实或事件的新闻时，它们享有对抗任何侵权人的平等权利，但所有这类权利在新闻首次发表的18小时后终止。[144] 1900年法案在上议院得以通过，但却未能在下议院通过。新闻条款并非法案未获通过的原因，法案的失败应归因于在19世纪与20世纪之交对著作权改革达成共识的持续困难。[145]

作为作者的记者

贝尔和《泰晤士报》确实在沃尔特诉莱恩案（Walter v. Lane）中取得重要的法律胜利，该案在1900年一直打到了上议院。沃尔特诉斯坦科夫案（1892年）的判决显示，新闻文章的形式可以受著作权保护，但对公共演讲的报道能否获得保护则仍存在疑问。有没有什么方法可以阻止其他报社或书商复制《泰晤士报》聘请记者记录并准备出版的报道？为了回答这一问题，沃尔特家族对出版商约翰·莱恩（John Lane）提起诉讼。莱恩发行了一本图书，

---

144 《著作权法案》（Copyright Bill [H. L.], PP. 1900, no. 295），第十二条。对新闻表达形式的保护是否也在18小时后失效，这一点是不清楚的。达尔迪曾在1899年委员会前指出这一模糊点。《上议院特别委员会关于著作权法案[H. L.]和著作权（艺术）法案[H. L.]的报告》，第313—315问，第22页。

145 亚历山大，《19世纪的著作权法与公共利益》（*Copyright Law and the Public Interest in the Nineteenth Century*），第238—239页。

其中包含了自由派政治家罗斯伯里勋爵（Lord Rosebery）的五篇演讲，这五篇演讲均首先发表于《泰晤士报》。这些演讲不是议会演讲，而是在其他公共场合所做的。尽管如此，《泰晤士报》的所有者还是寻求一项判决，使他们能够控制记者报道议会和其他公共集会的作品的后续出版，从而使报社的联合发表有更坚实的基础。[146]

沃尔特诉莱恩案不同于通常的伦敦报社与外省报社之间的竞争，也不同于早报与晚报之间的竞争，而是报社与书商之间的竞争。事实上，另一位书商此前在获得《泰晤士报》的许可后发行了一版罗斯伯里的演讲集。莱恩已联系过罗斯伯里，但没有与《泰晤士报》联系，贝尔和沃尔特家族希望确立必须获得他们的许可的规则。罗斯伯里事实上反对再版他的演讲，因为这些演讲代表着即兴表达，只能被当作"转瞬即逝的"。但罗斯伯里也认为，他并不享有法律权利来制止莱恩或其他任何人出版他在有记者在场的公共场合所作的演讲。最重要的是，罗斯伯里希望避免陷入公共官司之中，所以他请求贝尔撤回对莱恩的诉讼，但没有成功。[147]

---

146 梅根·理查德森和朱利安·托马斯，《塑造知识产权：展览、广告和报刊，1789—1918 年》（*Fashioning Intellectual Property: Exhibition, Advertising and the Press, 1789-1918*, Cambridge: Cambridge University Press, 2012），第 117—121 页；以及贝利多和鲍瑞，《从作者到所有者：报纸著作权与〈泰晤士报〉（1842—1956 年）》[*From the Author to the Proprietor: Newspaper Copyright and the Times (1842-1956)*]，第 212—215 页。

147 芭芭拉·劳瑞特（Barbara Lauriat），《沃尔特诉莱恩案（1900 年）》（*Walter v. Lane* [1900]），载于《知识产权法标志性案件》（*Landmark Cases in Intellectual Property Law*），何塞·贝利多主编（Oxford, UK: Hart, 2017），第 149—180 页（罗斯伯里的引文在第 152 页）。

该案由福特·诺斯爵士——审理沃尔特诉斯坦科夫案的同一位法官——审理。诺斯判决罗斯伯里已经放弃他对演讲的权利。1835年通过的一部法律理论上授予演讲者印刷或出版其演讲的专有权，但前提是他们事先需通知演讲所在地附近的两名治安法官。罗斯伯里没有这么做，而且，根据"1835年法"，无论如何，在中小学或大学等公立机构所做的演讲被排除在保护的范围之外。[148] 在诺斯看来，罗斯伯里已经放弃了他的权利，所以主要的问题是《泰晤士报》对它记录的演讲版本是否享有法定的著作权。原告向法庭提交证据，证明不同记者对同一演讲的报道在标点符号、遣词造句上存在差异。这种差异支持了《泰晤士报》的主张，即将口头表达转化为印刷报道时需要技巧和判断。诺斯判决，《泰晤士报》对罗斯伯里勋爵演讲的著作权是有效的，他发布一道禁令，禁止莱恩图书的进一步销售。[149]

莱恩对该判决提起上诉。他得到出版商协会（Publishers' Association）的支持，并由两名著作权法领域的著名权威人士——T. E. 斯克鲁顿（T. E. Scrutton）和奥古斯丁·比瑞尔（Augustine Birrell）——代理他的案件。他们主张，记者运用的技巧不是"文学性"的，而是"机械性"的，因为记者用速记法来制作一字不差的记录稿。如果要认定这些演讲的作者，那么这个作者应该是罗斯伯里，而《泰晤士报》并未从他那里获得任何权利。上

---

148 《演讲出版法》(Publication of Lectures Act, 1835, 5 & 6 Will. IV c. 65)，可从 PSC 中获取；以及劳瑞特，《沃尔特诉莱恩案（1900年）》，第157—161页。

149 *Walter v. Lane* [1899] 2 Ch. 749.

诉法院（Court of Appeal）认为这些主张很有说服力，于是推翻了诺斯的判决。但莱恩的胜利是短暂的，《泰晤士报》又上诉到上议院，即当时的最高上诉法院。比瑞尔和斯克鲁顿主张，著作权法仅适用于"独创性文章"，而记者一字不差的记录稿并没有创造出任何新的东西。但一些法官注意到，著作权法中并没有"独创性文章"这样的字眼，也没有明确要求作品必须展现"文学价值"或者思想或语言上的"独创性"。[150]法官们同意，从著作权法的角度看，记者们所运用的技巧和劳动足以使他们成为作者，即使他们的目标是为了尽可能准确地呈现这些演讲。事实上，一些记者注定比其他记者做得更好。所以每名记者对他所记录的演讲版本享有著作权，而这个著作权是可以转让给报社的。上议院推翻了上诉法院的判决，并为《泰晤士报》颁发了禁止莱恩的图书的永久禁令。[151]

报刊界和法律界有一些评论认为，上议院将记者等同于作者的做法走得太远了，但这显然是贝尔和《泰晤士报》的胜利。任何已付费或者约定著作权归所有者的报纸文章如今都可以获得著作权保护了。但是，沃尔特诉莱恩案——这个案件起源于《泰晤士报》对制止他人复制行为的长期兴趣——的影响远超新闻领域。上议院对创作的低门槛要求——可通过技巧和劳动而不是文学价值就获得著作权——成为英国法上的一个重要先例。本案的历史背景

---

150 *Walter v. Lane* [1900] AC 539 at 546, 548.

151 前引，第545—562页；亚历山大，《19世纪的著作权法与公共利益》(*Copyright Law and the Public Interest in the Nineteenth Century*)，第209—211页；以及劳瑞特，《沃尔特诉莱恩案（1900年）》，第168—169页。

不应被遗忘：对同一演讲，不同记者的版本可能是不同的，这一观察为创作的低门槛要求提供了正当性基础。他们的报道需要技巧和判断，如果他们没有从事这项工作，那么1900年的大众——无法受益于直接由电台或电视传播的录音——将无法接触到议会中的演讲。[152]

尽管有将记者比为作者的比喻，沃尔特诉莱恩案并未说明报纸投稿人相对于报社所有者的权利。报道罗斯伯里演讲的记者们已经将他们的所有权利都转让给《泰晤士报》。自由撰稿人面临的情况更加复杂，如1903年的一个司法判决所示。该案是关于一位著名眼科医生差点溺水身亡的事件的报道。一位名为乔治·斯普林菲尔德（George Springfield）的记者见证了这一事件，创作了题为《医生的精彩逃生》（Doctor's Wonderful Escape）的文章，并寄给多家伦敦报社，包括《每日邮报》（Daily Mail）和《标准报》。《每日邮报》在支付了报酬之后发表了该报道，但在发表之前，副主编将斯普林菲尔德的报道从83行缩写为18行，另一位副主编进一步对文本进行"润色"。当天稍晚时，《每日邮报》的版本出现在《标准晚报》（Evening Standard）上，只做了微小改动。斯普林菲尔德找《标准晚报》理论，后者最初拒绝向其支付费用。最终，《标准晚报》向斯普林菲尔德支付了报酬，但彼时斯普林菲尔德已将其文章在出版商大厅做了登记，并已联系记者协会。协会将斯普林

---

152 劳瑞特，《沃尔特诉莱恩案（1900年）》；以及理查德森和托马斯，《塑造知识产权：展览、广告和报刊，1789—1918年》（Fashioning Intellectual Property: Exhibition, Advertising and the Press, 1789-1918），第119—122页。

菲尔德的案件看作一个机会，可以确立报社在没有向首次创作文段的作者支付费用的情况下不得从其他报纸复制该文段的原则。于是斯普林菲尔德退回《标准晚报》支付的报酬，并起诉报社侵犯其著作权。[153]

答辩状的策略是，主张斯普林菲尔德不应被看作在《每日邮报》上发表、后被《标准晚报》所复制的文章的作者。由于前一家报社副主编的修改，斯普林菲尔德的投稿"在形式上已被前述编辑实质性地删改，从而构成一篇新的文章"。[154] 在法官庭审时，《标准晚报》的律师——又一次包括斯克鲁顿的律师团队——援引诺斯在沃尔特诉斯坦科夫案中的判决，即只有新闻的形式是可以获得保护的，而背后的事实信息不能。斯普林菲尔德贡献了事实信息，而将它们塑造成新文章的，是副主编们，所以他们才应该被视为作者。斯普林菲尔德的律师回应道，如果将副主编视为他们所修改的文章的作者，这将意味着"外部的投稿人永远不会有任何权利，因为投稿总是要经过修改和重新编排的"。[155] 最终，法官判决发表的版本与斯普林菲尔德原创的版本相去甚远，足以排除将他认定为作者，因此也不是著作权人。斯普林菲尔德的诉讼被驳回，且他被判负担诉讼费。他的败诉显示，著作权法对语言和

---

153 《起诉状》(Statement of Claim)，1903 年 3 月 27 日（*Springfield v. Thame* [1902 S. 3280]，J54/1202，TNA）。出版的判例报告是：*Springfield v. Thame* [1903] 89 LT 242。

154 《答辩状》(Statement of Defense)，1903 年 4 月 29 日（*Springfield v. Thame*, J54/1202，TNA）。

155 *Springfield v. Thame* [1903] 89 LT 242.

形式的强调将不利于自由撰稿人——他们的作品在发表前都会受到较大程度的编辑。

报纸与 1911 年《著作权法》

1908 年《伯尔尼公约》在柏林修订后,著作权的全面改革变得更加迫在眉睫,因为英国法与修订后的协定不相一致。政府在 1911 年推动著作权改革,但对新闻的明确保护不再出现在议程中。事实上,由贸易委员会(Board of Trade)主席悉尼·巴克斯顿(Sydney Buxton)提交的法案中包含了一个条款,该条款规定,只要已经归认来源,就允许报纸文章的转载,除非原创文章在发表时已附有禁止转载的声明。贝尔非常愤怒,这毫不令人意外。他开始撰写一封打算寄给巴克斯顿的、谴责该条款的信件,但在完成这封信之前他就去世了。贝尔真的是为捍卫报纸著作权而牺牲了。[156]

不过,激怒贝尔的条款最终被删除了,"1911 年法"承认了报纸及其稿件的著作权。但新法并未如贝尔及其前辈们主张的那样保护新闻中的事实信息。新法中有关于职务作品的条款规定,雇员的作品自动归雇主所有,合同另有约定除外,但该条款不适用于报纸、杂志和其他期刊中的文章。在没有其他协议的情况下,当稿件在报纸或期刊上首次发表后,投稿人保留再次出版其文章的权利。

---

[156] 劳瑞特,《沃尔特诉莱恩案(1900 年)》,第 179—180 页;以及《莫伯利·贝尔先生之死》(The Death of Mr. Moberly Bell),载于《泰晤士报》,1911 年 4 月 6 日。

该条款意味着，想要将文章许可给其他报社或单独转载这些文章的出版商必须首先要求投稿人转让他们的权利。[157]《泰晤士报》开发出解决这一问题的聪明手段：它为投稿人设计了专门的支票，支票中包含了一个著作权转让协议。当投稿人在支票上背书时，他们也就将著作权转让给《泰晤士报》，由此给了报社所有者一份书面证据，证明他们已经通过付费获取了作者的权利。因此，对著作权的利用要求报社开发出新的商业惯例。[158]

"1911年法"中有几个条款受到报社的欢迎。首先，"公平行为"（fair dealing）*条款使为研究、批评、评论或"报纸摘要"而复制作品中的一部分成为可能。对于公开演讲，报社可以发表全文报道，除非演讲者专门保留发表的权利；即使在这种情况下，报社仍然可以提供演讲的摘要。另外还有对公众集会上政治演说的例外，报社对此总是可以报道的。[159] 但没有条款为"新闻和信息"提供哪怕几个小时的保护。

亨特、贝尔等人为新闻规定专门著作权的努力在英国失败了，这一事实并非不可避免。事实上，在澳大利亚、亚洲、非洲和中东的一些英国殖民地都通过了保护新闻的法律。这些法律是为了适应

---

[157] 《著作权法》(1911, 1 & 2 Geo. V, c. 46)[下称"1911年法"]，第五条第1款第b项。

[158] 贝利多和鲍瑞，《从作者到所有者：报纸著作权与〈泰晤士报〉(1842—1956年)》[From the Author to the Proprietor: Newspaper Copyright and The Times (1842-1956)]，第222—224页。

* 国内有学者将"fair dealing"译为"公平行为"，以区别于美国法上的"合理使用"（fair use）。本书遵从这一译法。——译者

[159] "1911年法"，第二条第1款第i项、第二条第1款第v项、第二十条。

在遥远的殖民地进口和销售新闻所面临的特定挑战的。它们不仅倾向于为路透社的利益服务,而且也为当地与路透社合作的英语出版商和通讯社的利益服务。[160] 由于报纸的数量和多样性,以及长期以来关于报刊自由和新闻流通的观点,英国的情况非常不同。数十年来废除"知识税"的斗争使得为新闻专有权辩护变得更加困难。1886年之后,这类权利也将违背《伯尔尼公约》的精神,尽管签约国仍然保留在其境内保护新闻的权利。沃尔特诉斯坦科夫案的判决承认了新闻文章的著作权,但也澄清了著作权不能延及新闻的内容,而仅延及新闻的形式。

早在19世纪30年代就提出,并在随后数十年被阐明的支持新闻著作权的激励论,不断遭遇反对意见,即这种权利将限制大众所关心的信息的流通。如果不是这种抵抗,著作权的保护范围将扩张得比现在大得多,它将既保护事实信息,也保护表达——至少对新闻而言是如此。这些努力也反映了支持者和反对者经常性地强调新闻有别于其他类型的著作,包括报纸中常见的其他类著作。因此,对新闻的文化态度和政治态度有助于确定著作权可接受的边界。在美国,亨特和贝尔追求的那种权利最终在反不正当竞争法领域得到

---

160 本特利,《电报及澳大利亚、英国和印度为新闻著作权的斗争》(*The Electronic Telegraph and the Struggle over Copyright in News in Australia, Great Britain and India*);迈克尔·D. 伯恩哈克,《殖民地的著作权:托管巴勒斯坦的知识产权》(Colonial Copyright: Intellectual Property in Mandate Palestine, Oxford: Oxford University Press, 2012),第212—238页;以及巴纳曼(Bannerman),《国际著作权与对知识的获取》(*International Copyright and Access to Knowledge*),第92—94页。

189　承认，但这是在美国新闻出版商开展他们将新闻纳入著作权法的斗争之后才得以实现的。支持这种努力并带来一种不同的新闻财产权观的美国新闻行业的转向，是下一章的主题。

第六章　美国的合作通讯社与对专有权的追求

　　在美国，创设专门新闻著作权法的努力一直到19世纪80年代才开始，比英国晚了将近五十年。改革的大环境和原因非常不同。在英国，印花税的减免和废除刺激了保护新闻著作权的第一波努力。美国的报纸从未被征税，它们的邮寄发行长期以来还得到补贴——这是一项鼓励复制的政策。虽然编辑们表达了从复制的新闻中收到"来源归认"的兴趣，有时还会报复那些没有恰当归认来源的报社，但他们从未寻求法律的保护。相反，他们主张建立引用和归认来源的共同规范，这种规范便利新闻的传播，也有利于提升最具进取心的报社的声誉。19世纪40年代中期开始普及的电报使交换系统问题重重。部分归因于电报传输的高昂成本，对错误归认来源或没有归认来源的控诉愈加常见，复制行为也越来越多地被描述为"盗窃"。但大多数编辑继续认为，只要归认来源，复制行为就是可以接受的。

　　得到来源归认的兴趣和电报传输的费用本身不足以使报社寻求著作权的保护。相反，对专有权的追求是由报社之间渐进但根本性的关系变化所推动的。从1850年左右开始，19世纪早期报业典型的编辑和投稿人关系网让位于更加正式的商业安排。这种正式的商业安排包括在会员间分担新闻搜集成本的合作协会，以及将报社视为付费用户的营利性通讯社。[1]即使是在合作协会中关系平等的会员之间，交换的运作方式也和更早的时期不同。过去，报社在新闻出版之后才进行交换，这种情况下，将来源归认于最早发表新闻的报社就足够了。与此不同的是，合作通讯社是在新闻发表之前进行交换的。协会会员将其职员搜集的本地新闻发送给一位中心代理人，由其精选并将新闻报道集合到一个汇总的电报信息中，再将该电报信息发回给各会员出版。随着时间的推移，这些电报信息逐渐包含通过与外国通讯社签订合同而获取的外国新闻以及协会职员自己准备的报道。为了使这类合作安排正常运作，合作通讯社必须建立规则，保证在其他会员发表本地新闻之前，会员们不会将之泄露给外部人士。他们还得制止具有竞争关系的通讯社窃取由其会员搜集的新闻并将之销售给在同一城市争夺读者和广告主的报社。对利用突发新闻来吸引读者和广告主的日益重视，以及出版商为搜集和分发新闻而创设的合作安排激发了对专有权的愿望。[2]

---

[1] 另参见里昂·杰克逊，《信件产业：南北战争时期美国的作家经济》(*The Business of Letters: Authorial Economies in Antebellum America*, Stanford, CA: Stanford University Press, 2008)，第120—126页、第140—141页。

[2] 乔纳森·西尔伯斯坦-勒布，《新闻供给中的排他与合作：以美联社为例，1893—1945年》(Exclusivity and Cooperation in the Supply of News: The Example of the Associated Press, 1893-1945)，载于《政策史期刊》(*Journal of Policy History*)，第24卷，第3期（2012年），第466—498页；乔纳森·西尔伯斯坦-勒布，《新闻的国际分发：美联社、英联社与路透社，1848—1947年》(*The International Distribution of News: The Associated Press, Press Association, and Reuters, 1848-1947*, New York: Cambridge University Press, 2014)，第13—16页。我很感谢西尔伯斯坦-勒布在这个领域的开创性工作。

美国国会允许私人企业开发电报，而不是由邮政局的一个部门来运营（如1870年以后的英国那样），这是一个重要的因素。从邮政政策鼓励新闻自由交换的去中心化的新闻环境，向报社彼此之间以及报社与私人电报公司之间结成合伙的模式转变，这从根本上重塑了新闻行业。不将电报公司国有化或者更严格地管制电报公司的决定，是对美国媒体发展影响深远的一个政治选择。[3] 从我们的目的看，重要的是通讯社采用的特定商业模式以及他们与电报公司的安排使他们将新闻视为一类财产，但这类财产又无法被纳入到现有的著作权法框架中。通讯社主要依赖自己的章程维持新闻的专有权，但当这些机制崩溃或者当竞争对手的行动使特定类型的复制行为成为问题时，他们便转向著作权法寻求解决方案。和英国一样，报纸文章或电报信息能否受著作权保护的不确定性带来了制定新闻专门法的努力，以及根据现行法主张权利的多种尝试。这种努力是由报社、合作通讯社和营利性通讯社之间不断变换的联盟关系所驱动的，它们也反映了人们对著作权的目的以及如何最好地保障公众对新闻的获取的不同见解。

---

3 保罗·斯塔尔，《媒体的诞生：现代通讯的政治起源》(The Creation of the Media: Political Origins of Modern Communications, New York: Basic Books, 2004)，第153—189页；理查德·R. 约翰，《网络化国家：美国电子通讯的发明》(Network Nation: Inventing American Telecommunications, Cambridge, MA: Harvard University Press, 2010)；以及理查德·B. 基尔博维茨，《调节及时性：技术、法律和新闻，1840—1970年》(Regulating Timeliness: Technologies, Laws, and the News, 1840-1970)，载于《新闻与传播学专论》(Journalism and Communication Monographs)，第17卷，第1期（2015年），第6—9页、第12—13页。

合作搜集新闻

从 19 世纪 20 年代开始,报社偶尔会相互协作,派遣船只迎接携带欧洲新闻的到港轮船;它们还分担派遣特快马车从其他地区获取新闻报道的费用。到 19 世纪 40 年代末之前,这种合作通常是临时而短暂的。跨大西洋定期汽船轮渡的出现和电报的普及推动了更加正式的合作。[4] 第一条电报线路——在 1844 年连接了华盛顿特区和巴尔的摩——最初是由邮政局运营的,但后续的网络是私人企业开发的结果。[5] 传输的成本是高昂的,且最初一次只能发送一条信息。报社开始看到合作的好处,而不是相互竞争并传输多余的信息。合作还是由对电报公司可能进入新闻行业的后果的担忧所驱动的,恰如一些电报公司曾短暂做过的那样。[6]

---

[4] 维克多·罗斯沃特(Victor Rosewater),《美国合作新闻搜集史》(*History of Cooperative News-Gathering in the United States*, New York: Appleton, 1930);以及理查德·A. 施瓦兹洛斯(Richard A. Schwartzlose),《国家的新闻经纪人》[(*The Nation's Newsbroker*, Evanston, IL: Northwestern University Press, 1989–1990) 1:1–78.]。

[5] 理查德·R. 约翰,《私人企业,公共善品?作为国家政治问题的去通讯管制,1839—1851 年》(Private Enterprise, Public Good? Communications Deregulation as a National Political Issue, 1839–1851),载于《超越建国者:美利坚共和国早期政治史的新研究方法》(*Beyond the Founder: New Approaches to the Political History of the Early American Republic*),杰弗里·帕斯利(Jeffery Pasley)、安德鲁·罗伯逊(Andrew Robertson)和戴维·瓦尔德斯特赖歇尔(David Waldstreicher)主编(Chapel Hill: University of North Carolina Press, 2004);以及戴维·霍赫费尔德(David Hochfelder),《美国的电报,1832—1920 年》(*The Telegraph in America, 1832-1920*, Baltimore: Johns Hopkins University Press, 2012),第 32—72 页。

[6] 约翰:《网络化国家:美国电子通讯的发明》(*Network Nation: Inventing American Telecommunications*),第 77—82 页。

第六章 美国的合作通讯社与对专有权的追求

1846年春,当电报线路从奥尔巴尼延伸到布法罗时,纽约州北部的几家出版商共同聘请了一名记者(reporter,这个词在此时开始被使用),负责从波士顿和纽约的报纸中汇编文段,并从当地立法机关汇编最新消息,然后用电报将汇总报道发送给合伙人。这一联盟后来演变为纽约州联合通讯社(New York State Associated Press),它与电报公司协商了一个特别费率。正如未来大部分协会将会做的那样,联盟通过禁止会员与其他报社分享新闻报道,努力保护其新闻的价值。[7] 与此同时,纽约市的几家出版商通过电报和陆路快递的组合共同努力获取美墨战争(1846—1848年)的新闻。它们还合作从欧洲获取新闻,这些新闻在用电报发送到纽约之前随汽船抵达波士顿。[8]

这类合伙创造了对专有权的愿望,这种愿望的思想基础是,只有那些对搜集新闻的成本有贡献的报社才能从新闻的及时出版中获益。这种愿望的证据可以在1849年的一份书面协议中找到。当时,纽约的六家早报社组建一个名为"港口新闻协会"(Harbor News Association)的合伙。最初的安排包括由两艘载有代理人的船

---

[7] 梅纳海姆·布隆海姆(Menahem Blondheim),《电线中的新闻:美国电报与公共信息的流动,1844—1897年》(News over the Wires: The Telegraph and the Flow of Public Information in America, 1844-1897, Cambridge, MA: Harvard University Press, 1994),第44—45页;施瓦兹洛斯(Schwartzlose),《国家的新闻经纪人》(The Nation's Newsbroker),第1章,第58—64页;以及尔博维茨,《调节及时性:技术、法律和新闻,1840—1970年》(Regulating Timeliness: Technologies, Laws, and the News, 1840-1970),第21页。

[8] 今天的美联社的起源可以追溯到1846年创办的企业。《我们的故事》(Our Story),关于美联社,如后文详述,该机构的历史相当复杂。

只前往搜集到港轮船的新闻。根据合同，通过这种方式获取的新闻将被视为六家合伙人的"共同财产"，不得与外部主体分享。这一规则适用于轮船上运载的英国或欧洲报纸、船长和船员的口头报告，以及任何"从船上可以获得的未装订的文件或公开信件"。但寄给合伙人的任何私人信件不需要共享，而在乘客或船员上岸以后，合伙人也有权通过采访他们获取独家信息。[9] 因此，协议中所说的"共同财产"完全是由轮船上的人们已知的新闻，以及当轮船靠港时任何报社支付迎接轮船的费用便可获知的新闻所构成的。

将可以公开获取的新闻作为合作协会的财产乍看起来似乎有些奇怪，但从合伙的首要目标看则是很有道理的：合伙的首要目标是避免为竞逐外国新闻而发生毁灭性竞争。港口新闻协会的会员对印刷在欧洲报纸上的新闻以及船长们传达的新闻并无法律上的请求权。但通过协调彼此的努力，可以保证他们在纽约最先发表这些新闻。其他出版商处于不利地位，因为他们得支付更多的费用，才能与协会通过在会员间分担成本而得以享用的资源相匹敌。后来的协会进一步细化和优化港口新闻协会提出的新闻财产权观念。分担搜集新闻费用的报社开始因外部主体的复制行为而感到不满。在1851年《纽约时报》创刊的一年后，该报评论道，"虽然新闻财产权不受法律保护，但窃取新闻和窃取为购买新闻而付出的金钱一

---

[9] 协议：《港口新闻协会》，1849年1月11日。亨利·J.雷蒙德（Henry J. Raymond）文集，纽约公共图书馆。这六家报社是《商报》（*Journal of Commerce*）、《太阳报》（*Sun*）、《先驱报》（*Herald*）、《信使与调查者报》（*Courier and Enquirer*）、《特快专报》（*Express*）及《论坛报》（*Tribune*）。

样,都是不诚实的"。[10] 但这一财产权应该如何执行呢?利用假新闻来诱骗复制者,这种多年来具有吸引力的想法注定是要弄巧成拙的。《纽约时报》举了一个假新闻的例子,该报道声称法国当时的统治者路易·拿破仑·波拿巴(Louis-Napoleon Bonaparte)遇刺身亡。传播这则假新闻的目的是使那些未分担传输费用而转载最新电报报道的报社难以下台。《纽约时报》承认这种复制行为是不公平的,但该报也谴责这种恶作剧,因为它会对读者们造成误导。

从这些早期的合作组织发展而来的纽约联合通讯社[New York Associated Press,纽联社(NYAP)]创造了分发新闻的一种全新方式。纽联社不是一家公司,而是由分担电报传输成本的六家报社所有和经营的合伙组织。随着时间的推移,该合伙的成员数量逐渐增加。除了支付每周的费用(大部分转付给传输新闻的电报公司)外,成员们还必须为纽联社提供它们在当地搜集的新闻。纽联社制作这些新闻的摘要并转发给其成员,成员受合同约束,在指定出版日期前必须对这些新闻保密。早报社和晚报社不得侵入彼此的时段。为了进一步限制竞争,章程还禁止成员订购具有竞争关系的通讯社的服务。[11]

新闻垄断组织?

随着时间的推移,纽联社改进了它的新闻报道,并说服越来

---

10 《纽约时报》,1852年3月10月。

11 乔纳森·西尔伯斯坦-勒布,《新闻的国际分发:美联社、英联社与路透社,1848—1947年》(*The International Distribution of News: The Associated Press, Press Association, and Reuters*),第14—15页。

越多的报社加入到协会中。这些报社中,有许多通过建立以纽联社为模型并附属于纽联社的地方协会来进一步保护它们的利益。事实上,一直到19世纪90年代前,都没有单一的联合通讯社,而只有组成松散和脆弱联盟的若干个地区和本地的协会。早在19世纪50年代,"联合通讯社"(Associated Press)这个名称就被非正式地用于指示这种联盟,但一直要到1892年,一个名为"联合通讯社"的单一全国性机构才在芝加哥注册成立(1900年,它又在纽约重新注册)。[12] 1892年之前,纽联社的附属机构包括新英格兰联合通讯社(New England Associated Press)、南方联合通讯社(Southern Associated Press)、加利福尼亚联合通讯社(California Associated Press)和西部联合通讯社(Western Associated Press),等等。纽联社对其他协会具有相当的控制力,因为它能提供来自欧洲以及来自纽约和华盛顿的新闻。每家附属协会都创设了与纽联社类似的限制性章程;会员必须在出版前分享其当地的新闻,同时它们也被禁止订购其他通讯社的服务。为了提升会员的价值,章程允许现有会员阻止发行区内的其他报社加入协会。这种所谓的"反对权"(protest rights)使会员可以在其地域范围内享有获取协会新闻的专有权。部分报社被以这样的方式排除会员资格,这助长了对纽联社及其附属机构的消极印象,认为它们是一个新

---

12 乔纳森·西尔伯斯坦-勒布,《新闻的国际分发:美联社、英联社与路透社,1848—1947》,第46—57页。19世纪50年代末,一些报社开始使用"通过电报附属于联合通讯社"或简单的"附属于联合通讯社"的标签。1892年在芝加哥成立的美联社承继的是西部联合通讯社,而非纽约联合通讯社。

闻的"垄断组织"。[13]

加利福尼亚联合通讯社［加联社（CAP）］的早期历史提供了这种动态关系的绝佳示例。加联社的核心报社是旧金山的《上加利福尼亚报》（*Alta California*）、《萨克拉门托联盟报》（*Sacramento Union*）以及旧金山的《晚间简报》（*Evening Bulletin*）。随着电报公司在 1860 年到 1861 年将加利福尼亚州和东岸连接起来，加联社与电报公司和纽联社达成独家协议。《晚间简报》的所有者和主编詹姆斯·W. 西蒙顿（James W. Simonton）同时也是纽联社的报社《纽约时报》的股东，这促进了后一协议的达成。西蒙顿及其同盟不断阻止其他旧金山报社加入加联社或者直接从纽联社获取新闻的请求。由于无法购得新闻，遭排斥的报社谴责加联社是一个垄断组织。有些报社也只好诉诸复制。利用纽约和加利福尼亚之间的时差，它们安排代理人从纽约获取印刷报纸上的新闻并用电报发送到西部，使之赶得上与加联社成员同时或者更早出版。但这一策略没有奏效多久，因为加联社说服电报公司对没有加入协会的报社收取极其高昂的费用。[14]

---

13 施瓦兹洛斯，《国家的新闻经纪人》（*The Nation's Newsbroker*），第 2 章：第 34—39 页；布隆海姆（Blondheim），《电线中的新闻：美国电报与公共信息的流动，1844—1897 年》（*News over the Wires: The Telegraph and the Flow of Public Information in America, 1844-1897*），第 96—142 页；以及基尔博维茨，《调节及时性：技术、法律和新闻，1840—1970 年》（*Regulating Timeliness: Technologies, Laws, and the News, 1840-1970*），第 29—32 页。

14 罗伯特·J. 钱德勒（Robert J. Chandler），《加利福尼亚州的新闻—电报垄断，1860—1870 年》（*The California News-Telegraph Monopoly, 1860-1870*），载于《南加利福尼亚季刊》（*Southern California Quarterly*）第 58 卷，第 4 期（1976 年冬季刊），第 459—484 页。

更重要的问题是，纽联社及其附属机构的限制性章程促进了竞争性通讯社的组建。19世纪70年代，最主要的竞争对手是美国新闻协会［American Press Association，美新会（APA）］。纽联社抱怨美新会复制它的新闻。然而，美新会的威胁非常有限，因为纽联社与西联电报（Western Union）公司签订了一个非常有利的合同。通过合并，西联电报成为全国占据支配地位的通信商。到1880年，它控制全美电报线路总长的80%，传送全美新闻信息的91%。为了换取大幅折扣和使用线路的特权，纽联社及其附属机构必须将所有业务都交给西联电报，而且，它们基本上避免对该公司提出批评。西联电报也同意不进军新闻行业。[15]

美新会总裁、纽约《每日图报》（*Daily Graphic*）主编詹姆斯·H.古德赛尔（James H. Goodsell）领导了报界和国会中反对纽联社与西联电报"双垄断"的运动。古德赛尔等人敦促国会规范电报产业，以促进"新闻的自由贸易"。[16]对纽联社与西联电报勾结的控诉因19世纪末普遍的反垄断情绪而加强，有不少提案要

---

[15] 施瓦兹洛斯，《国家的新闻经纪人》（*The Nation's Newsbroker*），第2卷：第58—59页；以及丹尼尔·J.奇特罗姆（Daniel J. Czitrom），《媒体与美国心智：从摩尔斯到麦克卢汉》（*Media and the American Mind: From Morse to McLuhan*, Chapel Hill: University of North Carolina Press, 1982），第23页（图）。西联电报保留搜集和销售股票报价和其他市场报道的权利，这给纽联社带来一些麻烦。基尔博维茨，《调节及时性：技术、法律和新闻，1840—1970年》（*Regulating Timeliness: Technologies, Laws, and the News, 1840-1970*），第22—23页。

[16] 引自约翰，《网络化国家：美国电子通讯的发明》（*Network Nation: Inventing American Telecommunications*），第146—147页。

求管制电报,甚至将电报国有化。[17]对我们的故事而言,重要的是纽联社及其附属机构的特定商业模式带来了对"新闻是一种财产形式"的观点的论述。纽联社及其附属机构是合作协会,它们并没有将新闻报道销售给所有愿意付费的顾客。章程允许会员阻止其地域范围内的新进入者(以保障对纽联社新闻的专有使用),但也禁止会员订购其他通讯社的服务(从而限制了竞争)。这些政策受到像古德赛尔这样的批评者的攻击,古德赛尔的通讯社也希望向纽联社会员销售新闻。纽联社的行为还受到一些立法者的审查,这些立法者担心西联电报与纽联社之间的协议将限制新闻的传播。

在1879年参议院委员会对这些问题的听证会上,时任纽联社总代理詹姆斯·W. 西蒙顿声明:"我主张新闻有财产权,这一财产权是由我们搜集和汇总新闻的事实所创造的。"[18]西蒙顿心中有特定的想法。他并不关心新闻在出版之后被复制。相反,他想捍卫的是纽联社决定谁有权加入协会,从而能及时获取其新闻的权利。一名参议员批评纽联社排除其他希望入会的报社,实际上将新闻视为"[它们]自己的私有财产"。[19]问题在于,纽联社是否负有开放会员资格的义务,就像铁路等公共承运人必须为任何愿意付费的人提供服务那样。鉴于纽联社与西联电报之间的关系以及后者的支配地位,国会是否有权力或义务管制电报技术,以促进更多地获取

---

17 约翰,《网络化国家:美国电子通讯的发明》,第65—199页。

18 Sen. Cmte. on Railroads, S. Rep. No. 805-45, at 51 (1879).

19 前引,第50—51页。

新闻?[20]

　　西蒙顿断言,将纽联社视为垄断组织是错误的,因为新闻是取之不尽的;每家报社和通讯社都可以自由搜集它们想要的新闻。西蒙顿用渔业作类比。当一名渔夫收紧渔网时,必然会减少其他人可以捕获的鱼的数量。相反,当一家通讯社利用资源搜集新闻时,它并未减少可由其他人搜集的新闻的数量。西蒙顿描述的是新闻作为非竞争性物品(nonrivalrous good)的事实,尽管他没有用这个术语。为了充分说明这一点,他用光线作类比。"当我们搜集新闻时",西蒙顿说,"我们并没有吸光它、用尽它或摧毁它,正如您和我并未摧毁这里的光线一般。"[21] 虽然新闻具有非竞争性,但西蒙顿认为它应该具有排他性。任何人都有权搜集新闻,但他们在未经许可的情况下不应被允许使用他人搜集的新闻。西蒙顿告诉委员会,国会拒绝为新闻机构提供它提供给文学作品作者的那类著作权保护,这是令人遗憾的。[22]

竭力争取著作权

　　当西蒙顿在 1879 年作证时,报纸——更不用说电报信息——能

---

[20] 直到 1910 年,国会才将电报公司视为公共承运人,使之接受州际商业委员会(Interstate Commerce Commission)的管辖。基尔博维茨,《调节及时性:技术、法律和新闻,1840—1970 年》(*Regulating Timeliness: Technologies, Laws, and the News, 1840–1970*),第 15 页、第 35 页。

[21] S. Rep. 805-45, at 51 (1879).

[22] 前引,第 63—69 页。

否获得著作权保护是不清楚的。这个问题在19世纪80年代更加紧迫,因为纽联社和芝加哥的西部联合通讯社[Western Associated Press,西联社(WAP)]的领导层正在努力创建一个更加统一的全国性通讯社。受惠于电报技术的变革,这一目标如今变得更加可行。在19世纪70年代双工(1872年)和四工(1874年)技术开发之前,电报中一次只能发送一条信息。19世纪80年代,随着多工技术的普及,电报公司开始将超额的电路传输能力出租给个别报社和通讯社,从而促进了全国性新闻机构的发展。[23]对于纽联社及其地区性附属机构而言,强化合作的愿望在1882年显著增强,这一年,一个令人生畏的竞争对手——合众通讯社[United Press,合众社(UP)]——开始崭露头角。合众社是营利性的通讯社,而不是由会员所有的通讯社。它向任何愿意付费的顾客销售新闻,其订户从1882年的大约一百家迅速增长到1884年的166家。由于担心合众社的壮大,且为了维护新闻的专有权,纽联社和西联社的联合执行委员会决定游说国会制定一部可以在出版后数小时内禁止转载新闻报道的著作权法案。[24]

这项努力发生在1884年,这一年国会正考虑对电报业进行全

---

23 乔纳森·西尔伯斯坦-勒布,《新闻供给中的排他与合作:以美联社为例,1893—1945年》(*Exclusivity and Cooperation in the Supply of News: The Example of the Associated Press, 1893-1945*),第468页;以及基尔博维茨,《调节及时性:技术、法律和新闻,1840—1970年》,第14页、第18—19页。

24 施瓦兹洛斯,《国家的新闻经纪人》(*The Nation's Newsbroker*),第2卷,第132—135页。注意,1882年成立的合众通讯社与1907年成立的同名通讯社并无关系。

面改革。反垄断的情绪很强烈，对 1881 年控制了西联电报的金融家杰伊·古尔德（Jay Gould）的恐惧亦然。古尔德也涉足报业，他用报业来推进自己的利益。从 1879 年到 1883 年，他一直是《纽约世界报》（New York World）的所有者，直到该报被约瑟夫·普利策（Joseph Pulitzer）收购。他和《纽约论坛报》也过从甚密。在 1884 年总统选举备战期间，一些观察家声称古尔德正试图接掌整个纽约报界。[25] 纽联社－西联社领导层正是在这个不恰当的时机竭力争取新闻的专门著作权。他们派出《路易维尔信使报》（Louisville Courier-Journal）的主编亨利·沃特森（Henry Watterson），代表他们前往华盛顿游说。[26]

国会在 19 世纪末考虑过无数个著作权法案，新闻出版商对著作权也感兴趣，这对立法者而言应该毫不奇怪。[27] 沃特森的努力使得参议院和众议院在 1884 年 3 月引入两个相同的法案。法案提议为任何报社或"报业协会"出版的新闻报道提供一个自动的著作

---

25 约翰，《网络化国家：美国电子通讯的发明》（Network Nation: Inventing American Telecommunications），第 172—175 页、第 192—193 页。

26 将我引导到关键信息源的、对 1884 年运动的开创性论述，是芭芭拉·克劳德（Barbara Cloud）的《新闻：公共服务还是营利性财产？》（News: Public Service or Profitable Property?），载于《美国新闻学》（American Journalism），第 13 卷，第 2 期（1996 年春季刊），第 141—156 页。

27 在沃特森造访华盛顿的前几个月，有两个与报纸著作权有关的法案被提交，但这两个法案都被新闻界批评为构思不当，且都在委员会阶段胎死腹中。第一个法案代表了保护不同于出版商权利的投稿人权利的一种努力。47th Cong., 2d Sess., H. R. 7341 (1883); reintroduced 48th Cong., 1st Sess., H. R. 62 (1883). 另一个法案试图保护报刊名称的著作权。48th Cong., 1st Sess., H. R. 4160 (1884); and Cong. Rec., 29 Jan. 1884: 734.

权——无须登记或交存的形式要件。在出版后的 8 小时内，著作权人享有"印刷、发行和销售……超过一百字的上述日报或周报的内容，或者上述报业协会搜集的新闻的独家权利"。[28] 此处提到报业协会，可能是有意排除营利性的通讯社，如合众社。8 小时的保护期是妥协的结果；最初的草案提出的是 48 小时，随后减少到 24 小时，最后减少到 8 小时。沃特森以为，如果当初没有提出这么长的保护期，本可以避免对该法案的大部分反对意见。[29]

沃特森在社论和一篇公开发表的采访稿中为立法提案辩护。一个普遍的反对意见是，该法只对纽联社有利，而批评者将纽联社称为垄断组织。沃特森回应道，"所有诚实的报社和所有诚实的通讯社"都支持该法案。[30] 小城镇和农村地区的报社担心该法将禁止它们转载大城市的新闻。沃特森试图再向它们保证，只要主编们按规定等上几个小时，复制行为就可以继续进行，他声称这种延迟对周报根本不会有任何影响。他还主张，如果其他报社或通讯社对新闻进行改写，它们也可以在著作权保护期届满前转载新闻。沃特森认为，改写所导致的延迟能够有效地保障第一个购买新闻的机构所做的投资。[31]

28　48th Cong., 1st Sess., S. 1728 & H. R. 5850 (1884).

29　《沃特森为著作权法案辩护》（Watson Argues for the Copyright Bill），载于《俄勒冈人报》（Oregonian）（波特兰），1884 年 3 月 15 日。

30　《提议为新闻提供著作权保护》（Proposing to Copyright News），载于《纽约时报》，1884 年 2 月 18 日。

31　《路易维尔信使报》，1884 年 3 月 6 日，引自克劳德（Cloud），《新闻：公共服务还是营利性财产？》（News: Public Service or Profitable Property？），第 148 页。

新闻的内容与新闻的表达之间的区分,实际上被 1884 年法的一些支持者所模糊化,他们提出"新闻财产权"的概念。他们的目标显然是保护搜集和传输新闻的经济投入,而不是将新闻写成文字的记者或编辑们的智力努力。例如,沃特森断言,报社的有形资产,"从双面印刷机到新闻记者的浆糊罐,都是财产,盗窃这些财产的人都会落入法律制裁的范围。但构成报社财产真正价值的东西——耗费大量资金、多年的特别经营、训练和劳动的新闻特许经营权——却没有任何法律地位……任何人都可以窃取,没有任何惩罚"。[32] 类似的,该措施的其他支持者的声明也强调,时间、劳动和金钱上的投入使新闻财产权具有正当性。这就导致批评者们谴责提案中的著作权试图创设一种对时事报道的垄断权。如英国那样,在美国,新闻著作权的支持者努力说服批评者,保护事件特定的描述版本而不垄断其背后的事实信息是可能的。[33]

反对新闻著作权

1884 年提案的反对者提出反对新闻著作权这个主意的政治、经济和文化论点。首先,服务于小城镇和农村地区的报社所有者及编辑们声称,著作权将强化纽联社和大型城市报社的"垄断"。宾夕法尼亚州拉特罗布市的 10 位居民签署了一份请愿书,抗议为新

---

32 《提议为新闻提供著作权保护》(Proposing to Copyright News)。
33 参见《俄勒冈人报》(波特兰)1884 年 2 月 16 日、1884 年 2 月 18 日、1884 年 2 月 25 日和 1884 年 3 月 10 日转载的交换件。

闻创设"哪怕一小时的"著作权的任何法律,主张这种措施的"目的在于破坏新闻自由"。由密苏里州28位居民签署的另一份请愿书将该法案描述为"为实现大型日报驱逐小型竞争者,从而获得向人民提供新闻的产业垄断权的利益而采取的行动。我们信仰新闻自由,所以坚决反对这一法律"。[34] 人们设想中的新闻自由显然不仅仅包括没有事前限制;还包括谁有权获取新闻以及获取何种质量的新闻。在写给其国会议员的一封信中,爱荷华州一家小报的所有者抱怨道,大城市的日报出版商们企图"窒息农村的兄弟们,使我们不能出版新闻","不久之后,这些家伙将会试图为我们所呼吸的空气创设著作权"。[35] "窒息"这个比喻强调了农村印刷商的生计依赖于复制的权利,但它也显示,他们在很大程度上将新闻视为公共资源——如空气本身一样至关重要。[36]

1884年提案的批评者强调了著作权的政治危险。在写给其参议员的信中,纽约州的一名报纸出版商主张,乡村报刊"比任何大都市的日报都更接近人民"。[37] 著作权被视为威胁,因为它妨碍编辑们转载本地读者们感兴趣的新闻。《密尔沃基卫报》(*Milwaukee Sentinel*)

---

34 《致查尔斯·E.博伊尔的请愿书》(Memorial to Charles E. Boyle),1884年3月10日(file HR48A-H21.3, RG 233, NARA);以及《致C.H.摩根的请愿书》(Memorial to C. H. Morgan),1884年2月18日(file HR48A-H21.3, RG 233, NARA)。

35 《威廉·托曼致D.B.亨德逊》(William Toman to D. B. Henderson),1884年2月20日(file HR48A-H21.3, RG 233, NARA)。

36 爱荷华州所有者的声明似乎预见了路易斯·布兰代斯大法官(Louis Brandeis)在国新社案所使用的语言。参见第七章。

37 《埃德加·L.文森特致E.G.拉帕姆》(Edgar L. Vincent to E. G. Lapham),1884年4月4日(file S48A-H14, RG 46, NARA)。

担心,由于限制了他人可以复制的内容,该法必然成为评论的障碍。正如一篇社论所言:"阻止其他报纸评论[新闻],就是压制自由讨论,而允许他们进行评论,就必须允许他们转载内容。"[38] 有些新闻依赖于政府信息源,这一事实也引起担忧。一家名为《印刷商通函》(Printers' Circular)的贸易日报声称,政府官员经常向纽联社提供重要通知,他们的理解是,"这些通知将被发送给公共报刊以供大众使用"。如果存在新闻著作权,理论上它可以被用于维护"对国会会议记录、总统声明和总统重要任命的报道的垄断权"。[39] 1884 年的许多社论和递交给国会的请愿书都使用这种垄断的语言,而这也在立法者中引起了共鸣。事实上,在提交新闻著作权法案的同一周,参议院举行了与电报政策有关的听证会。在这个听证会上,纽联社和西联电报再次被指控拥有控制新闻传播的垄断权。[40]

除了对信息获取的上述担忧外,出现的另一个论点是,新闻不是创作的产物,因此根本不能获得著作权保护。著作权的目的是鼓励作者和艺术家创作新作品,这一逻辑如何能适用于新闻,这是难以澄清的。反对 1884 年提案的报社所有者和编辑们给国会寄去大

---

38 《密尔沃基卫报》,1884 年 2 月 22 日,引自罗伯特·布劳内斯,《进步时期新闻著作权辩论中独创性标准的转变》(The Transformation of Originality in the Progressive-Era Debate over Copyright in News),载于《卡多佐艺术与娱乐法期刊》(Cardozo Arts & Entertainment Law Journal),第 27 卷,第 2 期(2009 年),第 357 页。

39 《支持著作权的奇怪主张》(Curious Claim for Copyright),载于《印刷商通函与出版商及书商公报》(The Printers' Circular and Stationers' and Publishers' Gazette)(费城),第 18 卷,第 12 期(1884 年 2 月),第 243 页。

40 Sen. Cmte. on Post-Offices and Post Roads, Postal Telegraph, S. Rep. No. 577-48, at 287-316 (1884).

量印刷请愿书,宣称新闻是一门生意,而不是一种创作形式。"制定著作权法和专利法的目的不是为了给个人或企业的金钱支出提供回报",请愿书主张,"而是为了激励创造性和发明性才华。如果新闻能够获得著作权,那么这项著作权应当授予创造或发明新闻的人,而不是作为新闻购买者和交易人的报社"。请愿书将新闻定义为"时事的历史",并质问道,"有人能创造或发明事实或事件吗?如果不能创造或发明事实或事件,如何能对它享有著作权?新闻是时间的历史。法律不能将它变成任何人的财产"。[41]

事实不能受著作权保护的观念现在似乎是人们所熟知的,但一直到20世纪,一些美国法院仍然判决,为编制以事实为主要内容的作品而投入的劳动是该作品获得著作权保护的正当理由。1991年,美国最高法院坚决拒绝"额头汗水"和"勤劳搜集"原则,坚持著作权的标准是独创性创作。该判决意味着,对于事实的汇编,只有选择和编排可以获得保护,而事实本身不可以。[42]但在19世纪末,著作权要求"创造性"或"独创性"的观念依然是新鲜的。法

---

[41] 《新闻著作权法案:致参议院和众议院的议员们》(The News Copyright Bill. To the Members of the Senate and the House of Representatives)(1884年)在下列文件夹中可以找到超过80份这类请愿书:NARA: HR48A-H12.5, HR48A-H21.3, S48A-H14, S48A-J6。罗伯特·布劳内斯将其中一份请愿书的扫描件张贴在他的学院教师主页上。

[42] *Feist Publications, Inc. v. Rural Telephone Service Co.*, 499 U. S. 340 (1991);以及米莉亚木·比顿(Miriam Bitton),《费斯特、事实与功能:历史的视角》(Feist, Facts and Functions: Historical Perspective),载于《以事实为主要内容的作品的知识产权保护:著作权及其替代》(*Intellectual Property Protection for Fact-Based Works: Copyright and Its Alternatives*),罗伯特·F. 布劳内斯主编(Cheltenham, UK: Edward Elgar, 2009),第3—38页。

院长期以来都承认百科全书、通讯录等信息类作品的著作权,但报纸的时效性使之看起来不太能够获得著作权的保护,正如1828年的克莱顿诉斯通案所示。[43] 到19世纪80年代,报社和通讯社不仅强调其传递信息的速率,还强调他们所提供的服务的公共价值。他们主张,从世界范围内提供可靠信息的高昂成本,是提供反"盗版"保护的正当理由。但正如前面提及的请愿书所示,以经济支出为基础论证新闻著作权正当性的企图有可能弄巧成拙。为了回应1884年提案,批评者比以往更清楚地阐述了这一思想:著作权的立法目的是保护独创性创作,而不是经济投资。[44] 这些批评者中,有些可能接受其他形式的新闻作品——如社论或主要小品文——是可以受著作权保护的。但纽联社-西联社的领导层希望保护的,是电报信息,而不是专题文章。他们本可以主张电报信息是记者和编辑们的文学劳动成果。但是,他们却将重点放在搜集和传播突发新闻所需要的资本和商业组织上。这一策略为对手们提供了机会,使他们得以阐述关于著作权法立法目的的观点。

在《国民报》(*Nation*)中,一篇题为《盗窃新闻》的文章详细阐述了新闻并非值得著作权保护的创作形式。[45] 该文作者批评亨

43　参见第四章。

44　布劳内斯,《进步时期新闻著作权辩论中独创性标准的转变》(*The Transformation of Originality in the Progressive-Era Debate over Copyright in News*)。当时,与什么构成创作这个问题有关的重要案件是伯罗-吉尔斯平版印刷公司诉萨洛尼案(*Burrow-Giles Lithographic Co. v. Sarony*, 111 U. S. 53, 1884)。

45　另参见《萨克拉门托联合日报》(*Sacramento Daily Union*),1884年2月27日。该文主张"不论如何扭曲著作权原理,新闻的搜集都不能被解释为属于源于智力的成果。而只有源于智力的成果才能受著作权法的保护"。

利·沃特森正在为"他非常错误地称为报纸'著作权'法"的措施而战。《国民报》的这位作者引用《美国宪法》第一条第八款——该款授权国会在有限时间内保护作者对其作品的专有权——并宣称,"将捡拾一条消息或一则'新闻'的人称为'作者',这根本就是荒唐的"。在这位匿名作者看来,著作权的目标是"保护独创性、智力性劳动的果实",而搜集新闻是任何人都可以从事的消极活动:

> 有些人通过钥匙孔窃听的方式搜集新闻,而大多数人则是在生意会谈或休闲聚会中与他人的普通交谈过程中搜集新闻。如果一位伦敦的新闻搜集者发电报给纽约,称斯塔福德·诺斯科特(Sir. Stafford Northcote)刚刚做了一个《无题》的演讲,或者凯恩斯勋爵(Lord Cairns)向福特斯克小姐(Miss Fortescue)支付1万英镑以解除其儿子的婚约,谁是新闻"财产权"所要保护的人,或者说,谁是"作者"?是"新闻"的搜集者吗?如果是这样的话,那么任何长了耳朵和眼睛的人都是"作者"。[46]

新闻是"搜集"而来的,不是"写作"出来的,这一论点并不新鲜。早在18世纪30年代,《格拉布街周报》就对"新闻文学财产权"的概念不屑一顾,理由是,新闻是由寻访咖啡馆搜集最新流言的收费雇员所搜集的。[47] 到19世纪80年代,报社拥有大量职员,通

---

46 《盗窃新闻》,载于《国民报》1884年2月21日,第159页。
47 参见第二章。

讯社的运行也需要规模巨大的协调。即便如此,《国民报》的这位作者依然认为新闻处在创作的范围之外;他甚至主张,虚构新闻的人比报道真实事件的人更有权主张自己是作者。他承认,报纸中的其他文章——例如著名人物和地点的轶闻趣事——可以获得著作权,因为这些文章是"文学劳动"的结果。但他认为大部分新闻报道缺乏这类劳动的证据,而且无论如何几乎是不可能获得保护的,因为复制者可以通过改变措辞的方式模糊新闻报道的来源。即使有可能证明一份报纸不正当地复制另一份报纸,将新闻作为财产也将阻碍合法的再利用行为。《国民报》的这位记者说:"作为'特快电讯'发表在一份报纸上的同一则'新闻'立即被另一份报纸作为文段、社论或一则'新闻'的主题转载。如果这被当作刑事犯罪,大部分编辑将一直被关在监狱里。"[48] 换言之,复制行为便利了评论和分析。编辑们依赖于彼此,如果著作权适用于新闻,不清楚他们将如何继续开展工作。

　　既同意新闻没有达到文学创作的高度,同时又将复制视为盗窃行为,这也是可能的。普利策的《纽约世界报》承认,将搜集新闻等同于写作小说或戏剧是荒谬的。该报的一篇社论解释道:"前者是经营和投资行为,后者是创造行为。"[49] 尽管如此,《纽约世界报》却支持,投入于新闻搜集的技巧、经营和金钱是反"抢劫"和"盗版"保护的正当理由。有趣的是,参与新闻著作权问题讨论的

---

48 《盗窃新闻》。

49 《著作权法》(The Copyright Law),载于《俄勒冈人报》(波特兰),1884年3月18日(来源归认于《纽约世界报》)。

编辑们的评论显示，他们将立法提案视为一系列问题的潜在解决方案。《纽约世界报》声称，著作权可以制止个人通过秘密手段获取新闻，然后几乎与搜集新闻的报纸同时发表该新闻。这种说法将著作权侵权和贿赂或窃取秘密信息混为一谈。《普罗维登斯日报》（Providence Journal）和波特兰的《俄勒冈人报》（Oregonian）都表达了希望1884年被审议的法律能鼓励寡廉鲜耻的编辑们采用"更诚实"的方法，这暗示如果尊重一定的规范，复制行为是可以被允许的。一家叫《潮流报》（Current）的芝加哥周报推测，立法的主要目标是终止晚报从早报中窃取新闻的传统。[50] 对不同的人来说，著作权法显然意味着不同的事物。

大部分小报都反对著作权，因为它们认为著作权将限制它们对国内和国际新闻的获取，但是，达科他地区的一位主编支持1884年的提案，他希望该提案能够保住小镇印刷商的工作。他的想法是，著作权能够阻止提供所谓"即印"（ready-print）和"样板文件"（boilerplate）服务的联合发表公司（syndication companies）的成长。[51] 即印服务可以追溯到19世纪60年代。小镇报社和外部的公司（通常来自大城市）签订合同，购买包含预先在两页纸上印有新闻栏、专题报道和广告的报纸。剩下的两页纸留空，以便当地的印刷商添加从当地获取的新闻和广告。这种四页版的周报又被称为"专利

---

50 《俄勒冈人报》（波特兰），1884年3月20日（该文赞成《普罗维登斯日报》的观点）；以及《潮流报》（芝加哥）第1卷，第2期（1884年3月8日），第177页。

51 《新闻著作权》（The Press Copyright），载于《俄勒冈人报》（波特兰），1884年3月26日［来源归认于《洋际报》（InterOcean）（芝加哥）］。

页"（patent' sides），因为专利药的广告在预印的"内页"（第二和三页）或"外页"（第一和四页）中很常见。1865 年，威斯康辛印刷商安塞尔·N. 凯洛格（Ansel N. Kellogg）在芝加哥创办了第一家大型即印企业。接下来的十年，他和竞争对手还提供另一种被称为"样板文件"的产品。[52] 即印服务是通过邮件寄送部分印制的报纸，而样板文件则是生产可以运送给当地的印刷商在其报纸上使用的轻薄版型的模具。到 1880 年，据估计，全国大约 8600 家周报社中，有超过 3000 家订购了即印服务或者样板文件服务。[53]

使用这类服务的乡村印刷商遭到没有使用该服务的印刷商的批评，1884 年，一份报业行业期刊将即印服务称为"对读者的欺

---

[52] 关于即印服务的早期实验，参见埃尔莫·斯科特·沃特森（Elmo Scott Watson），《美国报业辛迪加史，1865—1935 年》（*A History of Newspaper Syndicates in the United States 1865-1935*, Chicago, 1936），第 1—6 页。沃特森认为，"样板文件"（*boilerplate*）这个词的起源是，有一段时期，美国新闻协会的芝加哥办公室和一家铸铁工场在同一栋楼，辛迪加的印刷商们开玩笑说他们在一家"锅炉（boiler）板（plate）工厂"工作。前引，第 36 页。

[53] 芭芭拉·克劳德，《西部边境的报业》（*The Business of Newspapers on the Western Frontier*, Reno: University of Nevada Press, 1992），第 140—145 页（该数据引自第 141 页）。另参见尤金·哈特（Eugene Harter），《美国样板文件：隐藏的报纸》（*Boilerplating America: The Hidden Newspaper*）、多萝西·哈特（Dorothy Harter）主编（Lanham, MD: University Press of America, 1991），第 20—23 页；查尔斯·约翰宁斯迈尔（Charles Johanningsmeier），《小说与美国文学市场：报业辛迪加的角色，1860—1900 年》（*Fiction and the American Literary Marketplace: The Role of Newspaper Syndicates, 1860-1900*, Cambridge: Cambridge University Press, 1997），第 34—43 页；以及杰拉尔德·J. 巴尔达斯蒂（Gerald J. Baldasty），《19 世纪新闻的商业化》（*The Commercialization of News in the Nineteenth Century*, Madison: University of Wisconsin Press, 1992），第 91—92 页。

诈",因为表面上看是本地制作的内容,实际上并不是。[54]前述达科他主编支持著作权法提案,因为他认为著作权法能制止即印服务公司从大型报社和通讯社那里窃取新闻。他认为,如果这些公司的免费复制件供应被切断,它们的成长就会受到限制,从而保住本地印刷商的工作。[55]事实上,纽联社-西联社的领导层并未援引即印和样板文件服务作为在1884年追求著作权保护的动因,而且看起来有些公司已与通讯社签订合同,直接从通讯社那里获取新闻。[56]达科他州的主编将著作权法提案视为制约即印服务成长的一种方式,正说明著作权在很大程度上被乐观地视为解决一系列问题的救济手段。

报界的一些评论者主张,1884年的立法提案是毫无意义的,因为著作权不能保护新闻事实,而这正是纽联社-西联社领导层实际上想要的。正如《哈珀周报》(*Harper's Weekly*)所言:"新闻最根本的价值在于事实,而不在于形式,而在它发表的那一刻,不管形式如何,事实都已变成大众的财产。"《哈珀周报》的这位作者以历史研究作类比。三位历史学家使用相同的事实准备其历史著作,每部历史著作都可以获得著作权保护。新闻也是如此。《哈珀周报》说:"已发表的新闻是对特定事件的描述。除了该描述之外,还有其他

---

54 克劳德,《西部边境的报业》(*Business of Newspapers*),第143—144页。

55 《新闻著作权》。

56 19世纪90年代,芝加哥联合社报告,它正在为"两到三家"专利页出版商提供服务,但合同要求这些客户要等到新闻在联合社报纸上发表八小时后再使用这些新闻。《联合通讯社:第七份年度报告》(*The Associated Press. Seventh Annual Report*, Chicago, 1900),第60页。

什么东西可以获得著作权保护吗？"[57]言外之意是，纽联社和西联社的董事会成员正在试图用著作权做它所不能做的事情——保护事实。

1884年新闻著作权法案在进入投票环节前就提前夭折了。法案提交参议院的一个月后，参议员约翰·谢尔曼（John Sherman）就报告说程序不能再往前推进了。[58]纽联社-西联社领导层并未就此事施压。他们想必是担心旷日持久的行动将使该机构受到更多他们试图垄断新闻的指控。在其自传中，沃特森回忆其在华盛顿的这段时光，认为这段时间真是"徒劳无功"。他回忆道，一些编辑同行批评他支持著作权。虽然他最初在最高法院大法官、司法部长和国会图书馆联合委员会中找到了同盟军，但他最终意识到法案是不可能进入投票程序的，因为人们担心著作权将以牺牲全国小报社为代价而增加纽联社及其附属机构的权势。[59]

著作权的爆炸性利用

"1884年新法"未获通过并没有浇灭人们利用著作权保护新闻的希望。事实上，19世纪80年代末和90年代初，报社、通讯社开

---

[57] 《新闻上的著作权》(Copyright in News)，载于《哈珀周报》，1884年3月8日，第151页。

[58] 索尔瓦尔德·索伯格，《国会中的著作权，1789—1904年》(*Copyright in Congress, 1789—1904*, Washington: GPO, 1905)，第228页。

[59] 亨利·沃特森，《"马斯·亨利"自传》(*"Marse Henry": An Autobiography*, New York: Beekman, 1974)，第2卷，第104—105页。

始对单篇文章进行著作权登记并附加著作权声明。著作权信息在大多数报纸内容——从诗歌、插图到电报信息——变得更加普遍，这是那个时代的读者们所注意到的一个变化。对于小说，"著作权"一词被用于广告中，以说明相关内容是独家的、已付费购买的。例如，周日版《纽约论坛报》1885年的一则广告承诺读者，它们将提供"由最聪明的作者们撰写的最精彩的、有著作权的文章"。[60] 1890年，芝加哥《洋际报》(*Inter Ocean*)的主编抱怨道，著作权的限制使他仅仅能从其他报纸中复制几行诗歌。[61] 这一说法表明，旧有的交换模式很大程度上已经被一个新模式所取代，在这个新模式中，编辑们对他们复制的内容必须愈加谨慎。

新闻报道上附加的著作权声明也突然增多，鉴于1884年的法案未能通过，很多观察者想知道这怎么可能实现。[62] 1886年，西弗吉尼亚州惠灵市一家报社的通讯员主张，当选择不推动新闻著作权立法时，国会实际上已经决定，"任何时事性的且任何在日常报刊中以口头或书面的方式讨论的内容都应该是免费的，任何人对它的使用都不应受到阻碍"。[63] 尽管如此，东岸的大报社都在电报信息上附加了著作权声明。该通讯员研究了报社为新闻文章做著作权登记的流程，并向读者作出解释。在每一期发行前，雇员将"从校样条上剪

60　《波士顿晚报》(*Boston Evening Journal*)，1885年12月5日。

61　《洋际报》(芝加哥)，1890年9月28日。

62　《报纸著作权》(Newspaper Copyright)，载于《费城调查员报》(*Philadelphia Inquirer*)，1894年4月29日。

63　《华盛顿的流言》(Washington Gossip)，载于《惠灵(西弗吉尼亚)周日登记报》[*Wheeling (WV) Sunday Register*]，1886年7月18日。

下标题、来源归认信息和日期栏"并将之邮寄给国会图书馆馆长。[64]

　　著作权登记记录证实1886年报社和通讯社登记量在短时间内急剧增长。诚然，报社对著作权的利用并非完全是新现象。从19世纪50年代开始，包含较大比例文学文章和插图的周报——如《哈珀周报》《纽约分类账报》(New York Ledger)、《弗兰克·莱斯利插图报》(Frank Leslie's Illustrated Newspaper)——会为每一期报纸做著作权登记。[65]《纽约分类账报》的出版商罗伯特·邦纳（Robert Bonner）炫耀他和作家们的独家合同，并常常以自己的名义为小西尔韦纳斯·科布（Sylvanus Cobb Jr.）*、芬妮·费恩（Fanny Fern）**和其他人的投稿附加著作权声明。[66] 1870年，著作权登记的职责由本地地区法院转移到国会图书馆。《纽约时报》解释道，在国会图书馆内设置新版权局的政策，旨在"授予每位申请人著作权，然后

---

[64] 《华盛顿的流言》(Washington Gossip)，载于《惠灵（西弗吉尼亚）周日登记报》[Wheeling (WV) Sunday Register]，1886年7月18日。

[65] 《著作权登记簿》(Copyright Record Books)，纽约南区，国会图书馆珍藏书分馆，微缩胶卷复制件可以在美国版权局获取。1870年之后的《登记簿》(记录登记申请）由美国版权局保管，登记条目列在《总索引，1870—1896年》(General Index, 1870–1896) 中。

* 小西尔韦纳斯·科布（1823年6月5日—1887年7月20日），19世纪中叶美国流行小说家，作品发表在《纽约分类账报》等多份报刊上。——译者

** 芬妮·费恩（1811年7月9日—1872年10月10日），19世纪50年代到70年代的美国小说家、儿童作家、幽默作家和报纸专栏作家。——译者

[66] 梅丽莎·奥梅斯蒂德，《美国女作家与文学财产，1822—1869年》(American Women Authors and Literary Property, 1822–1869, Cambridge: Cambridge University Press, 2005)，第184页。关于著作权声明的例子，参见《纽约分类账报》，1856年4月19日、1856年5月17日。

由他在法院维护该著作权的有效性——如果他能做到的话"。版权局不考虑"谁创作在先、侵权、独创性、实用性等问题"。[67]这一说法澄清了经常出现的情况：著作权请求的有效性只能由法院判定。有些大都市报社在19世纪70年代和80年代早期偶尔为文章做登记，但这代表着保护小说和插图的努力，不包括新闻报道。例如，纽约《太阳报》为布雷特·哈特（Bret Harte）[*]和其他作家创作的故事做著作权登记，然后再将出版权销售给其他报社，这也是文学辛迪加所采用的模式。[68]

联合发表出版业的发展带来了从19世纪80年代末开始的美国报纸著作权声明的突然增长。联合发表的创意通常追溯到英国出版商威廉·弗里德里克·蒂洛森（William Frederic Tillotson）。作为19世纪70年代英格兰博尔顿一家报社的所有者，蒂洛森希望能够出版最新鲜的文学内容。他认为，对流行作家系列小说的独家权利能够显著提升其报纸的发行量，但他没有能力支付专有权的费用。他突然想到，可以和其他城镇的出版商联系并安排联合出版。合作者可以分担特定小说的成本，然后在各自的地域范围内享受专有权。

---

67 《新著作权法》（The New Copyright Law），载于《纽约时报》，1870年11月20日。

[*] 布雷特·哈特（1836年8月25日—1902年5月5日），美国短篇小说作家和诗人，其短篇小说中最著名的人物是矿工、赌徒和加利福尼亚淘金热的其他浪漫人物。——译者

68 《总索引，1870—1896年》，美国版权局；S. S. 麦克卢尔（S. S. McClure），《报业"辛迪加"》（Newspaper "Syndicates"），载于《批评者：文学与艺术每周评论》（The Critic: A Weekly Review of Literature and the Arts），第186卷（1887年7月23日），第42页。

蒂洛森在英格兰的业务迅速增长，于是，1889 年，他在纽约开办了分社。[69] 19 世纪 80 年代中期，欧文·巴切勒（Irving Bacheller）、爱德华·W. 博克（Edward W. Bok）和 S. S. 麦克卢尔（S. S. McClure）也开始在美国运营小说辛迪加。这些辛迪加从作家处获取著作权，然后授权不同地区的报社联合发表。[70] 联合发表出版业迅速起飞，它代表了文学作品传播方式的重要变革。过去，大量小说和诗歌在编辑之间交换或者从其他刊物中剪裁而来。辛迪加通过承诺给予报社在其地域范围内的专有权而说服报社为原创内容付费。它们的商业模式使得越来越多的报纸文章被标注为"财产"。[71]

辛迪加的兴起并非报纸中著作权声明增加的唯一原因。19 世纪 80 年代末 90 年代初，一些报社和通讯社也开始为新闻报道做著作权登记。19 世纪 80 年代中期以前，大部分出版商会同意弗里德里克·哈德逊（Frederic Hudson）的意见。在 1873 年写作一部美国新闻史之前，哈德逊在《纽约先驱报》担任主笔一职。哈德逊主张，大型报社印刷和发行的速度本身已为其提供了充足的保护，足以制止盗版行为。《纽约先驱报》有能力在一个小时内印刷十万份报纸。等到竞争者印刷和发行同一新闻时，该新闻已经陈旧了。哈德逊总

---

[69] 格雷厄姆·罗（Graham Law），《维多利亚时代报业中小说的系列化出版》（*Serializing Fiction in the Victorian Press*, Basingstoke, UK: Palgrave, 2000），第 64—79 页。

[70] 麦克卢尔，《报业"辛迪加"》（Newspaper "Syndicates"）。

[71] 更多关于辛迪加如何运作以及报社编辑们享有的控制力程度，参见约翰宁斯迈尔（Johanningsmeier），《小说与美国文学市场：报业辛迪加的角色，1860—1900 年》（*Fiction and the American Literary Marketplace: The Role of Newspaper Syndicates, 1860-1900*），第 79—85 页、第 147—154 页、第 182 页。

结道："我们的报纸必须在其卓越的经营、卓越的机器、卓越的发行量和将报纸传递给公众的卓越手段中寻求它们的著作权。"[72] 法律保护是不必要的，因为发行速度提供了充分的优势。

到 19 世纪 80 年代中期，仅仅在哈德逊写作的十年后，环境已发生了变化。1885 年到 1886 年，一些报社和通讯社开始为电报信息做著作权登记。《太阳报》可能是最早的一家，它在 1885 年 12 月做了登记，但很快，《纽约时报》《纽约晚邮报》《纽约先驱报》《纽约世界报》和当时纽约的主流报社之一、德语报社《纽约州报》（*New Yorker Staats-Zeitung*）也迅速跟进。[73] 大部分电报信息来自于英国，是关于《爱尔兰自治法》（*Irish Home Rule*）的争议。美国读者们热切追踪着这一事件，而纽约的市场竞争以及联合发表"电报服务"的愿望引导着这些出版商为其购买的特别报道主张著作权。[74] 1886

---

[72] 弗里德里克·哈德逊，《1690 年到 1872 年美国的新闻业》（*Journalism in the United States from 1690-1872*, New York: Harper & Brothers, 1873），第 727 页。

[73] 《总索引，1870—1897 年》，美国版权局。查明谁在什么时候登记是困难的，因为《总索引》中的卡片有时候顺序混乱，而且还不完整。例如，索引中《纽约时报》最早的记录是 1886 年 6 月 1 日，但记录登记申请的实际登记簿显示，登记记录至少可以追溯到 1886 年 2 月 23 日（1886 年第 4361 条记录）。至于《太阳报》，一则电报信息的著作权声明出现在 1885 年 12 月 27 日这一期，但索引中对此并无记录，我也无法在登记簿中找到这一信息。我能找到的《太阳报》的最早登记是 1886 年 2 月 23 日（第 4362 条），与《纽约时报》的第一条记录同日。登记簿是按时间顺序编排的，在本书写作时还没有数字化，所以系统地检索很困难。有时候找到未被列入索引的记录全凭运气。

[74] 例如，《巴黎和布鲁塞尔的电话通了》（Paris and Brussels Joined by Telephone），载于《辛辛那提商业论坛报》（*Cincinnati Commercial Tribune*），1887 年 1 月 30 日［标明"纽约先驱电报服务"，著作权归小詹姆斯·戈登·班尼特（接下页）

年,一些通讯社也开始对它们的电报信息主张著作权。[75]

但这种著作权请求有效吗？1886年,科罗拉多新闻通讯社（Colorado News and Press Association）试图找到答案。该协会抱怨,自己受害于"名叫科尔比（Colby）的奸滑的家伙"的"新闻盗版"行为。[76]科尔比从隶属该协会的一家报社复制电报信息,再用电报传输给他自己在科罗拉多州和新墨西哥州的报纸客户。科罗拉多新闻通讯社开始在报道中附加著作权声明,并威胁要起诉科尔比的著作权侵权行为,但科尔比回应道,为新闻提供著作权保护是不可能的。协会遂致信国会图书馆馆长安斯沃思·兰德·斯普福德（Ainsworth Rand Spofford）,咨询如何保护著作权的建议。斯普福德的回答重点在于登记程序,而不在于有效性问题,后者是他的版权

（接上页）（James Gordon Bennett Jr.）]；《国外的谈判》（Negotiations Abroad）,载于《芝加哥论坛报》,1888年10月31日（标明"致论坛报的特别电报信息",但著作权在班尼特的名下）；以及《为名人们制定的法律》（Statutes for Famous Men）,载于《爱达荷政治家报》（Idaho Statesman）（博伊西）,1890年3月22日（著作权在班尼特的名下）。

[75] 包括北美有线新闻公司（North American Cable News Company）、国际有线通讯社（International Cable Agency）和加利福尼亚联合通讯社（California Associated Press）。载于《总索引,1870—1896年》,美国版权局。

[76] 《求助于剪子》（Resort to the Scissors）,载于《莱德维尔（科罗拉多州）先驱民主报》[Leadville (CO) Herald Democrat],1886年9月11日。其他报道则指向一位要么经营西部新闻局（Western News Bureau）,要么经营科罗拉多新闻局（Colorado News Bureau）的 C. A. 科尔比（C. A. Colby）。《电报》（Telegraph）,载于《阿斯彭（科罗拉多州）时代日报》[Aspen (CO) Daily Times],1886年7月28日；以及《马尔登石人周报》（Solid Muldoon Weekly）（科罗拉多州乌雷市）,1887年3月25日。

第六章　美国的合作通讯社与对专有权的追求　　*329*

局所无权处理的。而科罗拉多通讯社却发表了斯普福德的信件，称赞它是新闻可受著作权保护的证据。斯普福德解释道，协会必须为"每天不同标题下的电报信息做单独的登记，因为它们每天都是不同的"。他报告称，《纽约晚邮报》《论坛报》《太阳报》《奥马哈蜜蜂报》（Omaha Bee）等报纸都做了这样的登记。斯普福德的版权局没有关于登记电报信息的任何印刷版指引，于是他随信附上一份一般性的通知，该通知说明，"受著作权保护的出版物在标题或内容上的任一修改或变化"都要求做新的登记。[77] 版权局对期刊和分部出版的图书适用同一规则：每一期或每一部分都必须单独登记。虽然著作权法没有明确提及报纸，更不要说电报信息，但斯普福德的版权局还是与时俱进地允许出版商将单篇新闻报道作为"图书"进行登记。

法律要求作者或出版商在每部登记作品出版后十天内交存两份复制件。[78] 细读版权局的登记簿会发现，并非所有在19世纪80年代为文章做著作权登记的报社和通讯社都遵守这一要求。例如，加利福尼亚联合通讯社在1887年做了超过400条著作权登记，可能是为了阻止协会之外的报社印刷其新闻。但加联社并没有一直遵守交存要求。[79] 当然，对于电报新闻，究竟应该交存什么，这是不清

77　《A. R. 斯普福德致科罗拉多新闻通讯社》，1886年9月17日，引自《莱德维尔（科罗拉多州）先驱民主报》，1886年9月18日。另参见《莱德维尔（科罗拉多州）晚间纪事报》[*Leadville (CO) Evening Chronicle*]，1886年9月18日。
78　《修订、合并和修正专利与著作权相关法的法律》（An Act to Revise, Consolidate, and Amend the Statutes Relating to Patents and Copyrights），第230章，第90条[16 Stat. 198, 213 (1870)]，可从 *PSC* 中获取。
79　《总索引，1870—1897年》，美国版权局；1886年和1887年《登记簿》，美国版权局。

楚的。登记簿显示，有时出版商会交存电报信息的打印件，但有时候他们什么都没有提交。报纸也是如此；有些出版商比其他出版商更遵守交存要求。[80] 未交存登记作品本应使著作权无效，而法官是否接受新闻报道能受著作权保护的观点则是另一回事。

在美国，第一个纳入案例报告的、与电报新闻有关的著作权判决要到 19 世纪与 20 世纪之交才出现（后文讨论），与此同时，1886 年与《哈珀周报》有关的判决确认了至少部分投给报纸和杂志的稿件是可以获得著作权保护的。该案以一幅雕版插图为中心，这幅插图早在 1873 年就在《哈珀周报》上发表，而几乎在十年后才被《纽约插图时报》(New York Illustrated Times) 所转载。考虑到这种迟延，哈珀兄弟很可能是将该诉讼看作一个机会，来确立期刊中发表的内容——尤其是插图——可以受著作权保护的法律原则。最终判决确认，从著作权法角度看，期刊是可以作为图书登记的，而受保护的著作权可以制止对作品中任何实质部分的侵权。[81] 法院援引了 1828 年的克莱顿诉斯通案，该案判决，从著作权角度看，即使是一页纸也可以被当作图书看待。但《哈珀周报》案的判决也显示，自 1828 年以来很多情况已经发生了改变。在克莱顿案中，法官坚持认为，要获得著作权保护，作品必须对"学问"或"知识"具有持续性的贡献。而裁断 1886 年纠纷的法官不认为需要从这个角度对作品作

---

80 基于对 19 世纪 90 年代《登记簿》的审读。登记簿数量庞大，目前还没有数字化版本，这使得任何统计分析的尝试都不可行，但这种情况必须被改变。

81 Harper v. Shoppell, 28 F. 613 (S. D. N. Y. 1886). 请注意，这是该案的重审判决，哈珀兄弟在原审中因此处无法讨论的复杂原因而败诉了。参见：Harper v. Shoppel, 26 F. 519 (S. D. N. Y. 1886).

第六章　美国的合作通讯社与对专有权的追求　　*331*

出评价。[82]

　　哈珀兄弟依靠该法院判决制止了其他人转载他们的插图。在 1886 年判决作出后的几个月内，他们和美国新闻协会达成和解协议。后者从《哈珀新月刊》(Harper's New Monthly Magazine)中复制了一些片段并发送给自己的报社客户。作为和解协议的一部分，美国新闻协会安排其客户印制声明，对侵权行为表示道歉，并赞扬哈珀兄弟在推进版画艺术方面的作用。这些声明宣称，这家纽约公司应当获得对插图的完全的来源归认和著作权保护。[83]

　　对于报纸出版商而言，1886 年与《哈珀周报》有关的判决意味着，至少报纸上的一些文章和插图是可以获得著作权保护的，但新闻报道能否受著作权保护的问题依然悬而未决。评论家们加入对这一问题的讨论。这一时期，最了解出版商如何利用著作权的一位观察家是理查德·罗杰斯·鲍克（Richard Rogers Bowker）。除了作为《出版商周报》(Publishers Weekly)的所有者以及出版商著作权联盟（Publishers' Copyright League）的领导人外，鲍克还曾经担任过报纸和杂志的主编。在 1886 年出版的关于著作权法的书中，鲍克指

---

[82] 埃里克·B. 伊斯顿（Eric B. Easton），《谁拥有"历史的第一份草稿"？：新闻著作权再思考》(Who Owns "The First Rough Draft on History?": Reconsidering Copyright in News)，载于《哥伦比亚法律与艺术学报》(Columbia Journal of Law & the Arts) 第 27 卷（2003—2004 年），第 539—540 页。然而，初版和再版之间的延迟说明该作品的价值并不是转瞬即逝的。

[83] 《阿伯丁（南达科他州）日报》[Aberdeen (SD) Daily News]，1886 年 12 月 20 日；《罗克福德（伊利诺伊州）每日登记报》[Rockford (IL) Daily Register]，1886 年 12 月 22 日；《俾斯麦（北达科他州）每日论坛报》[Bismarck (ND) Daily Tribune]，1886 年 12 月 26 日。

出，只要每一期都进行独立登记，报纸就可以获得保护。按照他的说法，"这一期中所有可受著作权保护的材料因此便获得了著作权"。这带来的问题是，一份报纸中究竟哪些部分是可以获得著作权保护的。鲍克认为，对每一期日报或周报进行登记的主要动力，是"保护其中具有实质文学价值的原创材料"。[84] 其他出版商未必苟同。鲍克从版权局得知，列明纽约棉花交易所（New York Cotton Exhange）价格的一份日刊在一段时间以来都已经做了登记，而纽约《太阳报》也为其"电报信件"做了著作权登记，但这类权利请求仍未经过法庭的检验。[85]《哈珀周报》案的判决出现在一些大型报社和通讯社开始为电报信息做登记的同一年。该判决可能会增强他们的决心，但并不是他们求助于著作权的动因，因为他们在这一年更早的时候就开始求助于著作权了。随着辛迪加的兴起，以及特定新闻经纪人之间的较量——如科罗拉多通讯社与科尔比之间结果不明的纠纷——所激发的为保护专有权而做的登记，为保护报纸材料而利用著作权的现象开始出现。

著作权不是解决复制问题的唯一手段，甚至不是最有效的手段。1884年为新立法游说的纽联社，在19世纪80年代末并没有为其电报信息做著作权登记，尽管其他通讯社都这么做。原因在于，纽联社和他的主要竞争对手——合众通讯社［合众社（UP）］——找到限制竞争的另一种手段：合谋。纽联社希望阻止会员叛逃到合众

84　R. R. 鲍克，《著作权：法律与文献》（Copyright: Its Law and Its Literature, New York: Publishers Weekly, 1886），第13页。

85　前引。

社；而合众社希望能够获取纽联社的新闻。于是，纽联社执行委员会和合众社的主要股东从1885年前后开始制定一系列"君子协议"和秘密股份池。纽联社同意向合众社提供新闻，后者将这些新闻销售给它的客户，然后向参与秘密交易的股东们分配利润。合众社承诺不再劫掠纽联社的报社的新闻，而纽联社也从合众社品牌的维护中获益，因为这有助于阻止其他新通讯社的创办。1892年，这一合谋被曝光，随之而来的重大重组促成了总部位于芝加哥的新联合通讯社的创办，该通讯社建立在原西部联合通讯社的基础上。纽联社的会员最初被排除在芝加哥联合社（Chicago-based AP）之外，由此迫使它们解散了自己的协会并加入合众社。[86]

接下来的几年时间里，新成立的芝加哥联合社与纽约合众通讯社相竞争，争取成为占支配地位的全国性新闻机构。最重要的是，与路透社的合同给了联合社获取主要欧洲通讯社（哈瓦斯社、沃尔夫社和路透社组成的卡特尔）新闻报道的独家权利。这在与合众社的斗争中是决定性的优势。联合社迅速占上风，从1893年的207家会员上升到1895年的396家，再到1897年的637家。合众社在1897年破产，它的大部分客户都成为联合社的会员。吸收合众社原有客户之所以成为可能，部分原因是联合社的董事会努力说服

---

[86] 施瓦兹洛斯，《国家的新闻经纪人》（*The Nation's Newsbroker*），第2卷，第149—182页；乔纳森·西尔伯斯坦-勒布，《新闻的国际分发：美联社、英联社与路透社，1848—1947年》（*The International Distribution of News: The Associated Press, Press Association, and Reuters, 1848-1947*），第42—47页；以及基尔博维茨，《调节及时性：技术、法律和新闻，1840—1970年》（*Regulating Timeliness: Technologies, Laws, and the News, 1840-1970*），第31—32页。

联合社会员放弃它们的反对权,以求建立一个更强大的全国性网络。在联合社 1897 年的年会上,董事会庆祝与合众社耗时四年的昂贵的战争的终结,并解释道,大部分合众社的前会员都被吸收到联合社的行列。[87]

19 世纪 90 年代,报社之间不断变换的同盟关系促使一些出版商为新闻文章登记著作权。大型纽约报社——其中有几家在合众社与联合社斗争期间站在合众社的一边——为每一篇报道和整一期报纸做著作权登记。《太阳报》从 1892 年开始为每期日报做登记,该报的主编查尔斯·A. 达纳(Charles A. Dana)也是合众社的主席;从 1894 年开始,《太阳报》就在每一年度伊始批量为所有 365 期日报做登记。[88] 从 1886 年开始登记电报信息的《纽约时报》在 1893 年开始为每一期报纸做登记。[89]《纽约先驱报》在 1895 年开始每天登记。[90] 在与合众社的斗争过程中,芝加哥联合社也为电报信息做著作权登记。但为报道美西战争(1898 年)而展开的竞争也是一个因素。联合社著作权登记的数量在 1898 年达到顶峰,这一年它为取

---

[87] 施瓦兹洛斯,《国家的新闻经纪人》,第 2 卷,第 173 页、第 248 页;乔纳森·西尔伯斯坦-勒布,《新闻的国际分发:美联社、英联社与路透社,1848—1947 年》,第 48—51 页;《联合通讯社:第四份年度报告》(The Associated Press. Fourth Annual Report, Chicago, 1897),第 3—6 页。

[88] 《总索引,1870—1897 年》,美国版权局;以及《1892 年登记簿》(Record Books for 1892)(第 21684 条)和《1894 年登记簿》(第 1—365 条),美国版权局。

[89] 《总索引,1870—1897 年》,以及《申请人文档,1898—1937 年》(Claimant File, 1898-1937),美国版权局。

[90] 《总索引,1870—1897 年》(索引于詹姆斯·戈登·班尼特名下),美国版权局。

得著作权而登记和交存了 509 篇文章。[91] 也是在 1898 年,董事会命令所有会员常规性地在任何由联合社享有著作权的材料前添加著作权信息,这一命令在接下来的几年里被再三重申。[92]

在法庭上检验著作权:论坛报社诉联合社案

新闻文章著作权的有效性在 19 世纪 90 年代仍不确定,因为大部分"盗窃"新闻的指控并没有走向诉讼。有些编辑以假新闻诱骗复制者,运用了公开羞辱复制者的策略。例如,在美西战争期间,对盗窃新闻的指控是威廉·伦道夫·赫斯特(William Randolph Hearst)的《纽约日报》(*New York Journal*)和约瑟夫·普利策(Joseph Putlizer)的《纽约世界报》之间更大范围的较量的一部分。有一次,《纽约日报》发表了一篇提及奥地利炮手李菲利普·W. 西纳兹(Reflipe W. Thenuz)的文章,企图使《纽约世界报》难堪。整件

---

[91] 1892 年到 1893 年期间登记的电报信息数量非常少,反映了保护特定报道的愿望。从 1894 年开始,登记变得更具系统性,1894 年登记了将近 200 条,紧接着 1895 年登记了 160 条,1896 年大约 400 条(基于美国版权局《总索引,1870—1897 年》的估算)。然而,并非所有登记记录都交存了复制件,以完成手续。CTE(参见缩略语列表)显示,1894 年联合社交存了 17 篇,但在《总索引》中列有约 200 篇。1896 年,CTE 列有 251 个交存作品,而《总索引》中列了大约 400 个。CTE 列明,联合社在 1898 年交存了 509 篇文章。

[92] 《联合通讯社:第六份年度报告》(*The Associated Press. Sixth Annual Report*, Chicago, 1899),第 137 页、第 149 页。1900 年,当联合社在纽约重新注册成立时,也通过了一个类似的决议。《美联社:第二份年度报告》(*The Associated Press. Second Annual Report*, Chicago, 1902),第 80 页。

事的意义在于抓住《纽约世界报》复制这个名字的行为，因为这个名字可以被重新编排为："我们窃取了新闻。"（We pilfer the nuz.）[93] 使用假新闻羞辱竞争对手的做法由来已久，而倒序拼写羞辱的技术也至少可以追溯到1876年，当时芝加哥《每日新闻报》的梅尔维尔·E. 斯通（Melville E. Stone）为《邮政报》（Post and Mail）的所有者麦克穆兰（McMullen）兄弟设下了一个类似的圈套。他声称兄弟俩每天都在"盗版"，为了报复，斯通安排了一篇关于塞尔维亚饥荒的报道，其中引述了当地市长的一句话。这句话在塞尔维亚语中毫无意义，但当用英语反过来读时，它的意思是，"麦克穆兰氏必定会盗窃这条新闻"。根据斯通的自传，随之而来的报刊界的嘲讽侵蚀了《邮政报》的价值，使斯通得以在两年后以低廉的价格收购了该报社。[94]

19世纪90年代，一些著作权诉讼是由辛迪加和报纸出版商发起的。未经许可转载文章或插图的报社和杂志社此时会收到律师函，律师函向他们解释，为复制的材料归认来源并不能代替许可的获取。这类律师函会提到审判中可能判决的更大数额的赔偿金，以此敦促出版商和解。[95] 小说和专题文章似乎比新闻文段受到更多监控，但在恰当的环境下——例如19世纪90年代报社之间和通讯社

---

93 《抓住盗窃行为》（Caught Pilfering），载于《报纸制造者报》（The Newspaper Maker），第7卷，第169期（1898年6月9日），第1页。

94 梅尔维尔·E. 斯通，《一名新闻人的五十年》（Fifty Years a Journalist, New York: Doubleday, Page, 1921），第63—63页。

95 例如，参见1896—1905年 A. S. 奥克斯（A. S. Ochs）与瓦拉赫和库克公司（Wallach and Cook）之间的通信，以及1896—1897年 A. S. 奥克斯与短篇报道出版公司（Short Story Publishing Company）之间的通信，载于纽约时报公司记录，《阿道夫·S. 奥克斯文集》，纽约公共图书馆。

之间激烈的竞争中——"盗窃"新闻的恼人行为将会引发著作权诉讼,尽管这些诉讼并不必然最终走上法庭。[96]

19世纪与20世纪之交,一场真正获得法院判决的纠纷,是关于一则首先发表在国外的新闻的权利纠纷。《芝加哥论坛报》(Chicago Tribune)起诉联合社,以保护关于第二次布尔战争(1899—1902年)的新闻,这些新闻是这家芝加哥报社通过与伦敦《泰晤士报》的合同获取的。合同规定,《泰晤士报》将允许《芝加哥论坛报》的伦敦通讯员提前获取其新闻,并解除该通讯员选择发往芝加哥的任何文章上的著作权限制。《芝加哥论坛报》为其日报的每一期做著作权登记,当它发现联合社正在向其会员发送相同的报道时,它提起了著作权侵权诉讼,要求10万美元的损害赔偿。[97]虽然起诉状中控诉联合社复制了《芝加哥论坛报》的新闻,实际情况是,联合社的伦敦通讯员从已出版的《泰晤士报》中获取文章并用电报发送回美国。联合社质疑《泰晤士报》或《芝加哥论坛报》是否真的采取恰当步骤取得了著作权。另外,联合社主张,两家报社都无权对英国政府提供的任何信息或文件主张专有权。联合社声称,发表在《泰晤士报》上的大部分新闻和"事实陈述"都是"公共财产"。[98]《泰晤士报》的经理查尔斯·弗里德里克·莫伯利·贝尔不接受这一观点。如第五章所讨论,贝尔花费了相当大的精力试

---

96 参见基尔博维茨,《调节及时性:技术、法律和新闻,1840—1970年》(Regulating Timeliness: Technologies, Laws, and the News, 1840–1970),第25页。

97 Tribune Co. of Chicago v. Associated Press, 116 F. 126 (N. D. Ill. 1902).

98 《联合社答辩状》(Answer of the Associated Press),第3—4页;Tribune Co. v. Associated Press, C. C. N. D. Ill., case no. 25443 (1900–1903), NARA Chicago.

图保护由《泰晤士报》搜集的新闻。

撰写论坛报社诉联合社案判决书的威廉·亨利·西曼法官（William Henry Seaman）试图在论坛报公司对其"经营与开销的果实"的权利和公众对发表在国外主流报纸上的新闻的权利之间取得平衡。他细致审查了论坛报公司履行的程序，以判断这些文章是否受美国著作权法保护。每天晚上，该公司会将一份题为《芝加哥每日论坛报》并标有期数和第二天早报日期的印刷件邮寄给版权局。它们向国会图书馆交存每天的复制件，以完善登记手续。伦敦的文章未作单独登记，这一事实给西曼法官造成困扰，他的意见是："在大部分材料不能受保护的报纸上，没有一般性的著作权。"[99] 为了支持这一主张，西曼引用了汤普森大法官在1828年克莱顿诉斯通案判决中的论述：著作权"不能恰当地适用于像报纸或市价表这种在形式上如此变动不居和转瞬即逝的作品，这些作品的内容每天都在变化，且只有短暂的效用"。[100] 西曼法官并不知道第四章所揭示的克莱顿案的所有细节。那个案件是以对市场趋势的报道为中心的，而不是对战争或政治事件的新闻报道，但西曼认为该案判决的语言很具有说服力。[101]

然而，西曼法官最终的判决并不是以新闻报道能否受著作权法保护的分析为基础。相反，他判决道，当联合社的伦敦通讯员

99　*Tribune*, 116 F. at 128.

100　引文参见：*Tribune*, 116 F. at 127.

101　正如西曼所注意到的，最高法院在贝克诉希尔登案（1879）中引用并认可了汤普森的判决，第七巡回上诉法院在 J. L. 莫特铁工坊诉克劳案（1897年）中也引用了该判决。*Tribune*, 116 F. at 127–28.

在《泰晤士报》中找到新闻那一刻起，论坛报公司就不再享有有效的著作权。伦敦的报社同意放弃论坛报公司想要的任何材料在美国的著作权，但同时联合社无从知晓论坛报公司选择了哪些文章，其中也没有保留在美国的权利的声明。1891年的《国际著作权法》[International Copyright Act，也被称为《蔡斯法》(Chase Act)]使英国作者的作品可以在美国获得著作权，但前提是相同的版本在两国同时出版。涉案新闻文章并未同时发表，而且它们是更大的作品——《泰晤士报》和《芝加哥论坛报》——的组成部分，这两部作品完全不相同。[102] 所以，《蔡斯法》的要求使在国外首次发表的新闻很难获得美国著作权。《纽约时报》在若干年后也遇到相同的问题。该报社无法阻止其他美国报社复制它通过与《泰晤士报》的独家合同获得的新闻报道。[103]

再次为新闻著作权游说

19世纪与20世纪之交，对现行法无法有效保护新闻的不满带来了制定新法的又一次努力。1899年，联合社董事会决心成立一个委员会来开启起草和提交"新闻著作权法"议案的流程。[104] 但这一

---

102 *Tribune*, 116 F. at 128.
103 1900—1907年C. F. 莫伯利·贝尔与A. S. 奥克斯之间的通信，以及《弗朗克·B. 诺伊斯致A. S. 奥克斯》(Frank B. Noyes to A. S. Ochs)，1904年3月25日和1904年4月8日，收录于纽约时报公司记录，《阿道夫·S. 奥克斯文集》，纽约公共图书馆。
104 《联合通讯社：第七份年度报告》(Chicago, 1900)，第182页。

努力无果而终,且西曼法官在论坛报社诉联合社案中的判决表明,报纸中大部分材料是落在著作权范围之外的,即使出版商完全遵守立法的要求。但西曼是正确的吗？1903 年,一份法学期刊的撰稿人质问美国版权局局长（US Register of Copyrights）索尔瓦尔德·索伯格（Thorvald Solberg）,报纸是否能受现行法所保护。索伯格回应道,报纸和期刊长期以来都被作为图书登记,而如果已交存复制件完成整个程序,这种登记"理论上是可以使期刊中可受著作权保护的内容获得著作权保护的"。[105] 在遇到具体纠纷时,应当由法院来判断报纸上的一则内容是否能够获得著作权保护。作为登记官,索伯格仅仅记录下权利请求,但他认为报纸中相当数量的材料是不能受著作权保护的。那位引述索伯格的法学期刊作者不同意该观点。他写道:"运用最好的思想、器具和资源来搜集、写作和编排每日新闻的报社所有者,为什么没有权利获得与潜入尘封的历史文献搜集、写作并以独创形式编排过往岁月的历史的历史学家同等的保护？"[106] 这位作者表达的是在 1900 年前后变得更加常见的一种著作权观。著作权为商业所有者提供重要的激励,而不仅仅是作者,著作权应当保护作品的市场价值,而不论其文学或艺术价值,这些观点也在法院中大受欢迎。[107]

---

105 《报纸能受著作权保护吗？》（Is a Newspaper Entitled to Copyright?）,载于《中部法期刊》（*Central Law Journal*）,第 57 卷,第 2 期（1903 年 7 月 10 日）,第 21 页。
106 前引,第 23 页。
107 参见奥伦·布拉查:《思想的所有权:美国知识产权的智识起源,1790—1909 年》（*Owning Ideas: The Intellectual Origins of American Intellectual Property, 1790-1909*, Cambridge: Cambridge University Press, 2016）,第 103—110 页。

第六章　美国的合作通讯社与对专有权的追求　　*341*

　　20世纪的头十年，索伯格在推动美国著作权法总体修订的努力中发挥中心作用。一些律师和报纸出版商将这次著作权改革过程视为澄清新闻著作权保护的机会。1903年，在为缅因州律师协会所做的一次演讲中，一位波士顿律师主张报纸应该自动获得著作权——因为登记和交存对日刊而言过于繁琐——但保护期应该比文学作品的要短。规定较短的著作权保护期，理由在于他所说的大部分报纸材料的"短暂性"。但该律师还主张，搜集新闻的高昂成本是这种临时性著作权不仅仅保护表达新闻的语言的正当理由。他说："新闻本身，即被陈述的事实应当受到保护，而不仅仅只是传播它的文学载体。"[108] 在英国，《泰晤士报》的贝尔刚刚提出过相同的观点，而在制定1909年《著作权法》的立法过程中，这个观点也引起了讨论。

　　这一过程的第一步，是由国会图书馆馆长赫伯特·帕特南（Herbert Putnam）在1905年到1906年召开的一系列会议。帕特南向代表作家、出版商、艺术家、作曲家、剧作家、摄影师、印刷工人和其他利益相关方的协会发出邀请。其想法是形成一份可以提交国会的草案。[109] 报纸出版商由美国报纸出版商协会〔American

---

108　塞缪尔·J.埃尔德（Samuel J. Elder），《我国早期的著作权法》（Our Archaic Copyright Law），载于《美国法律评论》（*American Law Review*），第37卷（1903年3月—4月），第221页。

109　参见 E. 富尔顿·布莱劳斯基（E. Fulton Brylawski）和亚伯·戈德曼（Abe Goldman）主编，《1909年著作权法立法史》（*Legislative History of the 1909 Copyright Act*），第6卷（South Hackensack, NJ: Fred B. Rothman, 1976）；以及杰西卡·利特曼（Jessica Litman），《数字著作权》（*Digital Copyright*, Amherst, NY: Prometheus Books, 2006），第38—40页。

Newspaper Publishers Association,"美报协"(ANPA)]代表,该协会成立于1887年,主要目标是为对抗广告代理商和造纸商提供统一战线。[110]由于帕特南错误地假定美报协已充分地代表新闻出版商,美联社最初没有被邀请参加。[111]虽然美联社在第二次会议的最后一刻收到了邀请,但该社总经理梅尔维尔·E.斯通拒绝参会。斯通解释道,他已经放弃著作权这条道路了。"我们对保护新闻服务免遭盗版的兴趣是相当明显的",斯通在写给帕特南的信中说,"但我对于通过修改著作权法来实现这一目标不抱太大希望"。[112]斯通遗憾地认为,像几个英国殖民地那样制定为电报信息提供若干小时保护的专门法,这是不太可能的。他认为该提案将"引发敌意,不仅必将使这一努力失败,而且还可能对整个著作权改革带来伤害"。[113]斯通认为,对新闻唯一有用的保护可能来自于普通法上的财产权(第七章将解释,第一次世界大战期间,斯通和美联社将在法庭上检验这一想法)。

---

110 《美报协三十一年的服务》(Thirty-One Years of Service by A. N. P. A.),载于《编辑与出版商》(*Editor and Publisher*),第49卷,第45期(1917年4月21日),第10—12页。

111 《赫伯特·帕特南致梅尔维尔·E.斯通》(Herbert Putnam to Melville E. Stone),1906年3月9日;《斯通致帕特南》(Stone to Putnam),1906年3月10日;以及《帕特南致斯通》(Putnam to Stone),1906年3月12日——所有信件都收录在与"1909年法"有关的未编目文件中,美国版权局(原件放在相关作者的文件夹中)。

112 《斯通致帕特南》(Stone to Putnam),1906年3月15日,与"1909年法"有关的未编目录文件中,美国版权局(原件放在相关作者的文件夹中)。

113 前引。

第六章 美国的合作通讯社与对专有权的追求

美报协的会议代表是唐·C. 塞茨（Don C. Seitz），他是普利策的《纽约世界报》的商务经理。他还没有得出和斯通一样的结论。塞茨在第一次会议上将大部分时间用在争取电报信息的著作权上。他承认，《纽约世界报》和其他报社目前通过每天向国会图书馆寄送校样条的方式为电报信息做登记。但这种登记无法为最新的新闻提供有效保护。塞茨援引 1898 年美西战争之初乔治·杜威（George Dewey）在马尼拉海岸的胜利为例。《纽约世界报》在凌晨 4 点收到该新闻，此时它的大部分早报已经印好。《纽约世界报》推出数千份包含了该新闻的"号外"，但街对面的竞争对手将该新闻复制到其较早的晚报中，在市场上给予《纽约世界报》的晚报版沉重一击。"新闻会在不同的时间点到来"，塞茨说，"我们只是偶尔受到伤害，但当我们受伤时，我们伤得很重。我们损失了我们的经营努力和我们的远见或运气，或者用别的什么名称来指代这东西"。[114] 塞茨翻找着可以用来指示新闻起源的词汇——经营努力、远见或运气——这揭示了那些试图将新闻作为财产对待的人们所面临的修辞困境。他们是从商业实践的角度，而不是从作者权利的角度看待这个问题的。鉴于报纸每天出版的时间越来越早，塞茨说，压下重要的新闻，等竞争对手开始印刷之后再印刷报纸的策略，已经不再行得通。现在需要的是著作权法的一个专门条款，类似于他所知道的在塔斯马尼亚和南非已有的那一种。这些先例表明，起草一部可行

---

114 《著作权大会第一次会议速记报告》(Stenographic Report of the Proceedings of the First Session of the Conference on Copyrigt)，载于布莱劳斯基和戈德曼主编，《1909 年著作权法立法史》(*Legislative History of the 1909 Copyright Act*)，第 1 卷，第 22 页。

的法律，在电报信息首次印刷后为报纸提供数小时的保护是行得通的。塞茨认为24小时的保护足够了；他说，至少，"我们在不同版次之间应该有超过10到15分钟的时差"。[115]塞茨支持自动取得的著作权；相比于要求出版商登记每一条电报信息，他们可以用电报保留他们收到每则新闻的记录，这些记录可以作为证明侵权的证据。

塞茨认为现行著作权法对新闻无效，这一观点呼应了美报协1905年的年会上该问题被提起时其他会员的说法。《布鲁克林雄鹰报》(Brooklyn Eagle) 的H. F. 冈尼森（H. F. Gunnison）解释道，该报社已放弃为新闻寻求著作权保护的努力，虽然有时他们还会为"专题文章"做登记。代表《波士顿环球报》(Boston Globe) 的小查尔斯·H. 泰勒（Charles H. Taylor Jr.）承认，虽然其报社为每一期报纸都做了登记，"但这只是虚张声势。因为这完全是无效的。版权局会告诉你如此。你完成了所有的形式要件，但这个著作权什么也保护不了"。[116]按照泰勒的理解，每一篇文章或每一幅插图都必须登记，出版时必须附加著作权声明。在他看来，出现在报头的声明就"大致相当于'禁止进入'的告示牌"。他补充说，"华盛顿的版权工作人员告诉你，这没有任何作用，但他们仍高兴地收取你的费

---

115 《著作权大会第一次会议速记报告》(Stenographic Report of the Proceedings of the First Session of the Conference on Copyright)，载于布莱劳斯基和戈德曼主编，《1909年著作权法立法史》(Legislative History of the 1909 Copyright Act)，第1卷，第22页。

116 《美国报纸出版商协会第19次年会报告》(Report of the Nineteenth Annual Meeting of the American Newspaper Publishers Association, New York: ANPA, 1905)，第25页。

用"。[117]其他出版商每天都会登记他们的报刊,但类似地,他们也不相信这样做有什么价值。1904年,《纽约时报》出版商阿道夫·S.奥克斯(Adolph S. Ochs)询问律师,为"重要的新闻"登记著作权是不是个好主意。律师回应道:"从著作权法的情况看,这应该是无效的开支,无论如何应该都没有成功获得损害赔偿请求的希望。你所能得到的东西,只有广告的声誉,如果你觉得这是值得的,但我觉得不是。"[118]

在1905年11月的第二次著作权大会上,塞茨奋力争取"对专门电报信息的24小时或36小时禁令"。[119]他承诺本条不适用于本地新闻,仅适用于外国新闻。美联社应该不会同意这一点,因为它寻求对其会员搜集的本地新闻的专有使用权。这一区别显示,美报协和美联社之间的利益并不一致。塞茨主张,仅为"新闻报道的形式"提供保护是不够的。美报协想要的,是对电报信息中的新闻有若干小时的专有使用权。"我们试图保护的并非我们的智力成果",他告诉著作权大会的参会者,"而是试图保护我们投入的精力,如

---

117 《著作权大会第一次会议速记报告》,载于布莱劳斯基和戈德曼主编,《1909年著作权法立法史》,第1卷,第22页。

118 《利奥波德·瓦拉赫致 A. S. 奥克斯》(Leopold Wallach to A. S. Ochs),1904年3月28日,载于纽约时报公司记录,《阿道夫·S. 奥克斯文集》,纽约公共图书馆。

119 《著作权大会第二次会议速记报告》(Stenographic Report of the Proceedings of the Second Session of the Conference on Copyright),载于布莱劳斯基和戈德曼主编,《1909年著作权法立法史》(Legislative History of the 1909 Copyright Act),第2卷,第202页。

果能够做到这一点,我很难理解为什么会有反对意见"。[120]但是,有反对意见称,农村地区的报社希望能转载它们自己无法获取的外国新闻。塞茨不认为一个短暂的禁令会对这些报社造成伤害,但国会图书馆馆长帕特南担心,加上塞茨所提议的条款"将危及整部法案"。[121]帕特南要求塞茨提供其提议的条款草案,但在帕特南和其他人的质疑下,美报协最终放弃了。[122]另外,缺少美联社的支持,也无助于它们的事业。

摄影与报纸

在放弃新闻著作权的想法后,美报协将游说努力的重点放在报纸照片的问题上。19世纪90年代,报社突然发现,它们很容易受到摄影师提出的侵权诉讼的攻击。将照片以版画以及随后的以黑白图片的形式复制,变得愈加普遍,但最初许多出版商并未注意获取复制照片的许可。著作权法规定,侵权照片的每份复制件罚款一美元,对于大量发行的报纸而言,赔偿金可能达到数十万美元。1895年,美报协著作权委员会说服其会员必须游说国会改变法律,它们的努力最终带来了1895年的修正,将报纸复制受著作权保护

---

120 《著作权大会第二次会议速记报告》,载于布莱劳斯基和戈德曼主编,《1909年著作权法立法史》,第2卷,第203页。

121 前引,第205页。

122 《著作权大会第三次会议速记报告》,载于布莱劳斯基和戈德曼主编,《1909年著作权法立法史》,第3卷,第163页。

的照片的罚款金额限定在每案最高五千美元。[123]

虽然罚款金额现在有了最高限额，报纸出版商依然声称自己受害于摄影师的敲诈勒索。1897年，《纽约世界报》的约翰·诺里斯（John Norris）警告他的同行，"在纽约，有一家摄影师联盟（Photographers' League）及其律师正在靠和美国报纸出版商达成的和解和妥协协议营利"。[124]《纽约世界报》因发表女演员玛丽·詹森（Marie Jansen）的肖像照而被起诉，而这张肖像照是由詹森亲手交给记者的。为了避免对簿公堂，《纽约世界报》以五千美元达成和解。[125] 美报协为一个修正案游说，希望使报纸复制照片的行为不构成侵权。它主张，黑白图片的质量必然"次于"原版照片，也不可能影响原版照片的销售。[126]

美报协的努力遭到摄影师的奋力抵抗。有些摄影师向国会请愿，主张修正案提案将"剥夺摄影师与报纸相关的财产权；还将破坏照片中肖像的隐私权"。[127] 对隐私权的威胁成为美报协修正案提

---

123 《美国报纸出版商协会第九次年会记录报告》(Report of Proceedings of the Ninth Annual Convention of the American Newspaper Publishers Association, New York: ANPA, 1895)；以及《1895年3月2日法》，第194章（28 Stat. 965）。

124 《美国报纸出版商协会第11次大会记录报告》(Report of Proceedings of the Eleventh Annual Convention of the American Newspaper Publishers Association, New York: ANPA, 1897)，第39页。

125 前引，第40页；《美国报纸出版商协会第19次年会报告》，第26页。

126 《美国报纸出版商协会第11次大会记录报告》，第39—41页。

127 《致尊敬的［代表的姓名］》(To the Honorable [name of Representative])，1907年的印刷请愿书；H. R. Cmte. Patents, files HR59A-H19.1, RG 233, NARA; Sen. Cmte. Judiciary, files SEN59A-J79, NARA. 其他反对修正案的请愿书可以在同一个文件夹以及在"H. R. Cmte. Patents, HR60A-H27.9, RG 233, NARA"中找到。

案反对者们常用的论调。其观点是，如果报纸在复制照片时无须获得许可，那么它们将不仅侵犯摄影师的著作权，还将侵犯被拍摄者的隐私权。[128] 在写给参议院司法委员会（Senate Judiciary Committee）的信件中，美国摄影师协会（Photographers Association of America）会长抗议道，美报协试图"窃取照片中的隐私，在任何它觉得适合的地方使用，由此破坏你我都认为神圣到不宜被用在普通报纸上、在全国沿街叫卖的肖像的价值"。[129] 美国摄影师著作权联盟（Photographers' Copyright League of America）将道德和经济论点相结合，对抗美报协的努力。在专利联合委员会（Joint Committee on Patents，该委员会负责著作权改革事宜）前作证时，联盟代表诉诸国会议员的敏感心理，暗示说，总会有这样的时候，他们需要保护自己或自己的家人免遭报纸未经许可复制他们的照片。而声称代表拥有20万名员工的3万家摄影工作室的联盟还强调这种行为对摄影师的潜在的经济损害。报纸出版商知道照片构成对过往事件的记录，试图在不向摄影师付款的情况下就利用这些照片。[130] 一家大型摄影工作室提供证据证明，报纸的复制权已经成为摄影师重要的收入来源。该工作室否认报纸的复制行为构成对摄影师的广告，指出大部分报

---

128 关于这一背景下隐私法的发展，参见萨曼莎·巴巴斯（Samantha Barbas），《肖像法：美国的隐私权与公开权》（Laws of Image: Privacy and Publicity in America, Standord, CA: Stanford University Press, 2015）。

129 《弗朗克·W. 梅德拉诉威廉·B. 艾莉森》（Frank W. Medlar to William B. Allison），1907年1月11日（file SEN59A-J79, NARA）。

130 《皮里·麦克唐纳先生的发言》（Statement of Mr. Pirie Macdonald），载于布莱劳斯基和戈德曼主编，《1909年著作权法立法史》，第5卷，第159—161页。

纸并没有印上归认来源的信息。[131]

摄影师强调经济权利和对隐私的担忧,美报协则强调在无法知晓照片已做著作权登记的情况下保护报社的必要性。如果不能将所有报纸复制行为归类为非侵权行为,那么,美报协希望修改法律,要求照片附上清楚的著作权声明,并严格限制侵权行为的罚款。他们主张,如果不做这种改革,报社将很容易受到"不道德照片著作权人'半敲诈'行为"的伤害,这种行为企图从无意中复制了受著作权保护的照片的出版商那里榨取巨额赔偿金。[132]

"1909 年法"与报纸

美报协部分实现了它的目标。虽然 1909 年《著作权法》并未允许报社不经许可复制照片,但它进一步限制了报社未经许可复制照片时的损害赔偿额。[133] 但是,报纸文章的著作权呢?由于美联社拒绝参与"1909 年法"修法的讨论,而美报协又将注意力转向照片,

---

131 《安德伍德与安德伍德工作室致专利联合委员会》(Underwood and Underwood to Joint Committee on Patents),经国会图书馆馆长转呈,1906 年 12 月 15 日,与 "1909 年法"有关的未编目文件,美国版权局(原件放在相关作者的文件夹中)。

132 《美国报纸出版商协会著作权委员会的发言》(Statement of Copyright Committee of American Newspaper Publishers' Association),载于布莱劳斯基和戈德曼主编,《1909 年著作权法立法史》(Legislative History of the 1909 Copyright Act),第 5 卷,第 156 页。

133 新的限额是 200 美元,而其他案件损害赔偿金的最高限额是 5000 美元。《修正和整合著作权相关法的法律》(An Act to Amend and Consolidate the Acts Respecting Copyright),第 320 章,第 25 条(b)[35 Stat. 1075 (1909)][下称"1909 年法"]。

立法过程中新闻出版商大体上是缺位的。杂志和其他期刊的出版商热衷于修改登记要求，一些出版商提议期刊仅需在每一卷或每一年度开始时为它们的刊物做登记。[134] 作者们也试图保护他们投给报纸期刊的稿件的权利。例如，美国著作权联盟（American Copyright League）提议，当作者和出版商之间没有其他协议时，三年之后稿件上的所有权利应该归还作者。[135]

参与起草1909年《著作权法》法案的两位最重要的人物，是版权局局长索伯格，和主编、出版商兼著作权专家鲍克。两人都毫不怀疑报纸和期刊应当被纳入可受著作权保护的客体范围内，所以，"1909年法"是美国第一部这么做的成文法。[136] 新法也在很重要的方面改革了形式要件。1909年后，不再需要在出版前为刊物做登记。为取得著作权，权利人只需要在出版作品时附加著作权声明即可。出版后"及时"登记和交存作品仍是发起任何侵权诉讼所必须的。[137] 索伯格长期以来都倡议废除事前登记要求，以减少管理负

---

[134] 《R. R. 鲍克致索尔瓦尔德·索伯格》（R. R. Bowker to Thorvald Solberg），1905年12月11日，以及《查尔斯·斯克里布纳二世致R. R. 鲍克》（Charles Scribner II to R. R. Bowker），1909年1月6日，载于《R. R. 鲍克文集》（R. R. Bowker Papers），纽约公共图书馆；《索伯格致斯克里布纳》（Solberg to Scribner），1906年1月16日，以及《斯克里布纳致索伯格》（Scribner to Solberg），1906年1月27日，与"1909年法"有关的未编目文件，美国版权局（原件放在相关作者的文件夹中）。

[135] 《美国著作权联盟通信，1905—1906年》（American Copyright League correspondence），载于《R. R. 鲍克文集》，纽约公共图书馆。

[136] "1909年法"，第5条（b）。

[137] 前引，第9条、第12条。

担、避免法律上的误解。根据他的经验,许多已登记的刊物实际上不会出版,或者以和登记时不同的标题出版。有些人则误以为登记一份刊物就使其获得了对这份刊物的排他性使用权。[138] 虽然废除事前登记的要求适用于所有类型的作品,但它对报纸和期刊出版商特别有用,因为他们不再需要在日报或周刊付梓之前着急忙慌地提交他们的刊物。

杂志出版商希望新法能够澄清期刊中哪些内容是可以受著作权保护的。在读完索伯格1906年寄给他的草案后,查尔斯·斯克里布纳二世(Charles Scribner II)——其公司出版《斯克里布纳杂志》(Scribner's Magazine)——敦促索伯格增加一条,"清楚规定一期期刊的著作权保护它的所有内容,包括文本和插图,只要这些内容是著作权的恰当客体"。斯克里布纳还希望保证一整期期刊只需要一个著作权声明;为每一篇文章添加声明是非常麻烦的。[139]《生活》杂志支持类似的改革,他们对每篇文章做著作权登记所需要付出的额外劳动和开销多有抱怨。[140] 根据这些请求,"1909年法"明确规定,一期期刊的著作权所提供的权利相当于其中每一部分都单独获得著作权保护,且每一期刊头有一个著作权声明就足够了。权利人也可以通过对每一篇稿件单独登记并交存一份它们发表的那一期

---

138 《索伯格致鲍克》(Solberg to Bowker),1905年4月29日,载于《R. R. 鲍克文集》,纽约公共图书馆。

139 《斯克里布纳致索伯格》(Scribner to Solberg),1906年1月27日,与"1909年法"有关的未编目文件,美国版权局(原件放在相关作者的文件夹中)。

140 《安德鲁·米勒致阿尔弗雷德·B. 基特里奇》(Andrew Miller to Alfred B. Kittredge),1907年2月2日(file SEN59A-J79, NARA)。

期刊来取得著作权。[141] 索伯格希望确保，当期刊本身未被登记时，也可以保护其中选定的文章，结果却导致一些出版商提交多余的申请，在为每一期期刊做整体登记的同时又为每篇文章做单独登记。[142]

尽管有这些变革，但哪些报纸材料能够获得著作权保护仍然是不清楚的。在鲍克博学的观点看来，"1909 年法"保护"受著作权保护的作品中所有有资格获得著作权的组成部分"，但留待法院通过判断作品中哪些部分具有独创性来确定哪些是"有资格获得著作权的"。[143] 长期以来，报社都热衷于在其发行区内最早发表某个报道，但新闻文本是不是来源于它们则是另一个问题。虽然登记和交存手续已被简化，但对新近事件的新闻报道是否可以获得著作权保护仍是悬而未决的问题。这种情况的部分原因是美联社拒绝参加著作权大会，而美报协一遇到电报信息问题上的抵抗，便将重点转移到照片问题上。由此就剩下鲍克、索伯格和杂志出版商——尤其是斯克里布纳——参与起草影响报纸的条款。索伯格知道新闻电报信息长期以来都被作为图书登记，但像 1906 年的帕特南那样，他可能也认为新闻文章著作权的想法争议过大，不宜纳入法案中。斯克里布纳和鲍克的评论显示，他们认为报纸和其他期刊著作权的主要作用在于保护其中的"文学和艺术稿件"。[144]

141　"1909 年法"，第 3 条、第 12 条、第 19 条。

142　R. R. 鲍克，《著作权：历史与法律》(*Copyright: Its History and Its Law*, Boston: Houghton Mifflin, 1912)，第 76 页。

143　前引，第 76—77 页。

144　1908—1909 年间 R. R. 鲍克与查尔斯·斯克里布纳二世之间的通信，载于《R. R. 鲍克文集》，纽约公共图书馆［引文见《鲍克致斯克里布纳》(Bowker to Scribner)，1909 年 1 月 16 日］。

在其1912年的著作权专著中——已被更新，以反映1909年法的情况——鲍克指出，如果一家日报社决定向版权局交存每一期报纸，且每年支付365美元（每条登记1美元），其理由必是保护其中"具有实质文学价值的独创性内容"。虽然没有任何明确的美国先例可供援引，鲍克猜想，著作权只能保护"包含新闻的电报信息、信件或文章的形式"，但无法制止其他报社用不同的形式报道相同的新闻。[145]他大概是无法预料到即将发生的事情。六年后，美联社将在最高法院面前极力主张，新闻不是著作权的恰当客体。相反，美联社主张，新闻报道中的事实信息应当被视为值得被保护、以防止竞争对手不正当利用的财产。在一个百年之后仍继续引发争论的判决中，最高法院赞同了美联社的意见。下一章将考察该判决的起源及其影响。

145　R.R.鲍克，《著作权：历史与法律》，第88—89页。

第七章　国际新闻社诉美联社案及其遗产

1909年《美国著作权法》使保护报纸文章、制止一字不差的复制以及许可文章的转载成为可能，从而为联合发表提供了法律基础。为了取得著作权，权利人必须在出版物上附加声明，并完成登记和交存的形式要件。有些出版商认为，这些要求令人困惑，也不适合于新闻行业的速度。[1] 尽管如此，1921年，一家联邦法院提供了清晰的判例：新闻文章的形式可以受著作权保护，未经许可复制文章中的实质部分将构成侵权，即使已将其归认来源。[2] 到今天为止，法律规则依然如此，但有一个重要的区别：现在，当作品"固定在表达的任何有形载体上"时，著作权就存在了。登记和作品中的声明不再是取得著作权所必须的，尽管在提起诉讼前仍需要进行登记。[3]

---

[1] 1912年，《纽约时报》申请禁令失败，因为它在为文章做著作权登记和交存文章之前提交了法庭文件，而法律明确规定诉讼只能在登记和交存之后提起。时报社案引起了人们对该问题的关注，并向版权局抱怨该程序令人困惑。参见《著作权判决中的重大危险》(Grave Danger in Copyright Decision)，载于《纽约时报》，1912年4月8日；以及1912年4月1日到1912年4月23日 C. V. 范·安达（C. V. Van Anda）与索尔瓦尔德·索伯格之间的通信，载于《R. R. 鲍克文集》，纽约公共图书馆。

[2] *Chicago Record-Herald Co. v. Tribune Ass'n*, 275 F. 797 (7th Cir. 1921).

[3] 1976年《著作权法》，载于《美国法典》，第17章，第102条（2016年）；以及《著作权基础》(Copyright Basis)，美国版权局，2017年9月修订。

然而，1918年，最高法院在国际新闻社诉美联社案（下称"国新社案"）中创设了个完全不同的反"盗版"救济。[4]在国新社案中，法院确认了多数意见中所称的、完全独立于著作权的新闻"准财产权"。这种财产权是"准"财产权，意思是它只能对抗商业竞争者，而不能对抗大众成员。虽然读者可以自由地讨论和分享新闻，但通讯社在新闻的"商业价值"消逝之前不得复制由竞争者搜集的新闻。国新社案确立了"盗用侵权之诉"［tort of misappropriation，后来被称为"热点新闻"原则（"hot news"doctrine）］，该侵权之诉保护搜集时效性信息的机构，防止直接竞争者的"搭便车行为"。国新社案中最具革命性的一面，也是它至今充满争议的原因之一，就是法院确认了出版之后的新闻事实信息上的一些专有权。[5]

英国没有类似国新社案的判例。虽然英国法院也发布了禁止未经许可转载信息（如股票报价和板球得分）的禁令，但这些判例

---

[4] *International News Service v. Associated Press*, 248 U. S. 215 (1918)［下称"国新社案"］。

[5] 国新社案是数百篇法学评论的主题。相关综述，参见维多利亚·史密斯·埃克斯特朗（Victoria Smith Ekstrand），《大数据时代的热点新闻：热点新闻原则的法律史及其对数字时代的影响》(*Hot News in the Age of Big Data: A Legal History of the Hot News Doctrine and Implications for the Digital Age*)（El Paso, TX: LFB Scholarly Publishing, 2015），该书是维多利亚·史密斯·埃克斯特朗，《新闻盗版与热点新闻原则：法律起源与数字时代的影响》(*News Piracy and the Hot News Doctrine: Origins in Law and Implications for the Digital Age*)（New York: LFB Scholarly Publishing, 2005）的更新版。

通常牵涉盗用、贿赂或违反保密义务的一些因素。[6] 一旦事实被发表，其中的财产权便终结了。在国新社案中，最高法院判决，只要美联社的新闻还有商业价值，其竞争对手就不能复制或者改写美联社的新闻。获得这一法律胜利需要说服大法官们接受对"发表"的新定义，以及对现有财产观念和反不正当竞争法进行扩张解释。该案长期以来都是法学院课程和法学评论的重要内容，部分原因在于本案的多数派意见和异议意见都触及知识产权的根本问题。本案揭示了相互竞争的、授予临时性垄断权的理由：一方面是对创造者的激励将使社会受益的思想；另一方面是个人享有对其劳动回报的自然权利的理论。它还涉及谁有权制定与知识产权有关的法律的问题——是立法机关，还是法院——以及提出"准财产"这个即使在 1918 年也充满争议的全新概念。路易斯·布兰代斯大法官（Louis Brandeis）发表了一篇强有力的异议意见，

---

[6] 相关例子包括：Exchange Tel. Co v. Gregory, [1896] 1 Q. B. 147; Exchange Tel. Co. v. Central News, [1897] 2 Ch. 48; Exchange Tel. Co. v. Howard, [1906] 22 T. L. R. 375. 参见塔尼娅·阿普林等，《盖瑞论违反保密义务：秘密信息的保护（第二版）》（Gurry on Breach of Confidence: The Protection of Confidential Information, 2nd ed., Oxford: Oxford University Press, 2012），第 53—65 页（由莱昂内尔·本特利撰写的章节）。英国似乎并未审理与国新社案类似的诉讼。其原因有待进一步深入研究，但有一些迹象表明这种方法在英国不太可能行得通。英国法院拒绝在明确实施非法行为的案件之外发展出"反不正当竞争"的宽泛原则。在隐私权和不当得利领域也有类似的特点，表明这一时期英国和美国的普通法逐渐走向分歧。参见威廉·柯尼什（William Cornish）、戴维·卢埃林（David Llewelyn）和塔尼娅·阿普林，《知识产权：专利、著作权、商标和相关权利（第八版）》（Intellectual Property: Patents, Copyright, Trade Marks and Allied Rights, 8th ed., London: Sweet and Maxwell, 2013），第 12—17 页。

而另外两名大法官支持与多数派所判决的不同的救济措施。从那时起，人们就追问本案判决的法律基础及其对新闻机构和公众的影响。

对于新闻业的历史，国新社案之所以重要，是因为该案的原则被解释、以适应于媒体格局变化的多种方式。到了电台时代，该先例被用来禁止广播组织在广播中朗读新闻。最近，在制止未经许可转载在线新闻和金融信息的努力中，它又再度被引用。基于这些原因，细致考察该案的起源、美联社发起该诉讼的动机、本案的重要原则以及国新社案所代表的新闻财产权与公众对新闻的获取之间的持续紧张关系，就变得非常重要。另外，不能认为国新社案是一个戏剧性的转折点，像1918年时看起来的那样。细致考察该判决的遗产，将揭示一个经常充满争议且难以被执行的法律原则。

有限的发表

美联社在确立"新闻财产权"方面的胜利一般归功于它的时任总经理梅尔维尔·E. 斯通。在其自传中，斯通声称他早就知道著作权对新闻来说是不合适的。他不太担心登记和交存的麻烦，而更担心著作权法不保护事实，从而使其无法有效制止以不同形式复制相同新闻的竞争对手的问题。斯通声称，真正需要的是，"在所有与文学财产有关的法学理论中发生一场成功的革命。这意味着对'财产'和'发表'这两个词要有全新的、更宽泛的定义，也意味着在法庭上和律师群体中应有卓尔不凡的、高瞻远瞩的人才"。[7] 斯通的回顾性陈述提供了一个简洁的叙事，仿佛他早有在法律思想上发起革命的计划，而后将之付诸实践。而事实上，这个过程仰赖于从19世纪70年代开始涉及股票报价信息财产权的一系列司法判例。

由于多工电报技术（multiplex telegraphy）和自动收报机（ticker machine）的发展，保护金融信息的斗争在19世纪70年代进入了一个新阶段。多工技术允许在单一线路上同时传输四条信息。电报公司现在可以将过剩的线路能力出租给报社、通讯社和经纪公司。自动收报机是打印电报的机器，安装在金融公司、酒店、酒馆和其他付费收取市场价格或体育赛事比分最新消息的机构。通讯基础设施的这些变化促进了股票和商品的持续交易，从而导致提供最新报价信息的机构之间的激烈竞争。[8] 这种竞争反过来促使一些企业在19世纪70年代早期为报价信息做著作权登记。[9] 但他们很快绕

---

[7] 梅尔维尔·E. 斯通，《一名新闻人的五十年》（*Fifty Years a Journalist*, Garden City, NY: Doubleday, Page, 1921），第359页。

[8] 戴维·霍克菲尔德（David Hochfelder），《"普通人可在何处投机？"：自动收报机、伪交易所及大众参与金融市场的起源，1880—1920年》（"Where the Common People Could Speculate": The Ticker, Bucket Shops, and the Origins of Popular Participation in Financial Markets, 1880-1920），载于《美国史期刊》（*Journal of American History*），第93期，第2卷（2006年9月），第335—358页。

[9] 《纽约证券交易所销售报》（*New York Stock Exchange Sales*）在1872年6月做了登记，但此后便不再登记。《纽约每日证券价格清单》（*New York Daily Price List of Stocks*）在1874年连续登记了六期，然后就停止了。黄金与股票电报公司（Gold and Stock Telegraph Company）和J. J. 基尔南（J. J. Kiernan）也在1873年到1874年为它们的报价做登记（作为"印刷品"登记）。1873年开始为其《纽约棉花交易市场报告》（*New York Cotton Exchange Market Report*）做登记的E. R. 鲍尔斯（E. R. Powers）是个例外，他一直到1880年还在继续为其刊物做登记。《总索引，1870—1897年》，美国版权局。

第七章　国际新闻社诉美联社案及其遗产

开著作权,而更钟爱于对未发表信息的普通法财产权。

1876 年,一家纽约法院承认了这种财产权类型。该案是由 J. J. 基尔南(J. J. Kiernan)提起的,他经营着一门通过安装在客户办公室的自动收报机向客户发送外国金融市场新闻的生意。基尔南从黄金与股票电报公司(Gold and Stock Telegraph Company)处购买信息,后者是从纽约联合通讯社[纽联社(NYAP)]处获取这些信息的。[10] 虽然这些信息在伦敦是可以公开获取的,但纽联社支付了用电报将这些信息传送到纽约的费用。基尔南的客户们支付一笔附加费,从而可以在自动收报机报告发送给黄金与股票公司的客户或纽联社的报社前获取这些报告。但是,基尔南的竞争对手——曼哈顿报价电报公司(Manhattan Quotation Telegraph Company)——从基尔南的某些客户那里获取了报告,而后将信息传送给它自己的客户。当基尔南提起诉讼以制止该行为时,被告辩称,在欧洲已经广为知晓的金融新闻上不可能存在财产权。法院并不苟同。虽然所有人都有权安排在伦敦的代理人搜集新闻并将之传输到纽约,但从竞争对手的"超群的勤勉"中获益则是不合法的。法院判决,纽联社"对所有由其代理人传输给它的新闻享有财产权,直到它通过发表的方式放弃此项权利为止"。[11]

10　不能将纽联社与 1917 年起诉国新社的美联社相混淆。纽联社自 19 世纪 40 年代就已存在。1892 年,一家建立在原来西部联合通讯社基础上的、名为"联合通讯社"(Associated Press)的新组织在芝加哥注册成立。而后,1900 年,芝加哥联合社解散,而新的美联社在纽约注册成立。参见第六章注释 12 和注释 86 之前的文字。

11　*Kiernan v. Manhattan Quotation Telegraph Co.*, 50 *How. Pr.* 194, 198 (N. Y. Sup. Ct. 1876).

基尔南案的关键在于什么构成"发表"。曼哈顿报价电报公司坚称,当报价出现在多家办公室的自动收报机纸条上时,它们就处于公开的状态。但基尔南成功地主张,其客户受合同约束;他们知晓不应与外部主体分享这些信息。当曼哈顿报价电报公司向基尔南的用户索要获取权时,它就在诱导违反信赖关系。在解释为何自动收报机纸条不构成"放弃给公众"意义上的发表时,法院提到了作家或艺术家对未发表作品的权利。对戏剧的表演并未剥夺剧作家印刷和销售其作品的专有权。一幅绘画的公开展览并未赋予参观者制作复制件并向大众销售的权利。类似的,收到一封信件并未授予收信人未经作者同意发表该信件的权利。法院不能理解,利用电报进行新闻的私人传输,与寄送信件有什么不同。因此,基尔南将报价传输给客户是一种"有限的发表,这种发表不会剥夺他对信息享有的权利"。[12]

231 **及时性的价值**

基尔南的信息被认为是未发表的,因为只有订户有权获取这些信息。当自动收报机安装在酒店和酒馆等公共场所时,情况就更加复杂。到19世纪末,这些场所会通过与电报公司的安排为顾客提供最新的新闻。[13]当偶尔有公众接触到自动收报机上的新闻时,

---

[12] *Kiernan v. Manhattan Quotation Telegraph Co.*, 50 *How. Pr.* at 203 (N. Y. Sup. Ct. 1876).

[13] 戴维·霍克菲尔德,《美国的电报,1832—1920年》(*The Telegraph in America, 1832-1920*, Baltimore: Johns Hopkins University Press, 2012),第96页。

是否意味着该新闻已发表？这个问题是19世纪与20世纪之交一个与西联电报及其竞争对手——国民电报新闻公司（National Telegraph News Company）——有关的案件的核心。西联电报主要是一家电报公司，但它有一家通过自动收报机为客户提供市场新闻和体育赛事比分的子公司。经营类似业务的国民电报公司从西联电报的自动收报机复制了一部分新闻报道并传输给它自己的付费客户。西联电报获得了一项临时禁令，禁止国民电报在新闻出现在自动收报机后的60分钟内复制该新闻。国民电报提起上诉，主张自动收报机的纸条是不能受著作权保护的，因为它们未经登记，也未交存版权局。由于西联电报没有取得著作权，当这些未发表的信息出现在任何造访订阅该服务的酒店或酒馆的大众成员都可以看到的自动收报机上时，这些信息上的任何普通法财产权都必然终止。[14]

为了绕开这个问题，西联电报的律师提出一个令人惊讶的论点。虽然英美两国的新闻机构长期以来都声称，为搜集新闻而需要的劳动和经济资源是获得著作权保护的正当理由，但西联电报却断言，将新闻作为文学财产对待是荒谬的。在提交法院的文书中，该公司的律师写道："我们从一开始就满怀敬意地抗议，并以艺术和文学的神圣名义主张，通过［西联电报的］自动收报机发送到酒馆、酒店和经纪人办公室的关于过往事件的新闻报道不能被恰当地称为文学作品。"[15] 在克兰顿诉斯通案（1828年）中，一家联邦法院已

---

14 《上诉人书状》（Brief for Appellants）。*National Tel. News Co. v. Western Union Tel. Co.*, 119 F. 294 (7th Cir. 1902). 罗伯特·布劳内斯张贴在其教师主页上。

15 《被上诉人书状》（Brief for Appellee），第8页。*National Tel.*, 119 F. 294.

经拒绝为一份市场新闻周刊提供著作权保护,理由是它并未对"知识"做出贡献。援引这一先例,西联电报的律师主张,体育赛事比分和股票价格也应该被排除在著作权之外。但他们也声称自动收报机上的信息"可以被恰当地称为'准文学财产权'或'虚拟(pseudo)文学财产权'。"[16] 其目标是让法院承认对信息的普通法财产权,类似于作者在发表前享有的那种权利,但这是在通过自动收报机使新闻可以被公众获取后仍继续有效的权利。

该案由彼得·S.格罗斯卡普法官(Peter S. Grosscup)——他撰写了第七巡回上诉法院的判决书——审理,他对西联电报表示同情。格罗斯卡普的思路受到与美联社梅尔维尔·E.斯通的谈话的影响。[17] 格罗斯卡普清楚地理解,西联电报的策略是将新闻排除在著作权之外,以寻求普通法上的财产权,而他认为它们的论点是具有说服力的。随着时间的推移,法院已经承认了对范围较广的作品的著作权保护,但格罗斯卡普主张"这种扩张过程到达某一点时就必须停止"。他不认为《宪法》的著作权条款有理由将"叙事的垄断权"授予最先印刷"对事件的基本叙述"的那些人。格罗斯卡普写道,真正的著作"并不在于其所呈现的形式,而在于由其所诞生的心智的独特个性"。[18] 类似的修辞早在 1884 年就被用于反对专门新

---

16 《被上诉人书状》,第 10 页。关于克莱顿诉斯通案,参见第四章。

17 斯通(Stone),《一名新闻人的五十年》(*Fifty Years a Journalist*),第 359—361 页;以及彼得·S.格罗斯卡普,《新闻财产权》(Property in News),载于《梅尔维尔·E.斯通:他的书》(*M. E. S. His Book*, New York: Harper & Brothers, 1918),第 66—72 页。

18 *National Tel.*, 119 F. at 297-98.

闻著作权的设想。[19]如今它却被一家希望在新闻上创设财产权的企业和认可这一观点的法官所运用。在两种语境下,对新闻法律保护的追求都引导着人们比过往更加清楚地阐明:著作权是用来保护"创造性"和"独创性"的著作的。[20]虽然这一修辞是西联电报法律策略的一部分,但它一旦被第七巡回上诉法院所确认,就可以被用于将某些以事实为主要内容的作品排除出著作权的保护范围。与新闻有关的纠纷又一次引导法官详细阐述他所认为的著作权法的恰当边界。

格罗斯卡普承认,当信息类作品能证明其中有作者心智在发挥作用时,也可以获得著作权保护,但体育赛事比分和股票报价并未达到此等水平。尽管如此,他认为还是需要某种形式的法律措施,来保护搜集和分发新闻的机构。解决方案是,不把西联电报视为可以获得著作权的作者,而将其视为新闻的"承运人"。顾客愿意为这些新闻付费,是因为西联电报传递新闻的速率。而正是这种及时性的商业价值是值得保护的无体财产。虽然法院禁止国民电报的主要理由是它伤害了西联电报新闻商业价值上的财产权,格罗斯卡普还提出了公共利益的问题。搜集和传输新闻的生意牵涉可观的开支和协调。他推论道,如果这类新闻可以被竞争对手自由利用,那么西联电报将从行业中退出。正如格罗斯卡普所言:"杀害宿主

---

19 参见第六章。

20 罗伯特·布劳内斯,《进步时期新闻著作权辩论中"独创性"概念的变化》(*The Transformation of Originality in the Progressive-Era Debate over Copyright in News*),载于《卡多佐艺术与娱乐法期刊》(*Cardozo Arts & Entertainment Law Journal*),第27卷,第2期(2009),第321—373页。

的寄生虫，自己也在劫难逃，最后只留下无论以任何代价都无法获得任何服务的大众。"[21]

树立一个试验案件[*]

在报业内部，西联电报的胜利大受欢迎，被认为是确立了"甚至比著作权还要广的""新闻财产权"。[22]它比著作权更广，因为它保护事实，但该权利在保护期上要短得多。在法院规定的60分钟禁令之后，国民电报和其他人都可以自由转载西联电报自动收报机中的信息。相同的原则能否适用于通讯社分发的新闻？因为自动收报机是连接到电报线路的打印机，所以顾客在股票报价和体育赛事比分被传输时就能够读到这些信息。由通讯社搜集和分发的新闻不是以这种方式向大众发布的。顾客通过阅读报纸的方式获取这些新闻。在大城市，突发新闻也发表在报社编辑部外的公告栏上。出版商利用这些公告栏吸引大街上的顾客。图10提供了一个生动的例子，该图描绘了群众聚集在《纽约先驱报》的公告栏前了解詹姆斯·A.加菲尔德总统（James A. Garfield）在1881年遇刺后健康状况的最新消息。[23]这类公告栏至少在19世纪30年代就已经在纽约

---

21 *National Tel.*, 119 F. at 296.

* "试验案件"（test case），是指为了挑战或澄清现行法律而提起的诉讼，意在确立关于某项权利、某个法律定义或规则等的先例。——译者

22 《判决保护新闻搜集者》（Decision Protects Newsgatherers），载于《第四等级》（*The Fourth Estate*），1902年11月1日，第2页。

23 参见霍克菲尔德（Hochfelder），《美国的电报，1832—1920年》（*The Telegraph in America, 1832-1920*），第94—96页，该书启发了我使用这张图片。

图 10　早期户外新闻公告栏的例子。群众聚集于此，了解詹姆斯·A. 加菲尔德总统在 1881 年遇刺后健康状况的最新消息。载于《弗朗克·莱斯利插图报》，1881 年 9 月 3 日。

出现，此时人们将字母绘制在纸张或木块上并粘贴于建筑上；到20世纪初，纽约的出版商们正在试验以电灯的方式进行展示。[24]

得用什么方法制止其他报社或通讯社转载以这种方式公布的新闻？依靠自动收报机案保护大众已经可以获取的新闻，要求对现有法律概念"发表"提出挑战。而这正是美联社打算做的事情。

美联社总经理斯通长期以来都对新闻财产权的观点感兴趣，而国际新闻社［International News Service，国新社（INS）］在第一次世界大战期间的不道德行为给在法庭上检验这一观点提供了完美的机会。国新社由威廉·伦道夫·赫斯特所有，他还经营了几家加入美联社特许经营体系的报社。赫斯特希望其所有报社都能使用美联社的新闻，但在一些城市，他的申请被拒绝了，因为现有会员希望在其地域范围内享有排他权。赫斯特无法为其所有报社申请到美联社会员，这为他设立后来成为国新社的通讯社提供了初始动力，不过，这家通讯社很快开始销售新闻和其他联合发表材料给其他报社。[25]

第一次世界大战期间的审查制和宣传背景对树立美联社的试验案件而言是至关重要的。在美国1917年参战前，赫斯特报业被认为是同情德国、反对美国干预和支持爱尔兰的。在英国，报社和通讯社

---

24 关于19世纪30年代的公告栏，参见第三章注释89前后的文字。关于电子展示，参见史蒂文·维尔夫（Steven Wilf），《在法律的阴影下创设知识产权法：国际新闻社诉美联社案》（Making Intellectual Property Law in the Shadow of Law: *International News Service v. Associated Press*），载于《世界知识产权组织期刊》，第5卷，第1期（2013年），第93页。

25 理查德·A. 施瓦兹洛斯，《国家的新闻经纪人》（Evanston, IL: Northwestern University Press, 1989-1990），第2卷，第226—234页。

在战争期间受到严密监控。1916年10月10日，英国政府禁止国新社使用跨大西洋电缆，理由是赫斯特报业正在传播谣言和不实信息。[26] 随着国新社对欧洲新闻的获取受到限制，美联社领导层认为，此时他们应该能够抓住赫斯特的代理人"盗窃"新闻的行为了。有人立即决定为精选的美联社报道做著作权登记。在之前15年，美联社没有对任何新闻报道主张著作权；在10月10日后，美联社登记并交存了16篇文章。[27] 这一事实在过往对国新社案的研究中很少被注意到，这无疑是因为在法庭上，美联社坚称新闻报道是不能受著作权保护的。但登记记录显示，在1916年秋天时，美联社希望通过所有可能的手段逮住国新社。美联社很快搜集到证据，证明国新社秘密窃取新闻，这就使它可以抛开著作权，而利用自动收报机案的先例来制止国新社。秘密窃取的证据使美联社得以构造不利于国新社的案件，使其扮演坏人的角色。但斯通的真正目的是利用该情境确立一个能够为新闻提供保护的财产权原则，即便新闻已发表于公开的公告栏或早版的报纸上。赫斯特已经是一个充满争议的人物，这并不影响斯通的事业。赫斯特是战时审查制的坦率的批评者，而根据1918年《惩治叛乱法》（Sedition Act），他的报纸都受到战争部

26　埃克斯特朗（Ekstrand），《大数据时代的热点新闻：热点新闻原则的法律史及其对数字时代的影响》(*Hot News in the Age of Big Data: A Legal History of the Hot News Doctrine and Implications for the Digital Age*)，第58—62页；以及"国际新闻社被英国所禁"（International N. S. Barred from Britain），载于《查尔斯顿（南卡罗来纳州）新闻与信使报》[*Charleston (SC) News and Courier*]，1916年10月11日。

27　19世纪90年代，芝加哥联合社常规性地为文章做著作权登记（登记量在1898年的美西战争期间达到顶峰）。但美联社1900年在纽约重组后就一直没有登记，一直到1916年为止（见 CTE 和 CCE）。

的严密审查。[28]

美联社指控国新社以三种方式盗用新闻。前两种牵涉发表前的秘密窃取,地区法院能轻松处理。第一,国新社买通美联社的一家会员报社——《克利夫兰新闻报》(Cleveland News)——的电报编辑,以获取该报搜集的本地新闻和美联社发往克利夫兰的外国新闻。第二,国新社的雇员造访《纽约美国人报》(New York American)编辑部,该报是加入美联社特许经营体系的赫斯特报纸,与国新社在同一栋楼办公。国新社的雇员可以在《纽约美国人报》编辑部徘徊,当美联社新闻抵达时便可搜集其细节信息。[29]赫斯特知晓,美联社的章程禁止会员向非会员或有竞争关系的通讯社提供新闻。泄露问题在1915年到1916年已泛滥到令美联社的董事会命令检查"接收新闻报道的所有编辑部门的物理条件",以保证会员没有允许其他新闻机构的代表进入他们的编辑部。[30]赫斯特绝不是唯一一位被指控从事该行径的人,但他是有竞争关系的通讯社的领导人,这构成明显的利益冲突。一些美联社会员援引这一冲突,作为要求协会放松其政策、向任何愿意付费的报社提供美联社新闻的理

---

[28] 约翰·伯恩·库克(John Byrne Cooke),《报道战争:从独立战争到反恐战争期间的新闻自由》(*Reporting the War: Freedom of the Press from the American Revolution to the War on Terrorism*, New York: Palgrave MacMillan, 2007),第89—103页。

[29] *Assoc. Press v. Int'l News Serv.*, 240 F. 983 (S. D. N. Y. 1917). 地区法院和第二巡回上诉法院的记录文本被美联社作为《美联社的法律:新闻财产权》(*Law of the Associated Press: Property in News*, New York, 1917)出版。

[30] 《美联社:第16份年度报告》(*The Associated Press. Sixteenth Annual Report*, New York, 1916),第74页。

由。³¹ 但根据当时有效的章程，作为美联社会员的赫斯特不得与作为国新社领导人的赫斯特分享新闻。鉴于在克利夫兰和纽约秘密窃取的证据确凿，地区法院毫不犹豫地颁发禁令，禁止国新社通过这两种方法获取新闻。³²

第三个指控涉及在新闻发表于公开的公告栏和美联社会员报社的早版之后对新闻的再利用。一旦新闻以上述任一形式在纽约发布之后，国新社就可以用电报将之发送给西岸的报社客户。因为东西岸的时差，加利福尼亚州的国新社客户可以与美联社在当地的付费会员同时或者更早地出版新闻。这个问题并不新鲜。19世纪60年代，被加利福尼亚联合通讯社［加联社（CAP）］剔除的多家加利福尼亚报社从事的便是这一勾当，但加联社成功说服电报公司不要传输"盗窃的"新闻。由于电报线路传输能力的提升（从而允许报社租用线路）以及国会和法院的干预，以这种方式垄断电报线路变得愈加困难。1910年的一部法律明确将电报公司归类为"公共承运人"，意味着它们必须为所有愿意支付合理费率的顾客提供服务。³³ 但多时区的问题仍然存在。理论上，美联社可以要求会员同时发表新闻，不论其地点在何处，通过这种方式避免时差问题。但

---

31 《埃德温·T.厄尔致弗朗克·B.诺伊斯》（Edwin T. Earl to Frank B. Noyes），1916年10月13日，《美联社早期行政记录》（Administrative Records of the Early AP），第四系列：会员记录，第48盒，美联社档案。

32 Assoc. Press, 240 F. 983.

33 理查德·B.基尔博维茨，《调节及时性：技术、法律和新闻，1840—1970年》（Regulating Timeliness: Technologies, Laws, and the News, 1840-1970），载于《新闻与传播学专论》（Journalism and Communication Monographs），第17卷，第1期（2015），第14—15页。

这样做非常不切实际,因为纽约的清晨正是旧金山的深夜。美联社希望它的汇总报道和美联社会员报社搜集的本地新闻能够保持专有,一直到所有会员有机会在各自区域内、在其通常的出版时间出版。这种专有权被认为是在每个本地市场实现销售量和广告收入最大化的关键。

对国新社案的一份重要研究将该案称为"虚构的争议",认为国新社并没有组织非常强有力的抗辩,因为作为美联社的主要会员,赫斯特在保护美联社新闻的专有权方面也有利益。[34]与此同时,对这一时期美联社的一份详尽研究得出结论称,该协会并不太担心国新社,而更担心合众通讯社(合众社)日益成长的力量。合众社成立于1907年,这一年,E. W. 斯克利普斯公司(E. W. Scripps)合并了几家现存的通讯社。到1914年,合众社拥有超过500家客户(国新社有大约400家客户,而美联社有接近900家会员)。[35]随着美联社在全国范围内分销新闻面临着日益激烈的竞争,国新社在第一次世界大战期间的行径为斯通提供了一个他极欲利用的机会。赫

---

[34] 道格拉斯·G. 贝尔德(Douglas G. Baird),《国新社诉美联社案的故事:财产权、自然垄断,以及一个虚假争议的令人不安的遗产》(The Story of INS v. AP: Property, Natural Monopoly, and the Uneasy Legacy of a Concocted Controversy),载于《知识产权故事集》(Intellectual Property Stories),简·C. 金斯伯格与罗谢尔·库珀·德雷福斯(Rochelle Cooper Dreyfuss)主编(New York: Foundation Press, 2006),第9—35页。

[35] 乔纳森·西尔伯斯坦-勒布,《新闻的国际分发:美联社、英联社,1848—1947年》(The International Distribution of News: The Associated Press, Press Association, and Reuters, 1848-1947; New York: Cambridge University Press, 2014),第64页、第69页。

斯特与美联社的关系使情况变得复杂，并揭示了报社的利益并不总能与协会的利益相一致。然而，这并不意味着诉讼期间国新社和美联社之间存在共谋关系。国新社一路将本案上诉到最高法院，而且聘请了全美最杰出的反垄断律师之一——塞缪尔·翁特梅耶（Samuel Untermyer）——代理其案件。

重新定义发表与不正当竞争

在地区法院，奥古斯都·汉德法官（Augustus Hand）并没有颁发禁令，禁止对公告栏和早版报纸中新闻的再利用。这个问题是全新的，他更倾向于交给第二巡回上诉法院裁断。在上诉中，美联社要求法院禁止国新社从属于近千家美联社会员的公告栏或印刷报纸中"复制、传输、销售、使用或者导致任何对美联社材料的复制"。[36] 国新社承认，它的代理人购买早版的报纸，扫描以获取新鲜的新闻，再改写精选的报道。在国新社看来，这种做法是完全合法的，因为事实在发表之后是没有财产权的。国新社还声称，从早版报纸中获取新闻是报社和通讯社间长期存在的习惯。按照国新社的说法，美联社遇到了"不洁之手"的情况，因为它正在从事相同的行为。最后，国新社主张，给予美联社它所寻求的那种垄断权是没有正当理由的。成为最早发表新闻的人就是充分的回报。如果法院禁止国新社和其他通讯社对美联社的新闻进行再利用，那么该协会

---

[36] *Assoc. Press v. Int'l News Serv.*, 245 F. 244, 245 (2d Cir. 1917). 国新社还对地区法院颁发的两道禁令提出异议，但未取得成功。

将获得对事实的垄断权。[37]

美联社否认复制或改写从国新社或其他通讯社处获取的新闻。按照美联社的说法,如果存在行业习惯,这个习惯是将竞争对手的新闻报道作为"提示"。雇员会审读早版的报纸,寻找美联社可能遗漏的有趣新闻。他们并不会复制或改写该报道,而是开展独立的调查并准备自己的报道。由于美联社花费了劳动和资源来搜集以提示为基础的新闻,所以它并未窃取任何人的财产或从事不正当竞争行为。美联社坚称,所有人都有权报道特定事件,但他们必须依赖自己的努力获取信息。正如美联社在其书状中所言:"原材料是事件,而最终产品是将事件带给购买者的信息;任何创造了这一产品的人都享有对该产品的财产权。"[38]

国新社坚称,任何这样的财产权都因发表而终止。美联社回应道,国新社过分强调"发表"这个法律概念,这个概念在著作权法之外毫不相干。在美联社看来,鉴于新闻报道不能获得著作权保护,它们出现在报纸或公告栏上时,就不能构成"放弃给公众"意义上的发表。美联社主张,自动收报机案的中心原则是,为搜集信息而作出投资的机构享有对该信息的专有使用权,直到它们获得合理回报为止。在1905年一个关于商品报价信息所有权的判决中,最高法院判决"在原告获得回报之前,信息不会变成公共财产"。[39]

---

[37] 《被告书状》(Brief for Defendant),载于《美联社的法律:新闻财产权》(*Law of the Associated Press: Property in News*, 1917 年),第 551—599 页。

[38] 《原告书状》(Brief for Complainant),载于《美联社的法律:新闻财产权》(1917年),第 435—510 页(引文在第 443 页)。

[39] *Board of Trade v. Christie Grain & Stock Co.*, 198 U. S. 236, 251 (1905).

鉴于美联社会员均已缴纳费用且将其本地新闻贡献给协会，在竞争对手可以转载新闻之前，它们都应该有时间从美联社的新闻中获利。"有鉴于新闻分销行业的性质"，美联社主张，"所涉发表行为必然是全国性的发表。换言之，在全国范围内的发表应该是一次单一的发表行为"。[40] 如果其他人可以不经许可自由出版美联社的新闻，那么，将本地新闻提供给美联社的报社将从协会退出。盗版，如果不加制约，将破坏新闻搜集的合作社模式。[41]

斯通聘请彼得·格罗斯卡普在第二巡回上诉法院代理其案件，格罗斯卡普虽然不再是法官，但他为国民电报诉西联电报案所作的判决是本案援引的最重要的先例。在口头辩论中，格罗斯卡普详细阐明了新闻的财产权取决于美联社服务的"商业价值"。格罗斯卡普承认，"事实"或者"事件"是没有财产权的，他解释道，"我们所做的，是将这些事件的情报带给读者"。这种情报的商业价值取决于美联社能够在其他通讯社之前传递信息，格罗斯卡普将这一属性称为"首发性"（firstness）。[42] 格罗斯卡普坚称，美联社并未声称拥有新闻，而只是拥有从其会员为新闻搜集所做的投资所创造的服务中获益的专有权利。撰写上诉法院判决的查尔斯·梅里尔·霍夫法官

---

40 《原告书状》，载于《美联社的法律：新闻财产权》（1917年），第468页。

41 对于强调集体行动问题的解释，参见希亚姆克里什娜·巴尔加涅什（Shyamkrishna Balganesh），《"热点新闻"：新闻财产权的持久神话》（"Hot News": The Enduring Myth of Property in News），载于《哥伦比亚法律评论》（Columbia Law Review），第111卷，第3期（2011年4月），第419—497页。

42 《辩论》（Argument），载于《美联社的法律：新闻财产权》（Law of the Associated Press: Property in News，1917年），第671—672页。

（Charles Merrill Hough）接受了新闻的事实与美联社的服务的这种区分。通过这种区分，他同意美联社扩大"发表"的定义的要求，使该定义适应一家在多时区国家运营的通讯社的情况。霍夫同意，国新社和其他通讯社不得转载美联社的新闻，直到协会最西部的会员有机会在没有本地竞争的情况下出版该新闻为止。上诉法院判决，国新社侵犯了美联社的新闻财产权并实施了不正当竞争行为。[43]

这两项判决都具有开创性。自动收报机案已支持对未发表信息的财产权，但美联社的新闻可以从户外公告栏和向大众销售的早版报纸中获取。过去，只有在被告盗用另一家企业声誉的案件中，才会被认定为不正当竞争。国新社并未将新闻标示为来源于美联社。按理说，由于没有指明新闻的来源，它确实欺骗了公众。虽然没有模仿或仿冒行为，霍夫还是认定国新社的行为是"不道德的"。但法院的判决不是全体一致的。亨利·加尔布雷斯·沃德法官（Henry Galbraith Ward）撰写了异议意见，主张法院错误地扩张发表的定义，以适应美联社的情况。竞争对手能用电报将新闻传输给自己的客户，这一事实并不能为创造一种新财产权或者将不正当竞争法延伸到不存在秘密窃取或仿冒的案件提供正当理由。正如沃德所言："地球的自转速度慢于电流的速度，这是原告在做生意时自己必须考虑的客观事实。"[44]

尽管有这样的异议意见，上诉法院还是指示地区法院颁发禁令，禁止"任何整体地窃取原告新闻的文字或内容"，直到其商业价

---

43 *Assoc. Press*, 245 F. at 247–53.

44 *Assoc. Press*, 245 F. at 254.

值消逝为止。[45] 美联社的董事会立刻开始要求会员们在报纸上出版如下声明："美联社对本报中所有将来源归认于该社的，或者未归认于其他主体的新闻电报，以及发表于本报的本地新闻的转载使用享有独家权利。"[46] 换言之，任何没有明确标示属于其他人的新闻，都是属于美联社的。声明中完全没有提及在若干小时后使用新闻的问题。

新闻是不一样的

国新社对上诉法院的判决提出抗议，而鉴于该判决并非一致判决，美联社也更希望本案能够得到最高法院的裁断。两造回归到在下级法院中用过的许多相同的论点，但现在他们更加强调公共利益。[47] 在为国新社作口头辩论时，塞缪尔·翁特梅耶强调新闻财产权将阻碍信息流通。他提醒法院，当前的美联社，正是在伊利诺伊州最高法院作出一份对其前身——芝加哥联合社——非常不利的判决后，才于1900年在纽约重组的。伊利诺伊州法院判决，美联社禁止会员从其他通讯社接收新闻的规则是限制贸易的。法院还援引美联社章程中的一个条款，该条款允许其架设、购买、出租和

45　*Assoc. Press*, 245 F. at 253.

46　《美联社：第18份年度报告》(*The Associated Press. Eighteenth Annual Report*, New York, 1918)，第66页。

47　《记录抄本》(The Transcript of Record)［下称"TR"］，由NARA保存（1918年10月期），也可以通过盖尔（Gale）的《现代法律的制定》(Making of Modern Law) 文集获取。口头辩论由美联社收录在《美联社的法律：新闻财产权》(*Law of the Associated Press: Property in News*, New York, 1919)，第2卷，第749—811页。该书收藏于美联社档案馆。

运营电报线路。在法院看来，该条款的存在意味着美联社可以被作为公用事业来管理。换言之，像铁路和电报公司一样，美联社必须为所有愿意付费的报社提供新闻。[48] 服从伊利诺伊州最高法院的命令将使维持新闻报道的专有权——美联社特许经营体系价值的基础——变得不可能。于是，美联社离开芝加哥，并根据纽约州法重组为一家会员制法人，它继续允许会员阻止其地域范围内的其他报社的入会申请。翁特梅耶解释道，美联社目前的规则使许多报社无法获得美联社的新闻，即使这类新闻对任何报社的成功都是非常重要的。如今，美联社主张当新闻已经向大众发布之后它对新闻所享有的专有使用权。翁特梅耶警告，如果最高法院承认这一权利，那么美联社将获得"地球表面上最令人无法忍受的、最专横的垄断权"。[49]

加利福尼亚州前州长兼现任参议员海勒姆·约翰逊（Hiram Johnson）担任翁特梅耶的助手。和赫斯特一样，约翰逊是战时审

---

[48] 《塞缪尔·翁特梅耶先生的辩论》（Argument of Mr. Samuel Untermyer），载于《美联社的法律：新闻财产权》（1919年），第2卷，第752—779页；以及：*Inter-Ocean Pub. Co. v. Assoc. Press*, 184 Ill. 438 (1900). 关于本案的背景及其重要性，参见乔纳森·西尔伯斯坦-勒布，《新闻的国际分发：美联社、英联社与路透社，1848—1947年》（*The International Distribution of News: The Associated Press, Press Association, and Reuters, 1848–1947*），第51—58页。

[49] 《塞缪尔·翁特梅耶先生的辩论》，第754页。正如本章后文所解释，美联社不愿意放松它的限制性章程，直到1945年最高法院迫使它这么做。在此之前，反对权制度实际上是扩张了的。吉恩·艾伦，《作为财产的新闻：美联社的例子，1942—1945年》（*News as Property: The Case of Associated Press, 1942-1945*）[本文于2014年5月25日提交到西雅图的国际通讯协会（International Communication Association）]。

查制的坦率批评者。他反对通过1918年的《惩治叛乱法》，宣称它是对第一修正案权利的威胁。[50]但国新社案在技术上并不涉及审查问题，于是约翰逊将重点放在将新闻视为专有的危险上。他声称从"远古时代"开始，报社和通讯社就依赖于彼此获取新闻。回顾摘报编辑们（exchange editors）从其他报纸剪切新闻的悠久传统，约翰逊告诉法院，如果能给他更多时间，他还能为"浆糊罐和剪子都加上所有格符号"。[51]否认转载新闻的权利——甚至当新闻已被改写时——将毁灭乡村报业的传统，也将阻碍大城市日报的活动。约翰逊还反对将禁令建立在东西海岸时差的基础上。如果美联社愿意，它可以要求会员在所有地区都同时发表新闻。相反，它正试图创设一种对它的生意有利，但却将限制获取新闻的新型财产权。[52]

为了回应其试图垄断新闻的指控，美联社再次强调，每家通讯社都可以自由搜集自己的信息。新闻报道不像其他类型的著作，因为"它们的源泉不是锁在生产者的脑袋里的，而是任何人都能够平等获取的事件"。[53]但盗用由其他通讯社或协会搜集的新闻并将之销售，与它们相竞争，这就是不正当的了。另外，美联社声称新闻的专有权符合公共利益。如果每家通讯社都搜集自己的新闻，那么大

---

50 库克（Cooke），《报道战争：从独立战争到反恐战争期间的新闻自由》（Reporting the War: Freedom of the Press from the American Revolution to the War on Terrorism），第100页。

51 《海勒姆·W. 约翰逊的辩论》（Argument of Hiram W. Johnson），载于《美联社的法律：新闻财产权》（1919年）第2卷，第798页、第809页。

52 前引，第798—810页。

53 《被上诉人——原告书状以下》（TR, Brief for Respondent-Complainant Below），第36页。

众就可以获得愈加多样的报道。当两家或多家通讯社对同一事件开展独立调查时，读者对事实就可以更有信心。一家通讯社对其新闻报道的权利不会妨碍其他通讯社为自己的报道搜集信息。正如美联社的律师所言："在这个领域，法律能够在创造者完全的垄断权与毫无权利之间找到一条中间路线。"[54]

大量先例显示，著作上的普通法财产权在出版并向大众销售之后即告终止。已发表的作品可以受著作权保护，但美联社深知法院极不可能支持对独立于表达的事实的著作权保护。基于这些原因，美联社花费相当多的精力试图完全将新闻排除出文学财产的范围。这一策略使律师更强调新闻与其他著作形式之间的区别。美联社的书状声称：

> 和商标的情况一样，除了用文字表达、印在纸上等偶然之处外，新闻和任何文学财产完全没有相似的地方。在新闻的生产中，不含有任何想象力或智识性成分，除了为新闻搜集和分销而投入组织的那种想象力和智识。事实上，当在其内容中引入创造或想象时，它作为新闻的属性便消失了，此时它便成了人们所说的"假新闻"。[55]

假新闻可以获得著作权保护，因为它是想象力的产物——这一观点实际上在1913年接受了法庭的检验。该案由霍夫法官独任

---

[54] 《被上诉人——原告书状以下》，第36页。

[55] 前引，第35页。

审判，他后来将撰写第二巡回上诉法院对国新社案的判决意见。在1913年的判例中，纽约《太阳报》的一位作者创作了一篇法庭场景的虚构描述，但却把它伪装成对真实事件的新闻报道。由于相信这个故事是真实的，另一位作者将《太阳报》的这篇报道作为一部舞台剧的基础。第一位作者提起诉讼，主张该戏剧侵犯了他将作品进行戏剧化改编的权利。霍夫法官拒绝颁发禁令，理由是，将小说伪装成新闻是不道德的。鉴于该故事被伪装成新闻，大众有理由相信它是真实的，而没有人能够享有将真实事件进行戏剧化改编的专有权。[56]在与美联社的纠纷中，国新社援引了这一较早的判例，因为霍夫说"不可能盗版事实，因为事实是公共财产"。[57]霍夫为虚构新闻案所作的判决强调道德的重要性，且从根本上怀疑真实新闻报道能否获著作权保护。在这个意义上，该案与美联社自己的策略是一致的。在美联社看来，新闻就在那里等待被搜集，任何花费了劳动和经济资源的人都可以开展搜集工作。[58]

这种对电报新闻的呈现形式，遮蔽了为创作发表在报纸上的文章而付出的多种形式的精神劳动。美联社的通讯员和电报代理人将报告缩写成一种简略的形式，后用电报传输到美联社总部。然后，雇员们将这些"电报略语"解码，并编写分发给会员们的汇总报告。最后，本地的报社编辑们修改和润色这些报道，多多少少将

---

56 Davies v. Bowes, 209 F. 53 (S. D. N. Y. 1913).《太阳报》每天都做著作权登记，它已将本篇的著作权转回给作者。

57 Davies, 209 F. at 56.[《被告书状》引用，载于《美联社的法律：新闻财产权》(Law of the Associated Press: Property in News, 1917年)，第569页]。

58 《被上诉人——原告书状以下》，第36页。

这些电报信息作为新闻报道的基础（虽然有些编辑也会一字不差地把电报信息刊载出来）。[59] 在大多数情况下，通讯社不会为电报信息提供标题。标题是由为报刊精选和准备新闻报道的本地编辑们选择的。[60] 但是，"新闻是搜集来的而非创造出来的"的观点，以及"发明或创造将损害新闻的价值"的主张，都与美联社的理想和野心相一致。美联社为所有会员服务，不论会员所在地区或政治阵营，而这些会员反过来又寻求最大范围的顾客和广告主基数。于是，美联社努力去除新闻报道中可能导致该报道不那么容易被全国各地报社读者接受的宗教信号或政治联系、地区方言或个人意见。因此，新闻是"商业产品"而非一种创作形式的观点，与不带个人色彩的事实性报道的理想相吻合。[61]

在美联社律师看来，著作权应该留给具有持久价值的文学作品，而新闻只有转瞬即逝的利益。事实上，这种著作权观基本是过时的。到20世纪初，在产业界的压力下，对待著作权法中独创性概念的极简主义方法流行起来。产业界希望能够保护具有显著市场价值，但如果法院对独创性创作设定严格标准便可能无法获得著

---

59 霍克菲尔德，《美国的电报，1832—1920年》（*The Telegraph in America, 1832—1920*），第74—82页；以及贝尔德（Baird），《国新社诉美联社案的故事：财产权、自然垄断，以及一个虚假争议的令人不安的遗产》（*The Story of INSv. AP: Property, Natural Monopoly, and the Uneasy Legacy of a Concocted Controversy*），第14—15页。

60 《塞缪尔·翁特梅耶先生的辩论》（*Argument of Mr. Sameul Untermyer*），第772页。

61 参见施瓦兹洛斯，《国家的新闻经纪人》（*The Nation's Newsbroker*），第2卷，第112—114页、第122页。

作权的那类作品。[62] 布莱斯坦诉唐纳森平板印刷公司案（Bleistein v. Donaldson Lithographing）（1903年）——本案中，最高法院支持对一幅马戏团海报的著作权保护——是一个分水岭。原告坚称，广告和招贴画占据了平板印刷行业相当大的份额。如果企业无法获得对它们的著作权，那么，企业将没有为新设计作出投资的激励，整个产业将崩溃。被告援引大量先例，在这些先例中，法院拒绝为没有对文学或知识作出持续性贡献的作品提供保护。但是，潮流已变得对这种著作权观不利，而更支持以作品市场价值为导向的观点。1903年最高法院判决，马戏团海报已经展现了独立智力努力的足够证据，足以获得著作权保护，并坚决反对法院应当对作品的艺术或文学价值作出裁判的观点。[63]

通过证明其代理人和会员报社的记者花费了智力劳动，将新闻塑造成具有可观市场价值的独特产品，美联社本可以轻松满足独创性的门槛，但美联社保护事实信息的愿望使著作权反而具有反效果，这就导致律师拒绝布莱斯坦案所代表的那种论证方法。美联社坚称，新闻和其他类型的著作是不一样的。对于科学专著或历史研究，后代将为其形式而寻找该作品，而不仅仅是它所传递的事实。他们的书状是如此论述的："图书的价值在于思想被呈现的独创方

---

62 奥伦·布拉查，《思想的所有权：美国知识产权法的智识起源，1790—1909年》（*Owning Ideas: The Intellectual Origins of American Intellectual Property, 1790—1909*, Cambridge: Cambridge University Press, 2016），第54—123页。

63 *Bleistein v. Donaldson Lithographing Co.*, 188 U. S. 239 (1903)；以及奥伦·布拉查，《思想的所有权：美国知识产权法的智识起源，1790—1909年》，第105—108页。

式。相反，新闻的商业价值不在于事件被呈现的方式，而在于它首先引起人们注意到有这一事件的发生。"[64]

美联社律师反复强调"首发性"构成新闻对顾客的首要价值。读者根本就不会享受新闻被描述的方式、新闻所使用的特定词语或表述或者记者的观点。正如此前在英美两国保护电报新闻的努力那样，很少有关于记者对事件的报道可能与其他记者的报道不同的讨论。诉讼的目标是阻止竞争对手报道同一事件，除非他们开展独立调查。正如美联社律师弗里德里克·W.莱曼（Frederick W. Lehmann）在口头辩论中所言："新闻中最核心的要素、最有价值的东西，不在于它被表达的文学形式，而在于对事件或事情的报道。"[65] 对于大部分著作而言，重新组合思想或事实以创作一个新的、不同的作品，这是可以接受的。但对于新闻而言，不管改写的幅度多大，都不足以避免伤害首个搜集新闻的机构的财产权。鉴于财产权并不系于表达，而系于新闻的"首发性"，宣布"奥地利皇帝今日驾崩"和宣布"奥地利皇帝驾崩于今日"并无区别。[66]

国新社反对将新闻排除出文学财产的范围，从而获取比作者可以获得的还要强大的财产权。当图书出版时，伟大作家的思想和观念就属于大众，而只要新闻还有商业价值，通讯社就可以主张报

---

[64] 《原告补充书状》(Supplemental Brief for Complainant)，载于《美联社的法律：新闻财产权》(Law of the Associated Press: Property in News)（1917年），第514—515页。

[65] 《F. W. 莱曼先生的辩论》(Argument of Mr. F. W. Lehmann)，载于《美联社的法律：新闻财产权》（1919年），第2卷，第788页。

[66] 《被上诉人——原告书状以下》，第35页。

道事实的专有权,这怎么可能是正确的呢?以新闻"在文学上毫无价值"来作为对新闻特殊对待的理由,这看起来不合情理。正如国新社的书状所言:"这等于说,法律的保护取决于文学价值的欠缺。吉本(Gibbon)、格罗特(Grote)、麦考利(Macauley)、普雷斯科特(Prescott)和帕克曼(Parkman)*可能因为在出版时未取得著作权而丧失了对其经典历史著作的财产权,而转瞬即逝的每日新闻在出版了数百万份之后,却还能继续保留其作为私有财产的属性。"[67]

相互冲突的意见

出于策略原因,美联社试图将新闻排除出著作权的范围,但最终它们并不需要这么做,因为最高法院的大多数大法官同情美联社的观点,即新闻需要受到保护,以防止竞争对手的不正当利用。在

---

* 爱德华·吉本(Edward Gibbon)(1737年5月8日—1794年1月16日),英国历史学家,代表作为《罗马帝国衰亡史》。乔治·格罗特(George Grote)(1794年11月17日—1871年6月18日),英国历史学家,代表作为《希腊史》。托马斯·巴宾顿·麦考利(Thomas Babington Macauley)(1800年10月25日—1859年12月28日),英国历史学家,代表作为《英格兰史》。威廉·H.普雷斯科特(William H. Prescott)(1796年5月4日—1859年1月28日),美国19世纪最杰出的历史学家之一,代表作为《费迪南与天主教徒伊莎贝拉统治史》《墨西哥征服史》和《秘鲁征服史》等。弗朗西斯·帕克曼(Francis Parkman)(1823年9月16日—1893年11月8日),美国历史学家,代表作为《俄勒冈径:草原与落基山脉的生活图景》(*The Oregon Trail: Sketches of Prairie and Rocky Mountain Life*)、《北美洲的法兰西与英格兰》(*France and England in North America*)等。——译者

67 《申请人书状》,第49页。

多数派意见中,马龙·皮特尼大法官(Mahlon Pitney)区分了被传递的"信息内容",以及用于传递该信息内容的"单词的特定形式或组合"。皮特尼承认,新闻文章"通常具有文学性质",所以它们是可以受著作权保护的。美联社的律师提到克莱顿诉斯通案(1828年),但皮特尼认为该案已经过时了,因为1909年《著作权法》为"作者的所有著作"提供保护,并特别提到了报纸。皮特尼甚至引用版权局的规定,证明为单篇文章或整一期报纸做著作权登记是可能的,版权局还为上述目的提供了专门的申请卡。在皮特尼看来,只要看一眼每天的报纸,就可以弄清楚,一些出版商正在利用这部法律。[68]美联社的主要会员都常规性地为其报纸做著作权登记,这一做法可以回溯到19世纪90年代,但皮特尼对这一事实未加评论。[69]或许是因为他不知道这些登记,又或许他认为这一事实与本案无关,因为美联社提起的并非著作权侵权诉讼。国新社原本可能利用这些登记,尝试破坏美联社反复提出的主张,即新闻报道是不能受著作权保护的。不过,美联社也可以回应,这些登记并非为了保护新闻报道,而是报纸上的其他文学和艺术材料,从而坚守新闻不能受著作权保护的论点。

不论如何,皮特尼确认,新闻报道可以获得著作权保护,但其背后的事实信息不可以。如果他止步于此,他的论述将与第五章所

---

68 *INS*, 248 U. S. at 234.

69 每天都进行著作权登记的报社包括《纽约时报》《纽约世界杯》《纽约论坛报》《纽约美国人报》(赫斯特的报社,但同时是美联社会员)、《波士顿环球报》以及《费城调查员报》。载于《申请文件,1898—1937》(Claimant File, 1898-1937),美国版权局。

讨论的英国沃尔特诉斯坦科夫案（1892年）的判决相一致。[70] 然而，皮特尼认为事实与表达之间的区分与本案是不相干的，他说："而我们并不需要花时间讨论新闻内容的普通法财产权这一一般性的问题，或者著作权法的应用问题，因为在我们看来，本案的关键在于商业中的不正当竞争问题。"[71] 皮特尼此处对著作权的偏离受到法律学者的批评，他们声称国新社案创造了一个传统，即惩罚"在未播种之处取得收获"的人总是优先于言论自由问题和公众对信息的获取问题。[72] 但是，一旦皮特尼判定国新社的行为"违反良知"，他就可以对大部分用于反对新闻专有权的法律论点视而不见。通过将本案勾勒为不正当竞争案件，而非作者和公众的权利，他便可以完全绕开发表是否构成放弃的问题。他承认，一旦新闻付梓或者已在公告板上公布，大众成员便可自由使用，随其所愿。而对国新社及其客户应该适用不同的规则，因为它们使用电报和印刷机是为了销售新闻，与美联社竞争。皮特尼使用的新词——他将新闻称为"准财产"——反映了这样的事实：他试图在那些将新闻视为私有财产和那些将新闻定义为公共物品的人之间找到一条中间路线。

70　*Walter v. Steinkopff* [1892] 3 Ch. 489. 参见第五章。

71　*INS*, 248 U.S. at 234—35.

72　参见戴维·L. 朗伊（David L. Lange）和H. 杰斐逊·鲍威尔（H. Jefferson Powell），《没有法律：绝对第一修正案意象中的知识产权》（*No Law: Intellectual Property in the Image of an Absolute First Amendment*, Stanford, CA: Stanford Law Books, 2009），第149—167页；以及温迪·J. 戈登（Wendy J. Gordon），《论信息所有权：知识产权与恢复原状的冲动》（On Owning Information: Intellectual Property and the Restitutionary Impulse），载于《弗吉尼亚法律评论》（*Virginia Law Review*），第78卷（1992年），第149—281页。

最高法院维持了第二巡回上诉法院的判决，确认美联社享有使用新闻的专有权，直到其所有会员均有机会出版该新闻而免遭本地竞争为止。但该判决不是全体一致的；投票结果是五比三。约翰·克拉克大法官（John Clarke）自行回避，因为他在报社中存在经济利益。路易斯·布兰代斯大法官和小奥利弗·温德尔·霍姆斯大法官（Oliver Wendell Holmes Jr.）各自撰写了一份异议意见，而约瑟夫·麦克纳大法官（Joseph McKenna）加入了后者。撰写了马戏团海报案判决书的霍姆斯不认为新闻报道有任何理由不能受著作权保护。由于美联社选择不主张著作权，那么，不论是文字组合还是事实信息，都不能获得保护。在霍姆斯看来，法院不能基于新闻的"交换价值"而承认财产权。财产权必须由法律创设；而不能从事物的商业价值自动产生。霍姆斯也不同意多数派意见所认定的不正当竞争，因为国新社并未将其产品"伪装"成美联社的产品。通过未归认来源而转载美联社的新闻，国新社实际上做了相反的事情。霍姆斯认为，这类虚假陈述的解决方案，应该是要求通讯社引注来源。因此，他更支持与多数派颁发的禁令所不同的另一种禁令。他建议，法院应禁止国新社在新闻发表后的若干小时内转载美联社的新闻，"除非它明确地将来源归认于美联社"。[73]

人们总是很容易将霍姆斯在国新社案中的意见与他在下一年的艾布拉姆斯诉美国案（Abrams v. United States）中更知名的异议意见相联系。在艾布拉姆斯案中，霍姆斯主张，允许发表批判性或不受欢迎的观点对于民主制是至关重要的，因为"思想的自由贸

---

73 *INS*, 248 U. S. at 250.

易"最终将使真理获胜。[74] 在国新社案中,最高法院并未考虑第一修正案,但是,由于赫斯特的名声以及英国政府拒绝他使用跨大西洋电缆的事实,审查制和爱国主义问题构成了本案的背景。在这一语境下,将霍姆斯在国新社案中的异议意见看作是他在战后转向对新闻自由的进一步强调,可能具有启发意义。如果说在艾布拉姆斯案中,霍姆斯关心的是批判性或不受欢迎的观点的传播,那么,在国新社案中,他关心的似乎是允许报社报道已发表的信息,只要它们已经引注了来源。

布兰代斯大法官撰写了一份更长的、更具批判性的异议意见。和霍姆斯一样,他否定财产权起源于市场价值的观点。仅仅因为某物可被销售以换取利润,并不足以使该物成为财产,该物的生产需要劳动或金钱,也不足以使之成为财产。此处,布兰代斯提出了关于知识产权边界的、被大量引用的名言:"法律的一般规则是,人类最高贵的产品——知识、已确定的真理、概念和思想——在自愿与他人交流后,就变得像空气一样可以被自由地共同使用。对于这些无形产品,只有在公共政策认为必须的特定情况下,其财产属性才会在这种交流之后继续保留。"[75] 布兰代斯非常清楚,以劳动和经济投入为基础的论点经常被用于论证著作权和专利的正当性,但他认为这些法定垄断应该是例外,而非一般规则。布兰代斯认为,他

---

74 *Abrams v. United States*, 250 U. S. 616, 630 (1919). 参见山姆·莱博维奇(Sam Lebovic),《言论自由与不自由的新闻:美国新闻自由的矛盾》(*Free Speech and Unfree News: The Paradox of Press Freedom in America*, Cambridge, MA: Harvard University Press, 2016),第16—18页。

75 *INS*, 248 U. S. at 250.

的多数派同事声称自动收报机案确立了新闻财产权，这是错误的。虽然自动收报机案的法官们有时采用财产的语言，但他们的判决总是建立在违反保密义务的基础上，而这一要素在国新社案中是欠缺的。在布兰代斯看来，英国法院仅为秘密窃取类案件提供救济，这样做更加前后一致。如果国新社的行为是不正当的，那么，现行法对这种不正当行为并未提供任何救济。

布兰代斯坚称，如果需要一部新法来保护新闻搜集者，那么应该由国会来制定，而不是由解决两家企业之间纠纷的法院来创设。他写道："原告所主张的规则将引起财产权的重要扩张以及对知识和思想自由利用的相应限制；本案的事实提醒我们注意，承认对新闻的这类财产权，但却未对新闻搜集者施加相应义务所带来的危险。"[76] 此处提及义务，是暗指美联社章程的限制性，这使得许多报社难以获取美联社的新闻，即使他们愿意为之付费。布兰代斯回忆道，1884 年为新闻制定专门著作权法的尝试失败了。他还指出，诸如《伯尔尼公约》（美国当时仍未签署）和《泛美洲著作权公约》（Pan-American Copyright Convention）（美国于 1911 年批准加入该公约）这样的国际协定均明确拒绝为"新闻"提供保护。因此，法院对承认一种新财产权应当慎之又慎。国会应当决定是否需要这种权利，界定它的边界，并为其实施规定必要的"管理机制"。[77]

---

[76] *INS*, 248 U. S. at 263.

[77] *INS*, 248 U. S. at 265-67.《泛美洲公约》规定，除非已明示禁止，否则允许在归认来源的情况下转载新闻，且它拒绝为"新闻和仅为一般信息目的而出版的各种内容"提供保护。38 Stat. 1785 (1910), art. II.

不确定的影响

虽然有霍姆斯和布兰代斯的异议意见,但美联社还是取得了法律上的重大胜利。其他通讯社不能再从公告栏或早版报纸中窃取美联社新闻的内容,该机构对此大加赞赏。[78]《编辑与出版商》(*Editor & Publisher*)将国新社案描述为"新闻搜集史上最重要的判决,该案判决新闻是有财产权的。"[79]美联社会员《纽约时报》赞扬法院承认了新闻"新鲜性"上的财产权。他们写道:"通过早版报纸或公告栏张贴的方式向公众分发的那一刻,正是新闻盗版者抢夺并为己所用的时刻。这正是需要保护之处,也正是最高法院这个判决所延伸到的地方。"[80]同为美联社会员的波特兰《俄勒冈人报》赞扬法院的判决,但主要把它看作对赫斯特越轨行为的谴责,而不是新闻业的新开始。"报社与通讯社之间有某种公平交易的礼仪",《俄勒冈人报》声称,"但赫斯特是对这种礼仪的合理规则最持久、最不道德的破坏者。他窃取所有他能窃取的东西,不论在哪里获取,也不管如何获取"。[81]

国新社案在多大程度上标志着与复制行为有关的行业习惯的

---

[78]《美联社:第 19 份年度报告》(*The Associated Press. Nineteenth Annual Report*, New York, 1919),第 5 页。

[79]《最高法院承认协会搜集的新闻享有财产权》(Supreme Court Recognizes Property Rights in News by Gathering Associations),载于《编辑与出版商》,1918 年 12 月 28 日,第 5 页。

[80]《新闻是财产》(News Is Property),载于《纽约时报》,1918 年 12 月 24 日。

[81]《认定新闻盗版》(News Piracy Defined),载于《俄勒冈人报(波特兰)》,1918 年 12 月 25 日。

变革？这个问题是很难回答的。报纸的持续数字化以及对定位实质相似文本的计算分析的应用终有一日会有助于回答这一问题。[82] 但档案证据显示，美联社的竞争对手认为，最高法院的判决引入了新的规范，而不是确认了现有的规范。该判决对合众通讯社（合众社）的影响更甚于对国新社的影响。赫斯特的一些报社已经可以获得美联社的新闻，且国新社既从事联合发表专题报道的交易，也从事突发新闻的交易。国新社是否停用美联社报纸中的事实信息已无从考证，而合众社总经理罗伊·霍华德（Roy Howard）则明确承认，其通讯社的行为必须改变，因为从美联社的报纸中改写新闻已经不再被允许。斯通表示，这种承认比最高法院的判决更令人满意。[83] 合众社对本案的反应证实了国新社不是唯一一家从美联社获取新闻的通讯社，也证实了该问题不是因赫斯特丧失对跨大西洋电缆的接触权所导致的。在这个意义上，国新社案创设了一项此前从未被承认的权利，不论是在习惯上还是在法律上。[84]

---

82 学者们开始利用这类工具研究 19 世纪报纸中文本转载的模式。（参见第三章注释 7）部分地因为受限于著作权，可以获取的 20 世纪的数字资料更加有限。这类研究必须考虑报社之间的制度安排——例如，谁是美联社的会员——以区分合法的出版和非法的出版。另外，当非美联社报社以不同形式报道同一新闻时，通常很难验证该报社是否查询了独立的信息源——这种情况下就不能说第二家报社完全依赖于第一家报社。

83 乔纳森·西尔伯斯坦-勒布，《新闻的国际分发：美联社、英联社与路透社，1848—1947 年》(*The International Distribution of News: The Associated Press, Press Association, and Reuters, 1848-1947*)，第 66 页。

84 参见理查德·A. 爱泼斯坦（Richard A. Epstein），《国际新闻社诉美联社案：习惯和法律作为新闻财产权的起源》(*International News Service v. Associated Press*: Custom and Law as Sources of Property Rights in News)，载于（接下页）

第七章 国际新闻社诉美联社案及其遗产

美联社很快便发现，它在国新社案中的胜利，在国内外都是一把双刃剑。斯通——新闻财产权长期的倡导者——担心该判决将实质性地破坏美联社的竞争，并再一次使该协会暴露于垄断的指控之下。与此同时，国新社案判决限制了美联社在国际上可以做的事情。虽然最高法院的判决并无域外效力，但美联社感到有义务遵守该判决确立的原则，以避免被指控为虚伪。该机构不能一方面捍卫新闻的专有权，一方面又从其他报社复制新闻，即使是从外国的报社。正如斯通在1919年的董事会上所言，国新社案判决"必然终止了我们从伦敦报社那里盗版新闻的行为"。[85]以美联社在英格兰搜集的新闻样本为基础，斯通得出结论说，绝大多数的新闻报道并非来自于路透社（美联社与之有专属合同关系），而是来自于伦敦的报社。美联社请求一些伦敦出版商允许其转载它们的材料；除了一家报社外，所有其他报社都拒绝了。与此同时，合众社不认为有义务寻求许可，并继续从伦敦报社窃取新闻报道。[86]

20世纪20年代末，在肯特·库珀的领导下，美联社希望能

（接上页）《弗吉尼亚法律评论》（*Virginia Law Review*），第78卷（1992年2月），第85—129页。无证据表明复制行为在1916年之前并未泛滥，如爱泼斯坦所声称的那样。而且有充足的理由相信情况是相反的。

85 引自乔纳森·西尔伯斯坦-勒布，《新闻的国际分发：美联社、英联社与路透社，1848—1947年》（*The International Distribution of News: The Associated Press, Press Association, and Reuters, 1848-1947*），第207页。关于斯通对垄断指控的担忧，参见前引，第77页。

86 乔纳森·西尔伯斯坦-勒布，《新闻的国际分发：美联社、英联社与路透社，1848—1947年》，第207页。

够签订承认国新社案所创设的那类权利的国际协定。1927年,国际联盟新闻专家大会(Conference of Press Experts of the League of Nations)考虑该议题的决议,虽然美国不是国际联盟的成员,但美联社还是收到参会邀请。库珀急切地抓住发言机会。决议草案建议,由政府发布的官方新闻应该可以自由流通,但由报社或通讯社搜集的新闻应该在发表后若干小时内作为财产保护。库珀和美联社完全支持这一观点,英国和法国的通讯社路透社和哈瓦斯社也是如此。毫不奇怪的是,国际新闻社反对该提案,理由是它将限制信息的流动。英国代表团也意见不一。《世界新闻报》的巴伦·乔治·里德尔(Baron George Riddell)代表报纸出版商的利益,他将该措施看作是通讯社推进自己的利益的努力。鉴于美国既不是国际联盟也不是《伯尔尼公约》的成员,他对美联社的参与多加嘲讽。在谈判中扮演重要角色的德国代表团支持承认未发表新闻的财产权,但主张每个国家应当有权自行制定关于发表后的保护的法律。[87] 与德国提出的折中方案相一致,新闻专家大会的最终决议宣布,新闻机构"有权获得其为生产新闻报道而投入的劳动、经营和经济开支的成果",但"该原则不能被解释为创造或鼓励任何对新闻的垄断"。[88] 虽然大会认可未经许可转载已发表的新闻应该被作为"不正当交

---

[87] 海蒂·J. S. 特沃雷克,《新闻政治才能:在魏玛德国和国外保护新闻》(Journalistic Statesmanship: Protecting the Press in Weimar Germany and Abroad),载于《德国史》(*German History*),第32卷,第4期(2014年12月),第559—578页。

[88] 《新闻专家大会采纳的宣言与决议(1927年)》(Declaration and Resolutions Adopted by the Conference of Press Experts)(1927),引自乔纳森·西尔伯斯坦-勒布,《新闻的国际分发:美联社、英联社与路透社,1848—1947年》,第210页。

易"行为，但它未能达成任何更加具体的合意，故决定将这些问题留待各国政府自行决定。[89]

路透社的领导人罗德里克·琼斯爵士（Roderick Jones）也寻求对新闻财产权的国际承认。他的目标是在整个大英帝国保护路透社的新闻。鉴于《伯尔尼公约》已排除对新闻的国际著作权保护，琼斯试图号召欧洲的通讯社达成共识：即，新闻应当被作为一种工业产权。1932年，他向通讯社联盟（Agences Alliées）——一家欧洲的通讯社联合会——提交了一份提案，建议"所有由报社或通讯社获取的新闻，不论其形式或内容，也不论其传输的方法，都应该被视为该报社或通讯社的财产，只要它还保有其商业价值"。[90]因此，琼斯采用的是国新社案的语言，他赞扬该案"为美国新闻工作者施加了一个原则并永久地拯救了他们，这个原则是：发表后和发表前的新闻都和煤炭、洋白菜或钻石一样，是一种财产"。[91]当然，新闻是无体的。琼斯所提到的近乎荒唐的物品清单，再加上他所使用的过分的宗教语言，流露出争取新闻财产权的修辞困难。1934年，在修订《保护工业产权国际公约》（International Convention for the Protection of Industrial Property）的大会上，一个在新闻发表后24小时内保护新闻的提案实际上进入到了投票环节。13个国家投赞成票，5个

---

89 《新闻专家大会采纳的宣言与决议（1927年）》，引自乔纳森·西尔伯斯坦-勒布，《新闻的国际分发：美联社、英联社与路透社，1848—1947年》，第210页。另参见海蒂·J. S. 特沃雷克，《保护新闻》（Protecting News），载于：MN，第211—212页。

90 1932年提案，引自特沃雷克，《保护新闻》（Protecting News），第214页。

91 罗德里克·琼斯，《新闻财产权》（Property in News），引自特沃雷克，《保护新闻》，第213页。

国家投反对票（包括美国），12个国家弃权（包括英国）。在1938年的大会上，这一想法再次被提出，但代表们对究竟什么行为构成对新闻的非法使用，或者保护期应该多长，都无法达成一致。第二次世界大战的爆发阻碍了建立国际协定的进一步努力。[92] 对新闻的保护留待各国自行决定，这不仅是因为国际会议上的各参与方意见不一，还因为新闻似乎无法契合文学财产或者工业产权的主流概念。[93]

即使在美国，将国新社案的法律胜利转化为行业规范的持续变革也被证明是困难的。合众社的罗伊·霍华德致信向斯通保证，其通讯社将遵守最高法院判决的原则，但在20世纪20年代，库珀发现合众社不时在出版前窃取美联社的新闻或者向美联社会员索要新闻报道。库珀与合众社中地位相当的卡尔·比克尔（Karl Bickel）通了几次信，讨论尊重国新社案判决对彼此的好处。比克尔坚称合众社从未出版任何它没有独立信息源的新闻，但库珀得知了若干次侵权行为，并在1927年到1928年之间征询法律意见。律师们认为，库珀没有足够证据证明合众社有故意窃取美联社新闻的政策，但如果他能找到这样的证据，应该可以获得禁令救济。美联社的律师还报告称，合众社的职员认为，只要恰当归认来源，他们就有权转载美联社的新闻。这种假设是建立在霍姆斯的异议意见基础上的，即认为只要指明来源，复制新闻的行为就应当被允许；而不是

---

92 特沃雷克，《保护新闻》，第214页。
93 另参见山姆·里基森和简·金斯伯格，《新闻的知识产权？为什么不呢？》（Intellectual Property in News? Why Not?），载于《媒体与娱乐知识产权研究手册》（Research Handbook on Intellectual Property in Media and Entertainment），梅根·理查德森和山姆·里基森主编（Cheltenham, UK: Edward Elgar, 2017），第10—46页。

第七章　国际新闻社诉美联社案及其遗产　　　*395*

建立在多数派判决的基础上,即禁止对新闻的任何使用,只要该新闻仍具有商业价值。[94]但库珀尽力避免诉讼。他希望比克尔明确承认新闻财产权的原则,并保证合众社的雇员尊重这一原则。关于这一主题的信件交换表明,这件事情说起来容易,做起来难。[95]对库珀而言,要求合众社尊重美联社对其搜集的新闻的专有权,是与相互竞争的通讯社达成一致的更大努力——例如,不互相公开诋毁的协议——的一部分,他认为这种协议是互惠的。[96]

对美联社或者对整个报业而言,国新社案并不意味着著作权从此无关紧要。在整个20世纪,新闻机构对著作权不断变换的利用方式本身就值得细致研究。而对登记记录的初步考察显示,许多报社为每天的报纸做著作权登记,1918年前后均如此。[97]至于美联社,管理层在20世纪20年代咨询过版权局的意见,也有关于为取

---

[94] 《威廉·坎农致杰克逊·伊利奥特》(William Cannon to Jackson Elliot),1927年8月15日;《肯特·库珀致威廉·坎农》(Kent Cooper to William Cannon),1927年12月21日;以及《戴维斯、波尔克、沃德韦尔、加德纳和里德致肯特·库珀》(Davis, Polk, Wardwell, Gardiner, and Reed to Kent Cooper),1928年1月23日——所有信件均收录于主题文件,系列I,第24—25盒,美联社档案。

[95] 《库珀致比克尔》(Cooper to Bickel)1925年6月9日、1926年10月13日及1926年12月14日;《比克尔致库珀》(Bickel to Cooper),1926年10月30日;以及《[库珀?]致比克尔》([Cooper?] to Bickel),1928年2月16日——所有信件均收录于主题文件,系列I,第24—25盒,美联社档案。

[96] 关于非正式协议及库珀策略的其他方面,参见吉恩·艾伦,《美国新闻人:肯特·库珀、美联社与20世纪的新闻世界》(An American Newsman: Kent Cooper, Associated Press, and the 20th-Century World of News)。感谢艾伦与我分享他的研究,包括前两个注释中所引用的信件。

[97] 参见:*CCE*。

得著作权而进行登记和交存的麻烦和开销是否值得的内部讨论。美联社的会员也想知道，它们在报纸报道上看到的所有著作权声明是否都是合法的。版权局局长索尔瓦尔德·索伯格证实，许多大报社为每天的每一期报纸做著作权登记，并为精选的报道做单独的登记。但索伯格也怀疑，很多报社在展示著作权信息时并未遵守其他形式要件。[98] 1926 年，当美联社希望保护一系列备受瞩目的采访稿时，它们得知，如果完整的著作权信息没有发表在会员的报纸上，仅仅进行登记是不够的。[99] 美联社要求会员将来源恰当地归认于美联社，并在合适的地方复制著作权声明，但一些会员对此要求仍然疑惑不解。1931 年，华盛顿局主管建议，除了非常特殊的材料，美联社可以通过完全放弃登记来节约时间和金钱。在每篇文章标题下刊载著作权声明起到警告作用，如果发生复制行为，那么美联社可以再进一步进行登记。库珀同意这一策略，该策略与 1909 年《著作权法》的要求是一致的。[100]

偶尔发生的纠纷表明，在像美联社这样复杂的机构中，著作权

---

[98] 《拜伦·普莱斯致肯特·库珀》（Byron Price to Kent Cooper）中引用索伯格的评论，1926 年 7 月 16 日，主题文件，系列 I，第 6 盒，美联社档案。

[99] 《拜伦·普莱斯致肯特·库珀》（Byron Price to Kent Cooper），1926 年 8 月 10 日，主题文件，系列 I，第 6 盒，美联社档案。

[100] 《归认美联社电报信息的来源（及对标志的使用）1925—1929 年》[Crediting AP Dispatches (and Use of Logo) 1925-1929]，主题文件，系列 I，第 6 盒，文件 11—12，美联社档案；《普莱斯致库珀》（Price to Cooper），1931 年 7 月 23 日；以及《库珀致普莱斯》（Cooper to Price），1931 年 7 月 24 日——主题文件，系列 I，第 6 盒，美联社档案。根据"1909 年法"，当发表时附加声明，即可取得著作权；只有在提起诉讼时才要求进行登记。"1909 年法"，第 9 条、第 12 条。

是控制对新闻报道的权利的一把不太锋利的工具。美联社希望既保护其电报信息，又保护由其会员提供的本地新闻报道。但美联社会员经常修改他们通过电报收到的报道。当报社在美联社的报道上添加解释、说明或其他社评时，它们被要求清晰地标注这些修改，使读者不会认为美联社应当为所表达的观点负责。而如果报社希望将美联社的报道与来自其他通讯社的材料结合在一起，那么它们就必须把美联社的来源信息完全删除。[101] 新闻报道几乎总是集体创作的产物，而对自由撰稿人的依赖则使问题复杂化，特别是当作者拒绝将权利转让给会员报社或美联社的时候。1932年，由这类自由撰稿人提起的一个诉讼威胁迫使美联社创设了新的行动指南，建议报社主编为来源于职员之外的任何报道系统性地获取书面许可。[102]

法律上对国新社案的接纳情况

从法律的角度看，国新社案的遗产是复杂的。该案判决后不久，法律评论中的文章便赞扬最高法院的判决，因为它为商业确立了更高的伦理标准，并且确认了"盗用他人的劳动果实是错误的"

---

101 《J. S. 伊利奥特致格拉夫顿·威尔考克斯》(J. S. Elliot to Grafton Wilcox)，1928年6月22日，主题文件，系列I，第6盒，美联社档案；以及《[肯特·库珀?] 致 T. M. 斯托克》([Kent Cooper?] to T. M. Storke)，1941年2月18日，主题文件，系列I，第53盒，美联社档案。

102 1932年埃尔默·E. 梅多斯（Elmer E. Meadows）与美联社关于《密尔沃基卫报》(*Milwaukee Sentinel*) 上一篇文章的纠纷有关的通信，主题文献，系列I，第6盒，文件夹9，美联社档案。1932年9月19日由杰克逊·S. 伊利奥特撰写的政策备忘录也收录于同一文件夹中。

的原则。[103] 该判决起初为著作权法不适用的行业或场合获得法律保护提供了一点希望。例如，20世纪20年代，著作权法并未明确保护织物设计。当一家丝织品生产商发现另一家公司复制其最受欢迎的设计时，它寻求与美联社所获得的权利类似的权利。丝织品生产商承认时尚是"转瞬即逝的"，且仅要求当季的保护。但第二巡回上诉法院拒绝将皮特尼为国新社案所作的判决看作可以适用于其他行业的一般规则。在代表该院撰写判决书时，勒尼德·汉德法官（Learned Hand）重复布兰代斯的观点，即只有国会可以创设保护著作或发明的法律。在汉德看来，将国新社案看成"为公正理由而创设一种普通法上的专利权或著作权"是错误的。这么做的法院是在剥夺宪法授予国会的制定著作权法和专利法的权力。[104] 假如在国新社案中最高法院的多数派遵循这一思路，正如布兰代斯所主张的那样，那么美联社本应败诉。

尽管如此，汉德在丝织品设计案的判决并非故事的结局。在新闻行业中，当无线电广播挑战报社和通讯社的商业模式时，国新社案又提供了一些希望。1918年的这份判决支撑了制止未经许可广播新闻报道和体育赛事的努力。[105] 然而，这类案件必须被放置到特定

---

103 斯图尔特·班纳（Stuart Banner），《美国财产：一部关于我们如何拥有、为何拥有以及拥有什么的历史》（*American Property: A History of How, Why and What We Own*, Cambridge, MA: Harvard University Press, 2011），第90页。

104 *Cheney Bros. v. Doris Silk Corporation*, 35 F. 2d 279, 280 (2d Cir. 1929).

105 关于判例法的完整论述，参见埃克斯特朗，《大数据时代的热点新闻：热点新闻原则的法律史及其对数字时代的影响》（*Hot News in the Age of Big Data: A Legal History of the Hot News Doctrine and Implications for the Digital Age*），第四章、第五章。

的背景中。我们不能假定技术和商业实践的每一次新结合必然会促使新闻机构寻求法律的救济。第一个无线电广播出现在20世纪20年代初。而在整整十年后，美联社和几家报社才以国新社案为依据起诉电台。正如我们将要看到的，这些案件的结果显示，即使局限在新闻行业，依赖国新社案取得禁令也并非一帆风顺。维持反盗用请求权的持续困难表明，国新社案一直是充满争议的，并提醒我们不能假定该判决创设了一个改变新闻行业的、持久的救济措施。它是在非常特定的情况下被援引的，而援引的结果也好坏参半。

无线电广播时代

虽然有些报纸出版商最初担心广播新闻会减少报纸的发行量和广告收入，但另一些报纸出版商则抓住机遇，运营与报社相结合的电台，创办了第一批多媒体新闻企业。拥有电台或附属电台的报社希望能够广播自己的新闻和美联社及其他通讯社的新闻。但没有附属电台的报社则认为，电台正与他们争夺读者，尤其是广告主。[106]

---

106 格温尼斯·L.杰克威（Gwenyth L. Jackaway）强调了报社试图封杀无线电广播的诸种不同方式。《媒体战争：无线电广播对报纸的挑战，1924—1939年》（*Media at War: Radio's Challenge to the Newspapers, 1924-1939;* Westport, CT: Praeger, 1995）。相反，迈克尔·施塔姆表明，许多报社将电台并入其多媒体企业中。《声音行业：报社、无线电广播与新媒体政治》（*Sound Business: Newspapers, Radio, and Politics of New Media,* Philadelphia: University of Pennsylvania Press, 2011）。

在英国，英国广播公司（BBC）获得了广播的垄断权。与此不同的是，美国的无线电频谱是向私营企业开放的，这些私营企业可以自由开发它们自己的节目。[107] 英国的报社和通讯社最初向政府施压，并与英国广播公司协商，以限制报纸与无线电广播之间的竞争。最开始，英国广播公司承诺将其新闻报道限制在由通讯社提供的报道范围内，且仅在指定时间播放这些新闻。这一妥协的目的是为了保住报纸的读者群。随着时间的推移，英国广播公司显著扩张了搜集新闻的业务，但是，英国广播公司对广播的垄断意味着全国各地的报社无须面临来自自行搜集新闻或从报纸中窃取新闻的本地电台的更多竞争。报社和通讯社整体上支持英国广播公司的垄断，因为它限制了用新闻来吸引广告收入的行业竞争。[108]

相反，在美国，广播掌握在私营企业手中。报社是获得开办电台许可的机构之一，法律也未以任何方式限制新闻的广播。在美联社内部，开办电台的会员与未开办电台的会员之间开始产生紧张关系。美联社的合作社模式建立在以下好处的基础上：通过分享自己的本地新闻，可以换取美联社的综合报道，这些综合报道包含由国内其他地区的会员、美联社通讯员及与美联社有合作关系的外国通讯社搜集的新闻。会员的价值部分在于，可在指定出版时间内（早晨或者晚上）在其周边地区享有美联社新闻的专有使用权。而无线

---

107 关于无线电广播管制的更加完整的论述，参见保罗·斯塔尔，《媒体的诞生：现代通讯的政治起源》(*The Creation of the Media: Political Origins of Modern Communications*, New York: Basic Books, 2004)，第 327—384 页。

108 迈克尔·施塔姆，《两次世界大战之间的广播新闻》(*Broadcasting News in the Interwar Period*)，载于：*MN*，第 133—163 页。

电广播并不遵守这种边界。由一家会员开办的电台有可能触及另一家会员的发行区，从而导致在本地报社能够将美联社新闻送达所有订户之前，人们便可以免费获得这些新闻。因此，部分美联社会员使用广播，而部分会员没有，这种情况有可能破坏新闻搜集的合作社模式。[109]

对于没有电台的出版商，大萧条更强化了无线电广播构成威胁的感觉。1929年到1932年间，报纸的广告收入从八亿美元下降到四亿九千万美元；同一时期，无线电广播的收入翻了一番，从四千万美元上升到八千万美元。[110]在报纸出版商看来，广播组织在大萧条期间表现良好，而它们利用新闻（除了其他形式的节目外）吸引广告主的行为令人愤慨。虽然到20世纪30年代末广告收入将大体恢复常态，但在1932年和1933年时，情况看起来十分危急。因此，如何处理无线电广播问题成为1933年春美联社与美国报纸出版商协会（下称"美报协"）年会的中心议题。美联社宣布它将不再向电台提供新闻，且拥有电台的美联社会员只能在未获广告赞助的情况下，将新闻广播限制在偶发性的30字简讯。国新社和合众社采取类似手段。虽然这些通讯社先前都曾向广播组织提供新闻，但它们意识到，毫无限制的广播将伤害它们的核心客户——报社。美报协建议报社停止刊登无线电广播节目的时刻表，除非电台将此作为广告并支付广告费。它还鼓励报社对侵犯新闻"财产权"

---

109 迈克尔·施塔姆，《两次世界大战之间的广播新闻》，第143—146页。
110 施塔姆，《声音行业：报社、无线电广播与新媒体政治》(*Sound Business: Newspapers, Radio, and Politics of New Media*)，第62—63页。

的广播组织采取法律行动。[111]

1933年秋,两家最主要的无线电广播网络——哥伦比亚广播公司(CBS)和全国广播公司(NBC)——与美联社、国新社和合众社达成协议,该协议被称为《比特摩尔协议》(Biltmore Agreement)。哥伦比亚广播公司和全国广播公司同意停止自行搜集新闻。作为交换,美联社、国新社和合众社承诺为新设立的"报刊-无线电广播局"(Press-Radio Bureau)提供新闻,该局每天为两大广播网准备两段五分钟的广播。广播网将在早晨和晚间稍晚的指定时间内播放这两段广播,且不添加广告。其目标是使报纸能够在电台宣布相同的新闻之前到达顾客手中。不隶属于两大广播网的电台拒绝加入《比特摩尔协议》,这一事实从一开始就妨碍了该协议的成功。一些独立电台自行搜集新闻;另一些则从跨无线电广播通讯社(Transradio Press)处购买,该通讯社成立于1933年,专门为未加入《比特摩尔协议》的独立广播组织提供服务。同时还有一些来自报社的反对意见,包括那些拥有电台并发现协议限制了其业务的美联社会员。在它们看来,和无线电广播作斗争是错误的。[112]

正是在经济危机及对无线电广播的不同意见的背景下,国新

---

111 杰克威(Jackaway),《媒体战争:无线电广播对报纸的挑战,1924—1939年》(*Media at War: Radio's Challenge to the Newspapers, 1924-1939*),第23—27页。

112 杰克威,《媒体战争:无线电广播对报纸的挑战,1924—1939年》(*Media at War: Radio's Challenge to the Newspapers, 1924-1939*),第23—27页;施塔姆,《两次世界大战之间的广播新闻》(*Broadcasting News in the Inter War Period*),第150页。

社案判决被看作控制广播组织对印刷新闻的利用的手段。[113] 1933年，美联社起诉KSOO——南达科他州苏福尔斯市的一家独立电台。KSOO的答辩理由是，附属于美联社报社的电台正在播放相同的报道，如果美联社禁止KSOO这么做，将构成歧视。因此，该电台重新唤醒一个古老的指控：美联社正试图创设对新闻的"垄断权"。美联社反驳道，其行为无论如何都不违反《谢尔曼反垄断法》（Sherman Anti-Trust Act），而且，它自己的会员也只可以从事对突发事件的有限广播。在听取了两造的辩论意见后，法官颁发了一道临时禁令，禁止KSOO在新闻出版后的24小时内广播美联社的新闻——不论是否经过改写。法官认定该保护期的理由是，新闻至少在这个时间长度内对美联社及其会员是有商业价值的。[114]KSOO起初宣布它将提起上诉，但最终决定接受该判决。[115]

---

113 除了此处讨论的由美联社提起的诉讼外，一些报社也提起了诉讼。参见《无线电广播盗版案周一开庭》（Radio Piracy Hearing Set for Monday），载于《编辑与出版商》，1933年6月17日，第10页；以及《新奥尔良多家日报赢得禁令》（New Orleans Dailies Win Injunction），载于《编辑与出版商》，1933年7月1日，第12页。

114 《美联社获得对电台的禁令》（A. P. Gets Injunction against Station），载于《编辑与出版商》，1933年3月18日，第8页；《新闻禁令被维持》（News Injunction Affirmed），载于《编辑与出版商》，1933年4月8日，第8页；以及《不正当竞争——广播新闻电报——禁令》（Unfair Competition—Broadcasting News Dispatch—Injunction），载于《广播法评论》（Air Law Review），第4卷，第3期（1933年7月），第323—324页。

115 《KSOO对美联社无线电广播案提起上诉》（KSOO Appeals Action in A. P. Radio Suit），载于《编辑与出版商》，1933年4月15日，第10页；以及《放弃对新闻禁令提起上诉》（Drops News Ban Appeal），载于《纽约时报》，1933年9月24日。

美联社随后的一次努力就没有那么成功,它也揭示了法官在审理同类案件时将对最高法院在国新社案中的判决作出多么不同的解释。1934年,美联社代表华盛顿州贝灵厄姆市的三家美联社会员起诉KVOS——本地区内的另一家独立电台。KVOS从这三份本地的美联社报纸中获取新闻报道,并在广播中朗读。在地区法院中,KVOS旗开得胜。约翰·C.博文法官(John C. Bowen)强调,KVOS是在报纸常规版上已刊出新闻后才使用这些新闻的;本案中并没有像国新社案那样的公告栏或早版报纸。在博文看来,一旦新闻在报纸上发表,它毫无疑问就是属于大众的。博文判决道,国新社案并未在新闻上创设任何绝对财产权,而所谓的"准财产权"仅适用于具有直接竞争关系的竞争者。在博文看来,KVOS与美联社不具有直接竞争关系,因为KVOS并没有像美联社为报社所做的那样向其他广播组织提供新闻。而且,也不能说KVOS在与报社竞争,因为它免费提供新闻。最后,博文重复了布兰代斯在国新社案中的异议意见,坚称只有国会有权创设可能限制一种新通讯技术——如无线电广播——所带来的公共利益的新财产权。在博文看来,保护美联社的合同和它对新闻的投资"不足以成为拒绝公众通过更先进的工具获得更快捷、更广泛的新闻传播的正当理由"。[116]

《华盛顿邮报》(Washington Post)报道称,博文的判决"令报纸出版商大跌眼镜",因为它与南达科他州新近的判决相左。《华盛顿邮报》还批评博文利用法庭来推动关于无线电广播的特定政策议程。按照《华盛顿邮报》的说法,博文是参议员克拉伦斯·迪尔

---

116 *Assoc. Press v. KVOS*, 9 F. Supp. 279, 288 (W. D. Wa. 1934).

第七章 国际新闻社诉美联社案及其遗产

（Clarence Dill）的"门徒"，而迪尔正在积极寻求扩大无线电广播在新闻传播方面的作用。迪尔是对美联社当时的无线电广播政策最坦率的批评者，他提议建立一个全国性的通讯社为广播组织提供新闻。与此同时——《华盛顿邮报》指出——博文正使电台直接从印刷报纸上窃取新闻成为可能。[117]

美联社提起上诉，主张当电台利用新闻吸引广告主时，它与报社就具有直接竞争关系。与博文对国新社案狭隘的解读不同，美联社主张，最高法院已经确认，如果没有一定的反不正当竞争保护，像美联社这样的机构是无法运作的，而促进一个高效的新闻搜集协会是符合公共利益的。与此同时，KVOS 声称它正通过向所有人——包括文盲和视觉受损者——免费提供新闻的方式服务大众。第九巡回上诉法院支持美联社的意见，判决道，电台和报社在追求广告收入方面具有直接竞争关系，它们都利用突发新闻来吸引这些广告主。由于 KVOS 在新闻仍然"新鲜热辣"时就免费提供新闻，这就降低了新闻对读者的价值，一些读者可能选择放弃他们订阅的报纸。广告主必然跟进，那么，美联社及其会员搜集公众关切的新闻的能力将受到损害。上诉法院命令地区法院禁止 KVOS 在一定期间内广播美联社搜集的任何新闻，"在这一期间内，将盗版新闻广播到 KVOS 最遥远的听众，将损害原告报社获取或维持其订阅量和广告的能力"。[118]因此，上诉法院将国新社案延伸到一个非常不同的经济场景。1918 年，报社在利用突发新闻吸引广告收入方面仍享

---

117 《你我之间》（Between You and Me），载于《华盛顿邮报》，1934 年 12 月 31 日。
118 Assoc. Press v. KVOS, 80 F. 2d 575, 584 (9th Cir. 1935).

有垄断权。而到了1934年，情况不再是如此，而且大萧条使情况看起来更加糟糕。

但美联社的胜利是短暂的。KVOS提起上诉，而最高法院以技术上的理由推翻了上诉法院的判决。为了获得联邦法院的保护，美联社曾主张其损失超过了3000美元的法定最低标准。美联社引用的是，假如坐落在KVOS广播区域内的三家华盛顿报社放弃美联社的会员资格，将可能带来的8000美元额定特许费损失。最高法院判决，这并不能代表因KVOS的广播而遭受的实际损失，地区法院本应立即驳回此案。[119]美联社会员《芝加哥论坛报》在报道该案判决时预测，其实际效果将是"排除对电台'盗用'并广播新闻的所有限制"。[120]不过，《芝加哥论坛报》有自己的电台——WGN——这一呼号代表的是"世界上最伟大的报纸"（World's Greatest Newspaper）。[121]《芝加哥论坛报》并不反对无线电广播，而只是反对从本地报纸上盗用新闻的电台。

KVOS案发生在时人和历史学家所讲的20世纪30年代初的"报刊-无线电广播大战"的高潮阶段（见图11）。该诉讼是过去那一刻的组成部分。虽然报刊-无线电广播局一直运营到1938年，但是，到这一年，合众社和国新社退出了《比特摩尔协议》，而且，

119　*KVOS v. Assoc. Press*, 299 U. S. 269 (1936).

120　《美联社在反无线电广播新闻"盗版"的斗争中落败》（Fight against Radio News 'Pirating' Lost by Associated Press），载于《芝加哥论坛报》，1936年12月15日。

121　施塔姆，《声音行业：报社、无线电广播与新媒体政治》（*Sound Business: Newspapers, Radio, and Politics of New Media*），第37—39页、第73—74页。

图 11 "报刊-无限电广播大战"时期，一幅描绘广播组织从报社"凿取"新闻的漫画。载于《编辑与出版商》，1934 年 4 月 21 日。承蒙《编辑与出版商》杂志惠允复制。

大约 30% 的电台是由报社所有的，这就使该协议完全无法运行。《比特摩尔协议》在国会山也遭到批评，尤其是参议员迪尔，他声称报社正在妨碍无线电广播的潜在益处。迪尔力图鼓励建立面向电台的类似美联社的机构。虽然这从未实现，但这一建议对美联社构成威胁,而且所有人都能看出《比特摩尔协议》已无法运行。1939年春,美联社最终放松了对会员的广播限制以及向广播组织——包括在播放新闻期间插播广告的广播组织——销售美联社新闻的禁令。[122] 到20世纪30年代末,拥有自己的电台对报社而言显然是制胜的策略。"报刊—无线电广播大战"这个标签具有误导性,因为许多报社从很早就开始试图利用无线电广播的潜能。正如迈克尔·施塔姆所展示的,真正的竞争不在两大竞争性媒体——即,报纸和无线电广播——之间,而在于在此过程中,开发出以不同方式利用两大媒体来向大众发声并吸引广告收入的公司之间。[123]

对国新社案的限制

随着时间的推移,国新社案的作用也被与通讯技术或新闻行业无关的法律变革所限制。1938年,最高法院终止了联邦普通法,这就意味着国新社案确立的原则,和其他普通法原则一样,不再具有约束力。[124] 各州有权在其辖区内承认普通法原则,一些法院援引国新社案,支持了反"热点新闻"盗用的请求权。例如,1963年,

---

[122] 杰克威,《媒体战争:无线电广播对报纸的挑战,1924—1939年》(*Media at War: Radio's Challenge to the Newspapers, 1924-1939*),第30—33页。关于由报社拥有的电台数量,参见施塔姆,《声音行业:报社、无线电广播与新媒体政治》,第60页、第195页。

[123] 施塔姆,《声音行业:报社、无线电广播与新媒体政治》(*Sound Business: Newspapers, Radio, and Politics of New Media*),第76页。

[124] *Eric Railroad Co. v. Tompkins*, 304 U.S. 64 (1938).

宾夕法尼亚州最高法院判决，未经许可利用由本地报纸搜集的新闻的电台实施了不正当竞争行为，侵犯了报社的新闻财产权。[125] 但是，利用国新社案保护新闻的能力受到1976年《著作权法》的限制，该法将"联邦法优先"（preemption）概念编入成文法中。[126] 联邦法优先的意思是，如果某项权利可以通过联邦著作权法取得，那么就不可能再求诸任何州的成文法或普通法来获得等同的权利。法院现在必须考虑，反盗用的请求权是否已被著作权所排除（preempted）。如果等同的救济可以通过著作权法获取，那么国新社案将不再适用。由于著作权只能保护新闻报道的形式，而不能保护其背后的事实信息，新闻机构可以主张反盗用原则并未被著作权所排除。但他们恰恰将面临来自上述理由的反驳：既然著作权明确将事实置于公有领域，法院如何能论证用其他方法保护事实的正当性？

20世纪90年代，涉及利用传呼机和"美国在线"（America Online, AOL）拨号上网服务传播体育赛事比分的一个案件为法院澄清"反盗用请求权不被联邦法优先原则排除"的场景提供了机会。美国职业篮球联赛［National Basketball Association，美职篮（NBA）］起诉摩托罗拉（Motorola）和另一家被称为斯塔特斯（STATS）的公司通过摩托罗拉的传呼机和斯塔特斯的美国在线网站向顾客提供美职篮赛事的实时信息更新。地区法院援引国新社案，对被告作出不利判决，指出它们在"未播种之处收获果实"，窃取了美职篮

125　*Pottstown D. N. Pub. Co. v. Potts. Broad. Co.*, 411 Pa. 383 (1963).

126　1976年《著作权法》，《美国法典》第17卷，第301条（2016年）。

最有价值的财产："美职篮比赛进程中激动人心的瞬间。"[127] 被告提起上诉，主张国新社案式的请求权已经被著作权法所排除。最终，第二巡回上诉法院判决，当由一家企业搜集的时效性信息被具有直接竞争关系的竞争者所盗用，且当这种"搭便车"将破坏第一家企业搜集信息的激励时，反盗用请求权就可以不被排除。[128] 然而，在本案中，法院判决原被告之间不具有直接竞争关系，因为美职篮的主要业务是组织篮球赛事，而摩托罗拉的主要业务是生产和销售传呼机。而且，摩托罗拉是独立搜集赛事信息的（从赛事现场或者跟进电台或电视广播），而不是从美职篮运营的具有竞争关系的传呼服务中直接复制这些信息。因此，不能说摩托罗拉搭了美职篮信息搜集努力的便车。[129]

美职篮诉摩托罗拉案的判决留下一些重要问题没有回答，例如：什么构成直接竞争关系，需要何种关于损害的证据，以及制止转载事实信息的保护可以持续多长时间等。[130] 在国新社案中，专有权的保护期是模糊的，因为理论上说，只要新闻还有商业价值，它就将继续存在。但对东西岸时差的强调意味着，这一保护将持续数小时。正如国新社的律师在1918年所指出的，如果美联社选

127　*National Basketball Association v. Sports Team Analysis and Tracking Systems,* Inc., and Motorola, 939 F. Supp. 1071, 1075 (S. D. N. Y. 1996).

128　*National Basketball Association v. Motorola,* 105 F. 3d 841, 845 (2d Cir. 1997).

129　*NBA v. Motorola,* 105 F. at 854.

130　埃克斯特朗，《大数据时代的热点新闻：热点新闻原则的法律史及其对数字时代的影响》(*Hot News in the Age of Big Data: A Legal History of the Hot News Doctrine and Implications for the Digital Age*)，第158—159页。

择要求所有会员联合发表，复制早版报纸的问题可能早就解决了。但强迫加利福尼亚州的报社在大半夜而不是在清晨销售，这将破坏它们的生意，也将反过来伤害整个协会。这正是美联社请求法院对发表的定义作扩大解释，以适应其作为全国性合作社的需求。无线电广播改变了这种动态关系，因为现在的问题是广播组织的盗用，它有能力比有形报纸的发行更快地触达读者们。南达科他州法院颁发了24小时的禁令，而第九巡回上诉法院认为KVOS应该停止广播美联社的新闻，直到这么做不会伤害本地报纸吸引订户和广告主的能力时为止。由于最高法院推翻了该判决，这一禁令从未正式颁发，但是，理论上，该禁令的思想是，KVOS需要等待的时间至少是让报社最遥远的订户能够接收并阅读他们的报纸的时间长度。

互联网改变了新闻的时空关系。当一篇文章在纽约的报纸在网络上发表时，加利福尼亚州——或者任何连接互联网的地方——的读者都可以立即读到这篇文章。另外，新闻报道可以随着事件的展开而在网上更新。最早发布新闻的报社所享有的时间优势——常被用于作为反对财产权的必要性的论点——锐减到不过数秒。联网的计算机也使复制和转发文本（以及后来的图像和视频）变得更加便利，因此为搭便车创造了新的机会。但是，国新社案中争议的那类盗用，即，当复制的是新闻报道的事实信息而不是语言时，情况又如何呢？既然作为国新社案争议核心的那种时差已不复存在，反盗用原则还应该适用吗？

2008年，美联社发起了一个试验案件，该案中，美联社起诉一家名为"全部头条新闻"（All Headline News）的网站构成著作权侵权和热点新闻盗用。该案所处的环境已经与1918年或20世纪30年代非常不同。一方面,2008年时,美联社不再有限制性章程阻碍赫斯特为其所有报社获取美联社的新闻。1945年,最高法院判决,使美联社会员能够在其地域范围内阻止新进入者的反对权构成对交易的限制。[131]最高法院判决的理由是,美联社的会员身份已经是主要报社获得成功所不可或缺的。如果不能获得美联社的新闻,出版商很难在已经被一家或两家美联社报社占统治地位的城市创办一份新的报纸。通过拒绝会员申请,美联社正在限制竞争,还有可能减少报道的多样性和读者可以获得的评论。因为最高法院1945年的判决,美联社改变了它的章程,向所有愿意付费的报社开放它的新闻。但长期而言,这并不必然增加报道的多样性。越来越多的美国报社依赖于美联社获取非本地新闻,而在1958年,合众社和国新社合并了,进一步减少了电报通讯服务的选择空间。[132]

2008年与1918年的另一个重大差别是,报纸的财务健康已显著下降。在国新社案的时代,报社是高度盈利的,大部分的原因在于,它们仍然拥有利用突发新闻销售广告的垄断权。到2008年,报纸销量已连续下滑几十年,网站占据越来越多的广告收入份额,破坏了报社依赖了数个世纪的商业模式。2008年和2009年,新闻机构在保护知识产权方面变得愈加坚决。它们诉诸法律,将之作为

---

131 *Associated Press v. U. S.*, 326 U. S. 1 (1945).

132 莱博维奇(Lebovic),《言论自由与不自由的新闻:美国新闻自由的矛盾》(*Free Speech and Unfree News: The Paradox of Press Freedom in America*),第76—84页。

适应新媒体格局的多种工具之一。[133]

在针对全部头条新闻［全头条（AHN）］的诉讼中，美联社主张被告并未从事原创性的报道活动；它仅仅聘请雇员在网上寻找新闻，然后要么一字不差地复制，要么对其进行改写并更改标题。一字不差的复制显然构成著作权侵权，但全头条改写的新闻报道呢？美联社主张这构成搭便车。全头条正从美联社用于生产新闻报道的劳动和经济资源中获利，并销售这些新闻，与美联社竞争。全头条提起一项驳回盗用指控的动议，理由是，它已被著作权所排除。但地区法院拒绝这项请求，确认该原则得到纽约州法的承认。[134] 美联社得以用该判决迫使全头条签订和解协议，这表明，国新社案的判决在数字时代依然有效且非常有用。[135]

但是，随后一个涉及转载股票推荐信息的案件揭示了对利用热点新闻原则控制在线信息流动的法律可行性和社会后果的严重分歧。几家投资银行起诉一家名为"theflyonthewall.com"［飞翔网（Fly）］的专业网站转载其在线股票推荐信息。2010年，地区法院

---

133 罗伯特·W. 麦克切斯尼和约翰·尼克尔斯，《美国新闻业的死与生：必将重启世界的媒体革命》(*The Death and Life of American Journalism: The Media Revolution that Will Begin the World Again*, New York: Nation Books, 2011)；詹姆斯·L. 鲍曼，《1945年以来新闻业的衰落》(*The Decline of Journalism since 1945*)，载于：*MN*, 第164—195页；以及罗伯特·G. 皮卡德（Robert G. Picard），《在今天保护新闻》(*Protecting News Today*)，载于：*MN*, 第223—237页。

134 *Associated Press v. All Headline News Corp.*, 608 F. Supp. 2d 454 (S. D. N. Y. 2009).

135 戴维·克拉维兹（David Kravets），《美联社击败改写其新闻的在线聚合器》(*AP Defeats Online Aggregator That Rewrote Its News*)，载于《连线》(*Wired*)，2009年7月13日。

267 命令飞翔网在这些推荐信息发布两小时后再进行报道,理由是,即时转载是构成热点新闻盗用的一种搭便车形式。[136] 飞翔网提起上诉,且两造都提交了法庭之友意见。美联社联合其他几家著名的新闻机构,包括法新社(Agence France Presse)、甘尼特公司(Gannett Company)、麦克拉奇公司(McClatchy Company)、E. W. 斯克利普斯(E. W. Scripps Company)、纽约时报社公司以及美国报业协会(Newspaper Association of America),在一份法庭之友意见中主张热点新闻原则的意义。"除非制止对新闻原创者努力的一般性搭便车行为",该意见书解释道,"否则原创者将无法收回他们在新闻搜集和出版方面的成本,从事新闻行业的激励将受到威胁,而大众可以获取原创新闻的信息源将越来越少"。[137]

公有领域的捍卫者回应道,热点新闻原则可能干扰言论自由,限制互联网的民主潜能。[138] 科技企业和互联网倡议团体提交了法庭之友意见,反对改造国新社案以适应当前的情境。在一份意见书中,谷歌(Google)和推特(Twitter)主张,禁止一家网站立即传播股票推荐的新闻将开创一个"严重破坏互联网中事实信息传播"的危险先例。意见书解释道:"在现代通讯科技的世界里,任何有移动电话的人都可以在新闻发生之时向全世界传播该新闻,只有一

---

136 *Barclays Capital Inc. v. Theflyonthewall. com Inc.*, 700 F. Supp. 2d 310 (S. D. N. Y. 2010).
137 引自肖恩·莫伊尼汉(Shawn Moynihan),《美联社加入可能具有开创性意义的法律案件的意见书》(AP Joins Brief in Potentially Groundbreaking Legal Case),载于《编辑与出版商》,2010年6月23日。
138 詹姆斯·博伊尔(James Boyle),《热点新闻:下一件糟糕的事物》(Hot News: The Next Bad Thing),载于《金融时报》(*Financial Times*),2010年4月1日。

家媒体机构享有对时效性事实的垄断权的观念既与法律相悖，在实践中也是徒劳无功的。"[139] 在一份独立意见书中，公民媒体法律项目（Citizen Media Law Project）、电子前沿基金会（Electronic Frontier Foundation）、公共公民（Public Citizen）主张，热点新闻原则限制互联网用户搜集、分享和评论新闻的能力，可能威胁言论自由。[140]

当该案上诉到第二巡回上诉法院时，法院选择不讨论第一修正案相关的问题，而是判决投资企业的反盗用请求权已经被著作权排除。银行的报告受著作权保护，但既然著作权不保护事实，那么，飞翔网和其他人都可以自由地将这些推荐信息作为事实来报道。用法院的话说："在这种情况下，一家企业制造新闻的能力——通过发布可能影响证券市场价格信息的方式——并未赋予其控制谁传播、如何传播该新闻的权利。"[141] 对该判决作出评论的一些律师声称，如今已不太可能利用反盗用原则制止对事实信息的在线转载。但新闻机构的代表认为，在其他情况下，例如，当存在对直接竞争者搜集新闻的努力的搭便车行为时，该侵权之诉依然是有效的。[142] 事实上，应当记住的是，不论是提起诉讼的银行，还是

139　引自梅丽莎·李普曼（Melissa Lipman），《谷歌、推特支持废除"热点新闻"禁令》（Google, Twitter Back Removal of "Hot News" Injunction），载于《法律360》（Law 360），2010年6月22日。

140　《热点新闻原则可能压制在线评论与批评》（Hot News Doctrine Could Stifle Online Commentary and Criticism），与法庭之友意见相关的新闻发布，2010年6月22日。

141　*Barclays Capital Inc. v. Theflyonthewall. com Inc.*, 650 F. 3d 876, 907 (2d Cir. 2011).

142　杰奎琳·贝尔（Jacqueline Bell），《在华尔街的"热点新闻"斗争中第二巡回法院支持飞翔网》（2nd Circ. Favors Fly in Wall Street "Hot News" Fight），载于《法律360》，2011年6月20日。

飞翔网,都不是新闻机构,而股票推荐信息也不是新闻,而是旨在鼓励股票交易的专业意见。法院称银行在"制造新闻",而飞翔网在"传播"新闻,但在已出版的判决书中,并未对新闻作出充分界定。[143]正如数个世纪以来的情况那样,试图控制新闻流动的人们始终无法对新闻作出定义。

行业现实与财产权观念

1918年,最高法院为国新社案所作的判决在一些人看来似乎是新时代的开端。美联社在法律上的胜利不仅为斯通和美联社董事会所庆贺,也得到路透社的赞赏,该社在整个大英帝国范围内寻求对新闻的类似保护。但是,创设一个能够提供国新社案所承诺的那类保护的国际协定被证明是困难的,即便在美国,美联社也发现,很难将这一法律上的胜利转化为行业实践的持续变革。正如斯通所承认的,由于美联社感到有义务遵守新闻财产权的原则(即使在其他通讯社都不遵守的地方),对美联社而言,国新社案被证明是福祸参半的。利用国新社限制广播行为的尝试也不是长久之计。国新社的判决从一开始就充满争议,如布兰代斯和霍姆斯的异议意

---

143 克雷·卡尔弗特(Clay Calvert)与马修·D.邦克(Matthew Bunker),《在巴克雷斯资本诉飞翔网案中构造热点新闻的语义沼泽:错失的机会和未解决的第一修正案问题》(*Framing a Semantic Hot-News Quagmire in Barclays Capital v. Theflyonthewall.com: Of Missed Opportunities and Unresolved First Amendment Issues*),载于《弗吉尼亚法律与技术期刊》(*Virginia Journal of Law and Technology*),第17卷,第1期(2012年春),第50—74页。

见所示,而到20世纪30年代,利用国新社案限制广播组织行为的尝试已被认为妨碍了新通信媒体的益处。在回应数字时代复兴反盗版原则的新近尝试时,相同的批评意见也被提出来。

当这些尝试出现时,法律学者们分析反盗用原则的持续有效性及其潜在的实用价值。一些学者主张将类似原则编入成文法中,另一些学者则坚称,普通法侵权之诉的灵活性正是它的优势所在。而在批评该原则的学者中,有些人主张应该废除该原则,因为它对表达自由构成威胁。有些人则强调,不论所牵涉的法律原则是什么,该侵权之诉都不可能帮助解决新闻机构所面临的收入锐减这一根本问题。[144] 因此,对国新社案及其遗产的讨论,是对如何资助高品质新闻业的更大的、持续的讨论的一部分。强调搭便车问题的学者们重复了早在19世纪英美两国新闻法律保护的支持者们曾经使用过的那些论点。新闻具有重要的政治价值和社会价值,但其生产却非常昂贵,这一观点在这些讨论中依然处于中心位置。与此相关的一个观点,即必须以不同于对待其他人类创造活动的方式对待新闻,也有其深刻的根源:"新闻看起来并不像创作性产品"的文化论,以及"专有权将限制大众获取信息"的政治论,在不同的背景下被不断宣扬。

但从出版商和通讯社的角度看,利用新闻吸引广告收入的经济模式有助于解释,为何用来保护其他文学、艺术和科学作品

---

144 埃克斯特朗,《大数据时代的热点新闻:热点新闻原则的法律史及其对数字时代的影响》(*Hot News in the Age of Big Data: A Legal History of the Hot News Doctrine and Implications for the Digital Age*),第197—198页,及其中的参考文献。

的著作权法似乎从未很好地适用于新闻的保护。与图书或电影不同——它们可能在未来的数十年被阅读和观看——对新闻的兴趣是具有时效性的。更重要的是，对企业而言，其价值来源于它能够捕获可以销售给广告主的注意力。从该案的历史背景看，国新社案的意义实际上在于，在美联社的会员制具有限制性，且报社在利用突发新闻销售广告方面仍未面临竞争的时代保护美联社的合作性安排。在这个意义上，对于在今天试图将该案作为"新闻财产权"的渊源的新闻机构而言，1918年的这份判决提供了非常渺茫的希望。[145]

---

145 比较巴尔加涅什（Balganesh），《"热点新闻"：新闻财产权的持久神话》（"Hot News": The Enduring Myth of Property in News）和乔纳森·西尔伯斯坦-勒布，《新闻的国际分发：美联社、英联社与路透社，1848—1947年》（The International Distribution of News: The Associated Press, Press Association, and Reuters, 1849-1947），第63—64页。

结语　数字时代的观点

在社交媒体的快节奏世界里，新闻似乎比过去更加变幻莫测、难以驾驭。本书许多故事中所体现的那种"获取"与"控制"之间的紧张关系——这种紧张关系是众多知识产权争论的中心——以更深刻的程度回归。此处复述的历史正是反复重现的挑战与争论中的一个，这些挑战与争论，有些尚待解决，有些则在数字时代以新的维度呈现。但在本书描述的漫长历程中，一些重大变革已然发生，在考虑正在发生的问题之前，必须回顾其中的一些变革。

在17世纪，审查制与国家特许垄断的结合意味着有可能对各种类型的新闻出版物主张专有权。特许制使得政府得以特别关照特定的作者和出版商，同时对他们进行严密监督；有些情况下，专利赋予了个人或团体出版某类信息的垄断权。出版商公会承认所有类型的印刷作品的专有且永久的权利，包括新闻出版物。而18世纪英美两国通过的著作权法代表了一种完全不同的路径。文学财产权与审查制相分离。作者有写作自由，印刷商有出版自由；他们的投资受著作权保护，这种著作权在保护期和保护范围上是有限的。立法与司法判决强调，著作权法的目标是"鼓励知识"，以及通过激励"有用书籍"及信息类作品——如地图和图表——的创作而"推动知识的进步"。

与此同时，18世纪和19世纪早期发展起来的新闻出版业及其文化使著作权在很大程度上被视为是不必要的。那些试图通过销售新闻和时效性信息的人们总是会面临已故经济学家肯尼斯·J.阿罗（Kenneth J. Arrow）所说的"确定信息需求的基本悖论"。阿罗指出，在购买者"获取信息之前，信息的价值是未知的；但等到他获取该信息时，实际上他又已经免费获得了信息"。[1]但出版商们确实找到了让读者和广告主为新闻和时效性信息付费的方式。以订阅方式销售的周期性报纸的发展在这方面具有重要意义。定期发行一份具有固定名称的刊物创造了一种对新闻的强烈欲望，并吸引了一大批期待阅读下期报纸的读者——不论它将包含什么内容。订阅销售使读者被锁定，从而易于确定印刷的份数和分销的地点。至关重要的是，这样做也吸引了希望接触这些订户的广告主们，而广告收入对于新闻的盈利性而言是必不可少的。新闻本身不必被作为财产对待，尤其当它和填充英美报纸各页面的其他专题——信件、小品文、诗歌、故事和实用信息——捆绑在一起时。18世纪和19世纪早期，编辑们和出版商积极地交换着他们的报纸，将新闻视为一种

---

[1] 肯尼斯·J.阿罗，《经济福利与为发明的资源分配》（Economic Welfare and the Allocation of Resources for Invention），载于《发明活动的速率与方向：经济与社会因素》（*The Rate and Direction of Inventive Activity: Economic and Social Factors*, Princeton, NJ: Princeton University Press, 1962），第615页。另参见戈本·贝克，《买卖事实：阿罗的基本悖论和全球新闻网络的起源》（Trading Facts: Arrow's Fundamental Paradox and the Origins of Global News Network），载于《国际传播与全球新闻网络：历史的视角》（*International Communication and Global News Network: Historical Perpectives*），彼得·普特尼斯（Peter Putnis）、钱德里卡·卡尔（Chandrika Kaul），以及尤尔根·维尔克（Jürgen Wilke）主编（New York: Hampton Press/ International Association for Media and Communication Research, 2011），第19—54页。

共享资源。

并没有某个灵光乍现的时刻使新闻著作权突然变得有意义。态度与实践无规律地演变着，随着媒体格局的转变，复制行为也变得越来越成问题。有时候，这种转变与政府政策的改革有关，例如"知识税"的废除。有时候，新商业安排（例如通讯社的发展）或者新通讯技术（电报和无线电广播）激发了创造专门的新闻著作权或财产权的尝试。在英美两国，这类努力遭到强烈抵制，这给我们一个重要提醒：在过去，政治上和文化上的论点曾经阻止了著作权的扩张。新闻纠纷也引发了关于著作权法的目的及其可接受的边界的争论。20世纪早期，报纸被写入两国的著作权法中，但著作权保护并未延及新闻的事实细节——如部分出版商和通讯社希望的那样。

当然，随着时间的推移，著作权的保护期、客体和权利范围都发生了戏剧性的扩张。在18世纪，著作权的最长保护期是发表后的28年；现在，它一般是作者终生加70年。[2] 起初，只有图书是明确受到保护的；如今，著作权自动适用于达到最低独创性门槛的许多类作品。此外，著作权人所享有的权利束由仅有的印刷权和销售作品复制件的权利，扩张到授权表演、翻译、改编和制作各类演绎作品的权利。虽然在19世纪和20世纪著作权无可否认地扩张了，

---

2 在美国，职务作品的著作权保护期是发表后95年或者创作完成后120年，以先到期者为准。《美国法典》第17卷，第302条第（c）款（2016年）。英国法对电影、唱片、广播和版式设计规定了不同的保护期。参见：1988年《著作权、外观设计与专利法》（Copyright, Designs and Patent Act 1988）(c.48)，第12—15条［以下称"CDPA 1988"］。

但是，英美两国都没有为新闻创设新的立法条款。这并不是因为缺少这方面的尝试，正如19世纪30年代以来出版商和通讯社所做过的那些尝试所示。他们的失败，恰是那些主张新闻应属大众所有的人们的胜利。

对新闻传播需求的关切，是大西洋两岸反对专门立法保护新闻的主张的基础，而其遗产仍可以在《伯尔尼公约》中觅得，该公约继续将"每日新闻"排除在著作权的国际保护之外。一般认为，《伯尼尔公约》允许为新闻报道的表达提供著作权保护，由此将单纯的事实信息排除在保护范围之外。[3] 但是，《伯尔尼公约》的现行版本还包含了一个允许从受著作权保护的作品中引用的强制性要求，包括"以新闻摘要的形式从报纸文章和期刊中引用"。[4] 新闻摘要（法文原文是"revues de presse"）将不同新闻机构的报道并列在一起比较，方便公众获得报道的多样性。它们是18世纪早期杂志和周刊的那类尝试在20世纪与21世纪的等同物。那类早期的文摘刊物中，有一些也被指斥为盗版，但它们的编辑和出版商开始阐述关于文摘的公共效用的论点，而这些论点最终获得了胜利。

---

3 《伯尔尼公约》，1979年9月28日修订，第2条第（8）款；以及山姆·里基森（Sam Ricketson）和简·金斯伯格，《新闻的知识产权？为什么不呢？》（Intellectual Property in News? Why Not?），载于《媒体与娱乐知识产权研究手册》（*Research Handbook on Intellectual Property in Media and Entertainment*），梅根·理查德森和山姆·里基森主编（Cheltenham, UK: Edward Elgar, 2017），第10—46页。

4 《伯尔尼公约》（1979年）第10条第（1）款。

事实与表达，以及合理使用

今天，新闻报道的表达性内容当然是可以获得著作权保护的，不论其传播媒介是什么。这种保护使新闻机构有可能联合发表它们的材料。[5]但英美两国的法律中也有一些重要的例外，这些例外经长期发展而来，以保证著作权法不会扼杀创造力或过分限制对知识的获取。这些限制中最重要的一个是，确认著作权不保护独立于其表达方式的事实或思想。这意味着，作者可以使用包含于受保护的作品中的事实或思想来创造一部新作品，这部新作品是他们自己的劳动和智力创造成果。[6]著作权可能被用于限制对新闻的获取或政治评论——比方说，对政治领袖的批评，这种忧虑早在18世纪就已经被公开表达过。但是，恰是在回应19世纪创设专门新闻著作权的努力时，这种忧虑才被阐释得最清楚、最一以贯之。类似的，报社和通讯社寻求同时保护新闻的内容和形式的努力，最终也导致

274

---

[5] 注意，在英国还有一种针对出版版本版式设计的额外著作权，保护期为25年。CDPA 1988，第8条、第15条。

[6] 英国与美国存在不同之处。1991年，美国最高法院拒绝"额头汗水"理论，认为对以事实为主要内容的汇编的保护仅限于选择和安排的独创性要素。*Feist Publications, Inc. v. Rural Telephone Service Co.*, 499 U. S. 340 (1991). 在英国，当事实的搜集牵涉显著的劳动、技巧和判断时，法院更可能为这类案件提供某种类型的保护。特别是，英国有一种独立的、专门的数据库权，该权利保护"为获取、证实或呈现内容而作出的实质性投资"。《著作权与数据库权利法规》(1997年) (Copyright and Rights in Databases Regulations 1997, no. 3032)，第13条第(1)款。另参见莱昂内尔·本特利和布拉德·谢尔曼，《知识产权法（第四版）》(*Intellectual Property Law*, 4th ed., Oxford: Oxford University Press, 2014)，第96—105页、第212—215页。

大西洋两岸的法官们清晰地区分了可受著作权法保护的表达和不可受著作权法保护的事实。

某些新闻机构帮助揭示了这一边界，它们抛开著作权，转而寻找能够超越文字而保护新闻报道背后的信息的财产权。在国际新闻社诉美联社案（1918年）中，美国最高法院论述了新闻的"准财产权"，并将反不正当竞争法扩展到阻止竞争者对时效性信息的再利用。事后看来，国新社案可以被看作新闻法律保护的最高水平，但事实上这一判决一直充满争议，且很难转化为整个行业的规范。排除对事实本身的著作权保护对新闻业而言至关重要，正如对所有类型的研究和学术活动那样。新闻机构经常依赖于彼此已经出版的新闻报道。虽然让不同记者查证事实和互证信息源显然对大众有益，但是，要求为复制已被其他新闻机构出版的事实信息获取许可是非常没有效率的，即使该信息的价值具有时效性且收集信息需要花费成本。

美国的合理使用和英国的公平行为这两项法定例外制度提供了更多灵活性。[7] 在这两个国家，新闻机构均被允许在它们的报道过程中复制受保护的文学、艺术或科学作品中的一部分。在英国，为了适用这一例外，报道的对象必须是时事，所使用的材料必须是相关的，且从报道的目的看是正当的，并必须标注原作品的来源。值得注意的是，在英国，照片并未落入这一法定例外，意味着复制

---

7 我从帕特里夏·奥德海德（Patricia Aufderheide）和彼得·杰西的《重申合理使用：如何使著作权重归平衡》（*Reclaiming Fair Use: How to Put the Balance Back in Copyright*, Chicago: University of Chicago Press, 2011）一书中借用了"灵活性"的观点。

照片必须获得许可。为了区分新闻报道中的公平行为和非公平行为，法院已经对所有这些术语都做了语法分析——"报道"（reporting）、"时"（current）和"事"（event）。[8] 某种程度上，美国的合理使用原则比英国对应制度的适用范围更广一些，但这并不意味着记者们总能充分利用这一制度。2012年，一项针对美国新闻记者的问卷调查显示，记者们对合理使用的理解以及在他们的工作中依赖合理使用制度的程度差异极大。该项问卷调查最终带来了一部为新闻记者所写的著作权最佳实践行为规范。[9] 合理使用和公平行为也适用于新闻机构生产的内容。例如，在美国，个人可以为教学、研究、批评、评论或新闻报道——如，当一家新闻机构报道另一家新闻机构正在说什么——之目的而复制新闻报道中的若干片段。[10] 在英国，法律允许个人为批评或评论之目的以及无论何种目的之引文而复制作品的片段，只要对作品的使用是"公平的"且已做充分的归认来源。[11]

在被法院承认和被个人利用的意义上，"事实被排除在著作权的保护之外"以及"合理使用例外"发挥着安全措施的作用，使新闻得以被分享和评论。但在有些情况下，这些安全措施不足

---

8 CDPA 1988，第30条第（1）款、第30条第（1ZA）款。

9 帕特里夏·奥德海德和彼得·杰西，《著作权、言论自由与大众的知情权：记者如何看待合理使用》（Copyright, Free Speech, and the Public's Right to Know: How Journalist Think about Fair Use）（2012年2月），美国大学传播学院媒体与社会影响研究中心；以及杰西和奥德海德，《新闻业的合理使用原则》（2013年7月）。

10 《美国法典》，第17卷，第107条（2016年）。

11 CDPA 1988，第30条第（1）款、第30条第（1ZA）款。

以保证公众获取受著作权法保护的、具有新闻价值的材料。实际上，事实与表达之间的界线常常是模糊的。有些情况下，某人写了"甲"或"乙"这一事实本身就具有新闻价值，而只有复制作者原本所使用的部分文字，记者才能说服公众，使之相信报道内容的真实性。照片为这一难题添加了另一个维度，因为在照片中区分事实和表达是困难的——如果不是不可能的话。也许可以尝试用文字描述一张照片，或者通过创造新的视觉表现形式来传递类似的信息，但有时候，除了允许大众看到真实的图像本身外，并不存在适当的替代品。[12]在这种情况下，著作权看起来似乎与表达自由相冲突。在本书叙述的大部分历史阶段中，言论自由与著作权法之间的潜在冲突较少受到关注，但最近几十年人们对该领域有了更多兴趣。[13]有可能在某些情况下，法院将判决表达自由问题以及获取具有新闻价值的材料的公共利益比著作权人的权利更重要。但到目前为止，大多数法院都认为，合理使用或公平行

---

12 梅尔维尔·B.尼莫（Melville B. Nimmer）以美莱村屠杀（My Lai massacre）的照片和泽普路德（Zapruder）所拍摄的肯尼迪遇刺的影片为例说明这一问题。梅尔维尔·B.尼莫，《著作权是否剥夺了第一修正案所保证的言论自由和新闻自由？》（*Does Copyright Abridge the First Amendment Guarantees of Free Speech and Press？*），载于《加州大学洛杉矶分校法律评论》（*UCLA Law Review*），第17卷（1970年），第1197—1199页。

13 作为入门，参见埃里克·巴伦特（Eric Barendt），《言论自由（第二版）》（*Freedom of Speech*, 2nd ed., Oxford: Oxford University Press, 2005），第247—267页；以及乔纳森·格里菲斯和乌玛·苏瑟萨宁（Uma Suthersanen）主编，《著作权与言论自由：比较与国际分析》（*Copyright and Free Speech: Comparative and International Analyses*, Oxford: Oxford University Press, 2005）。

为的法定例外对避免表达自由与著作权法之间的冲突而言已是足够的。[14]

何为合理/公平？

什么能构成合理使用或公平行为？这在数字环境下尤其充满争议。在 21 世纪的头十年，当谷歌和雅虎（Yahoo）等科技公司开发出复制新闻标题和短小片段并附有超链接的聚合器时，许多出版商和通讯社声称这样的行为并不合理/公平。2005 年，法国新闻社[法新社（AFP）]在法国和美国起诉谷歌新闻（Google News），坚称谷歌复制的正是其新闻报道中最有价值的部分。根据法新社的说法，"就其本质而言"，标题和导语"是一则新闻报道中最重要的部分，也是费尽心思创作出来的。它们捕捉读者们的注意力，并描述了文章余下部分的内容是什么"。[15] 读者的注意力正是广告销售的基

14　在英国，著作权与表达自由之间的潜在紧张关系在 1998 年《人权法案》通过后更有意义，该法将《欧洲人权公约》(European Convention on Human Right, ECHR) 加入到英国法中。《欧洲人权公约》第 10 条将表达自由定义为包含"不受公共当局影响和国界限制而坚持观点、接受和传达信息和思想"的自由。但这以尊重其他法律——包括著作权法——为前提。参见凯文·加内特（Kevin Garnett），《1998 年〈人权法〉对英国〈著作权法〉的影响》（The Impact of the Human Rights Act 1998 on UK Copyright Law），载于格里菲斯和苏瑟萨宁主编，《著作权与言论自由：比较与国际分析》，第 171—209 页。

15　法新社 2005 年法庭起诉文件，引自香农·亨森（Shannon Henson），《谷歌就新闻内容诉讼达成和解协议》（Google Settles Suit over News Content），载于《法律 360》，2007 年 4 月 9 日。

础，虽然谷歌和雅虎并未进军新闻产业，但它们用新闻和其他内容来捕捉用户的注意力并销售广告。最终，该案在庭外和解，双方签订了使用法新社内容的许可协议。路透社和美联社也与互联网聚合器达成许可协议。[16]

合理使用的限度也受到媒体监测企业的挑战，这类企业为有兴趣追踪特定行业或主题新闻的客户提供新闻"剪报"的电子等同物。2012年，美联社起诉一家名为融文（Meltwater）的公司，主张融文向客户发送美联社报道片段的行为违反了著作权法。融文主张其对美联社内容的使用是"转换性"的，因而是合理的，因为它基于用户的兴趣而帮助用户定位最相关的文章。但这些节录包含了标题和导语的一部分，美联社称之为"新闻报道的核心"。融文希望法院将其与搜索引擎作比较，但法院拒绝接受这一类比，因为融文的服务仅限定于付费用户。此外，证据表明，融文的用户点击进入原始来源网站的次数远少于谷歌用户。由于美联社将内容许可给其他网站，融文的产品也可以被视为正在提供美联社授权网站的替代产品。基于这些原因和其他原因，地区法院拒绝接受合理使用抗辩。[17] 融文原本打算上诉，但随后双方即宣布它们正在建立合作关系。由于融文放弃了上诉，合理使用问题没有得到原本应得的严格考察，由此带来了对许可市场中可能存在的循环论证问题的担忧：不确定法官是否接受合理使用抗辩，将使当事人为了安全而获取许

---

16 埃里克·奥查德（Eric Auchard），《法新社与谷歌新闻就谷歌新闻诉讼达成和解》（AFP, Google News Settle Lawsuit over Google News），路透社，2007年4月7日。

17 *Associated Press v. Meltwater US Holdings*, 931 F. Supp. 2d 537 (S. D. N. Y. 2013).

可；而这一许可"市场"的存在，在法庭上又可能被用作未经授权使用作品将带来潜在损害的证据。[18]

在英国，融文也遭到多家新闻机构起诉，但法律问题有所不同。原告系代表报纸管理权利的报纸许可机构（Newspaper Licensing Agency）。到2010年该案进入审判程序时，欧盟法院 [Court of Justice of the European Union (CJEU)] 的一个判决——该判决涉及一家名为因福帕克（Infopaq）的公司——判定，仅含11个单词的节录也可以获得著作权保护，只要它们是作者智力创造的表达（因福帕克为其用户提供的节录包含了一个关键词和每个关键词前后各5个单词）。欧盟法院还判决，扫描、存储、复制这些节录的自动化流程属于需要获得著作权人许可的复制行为。[19] 所以，当融文在英国被起诉时，它并未质疑从报纸中复制小片段需要获得许可。争议的问题是，融文的订户是否也需要获得一个最终用户许可，理由在于，当订户在融文的网站上阅读片段时，他们也必定创造了受保护作品的复制件。该案一直打到英国最高法院，然后再到欧盟法院。欧盟法院判决，网络用户在浏览过程中创造出复制件的行为不构成

---

[18] 罗莎琳德·简·舍恩沃尔德（Rosalind Jane Schonwold），《美联社诉融文美国控股公司：合理使用、变革中的新闻业以及司法自由裁量权与习惯的影响》（Associated Press v. Meltwater US Holdings, Inc.: Fair Use, a Changing News Industry, and the Influence of Judicial Discretion and Custom），载于《伯克利技术法期刊》，第29卷（2014年），第801页。

[19] Case C-5/08, Infopaq Int'l A/S v. Danske Dagblades Forening, 2009 E. C. R. I-06569. 参见埃莱奥诺拉·罗萨蒂（Eleonora Rosati），《欧洲著作权法中的"独创性"：通过判例法的协调》（Originality in EU Copyright: Full Harmonization through Case Law, Cheltenham, UK: Edward Elgar, 2013），第97—118页。

著作权侵权。[20]

英国融文案提供了再利用新闻的纠纷迫使法院不得不对著作权中范围更大的原则——例如，什么构成作品中可受保护的"部分"——作出解释的另一个例子。值得注意的是，初审法官判决道，有些标题是可以获得著作权保护的，因为它们需要"相当多的设计技巧。通过以娱乐的方式告知读者文章的内容，它们是专门被设计来吸引读者的"。[21] 上诉法院赞成此观点，由此偏离了长期坚持的传统，即英国法院（和美国法院一样）拒绝承认标题和短语的著作权的传统。虽然看起来大多数标题很可能还是落在著作权的边界外，但有些新闻标题可以受到保护的征兆足以使个人或企业在复制它们之前犹豫踯躅，由此限制了互联网上的表达自由与创新。[22]

在21世纪头十年末和10年代初，大多数不正当使用或搭便车的控诉都指向聚合器和媒体监测服务。到本书写作之时，新闻机构的注意力已经转向社交媒体网站——如脸书（Facebook）——以努力控制其内容被使用的方式，获取部分广告收益，并获得对读者的分析数据。企图对这一持续斗争的下一篇章作出预测将是愚蠢之举。先不管新闻机构与诸如谷歌、脸书之类的科技公司之间的紧张关系，即使是在新闻记者与出版商之间，新闻著作权似乎仍是一个

20　Case C-360/13, *Public Relations Consultants Association Ltd. v. Newspaper Licensing Agency Ltd. and Others* [5 June 2014] ECLI: EU: C: 2014: 1195.

21　*Newspaper Licensing Agency Ltd. and Others v. Meltwater Holding BV and Others* [2010] EWHC (Ch.) 3099 [70].

22　本特利和谢尔曼，《知识产权法（第四版）》(*Intellectual Property Law, 4th ed.*) 第110—112页；以及罗萨蒂 (Rosati)，《欧洲著作权法中的"独创性"：通过判例法的协调》(*Originality in Eu Copyright: Full Harmonization through Case Law*)，第114页。

悬而未决的问题。2017年的两起纠纷在这方面具有启示意义。

在第一起纠纷中,居住在威尔士的自由记者格林·贝利斯(Glyn Bellis)报道了当地法院的一个案件,并将报道卖给了"威尔士在线"(Wales Online)。伦敦的《独立报》(Independent)完全靠这则报道创作了自己的报道。《独立报》将来源归认于"威尔士在线",并链接到原始的报道,但拒绝向贝利斯支付许可费,理由是"新闻没有著作权"。[23] 在《独立报》看来,它们的版本并未复制贝利斯的语言,而新闻报道中包含的事实信息又是不受保护的。但贝利斯是当天在法院的唯一一名记者。《独立报》依靠他对呈堂证供所作的报道,并包含了一句他获取的警方的原话。《新闻公报》(Press Gazette)——一份新闻记者的行业期刊——引起了人们对该纠纷的关注,而全国新闻通讯社协会(National Association of Press Agencies)也力挺贝利斯。最终,《独立报》同意为该报道向他支付40英镑,但依然坚称并未发生著作权侵权行为。按照《独立报》发言人的说法:"以著作权纠纷为起始的事件,似乎演变为一场关于本地新闻和法庭报道重要性的争论。"《独立报》认同贝利斯,认为支持像他这样的工作是重要的,即使法律并未要求它们获得他的许可。[24]

---

23 转引自多米尼克·庞斯福德(Dominic Ponsford),《〈独立报〉拒绝为从"威尔士在线"上窃取的法庭报道付费,还告诉自由撰稿人:"新闻没有著作权"》(Independent Declines to Pay for Court Story "Lifted" from Wales Online Telling Freelance: "There Is No Copyright in News"),载于《新闻公报》,2017年7月10日。

24 多米尼克·庞斯福德,《在与〈独立报〉关于从"威尔士在线"获取的法庭报道的付费纠纷中,自由撰稿人取得胜利》(Freelance Claims Victory in Dispute with Independent over Payment for Court Story from Wales Online),载于《新闻公报》,2017年8月9日。

即使纠纷得以解决，该案还是揭示了在很大程度上著作权对不同的人继续意味着不同的事物。

2017年另一起关于本地新闻的纠纷最终在小额诉讼法院审理。"罗奇代尔在线"（Rochdale Online）——一家报道英格兰曼彻斯特新闻的网站——诉称《曼彻斯特新闻晚报》（Manchester Evening News）完全借用它们对一位本地议员的新闻报道，既未归认来源，也未链接到初始来源网站。《曼彻斯特新闻晚报》辩称，由于它们没有复制原报道的语言，所以就不存在侵权；"罗奇代尔在线"不能仅因其努力获取那些公共文件，就对包含于这些文件中的信息主张专有权。但郡法院判决支持"罗奇代尔在线"，责令《曼彻斯特新闻晚报》支付200英镑和诉讼费。《曼彻斯特新闻晚报》未将来源归认于网站，这一事实很可能是"罗奇代尔在线"决定起诉的一个因素，但"罗奇代尔在线"的主席马尔科姆·茹尔诺（Malcolm Journeaux）也非常清楚地指出，本案的意义在于保障其联合发表新闻报道的能力。在茹尔诺看来，本地新闻的生存依赖于用著作权来保护"研究和写作文章所付出的'额头汗水'"。[25]

这两个相对较小的纠纷揭示的是，著作权法保护的是什么对象，以及归认来源或为使用其他记者的新闻报道而付费的标准，依然是充满争议的话题。著作权的权利请求并不限于金钱，还包括对作品的控制以及来源的归认。2017年两起案件主角的陈词再一次提

---

[25] 转引自多米尼克·庞斯福德，《以弱胜强的官司：关于丹丘克开销案的报道，"罗奇代尔在线"赢得了〈曼彻斯特新闻晚报〉的赔偿》（"David and Goliath" Legal Battle Sees Rochdale Online Win Payout from Manchester Evening News over Danczuk Expenses Story），载于《新闻公报》，2017年7月12日。

醒人们：法律保护的理论依据是因背景而异的。贝利斯和茹尔诺试图使出版商和读者大众就如下观点达成共识：即，著作权的强保护有助于支持本地新闻业的发展。

新立法

在关于谁拥有新闻的持续斗争中，诉讼不是唯一的武器。几个国家的出版商最近正寻求新的立法，以实现对其内容的线上使用的更强控制。最终，德国和西班牙通过了新的法律。在德国，2013年的一部法律赋予了新闻出版商在文章发表一年内为商业目的向公众提供文章——全部或者部分——的专有权。其目标是迫使互联网聚合器为展示新闻片段付费。虽然该法排除了"非常短的文本片段"（very short text excerpts），但它并未对"非常短"作出定义。谷歌企图完全避开该法，它要求，如果德国出版商希望被编入谷歌新闻的索引，它们必须先放弃他们的求偿权。出版商们别无选择，只得如此，这实际上消解了它们努力多年所得到的这部法律的任何益处。[26] 2014年，西班牙也通过一部法律保护新闻出版商，对抗聚合器。但是，与德国出版商同意放弃权利不同，西班牙法不允许这种可能性，这意味着聚合器要么必须为使用西班牙新闻网站上的片段

---

26 海蒂·J. S. 特沃雷克和克里斯托弗·布绍，《改变游戏规则：有策略的制度化与传统公司对新媒体的抵制》（Changing the Rules of the Game: Strategic Institutionalization and Legacy Companies' Resistance to New Media），载于《传播学国际期刊》（International Journal of Communication），第10期（2016年），第2126页。

支付许可费,要么将面临高额罚款。结果,谷歌从谷歌新闻中移除了所有西班牙出版物,并关闭它在西班牙的新闻网站。西班牙出版商报告称,它们遭受了严重的流量损失。[27]

在本书写作时,这些例子被作为对欧盟政策制定者的警告——在欧盟,一项授予新闻出版者的邻接权正被考虑作为数字单一市场著作权指令提案的一部分。[28] 虽然新闻文章已经可以获得作者著作权的保护,几个欧盟国家中的一批出版商仍主张,赋予出版商一项独立的权利将有助于促成与网络平台的许可协议。但是,对于这项权利具体要求什么、它将如何影响对在线新闻的获取,以及它能否解决这背后新闻机构所面临的收入难题,则仍未达成共识。甚至在2016年该条款的草案开始流传之前,英国艺术与人文研究委员会[Arts and Humanities Research Council, 艺人委(AHRC)]所资助的为期两年的研究项目就得出结论:改革著作权法并非解决出版商所面临的经济问题的恰当方法——尽管委员会对支持高质量新闻业的想法怀有同情。在对新近立法和诉讼进行审阅,对八个国家从业人员进行访问以及一系列学术研讨会的基础上,项目的最终报告主张,

---

27 乔·马林(Joe Mullin),《新研究显示西班牙的"谷歌税"对出版商来说是一场灾难》(New Study Shows Spain's 'Google Tax' Has Been a Disaster for Publishers), 2015年7月30日,载于:*ArsTechnica*(网站)。另参见埃莱奥诺拉·罗萨蒂,《新闻内容的附属权:欧洲的现状》(Ancillary Rights for News Content: The State of Play in Europe), 2016年1月29日,载于:*Commsrisk*(网站)。

28 欧洲委员会(European Commission),《欧洲议会和理事会关于数字单一市场著作权指令提案》[(Proposal for a Directive of the European Parliament and of the Council on Copyright in the Digital Single Market) COM (2016) 593], 2016年9月14日,第11条。

政策考虑和新闻业的实践都极不支持赋予新闻出版商任何新权利。[29]

接下来将会发生什么是难以预料的——当您阅读到这几页时，答案很可能已经揭晓——但无论如何，欧盟增设新闻出版者权的提案代表了本书所呈现的长达数个世纪之久的历史的另一个篇章。这一历史的中心线索是那个经常被重复的主张：新闻不同于著作权法所保护的其他形式的著作。正如我们已经看到的，"新闻是不同的"或者"新闻应被区别对待"的主张同时为保护新闻立法的支持者和反对者所使用。有些人主张，因为信息应当自由流通，所以新闻不能获得著作权保护；另一些人却竭力主张，为收集和传播及时的新闻提供激励是符合公共利益的。后一种信念构成了为新闻创设专门著作权条款的诸多努力的基础，包括欧盟最近的提案。著作权法是一种公共政策，而"公共利益"这类词汇很容易被公司利益所利用的事实，不应减弱我们通过信息充分的辩论来塑造政策决定的意愿，也不应减弱我们通过运用著作权法内置的灵活性来保障信息和思想自由流通，以促进各种类型的讨论和创造的意愿。[30]

---

[29] 理查德·丹伯里，《欧盟出版者权是个好主意吗？艺人委项目最终报告：评估对数字时代新闻生产的威胁的可能应对措施（2016 年）》[Is an EU Publishers' Right a Good Idea? Final Report on the AHRC Project: Evaluating Potential Responses to Threats to the Production of News in a Digital Era (2016)]，剑桥大学知识产权与信息法中心 [参见《论文 4：提交委员会的报告》(Paper 4: Report Submitted to the Commission)]；另参见欧洲著作权协会（ European Copyright Society ），《对欧盟著作权改革方案的总体意见》(General Opinion on the EU Copyright Reform Package)，2017 年 1 月 24 日，《意见》(Opinions)。

[30] 这一观点在奥德海德和杰西的《重申合理使用：如何使著作权重归平衡》(Reclaiming Fair Use: How to Put the Balance Back in Copyright) 一书第 25—26 页中得到精彩表达。

新闻与著作权法

这段历史中的另一个主旋律是这样一种认知:新闻无法很好地与英美的著作权法相契合。之所以如此,有多方面的原因,但最主要的因素一直都是新闻的时间维度。只有当一件事物对于遭遇它的人而言是新鲜的事物时,它才能成其为新闻。当然,即使在我们知道某一事件后,只要人们还在谈论它,而我们也愿意成为交谈的一部分,那么我们也可以将之视为新闻。人的互动生产了新闻,新闻也引发了人的互动,在这种人类互动之外,新闻毫无意义。但对于著作权法而言,新闻的时效性带来了实践上和理论上的难题。实践难题是,著作权登记与交存的程序是针对图书设计的,而图书的商业和社会价值不像新闻出版物那样具有时效性。登记的难题已被解决,最初是通过聪明才智——例如将报纸或电报信息登记为图书——接着是通过法律的变革,特别是转向登记并非是取得著作权所必须的制度。[31]

理论上的难题则更加艰深。英美两国的著作权法都起源于明确寻求促进"鼓励知识"的成文法。著作权法的目的不仅在于奖励作者,还在于通过为新作品的创作提供激励使社会受益。立法者决定授予作者对其作品的印刷和销售的临时垄断权,以换取它们的出版(从而使读者可以获取这些作品)、到图书馆交存复制件(保存作品,

---

[31] 在美国,起源于美国的作品若要提起侵权诉讼,仍然必须先进行登记。《美国法典》,第17卷,第411—412条(2016年)。

便利公众获取），以及——同样重要的——使作品在著作权保护期届满之后可以进入公有领域。法律学者常用"著作权交易"（copyright bargain）来描述作者通过接受这些义务来换取特定专有权的回报。[32]

而对于新闻和时效性信息，临时垄断权将限制公众的获取，因此与鼓励知识的目标存在潜在的矛盾。另外，如果新闻仅仅在短时间内具有价值，那么"著作权交易"看起来就不再像是一个好交易。对于一些图书而言，这种交易看起来是有回报的：一旦它们进入公有领域，就可以出版廉价的版本，更不用说翻译和各种类型的改编。对新闻出版物著作权的长期保护并非毫无作用，它使得出版商能将往期刊物授权给数据库公司，后者通过付费订阅的方式向公众提供这些往期刊物。事实上，今天谁拥有对历史性报纸的事实上的垄断权，以及公共图书馆与营利性数字出版商的合作如何影响对过往新闻的获取等问题，对于教师、学生和任何对历史学研究或谱系学研究感兴趣的人而言都具有相当重要的意义。[33]但是，即使在新闻出版后的几个小时或者几天内，"著作权交易"看起来也是一个糟糕的交易。新闻的主要社会价值在于能够立即分享并对它作出评论。在这个意义上，新闻出版物与其他以事实为主要内容的作品一直都是不同的。因承认这个问题，19世纪和20世纪早期支持新

32　L. 雷·帕特森和斯坦利·W. 林德伯格（Stanley W. Lindberg），《著作权的性质：使用者权的法律》（*The Nature of Copyright: A Law of Users' Rights*, Athens: University of Georgia Press, 1991），第138页。

33　参见保罗·费菲，《对数字化的19世纪报刊的获取、计算分析与合理使用》（Access, Computational Analysis, and Fair Use in the Digitized Nineteenth-Century Press），载于《维多利亚时期的期刊评论》，第51卷，第4期。

闻著作权的出版商和通讯社主张的是一个短得多的保护期；他们声称，24小时甚至8小时就足够了。但是，它们遭遇到抵抗，理由是，即使是保护期非常短的著作权也会不成比例地使大出版商获益，而限制公众对新闻的获取。19世纪发展起来的"新闻界作为第四等级"的理想不利于那些寻求新闻财产权的人们的事业。请思考一下1852年《泰晤士报》的这段著名的声明：

> 报刊的第一义务是获取关于当时的事件的最早且最准确的情报，同时，通过公开这些情报，使之成为全国的公共财产。政治家通过秘密手段来搜集信息；甚至对当天正在发生的情报，他也以荒唐的保密措施加以隐瞒，直到在与公开报道的竞赛中被打败为止。报刊以公开为生；它所获取的东西，不论是什么，都将成为我们时代的知识和历史的一部分。[34]

关于客观公正和公共服务的修辞越来越常见，但它常常与新闻这门产业相冲突。[35]所以，完全有可能出现这样的情况：报社的社论将新近事件的"情报"称为"全国的公共财产"，而同一报社的管理层却在为一部禁止竞争对手转载刚刚向公众公开了的新闻的法律而游说。同样的紧张关系在今天仍可以看到。

新闻本质上的合作属性，是使之不同于其他一些——尽管不

---

[34] 《泰晤士报》（伦敦），1852年2月6日。

[35] 詹姆斯·穆塞尔，《基本形式：报纸作为19世纪的流行类型》（Elemental Forms: The Newspaper as Popular Genre in the Nineteenth Century），载于《媒体史》，第20卷，第1期（2014年），第4—20页。

是全部——受著作权保护的著作的另一个重要因素。大多数新闻文章系由多名作者和编辑所塑造。新闻记者们也依赖于共同的信息源,且相互间保持持续的对话。如今,博客博主和社交媒体用户也加入到这一集体过程中,由此提出了这样的问题:为新闻报道目的的公平行为规则如何适用于使用移动设备捕捉和分享与时事有关的受著作权保护的材料的"记者"?[36]历史上,在回应保护新闻的立法提案时,一些编辑和出版商指出,报社之间是相互依赖的,如果未经许可的复制行为被认定为非法,那么,编辑和记者们完成他们的工作将要困难得多。1855年,《雷诺兹周报》指出:"如果将新闻从一份报纸转印到另一份报纸的行为是盗版,那么,盗版就是整个报业建立的基础。"[37]在回应1884年美国创设专门新闻著作权的尝试时,相同的反对意见也被提出来。《国民报》的一篇社论评论道,如果对新闻的再利用是非法的,"大部分编辑将一直被关在监狱里"。[38]

即使在报纸文章的著作权得到承认之后,新闻记者之间相互利用的方式仍然是限制新闻报道著作权范围的有力论据。1990年,在处理两家报社的纠纷时,一名英国法官评论道,如果新闻报道上的著作权保护不仅仅制止一字不差的复制行为,那么,它将"打击我所认为的全国新闻实践的根基,即搜寻其他报纸上的栏目来寻找

---

36 在英格兰和威尔士板球委员会有限公司诉提科斯达克有限公司案[England and Wales Cricket Board Ltd. v. Tixdaq Ltd, [2016] EWHC (Ch.) 575]中,法院确认大众成员也有资格适用为报道时事目的的公平行为的例外。不过,在本案中,法院判决使用手机应用复制和分享受保护的广播短片的板球球迷并不构成公平行为,即使他们在这些短片中加入了自己的评论。

37 《雷诺兹周报》(伦敦),1855年3月25日。

38 《盗窃新闻》(Stealing News),载于《国民报》,1884年2月21日,第159页。

他们错过的新闻报道,然后再通过用自己的语言改写的方式在自己的报纸上使用这些新闻报道"。[39]另外,当新闻报道以秘密信息源为基础时,超越表达形式的著作权保护将创设对这则新闻的垄断权。在1990年的这个判决中,英国法官强调,新闻的事实基础和获取新闻的公共利益意味着新闻报道并不享有与某些文字作品相同程度的保护。他写道:"在时事新闻报道上,并没有相当于,比方说,小说家所享有的,在表达情节的实际文字之外对小说情节所享有的那种著作权。"[40]这是新闻出版商间的纠纷促使法官论述新闻报道与其他类作品之间的不同之处的又一个范例。随着时间的推移,文字作品著作权的范围早已扩张,不限于制止一字不差的复制行为,但限制新闻的保护范围仍有非常充分的理由。

当归认来源仍不足够时

许多职业记者都坚持将来源归认于最早传播新闻报道或揭露新信息的人的重要性。[41]但正如前面讨论的2017年关于本地新闻报道的纠纷所示,对于什么东西可以复制以及归认来源是否构成足够的回报,并非每个人都有一致的意见。数字环境也许看起来有特别

---

39 *Express Newspapers Plc. v. News (U. K.) Ltd.* [1990] 1 WLR 1320, 1325.

40 前引。

41 但是,有很多不同的态度和实践。参见诺曼·P. 路易斯(Norman P. Lewis)和钟布,《新闻抄袭的根源:归认来源的不同信念》(The Root of Journalistic Plagiarism: Contested Attribution Beliefs),载于《新闻学与大众传播季刊》(*Journalism and Mass Communication Quarterly*),第90卷,第1期(2012年),第48—66页。

多漏洞，但是，阻隔新闻的流通从来就并非易事。对于新闻出版商而言，互联网的问题并不在于在线复制和传播文本与图像变得愈加容易，问题在于要获得广告收入变得愈加困难了，因为新闻机构需要与使用各种手段吸引消费者注意力的各类网站相竞争，而且互联网巨头谷歌和脸书又主导了数字广告市场。[42]

早在18世纪，报纸出版商就将广告视为其首要的利润来源。将新闻和其他专题文章捆绑在一起并通过订阅方式销售报纸有助于出版商获得收入，但是，其实是利用这一订户基数吸引广告主的能力才使报纸作为一个整体在大部分历史时期中如此有利可图。订阅模式依然是可以利用的，有些人主张，这是现在报纸的数字版本得以生存的唯一可行的方法。[43] 在网络中，由于大量专业网站和智能手机应用的存在，捆绑已经不太行得通。虽然对一些新闻机构而言订阅模式可能是足够的，但在许多情况下并非如此，所以，有必要寻找其他资金来源，不论是私人的，还是公共的。[44] 为印刷新闻

---

42 路透社，《为什么说谷歌和脸书证明了广告市场是两强垄断？》(Why Google and Facebook Prove the Digital Ad Market Is a Duopoly)，载于《财富》(Fortune)，2017年7月28日。

43 参见本·汤普森 (Ben Thompson)，《本地新闻商业模式》(The Local News Business Model)，2017年5月9日，"Stratechery"（博客）。

44 例如，参见小伦纳德·唐尼 (Leonard Downie Jr.) 和迈克尔·舒德森，《美国新闻业的重建》(The Reconstruction of American Journalism)，载于《哥伦比亚新闻评论》(Columbia Journalism Review)，2009年11月、12月；以及罗伯特·W.麦克切斯尼和约翰·尼克尔斯，《美国新闻业的死与生：必将重启世界的媒体革命》(The Death and Life of American Journalism: The Media Revolution that Will Begin the Wold Again, New York: Nation Books, 2011)。

业提供公共资助的想法在英美两国长久以来都被认为是可憎的,尽管 19 世纪的邮政补贴曾对美国报刊大有助益,而英国电报的国有化也对外省报刊的成长至关重要,且不论英国广播公司本身的公立性质。[45]

历史提醒我们,公共政策——从新闻特许制和印花税到邮政与电报管制——在许多重要方面塑造了新闻的生产和流通方式。但是,如同其他政策那样,要评估著作权的影响——不论是积极的,还是消极的——都是困难的。人们假定著作权能够促进新作品的生产,但著作权也可能限制对作品的获取,给那些需要利用现有作品生产新作品的人带来寒蝉效应。对于新闻而言,政策制定者对制定可能限制公众关切的信息流动的法律长期以来都犹豫不决,这是有充分理由的。风险显然超过了潜在的收益。

新闻出版商在特定时刻求助于著作权,将之想象为解决特定问题的方法。关于新闻著作权的大部分讨论都是由媒体格局的变革所引起的,而这种变革又是由法规、技术和产业实践的新组合所带来的。对于近来控制在线新闻的诉讼和立法提案,情况亦是如此。在这些时刻,回顾著作权的历史和基本原理,思考新闻与其他领域知识与创造的不同之处,并加入到关于何种政策最有利于公共利益的信息充分的讨论中,具有重要意义。

---

45 参见 *MN* 中的系列简论。山姆·莱博维奇提出,在美国,对新闻自由的一种特定视角的发展排除了为新闻业提供显著的政府资助的可能性。《言论自由与不自由的新闻:美国新闻自由的矛盾》(*Free Speech and Unfree News: The Paradox of Press Freedom in America*, Cambridge, MA: Harvard University Press, 2016)。

注释中使用的缩略语及报纸来源注释

一 注释中使用的缩略语

AAS：美国文物协会（American Antiquarian Society）

AP Archives：纽约美联社公司档案馆（Associated Press Corporate Archives, New York）

CCE：《著作权登记目录》（Catalog of Copyright Entries）（Washington, DC: GPO, 1906-1978）。

CP：《审查制与报刊界，1580—1720年》（*Censorship and the Press, 1580-1720*），杰夫·肯普和乔森·麦克艾丽戈特主编，四卷本（London: Pickering and Chatto, 2009）。

CTE：《图书和其他文章标题登记目录》（*Catalogue of Title Entries of Books and Other Articles*）（Washington, DC: GPO, 1891-1906）。

HC Deb：后附日期、卷数和栏数，指《议会议事录》（*Hansard Parliamentary Debates*）。2018年初，国会数字服务中心（Parliamentary Digital Service）宣布。

LMA：伦敦市伦敦大都会档案馆（London Metropolitan Archive, City of London）

LOC：国会图书馆

MN：《生产新闻：从光荣革命到互联网时代英美新闻业的政治经济学》（*Making News: The Political Economy of Journalism in Britain and America from the Glorious Revolution to the Internet*），理查德·R.约翰和乔纳森·西尔伯斯

坦-勒布主编（Oxford: Oxford University Press, 2015）。

NARA：国家档案记录局（National Archives and Records Administration）[除另有说明，地点在华盛顿特区（Washington, DC, site unless otherwise indicated）]

NYPL：纽约公共图书馆（New York Public Library）

PP：后附会议年份和文件序列号，指英国议会会议文件，可通过普若凯斯特下议院议会文件在线网（ProQuest House of Commons Parliamentary Papers Online）获取。

PSC：《著作权主要渊源（1450—1900年）》[*Primary Sources on Copyright* (1450-1900)]，莱昂内尔·本特利和马丁·克雷奇默主编。

SC Myers：《出版商公会记录，1554—1920年》（Records of the Worshipful Company of Stationers），罗宾·迈尔斯主编，115卷微缩胶卷（Cambridge, UK: Chadwyck-Healey, 1985）。微缩胶卷与原始文件（有些已有数字版）之间的词语索引，参见罗宾·迈尔斯，《出版商公会档案：记录报告，1554—1984年》（*The Stationers' Company Archive: An Account of the Records, 1554-1984*）（Winchester, UK: St. Paul's Bibliographies, 1990）。

TNA：英国基尤区国家档案馆（The National Archives, Kew, United Kingdom）

USCO：国会图书馆美国版权局（US Copyright Office, Library of Congress）

二　报纸来源注释

除非注释中另有说明，本书通过此处列明的数字数据库查询相关报纸。当查询的是纸质版报纸时，在注释的参考文献后将指明报纸的贮存地。另注意，1752年，英国日历年开始于3月25日[有时这被称为"旧式日期"（Old Style dating）]。为了前后一致，在引用1月1日到3月25日之间的报纸时，我使用了新式日期，即新年始于1月1日。

收费数据库

1. 伯尼17、18世纪报纸文库（Seventeenth- and Eighteen-Century Burney Newspapers Collection）（Gale Cengage）

2. 英国图书馆报纸，1800—1900年（British Library Newspapers, 1800-1900）（Gale）

3. 《泰晤士报》档案（*The Times* Archives）（Gale）

4. 美国历史报纸，1690—1922年（America's Historical Newspapers, 1690-1922）（Readex）

5. 普若凯斯特历史报纸（ProQuest Historical Newspapers）

6. 19世纪美国报纸（Nineteenth-Century US Newspapers）（Gale）

免费数据库

1. 美国纪事：美国历史报纸（Chronicling America: Historic American Newspapers）

2. 加利福尼亚数字报纸文库（California Digital Newspaper Collection）

3. 科罗拉多州历史报纸文库（Colorado Historic Newspaper Collection）

4. 佐治亚历史报纸（Georgia Historic Newspapers）

索　引

（索引部分所涉及页码均为原书页码，即本书边码；
斜体字页码表示插图中的信息）

Abrams v. United States 艾布拉姆斯诉美国案　248

abridgments　缩略本　8，21，47，50，73-75，121

access to news　获取新闻　3-4；在英国～，18，33，36，83-85，144-145，151，155；～与著作权法，84，273-276，281-284；在美国～，88，92-95，122，140，198，201-202，228，242，247，269

Ackers, Charles,　阿克斯，查尔斯　68，302　注释56

Act for the Encouragement of Learning　《鼓励知识法》。参见 Statute of Anne

advertisements　广告：英国的～税，78，144；吸引～的竞争，10，148，192，237，256-257，261-262；～的著作权，244；互联网上的～　266，276，285；埃斯特兰奇对～的垄断权，43；本地报纸中的～　64，76，93，265；～与报纸订阅，53，65-66，75-76，272；专利页中的～　205；市价表与报纸中的～　79，121，124，132，138-139；～与无线电广播，256-261

Agence France Presse (AFP)　法国新闻社（法新社）　267，276

aggregation of news　新闻聚合　1，2，36，191，276，278，280

All Headline News (AHN)　全部头条新闻（全头条）　265-266

American Antiquarian Society　美国文物协会　90，96，141

American Copyright League　美国著作权联盟　224

American Newspapers Publishers Association　美国报纸出版商协会

219-223, 225, 258

American Press Association 美国报业协会 196-197, 212, 324 注释52

American Revolution 独立战争 88

anonymity 匿名 36, 65, 86, 94, 133

AOL (America Online) 美国在线 263

AP. 美联社。参见 Associated Press.

Applebee, John 阿普比, 约翰 59-60

Archer, Thomas, 亚契, 托马斯 33

Arrow, Kenneth J. 阿罗, 肯尼斯·J. 272

articles 文章。参见 newspaper article rights and ownership

Arts and Humanities Research Council (AHRC) 英国艺术与人文研究委员会（艺人委）281

Associated Press (AP) 美国联合通讯社（美联社）4, 12, 167; 历史与机构, 195-196, 213-214, 241, 256-258, 265-266, 322 注释8, 330 注释10, 331 注释49; 诉全部头条新闻 266; 诉广播组织 259-261, 264-265; 诉融文 276-277。参见 *INS v. AP*; New York Associated Press (NYAP); *Tribune v. AP*

Association for Promoting the Repeal of the Taxes on Knowledge 推动废除知识税协会 151

attribution of sources 归认来源 2, 10, 64, 69-71, 89-91, 103, 191 另参见 credit

Aurora (Philadelphia)《极光报》（费城）99-100, 127

Auten, James W. 奥滕, 詹姆斯·W. 136

authors 作者: 美国给外国~的权利 9, 100, 217, 308-309 注释48; 英国给外国~的权利 170; ~的署名行 109; 合作创作, 23, 61, 255, 283-284; ~作为著作权的第一所有人 17, 51, 54; 自由撰稿人作者 185-186; 新闻不是~的产品 70, 160-161, 202-205, 242-244; 与~相联系的独创性 160-161, 184-185, 203, 231-233, 244-245; ~与出版商的利益 22, 40-41, 147,

182，185-186，224，280-281；作为～的记者 183-185；～传统上的权利 4-5，54，230，243

Bache, Benjamin Franklin 贝奇，本杰明·富兰克林 87，99，305 注释1

Bacheller, Irving 欧文，巴切勒 209

back issues 往期 77，126，130，282

Baines, Edward 贝恩斯，爱德华 146，160

Baines, Edward Jr. 贝恩斯，小爱德华 160

Baker, John 贝克，约翰 56-57

Baker v. Selden 贝克诉希尔登案 118，312 注释8，327 注释101

Baldwin, Richard 鲍德温，理查德 74-75，303 注释84

ballads 叙事诗 23-24，26，29，34，49，293 注释26

Baltimore, Maryland 巴尔的摩，马里兰 94，193

Barterham (Bartram), John 巴特罕（巴特朗），约翰 24-25（*25*）

BBC 英国广播公司 256-257，286

Bell, Charles Frederick Moberly 贝尔，查尔斯·弗里德里克·莫伯利 173-176，178-185，187-188，216，218

Bellis, Glyn 贝利斯，格林 278-280

Bell v. Whitehead 贝尔诉怀特海案 150

Bennett, James Gordon 班尼特，詹姆斯·戈登 112，311 注释97

Berne Convention 《伯尔尼公约》 170-172，177，179，187-188，250，252，273

Bible 《圣经》 19

Bickel, Karl 比克尔·卡尔 253-254

Billington, Henry 比林顿，亨利 137-138

Bill of Rights (1689) 《权利法案》（1689） 45，83

bills of entry 入关报表 28，46，79-80，121

bills of mortality 人口生死报表 28-32（*30*），75，82

Biltmore Agreement 《比特摩尔协议》 258，261

Binns, John 宾斯，约翰 137-138

Birrell, Augustine 比瑞尔，奥古斯丁

184

Bleistein v. Donaldson Lithographing Co. 布莱斯坦诉唐纳森平板印刷公司案 244-245

Blunden, Humphrey 布伦顿, 汉弗莱 37

Blunt v. Patten 布伦特诉帕滕案 128, 134

Boer Wars 波耳战争 177, 215

boilerplate 样板文件 205-206, 324 注释 52

Bok, Edward W. 博克, 爱德华·W. 209

Bonner, Robert 邦纳, 罗伯特 208

books 图书: 获取~ 83-84; ~与著作权法 3, 8, 53, 88, 117-119; ~相对于"短命物" 126-127; 司法解释 129, 168, 211-212; 作为~的系列 125-126

booksellers 书商: 作为新闻出版商的~ 15, 17, 26, 32, 34-35, 40; 作为著作权人的~ 20-21, 50, 52-53, 56-57; 作为报社所有者的~ 65-68

Bourne, Nicholas 伯恩, 尼古拉斯 33-36

Bowen, John C. 博文, 约翰·C. 259-260

Bowker, Richard Rogers 鲍克, 理查德·罗杰斯 212, 224-226

Boys, Charles Vincent 博伊斯, 查尔斯·文森特 156-157

Brandeis, Louis 布兰代斯, 路易斯 228, 248-250, 255-256, 259, 268, 323 注释 36

Brauneis, Robert 布劳内斯, 罗伯特 128

Bright, John 布莱特, 约翰 151

Britain/United Kingdom 英国 4-5, 289 注释 8; ~禁止国新社使用跨大西洋电缆 235, 248;《权利法案》(1689) 45, 83; ~殖民地的新闻法 143-144, 181, 220; 议会与报刊管制 40-50, 56, 78-79, 邮政政策 143, 147, 149, 151, 154-155; 特别委员会(1851) 145, 152-155; 特别委员会(1898) 179-182; 电报政策 164-166, 177, 192, 286。另参见 censorship; copyright legislation (Britain); stamp duty; Statute of Anne

broadsides 单面大幅纸 23-24, 26,

45，55，82，126

Brome, Humphrey 布罗姆，汉弗莱 27-28

Buckingham, Joseph T. 白金汉，约瑟夫.T 102-103

Burrows, George Man 巴罗斯，乔治·曼 82

Bute, Lord 比特，伯爵 76

Butter, Nathaniel 巴特，纳撒尼尔 3-36

Buxton, Sydney 巴克斯顿，悉尼 187

bylines 署名行 109

California Associated Press 加利福尼亚联合通讯社 195-196，211，237，326 注释75

Campbell, John 坎贝尔，约翰 76

Carey, Mathew 凯里，马修 113

cartels 卡特尔 6，213

Cassell, John 卡塞尔，约翰 152

Castaing, John 卡斯塔因，约翰 80

Cave, Edward 凯夫，爱德华 66-69（67），72-74，302 注释53

CBS radio network 哥伦比亚广播公司无线电广播网络 258

censorship 审查制：新闻和"国家事务"的～ 18，24，32-35，42；新闻特许制，18-21，43-49，51，83；～与国新社诉美联社案 235，241，248；煽动性诽谤 19-20，48，51；另参见 Cottington, George; L'Estrange, Roger; Mabbott, Gilbert; Stationers' Company

Central News 中央新闻社 165，167

Chace Act (1891) 《蔡斯法》(1891) 217，308-309 注释48。另参见 international copyright

Chambers, Ephraim 钱伯斯，以法莲 61

Charles I 查理一世 27，29，34-35，40，41

Charles II 查理二世 28，42-44

Chicago Tribune 《芝加哥论坛报》 215-217，261

Citizen Media Law Project 公民媒体法律项目 267

Civil Registration Act (1836), Britain 英国《民事登记法》(1836) 82

Clarke, Edward 克拉克，爱德华 47

索　引

Clarke, John　克拉克，约翰　248

Clayton v. Stone　克莱顿诉斯通案：布里特和克莱顿对～的回应，131-136；～的引注　118-119，212，216，231，246；～对出版业的影响　136-140；～背后的问题　123-127，139，141，203；著作权法的目的　139-140；～的判决　128-131

Cleveland News　《克利夫兰新闻报》　236

Clifton, Francis　克里夫顿，弗朗西斯　60

clippings　剪报　105-106，114，242，276。另参见 scissors

Cobb, Sylvanus Jr.　科布，小西尔韦纳斯　208

Cobden, Richard　科布登，理查德　151

Colby (in Colorado)（科罗拉多州的）科尔比　210，213

Coleman, William　科尔曼，威廉　98-101

Collet, Collet Dobson　科莱特，科莱特·多布森　151-152

collusion　共谋　153，197，213

Colorado News and Press Association　科罗拉多新闻通讯社　210，213

Commercial Advertiser　《商业广告报》　104，107，118，124-126，128，130-133，135，138-139，311 注释 97

common carrier　公共承运人　198，237，323 注释 20

common law　普通法：美国与英国～形式的分离　329 注释 96；～与国新社诉美联社案，247，256，263，269；著作的～财产权　8，52，84，232，242-243；信息的～财产权　178，219，229-233；～与安妮女王法　300 注释 13

Common Pleas, Court of　民事诉讼，法院　54

compilations　汇编：巡回法院判例～　118；作为可受著作权法保护的劳动的～　128，134，168，202-203，336 注释 6；字典与百科全书　61，89-90；新闻汇编　1，15，36，70，94，98，114。另参见 aggregation of news; intelligencers computational analysis of reprints 对复制行为的计算分析 88-89, 104-105, 250, 316 注释24

Conference of Press Experts (League of Nations)（国际联盟）新闻专家大会 251-252

congers 康格斯 57

consortiums and partnerships 联营企业与合伙 24, 34, 193-194, 296 注释60。另参见 press association

Cooper, Kent 库珀,肯特 12, 251-255

cooperative association 合作社协会 参见 press association

copper plates 铜版 55

copy 复制：～的含义 16；复制件上的权利 20-21, 44, 47, 49-50

copying 复制行为：～的计算研究 88-89, 104-105, 250, 316 注释24；作为"抄袭"的～ 108, 111-112；被描述为盗窃的～ 3, 8, 70, 89, 100, 137, 205, 214-215；～的行业习惯 173-175, 182, 238, 250-251, 320 注释115；作为新闻业组成部分的～ 158, 204, 284；～作品的一部分 60, 121。另参见 courtesy; morning papers

copyright 著作权 7；缩略本 74, 121；新闻记者的最佳实践 275；封闭式和开放式列举 117；"著作权交易" 282；～与归认来源 113-115；事实上的～ 57；专为图书设计的～ 11；～与片段 150, 273, 277, 280；表达而非事实的～ 13, 175, 178-180, 273-274；以事实为主要内容的作品的～ 128, 168, 180, 202-203, 232, 336 注释6；作为审查制形式的～ 84；～的目标 271；～的历史 10-11；国际～ 151, 170-172, 217, 250, 308-309 注释48；"地图、图表和图书"的～ 88, 119；限制～的公共效用 1, 69, 84, 241, 273；限制情报流动的～ 159-162；对～的讽刺／幽默 77, 136-137；辛迪加对～的利用 140, 208-209, 213, 215

copyright for news 新闻著作权 10-

11；~的恰当性 158-159，167-172，178-181，217-220，278，281-285；鲍克论~ 225-226；商业/金融新闻的~ 118，130-131，139，232；国际~ 170-172，217，250，273；形式/表达而非事实的~ 143，175，186，246-247，284-285；著作权声明的玩笑 77；英国立法提案 145-149，159-163，179-183；美国立法提案 199-203，205-208，213，219-221；~与新闻自由 83，276；~与公共物品问题 7；欧洲最近的行动 280-281；~与登记和交存 54-55，58，129，168-169，177，199，207-210，214，220，224，254，306 注释8，329 注释1；只需较短的保护期 148-149，155，218，220，283；建议替代措施 151-152，285-286；《英国著作权法》（1911）规定的~ 224，227；论坛报社诉美联社案 214-217；沃尔特诉斯坦科夫案 173-178

copyright legislation（Britain）（英国的）著作权立法：《著作权法》（1814） 300 注释13，312 注释15；《著作权法》（1842） 150-151，167-169；《著作权法》（1911） 187-188；英国第一部~成文法 50；《国际著作权法》（1852） 170；保护新闻的提案 159-163，179-183；登记要求 54，58，66，168-169，312 注释15，319 注释86；印花税与~ 144-149，151-155

copyright legislation（United States）（美国的）著作权立法：《著作权法》（1790） 88，117-120，125，129，139；《著作权法》（1802） 120，125，129；《著作权法》（1909） 118，218，221，223-224，227，255；《著作权法》（1976） 263；登记与交存的形式要件 119-120，129，211，217-218，224-225，227，312 注释15，313 注释2；上诉法院的管辖权 314 注释39；国会图书馆与登记（1870年法） 208，210-211；《新闻著作权法案》（1884） 199-203，205-207；另参见 Chace Act (1891)；*Clayton v. Stone*; *INS v. AP*

corantos 即时新闻 18，33-36，69，98，296 注释56

Cordell, Ryan 科德尔，瑞安 105

Cottington, George 哥廷顿，乔治 33

counterfeit editions 仿冒版 37；人口生死报表的～ 31；日报的～ 37-40；报纸的～ 60

Courier and Enquirer《信使与调查者报》95-96, 110-112, 124

Course of the Exchange《交易进程》80-81

courtesies of trade 交易礼仪：图书出版商之间的～ 9；报社编辑之间的～ 109, 112, 115

Court of Appeals for the Ninth Circuit, US 第九巡回上诉法院，美国 260, 264

Court of Appeals for the Second Circuit, US 第二巡回上诉法院，美国 238-239, 243, 247, 255, 264, 267

Court of Appeals for the Seventh Circuit, US 第七巡回上诉法院，美国 232, 327 注释101

Court of Assitants 助理法庭 21-24, 27, 34, 47。另参见 Stationers' Company

Court of Chancery 大法官法院 24, 54, 57, 150, 169, 173

Court of Justice of the European Union (CJEU) 欧盟法院 277-278

credit 归认来源 100-101, 106-108, 113-115

credit lines 来源信息 91, 103, 223, 255

Crimean War 克里米亚战争 156-157

crimes, trials, executions 犯罪、庭审、行刑 23-24, 45, 55-57, 77, 82, 118, 130, 230

Cromwell, Oliver 克伦威尔，奥利弗 42

Curtis, George Ticknor 柯蒂斯，乔治·蒂克纳 134

cutting and pasting 剪切与粘贴。参见 scissors editors

Cyclopaedia (Chambers)《百科全书》（钱伯斯）61

Daily News《每日新闻报》153, 155-156, 158-162, 166, 176

Daily Post《每日邮报》2, 66

Daldy, Frederic Richard 达尔迪，

弗里德里克·理查德 179−180

Dana, Charles A. 达纳,查尔斯·A. 214

de facto copyright 事实上的著作权 57−58

De Fonvive, John 德·冯维夫,约翰 62

Degrand, Peter Paul Francis 德格朗,彼得·保罗·弗朗西斯 122−123

Degrand's Boston Weekly Report of Public Sales and Arrivals, P. F. 《P. F. 德格朗波士顿公开销售及到港每周报告》 122−123

Democratic Press(Philadelphia)《民主报》(费城) 137−138

Dewey, George 杜威,乔治 219

Dickens, Charles 狄更斯,查尔斯 151,153

digital environment 数字环境。参见 internet

Dill, Clarence 迪尔,克拉伦斯 260−261

Dillingham, John 迪林厄姆,约翰 40−41

Disraeli, Benjamin 迪斯雷利,本杰明 162,169

diurnals 日报 18,36−40(*38*,*39*)

Donaldson v. Beckett 唐纳森诉贝克特案 84

double typetting 双重排版 37−39(*38−39*)

Duane, William 杜安,威廉 99−101

Editor & Publisher 《编辑与出版商》 12,250

Effingham, Earl of(Thomas Howard)埃芬厄姆,伯爵(托马斯·霍华德) 84

Electric Telegraph Company 英国电报公司 156−158,163−164

Electronic Frontier Foundation 电子前沿基金会 267

Encyclopedia Britannica 《大不列颠百科全书》 90

encyclopedias and directories 百科全书和通讯录 61,89−90,120,168,180,203

English Civil War news 英国内战新闻 36−42

ephemeral texts 转瞬即逝的文本 44,126−130,162,173

European Union(EU) 欧洲联盟

（欧盟）277-278，280-281

evening newspapers, timing of 晚报，时机 62-64，152，158，173-176，195，219

exchange copies 交换件 90-93，96-97，101，107

Exchange Telegraph Company（Extel）交换电讯社 166，177-178

executions, reports of 行刑，报道 23-24，45，55-57，77，82，118，130，230

expression versus fact 表达与事实 3-4，13，175，247，273-275

Extel（Exchange Telegraph Company）交换电讯社 166，177-178

"extras" "号外" 33，219

Facebook 脸书 278，285

facts 事实：copyright for fact-based works 以事实为主要内容的作品的著作权 128，168，180，202-203，232，336 注释6；新闻出版商保护～的愿望 154，178-180，206-207，218，229；～与表达 176，180，239；作为公共财产的～ 216，243

"fair copy" "清稿" 16

fair dealing 公平行为 187，250，274-276，284，338 注释36

fair use 合理使用 273-277

false imprints 虚假名称 24

false news/fake news 假新闻 1，6，32；为～负责 106-107；用～诱骗复制者 89，110-112，114，195，214-215，310 注释9；拒绝著作权 243；骗局 107，112-113，195；交换实践与～的传播 95；安妮女王的公告 49；罗素论～ 69-70

Federal Cases（West Publishing）《联邦判例集》（西部出版社）118

Fern, Fanny 费恩, 芬妮 208

"firstness" 首发性 239，245

Fly（theflyonthewall.com）飞翔网 266-268

Flying Post《飞翔邮报》48，58

foreign news 外国新闻 18，33-36，69，98，296 注释56

Foster, Alexander 福斯特，亚历山大 28

Frank Leslie's Illustrated Newspaper《弗兰克·莱斯利插图报》208

Frederick, Emperor of Germany 腓特烈，德国皇帝 172

freedom of the press 新闻自由 45-46, 48, 51, 83, 188。另参见 censorship

freedom of speech/expression 言论/表达自由 18, 267, 269, 276, 336-337 注释14

freelance writers 自由撰稿人作者 185-186, 255

"free riding" "搭便车" 3, 227, 264-269, 278

free trade 自由贸易 145, 151, 158, 160; 思想的~ 248; 新闻的~ 197

Freke, John 弗里克，约翰 80

Gainsford, Thomas 甘斯福德，托马斯 34

Gannett Company 甘尼特公司 267

Garfield, James A. 加菲尔德，詹姆斯·A. 233, 234

Garrick, David 加里克，戴维 75

Gazette (France) 《公报》(法国) 35。另参见 London Gazette

General Advertiser 《通用广告报》 87, 99

Gentleman's Magazine 《绅士杂志》 66-67 (67), 69, 72-74

Georgia Journal 《佐治亚日报》 95-96; 307 注释29

Germany 德国 172, 210, 252, 280

Gibson, Thomas Milner 吉布森，托马斯·米尔纳 151-152, 162

Gold and Stock Telegraph Company 黄金与股票电报公司 229-230

Goodsell, James H. 古德赛尔，詹姆斯·H. 197

Google 谷歌 1, 267, 276-278, 280, 285

Goulburn, Henry 古尔本，亨利 147

Gould, Jay 古尔德，杰伊 199

Great Depression 大萧条 257-258

Great Western Railway 大西部铁路公司 150

Greeley, Horace 格里利，贺拉斯 105, 152-153

Greene, Richard 格林，理查德 28

Gregory, George 格里高利，乔治 178

Grosscup, Peter S. 格罗斯卡普，

彼得・S. 232-233, 239

Grote, George 格罗特・乔治 145-146

Grotjan, Peter A. 格罗特扬，彼得・A. 121-122, 313 注释22

Grotjan's Philadelphia Public Sale Reports 《格罗特扬费城公开销售报告》 121-122

"Grub Street" "格拉布街" 127

Grub-Street Journal 《格拉布街周报》 1-3（2）, 69-72, 86, 160, 204

Gunnison, H. F. 冈尼森，H. F. 220

Haiti 海地 170-171

Hall, Francis 霍尔，弗朗西斯 126-127, 131-13, 135, 311 注释97

Hamilton, Alexander 汉密尔顿，亚历山大 99

Hand, Augustus 汉德，奥古斯都 238

Hand, Learned 汉德，勒尼德 255-256

Harbor News Association 港口新闻协会 194

Harper & Brothers 哈珀兄弟 211-212

Harper's Weekly 《哈珀周报》 206, 208, 211, 213

Harte, Bret 哈特，布雷特 208

Havas, Wolff, and Reuters cartel 哈瓦斯社、沃尔夫社和路透社组成的卡特尔 213

hawkers 小贩 37, 45, 49, 64

headlines 头条 1, 220, 244, 266, 276-278

Hearst, William Randolph 赫斯特，威廉・伦道夫 214, 235-237, 241, 248, 250-251, 265

Henry Ⅷ 亨利八世 19

Herschel, Sir John 赫歇尔，约翰爵士 113

Hetherington, Henry 赫瑟林顿，亨利 146

Hill, A. F. 希尔，A. F. 106

hoaxes 骗局 107, 112-113, 195。另参见false news/fake news

Holmes, Oliver Wendell Jr. 霍姆斯，小奥利弗・温德尔 248-249, 254, 268

"hot news" doctrine "热点新闻"原则 4, 227, 263-268。另参见 *INS v. AP*

索引

Hough, Charles Merrill 霍夫, 查尔斯·梅里尔 239-240, 243

Houghton, John 霍顿, 约翰 46

How, John 郝, 约翰 49-50

Howard, Roy 霍华德, 罗伊 251, 253

Howard, Thomas, Earl of Effingham 霍华德, 托马斯, 埃芬厄姆伯爵 84

Hudson, Frederic 哈德逊, 弗里德里克 209-210

Hunt, Frederick Knight 亨特, 弗里德里克·奈特 178-179, 188

Illinois Supreme Court 伊利诺伊州最高法院 241

illustrations 插图 23, 26, 179, 207-208, 211-212, 215, 220, 224, 294 注释 36

Independent（London）《独立报》（伦敦）278-279

injunctions, procedures for 禁令, 程序 54, 57, 66, 148, 159, 178, 181, 300 注释 13, 314 注释 39

INS（International News Service）国新社（国际新闻社）235, 237, 252, 258。另参见 *INS v. AP*。

Institute of Journalists 记者协会 182, 186

INS v. AP 227；美联社对国新社的指控 236-237；～中引用的克莱顿诉斯通案 119, 246；～与著作权 244-247；第一次世界大战的背景 235, 237, 248；数字时代的～ 265-268；异议意见 248-250；反盗用原则 4, 227；～复杂的遗产 228, 250-256, 263-265, 274；～与新闻垄断权 242, 245, 249, 251-252, 261, 266, 284；口头辩论 241-242, 245, 331 注释 47；～与新闻财产权 238-240, 242, 247, 249, 269；～作为放弃的发表 230, 239, 247；～与无线电广播案 228, 256, 259-261；～与反不正当竞争 240, 247-248。另参见 Brandeis, Louis; Clarke, John; Holmes, Oliver Wendell Jr.; McKenna, Joseph; Pitney, Mahlon; Stone, Melville E.

intellectual property 知识产权 117, 228, 249, 266, 271。另参见

property

intelligence, in relation to news 情报，与新闻相关的 156–157, 159–163, 182, 239, 283

intelligencers（news writers） 情报员（新闻作者） 15, 32, 35, 156

International Congress of the Press (ICP) 国际新闻大会 171

International Convention for the Protection of Industrial Property 《保护工业产权国际公约》 253

international copyright 国际著作权 151, 170–172, 217, 250, 273, 308–309 注释 48

International News Service v. Associated Press 国际新闻社诉美联社案。参见 INS v. AP

internet 互联网：～上的广告 266, 285；用户浏览～ 278；～与著作权立法 280–281；～与言论自由 267；新闻诉讼 1, 228, 265–268, 276–279；报纸数据库 141, 283；～新闻时间的压缩 265；网站 3–4, 285

Irish Home Rule 《爱尔兰自治法》 210

James I 詹姆士一世 28–29, 32–33, 44

James II 詹姆士二世 45

Jansen, Marie 詹森，玛丽 222

Javier, Louis-Joseph 哈维尔，路易斯-约瑟夫 170

Jeffreys, Sir George 杰弗里斯，乔治爵士 44

Jessel, Sir George 杰塞尔，乔治爵士 169

Johns, Adrian 约翰斯，阿德里安 8

Johnson, Hiram 约翰逊，海勒姆 241–242

Johnson, Samuel 约翰逊，塞缪尔 127

Jones, Sir Roderick 琼斯，罗德里克爵士 252–253

Journal of Commerce 《商报》 108–109, 111–112, 135

Journeaux, Malcolm 茹尔诺，马尔科姆 279–280

Junius letters 朱尼厄斯的信件 78

Kellogg, Ansel N. 凯洛格，安塞尔·N. 206

Kendall, Amos 肯德尔，阿莫斯 96-97

Kiernan, J. J. 基尔南，J. J. 229-231

King, Andrew 金，安德鲁 28

King's Bench, Court of 王座，法院 54

Kipling, Rudyard 吉卜林，鲁德亚德

KSOO 259

KVOS 259-261, 264-265

Kyngston, Felix 金斯顿，菲利克斯 29

Land and Water Journal 《土地与水域报》 167-169

Lane, John 莱恩，约翰 183-185

League of Nations (Conference of Press Experts) 国际联盟（新闻专家大会） 251-252

lecturers, rights of 演讲者，权利 184, 188

Leeds Mercury 《利兹信使报》 146, 159-160

Lehmann, Frederick W. 莱曼，弗里德里克·W. 245

L'Estrange, Roger 埃斯特兰奇，罗杰 43-45

letters patent 专利特许证。参见 privileges for printing

Lewis, Sir George Cornewall 路易斯，乔治·康沃尔爵士 159, 161, 318 注释56

Lewis, Sir Thomas Frankland 路易斯，托马斯·弗兰克兰爵士 154

Lewis, Thomas 路易斯，托马斯 28

Leybourne, Robert 利伯恩，罗伯特 41

Library/Librarian of Congress 图书馆/国会图书馆馆长 208, 210, 216, 218-219, 221

licensing 特许制。参见 censorship

licensing agreements for news 新闻许可协议 227, 276-278, 280-282

Life magazine 《生活》杂志 225

Lisle, Lawrence 莱尔，劳伦斯 25-26 (*25*)

literary property 文学财产权：～与康格斯 57；～与字典、百科全书 61；～约翰·洛克 8, 63, 73, 134；～与报纸、杂志著作 3, 65, 66, 70-73, 75, 85, 160, 204；～与大众对图书的获取 83；～与出版商登记册 52, 54。

另参见 copyright; property

Lloyd's Coffee House　劳埃德咖啡馆　81-82, 157

Lloyd's List　《劳埃德清单》　81-82

Locke, John　洛克，约翰　8, 47, 63, 73, 134

Locke, Richard Adams　洛克，理查德·亚当斯　113

London, City of　伦敦，市政府　29, 45, 82-83

London Evening Post　《伦敦晚邮报》　62, 71, 98

London Gazette　《伦敦公报》　43-45, 56, 63, 76, 152

London Magazine　《伦敦杂志》　67-69, 73-75

London Working Men's Association　伦敦工人协会　146

Low, Sidney　罗，悉尼　174

Mabbott, Gilbert　马伯特，吉尔伯特　40-41

magazines　杂志：～的著作权　75, 85, 150, 187, 211, 215, 223-224；《绅士杂志》66-67（67）69, 72-74；《哈珀新月刊》212；《生活》225；《伦敦杂志》67-69, 73-75；《便士杂志》155；《斯克里布纳杂志》224；～与印花税　72

mail　邮件。参见 post office

Maine Bar Association　缅因州律师协会　218

Malins, Sir Richard　马林斯，理查德爵士　168-169

Manchester Athenaeum　曼彻斯特阅览室　157

Manchester Evening News　《曼彻斯特新闻晚报》　279

Manchester School　曼彻斯特派　151

Manhanttan Quotation Telegraph Company　曼哈顿报价电报公司　230

maps and charts　地图和图表　49, 55, 75, 85, 88, 117, 119-120, 125, 271

marine/shipping lists　海运／航运清单　46, 75, 81, 115, 118, 121。另参见 price currents

Mary I　玛丽一世　20

Mary II　玛丽二世　45

Mason, Julian S.　梅森，朱利安·S.　12

索 引

Massachusetts Spy 《马萨诸塞间谍报》 90-91

Matthew, Thomas 马修,托马斯 31

Mawson, Robert 莫森,罗伯特 59-60

May, Alexander 梅,亚历山大 31

McClatchy Company 麦克拉奇公司 267

McClure, S. S. 麦克卢尔,S. S. 209

McKenna, Joseph 麦克纳,约瑟夫 248

McMullen brothers 麦克穆兰兄弟 215

Meltwater 融文 276-278

Merchants' Coffee House (Philadelphia) 商人咖啡馆（费城） 137

Mercurius Politicus 《政治信使》 42

misappropriation ("hot news") doctrine 反盗用（"热点新闻"）原则 4,277,263-268。另参见 INS v. AP

Moderate Intelligencer (The Moderate) 《温和派情报员》《温和派》 40-41,156

monopoly on news 新闻垄断权：英国王室授予的~ 18,42-46；格罗斯卡普论~ 232；报纸与无线电广播 257-258,261；纽联社被指控享有~ 196-198,200-202,207。另参见 INS v. AP

Morning Chronicle 《早晨纪事报》 76,79,146,152

Morning Herald 《早晨先驱报》 147-148

morning newspapers 早报：~被晚报复制 10,62-64,138,152,158,173-176,205,219-220；~形成协会 110,194-195；~为著作权游说 146-147,153；~用假新闻揭露复制行为 110-112

Morning Post 《早晨邮报》 147,163

Muddiman, Henry 穆迪曼,亨利 42-43

Murray, John 默里,约翰 179

Nation 《国民报》 203-204,284

National Advocate 《国民代言人报》 125,135

National Association of Press Agencies 全国新闻通讯社协会 279

National Gazette 《国民公报》 97,108

National Intelligencer 《国民情报员报》 103, 106

National Journal 《国民日报》 95-96, 103

National Stamp Abolition Committee 全国废除印花税委员会 151-152

National Telegraph v. Western Union 国民电报诉西联电报案 231-233, 239

Native American issue in Georgia Journal 《佐治亚日报》中的印第安人问题 95-96

natural rights 自然权利 63, 73, 228

NBA v. Motorola 美职篮诉摩托罗拉案 263-264

NBC radio network 全国广播公司无线电广播网络 258

Nedham, Marchamont 尼德姆，马尔查蒙特 42

Newbery, Nathaniel 纽贝里，纳撒尼尔 33-34

New England Associated Press 新英格兰联合通讯社 195

New England Galaxy 《新英格兰银河报》 102-103

news 新闻：～成为历史 141；商业和城市卫生～ 27-32 (30)；～的定义 7, 11-14, 145, 160, 180, 202；～被排除出《伯尔尼公约》 170-172, 177, 179, 273；～与文学作品 70, 148, 162, 169, 179, 184-185, 203-204, 232, 242-246；作为非竞争性物品的～ 6-7, 198；户外新闻公告 111, 233-236 (234), 238-240, 247, 250；作为流程和内容的～ 12；作为贡献资源的～ 78, 85-86, 272；早期出版物的术语 18。另参见 copyright for news; false news/fake news; newspaper article rights and ownership; property in news

newsbook 新闻书 18, 36-42 (38, 39), 69, 297 注释 75

newsletters 内部通讯 15, 18, 32, 42-43, 48, 78, 98, 156。另参见 intelligencers

News of the World 《世界新闻报》 166, 252

newspaper article rights and ownership 报纸文章权利和所有权：

根据《美国著作权法》(1909)
223-227; 根据《英国著作权法》
(1911) 187-188; 匿名性 36,
65, 86, 94, 133; 根据《伯尔
尼公约》 170-172, 177, 179,
187-188, 250, 273; 18世纪~
60-65; 欧盟~ 277, 280-281;
表达与事实 143, 175, 186,
246-247, 284-285; 新闻与文学
作品 70, 119, 148, 162, 169,
179, 184-185, 203-204, 232,
242-246; 作为贡献资源 78,
85-96, 272; 习惯和默示惯例
173-174, 182, 238, 250-251,
320 注释115;《泰晤士报》对~的
描述 161; 沃尔特诉斯坦科夫案
对~的论述 174-177。另参见
Clayton v. Stone

Newspaper Association of America
美国报业协会 267

Newspaper Licensing Agency 报纸
许可机构 277

newspapers 报纸: 作者利益与出版
商利益 40-41, 147, 182, 185-
186, 224, 280-281; 城市与乡
村 89, 92-93, 99, 101, 114,
143, 151, 154-157, 164-166,
201; 定义 22; 第一次使用该术
语 18; 早报与晚报 10, 62-64,
138, 152, 158, 173-176, 195,
219; 官方垄断 42-46; 美国邮
政费 92-93; 印花报与无印花
报 59-60, 144-149; 订阅与广告
53, 65-66, 75-76, 237, 272,
285。另参见 newspaper article rights
and ownership; provincial newspapers

newsrooms 新闻阅览室 137, 157-
158, 163, 165

New York American 《纽约美国人报》
236

New York Associated Press (NYAP)
纽约联合通讯社(纽联社) 195-
199, 202-203, 213, 229-230

New York Cotton Exchange 纽约
棉花交易所 213

New Yorker Staats-Zeitung 《纽约周报》
210

New York Evening Post 《纽约晚邮报》
12, 98-100, 103, 135, 210

New York Herald 《纽约先驱报》 112-
113, 209-210, 214, 233

New York Illustrated Times 《纽约插图

时报》 211

New York Journal 《纽约日报》 214

New York Ledger 《纽约分类账报》 208

New York State Associated Press 纽约州联合通讯社 193。另参见 New York Associated Press (NYAP)。

New York Sun 《纽约太阳报》 113，208，210，213-214，243

New York Times 《纽约时报》 12，194-196，208，210，214，217，220，250

New York Times Company 纽约时报社公司 267

New York Tribune 《纽约论坛报》 106，152，199，207，210

New York World 《纽约世界报》 199，205，210，214，219，222

Niles, Hezekiah 尼尔斯，希西家 94-95

nonrivalrous goods 非竞争性物品 6-7，198

Norris, John 诺里斯，约翰 222

North, Sir Ford 诺斯，福特爵士 175-177，184，186

North Briton 《北英国人》 77

Northcore, Stafford 诺斯科特，斯塔福德 204

Nutt, John 58-59 纳特，约翰 58-59

O'Brien, Frank M. 奥布莱恩，弗朗克·M. 12

Ochs, Adolph S. 奥克斯，阿道夫·S. 220

Old Bailey, Proceedings of 《老贝里街》，《诉讼》 45，82

online news 在线新闻。参见 internet

Ordinary of Newgate's Account 新门监狱日常牧师报告 45，82

Oregonian, Portland 《俄勒冈人》，波特兰 205，250

originality 独创性。参见 authors: originality associated with

Pall Mall Gazette 《帕摩尔公报》 172，176-177

pamphlets 小册子：包含新闻 23-25（25），34，36，44-45，82；～的著作权 55，73，77-78，84，118，122-123；定义 24；作

索 引

为"短命物"的~ 126；作为财产的~ 26，49，301 注释28；~的印花税 59；出版商登记册中的~ 24-27（25），294 注释33，297 注释75

Pan-American Copyright Convention 《泛美洲著作权公约》 250，332 注释77

parish clerk 教区书记员 29-32，82

patents and royal licenses 专利与王室特许证。参见 privileges for printing

patent' sides (newspapers) 专利页（报纸） 205-206

Pecke, Samuel 佩克，塞缪尔 36-37

Pelosi, Vincent M. 佩洛西，文森特·M. 121

penny papers 廉价报纸 113，163，166

Perfect Diurnall of the Passages in Parliament (Pecke) 《议会议程完全日报》（佩克） 36-37（*38-39*）

Philadelphia Price Current 《费城市价表》 137-138

Phillimore, John 菲利莫尔，约翰 162

photographs 照片 221-223，225，275-276

piracy, generally 盗版，一般的 7-9；~作为报业的基础 284；~与著作权侵权 9，100-101；~作为比喻 8-9；解决~的合伙 24，34，153，213；感知到的~损害 143，151；~与抄袭 70；证明非一字不差的~ 162-163；对~的报复 109-113；~转变中的定义 16，47，59，70，148；~与技术 5，143；视为~的跨大西洋重印 9，151

piracy in America 美国的盗版：用假新闻为盗版者设置陷阱 110-112，214-215；广播组织作为盗版者 260-261；凯里论~ 113；~的普通法解决方案 219，227；早版报纸和公告栏的~ 250；外国作品的~ 9，100-101；贺拉斯·格里利论~ 152-153；事实没有盗版问题 243；提升印刷速度解决~ 209；电报信息的~ 203，205，210

piracy in Britain 英国的盗版：《印

刷法》失效后的～ 47-49；人口生死报表的～ 29；凯夫和罗素论～ 68-71；～与康格斯事实上的著作权 68-71；双重排版与～ 29，39；对～的早期抱怨 5，16；对早报的～ 63；即决判决的必要性 148-149，159；新闻阅览室里的～ 157；新闻小册子中的～ 77；～与路透社 167，177；印花税与～ 59，64，145，151-155，163；出版商为～答辩 19-21，23-24，34，40；《闲谈者》的～ 58-59；电报公司与～ 58-59；标题和新闻的～ 59-60，148；记者作品的～ 182。另参见 Statute of Anne

Pitney, Mahlon 皮特尼，马龙 246-247，255

plagiarism 抄袭 70，97-98，114

poetry 诗歌 70，72，103，105，109，130，207，209

Poor Man's Guardian 《贫民卫报》 146-147

Pope, Alexander 蒲柏，亚历山大 126-127

Post Boy 《小邮差报》 2，48，56，70

Post Man 《邮差报》 48，58，62

post office (Britain) 邮政局（英国）：～早期新闻出版物 15，22，33，41；～与政府情报 42-43；～与报纸发行 48，62，64，76；印花税与邮费 147，149，151，154-155，163；～与电报 164-166，177，192，286

post office (United States) 邮政局（美国）：《邮政局法》（1792） 88，92-93；延迟 107；鼓励新闻交换 89，92-94，96-97；特快纸条 97，310 注释81；～与市场新闻 140；～与电报 192-193

Press Association (British organization) 新闻联合社（英国机构） 165-167，181-182

press associations 通讯社 114；搜集、交换新闻 191-195，204；～与新闻财产权 194，197-198，233-235；～的著作权登记 208-211，235。参见 Associated Press (AP); California Associated Press; INS v. AP; New York Associated Press (NYAP); Western Associated Press

索引　　469

Press Gazette《新闻公报》279

Press-Radio War　报刊-无线电广播大战　261-262（*262*）

price currents　市价表：美国著作权与～　115，118，121-127，130-131；～与报纸的竞争　75，123-124；～专利　27-28，32，46；～与《安妮女王法》58，61，80，121，304-305　注释108；～作为勤劳的作品而非知识的作品　134-135。另参见 *Clayton v. Stone*

Printing Act (1662)《印刷法》(1662) 43-44。另参见 censorship

privacy　隐私　222-223，329　注释6

privileges for printing　印刷特权　17；伦敦市政府　29，45，82；专利特许证与王室特许证　19-20，23，27-28，31-32，35，46，74，79-80，121；议会～　48，55-56，78-79；出版商公会～　20-22，41，52，271

Privy Council　枢密院　35

property　财产权：定义　7-8；知识产权　117，228，249，266，271；洛克论～　8，63，73，134；～与礼仪　16，50；准财产　4，227-228，232，247，259，274。另参见 literary property

property in news　新闻财产权　6-8，49；美报协论～　258；库珀与比克尔论～　254；格罗斯卡普论～　232-233，239；港口新闻协会论～　194；亨特论～　153-155；～与工业产权　252-253；马林斯论～　168；～与"财产权"的含义　109；《纽约时报》论～　194；皮特尼论～　247；罗素论～　70；塞茨论～　219-220；西蒙顿论～　197；斯通论～　219，229，234-235，251；《泰晤士报》(伦敦)论～　161；翁特梅耶论～　241；沃特森论～　200。另参见 *INS v. AP*

provincial newspapers　外省报社　64-64，143，155-160，163-167，181-183

Public Advertiser《大众广告报》75，78

publication, legal definition of　发表，法律定义　229-234，239，247

Public Citizen　公共公民　267

public domain 公有领域 120, 263, 267, 282

public funding model 公共资助模式 285-286

public good, news as 公共物品，新闻作为~ 7, 83, 247

public shaming 公开羞辱 112, 123, 214-215

Publishers' Association (UK) 出版商协会（英国）184

Publishers' Coyright League (US) 出版商著作权联盟（美国）212

Publishers Weekly 《出版商周报》212

Pulitzer, Joseph 普利策，约瑟夫 199, 205, 214, 219

Putnam, Herbert 帕特南，赫伯特 218-219, 221

Pynson, Richard 潘森，理查德 19

quasi property 准财产 4, 227-228, 232, 247, 259, 274

Queen Anne 安妮女王 49, 55。另参见 Statute of Anne

radio 无线电广播 228, 256-262

railroads, news via 铁路，通过~传播新闻 155-157

Railway Times 《铁路时报》150

Read, James 里德，詹姆斯 60

ready-print services 即印服务 205-206

Register of Copyrights, US 著作权登记官，美国 217-218, 224, 254

Registrar General (UK) 户籍登记总署（英国）82

registration of copyright 著作权登记。参见 copyright legislation (Britain); copyright legislation (United States); Stationers' Hall; Stations' Register

reprinting, computational studies of 转载，计算研究 88-89, 104-105, 316 注释 24。另参见 copying

Reuter, Herbert de 路透，赫伯特·德 181-182

Reuters 路透社 165-167, 177, 181, 188, 213, 252, 276

Reuter's Journal 《路透日报》177, 181

Reynolds, George William MacArthur 雷诺兹，乔治·威廉·麦克阿瑟 158

Reynolds's Weekly Newspaper 《雷诺

兹周报》158-159, 166, 284

Ricardo, John Lewis 李嘉图, 约翰·路易斯 158, 164

Riddell, Baron George 里德尔, 巴伦·乔治 252

Robinson, Richard 罗宾逊, 理查德 79-80

Rochdale Online 罗奇代尔在线 279

Roper, Abel 罗珀, 亚伯 56-57

Rosebery, Lord 罗斯伯里, 勋爵 183-185

Royal Copyright Commission 王室著作权委员会（1878）168, 179

Russell, Benjamin 罗素, 本杰明 101

Russel, Richard 罗素, 理查德 69-73, 86

Sacheverell, Henry 萨谢弗雷尔, 亨利 55-56

Sanderson, Joseph M. 桑德森, 约瑟夫·M. 137-138

science, constitutional meaning 知识, 宪法含义 129-130, 134, 139

scissors 剪刀: 编辑对～的使用 89-90, 95-96, 102-103 (*102*),

106-107; 对"剪刀编辑"的嘲讽 87, 98-99, 101-103; ～的拟人化 103-104, 114; ～与转变中的态度 87-88, 113-114, 另参见 copying

scrapbooking 剪贴簿 105

Scribner, Charles II 斯克里布纳, 查理二世 224-225

Scripps Company, E.W. 斯克利普斯公司, E.W. 237, 267

Scrutton, T.E. 斯克鲁顿, T.E. 184, 186

Seaman, William Henry 西曼, 威廉·亨利 216-217

Second Boer War 第二次波耳战争 215

Seitz, Don Co. 塞茨, 唐·C. 219-221

Sessions Papers 《庭审报》82-83

Seven Years' War 七年战争 74

Shakespeare, William 莎士比亚, 威廉 75

Sheffard, William 谢菲尔德, 威廉 33

Sherman, John 谢尔曼, 约翰 207

Sherman Anti-Trust Act 《谢尔曼反

垄断法》259

Shipping and Commercial List, and New York Price Current 《航运和商业清单与纽约市价表》118-119，123-127，130-131，135-136，139

shipping/marine lists 航运/海运清单 46，75，81，115，118，121。另参见 price currents

shorthand verbatim transcript 速记法一字不差的记录稿 184-185

silk designs 丝织品设计 255-256

Simonton, James W. 西蒙顿，詹姆斯·W. 196-198

slips of news 新闻纸条 97，110

Smith, W. H. 史密斯，W. H. 155，157

snippets of news 新闻片段 1，70，276-277

Society for the Diffusion of Useful Knowledge 推动实用知识传播协会 155

Solberg, Thorvald 索尔瓦尔德，索伯格 217-218，224-225，254

Solum, Lawrence B. 索伦，劳伦斯·B. 131

South Africa 南非 177，220

Southern Associated Press 南方联合通讯社 195

Spain 280 西班牙

Spanish-American War 美西战争 214，219，330 注释27

Spectator 《旁观者》58-59，75，85，132

speeches, publication of 演讲，~的发表 13，55，79，112，183-185，188

Spofford, Ainsworth Rand 斯普福德，安斯沃思·兰德 210-211

Springfield, George 斯普林菲尔德，乔治 185-186

Spring Rice, Thomas 斯普林·赖斯，托马斯 145-147，149

Stamm, Michael 施塔姆，迈克尔 262

stamp duty 印花税：~盗版的主张 59，143，148；~与著作权问题 145-149，151-155；~的成本 72，146；制定与修订 59，64，144，149；~与邮费 147，149，163；作为"知识税"的~ 145，147，151，166，188，272

Standard 《标准报》147，166，186

Stanley, Lord 斯坦利，勋爵 162

Stationers' Company 出版商公会 271；～与叙事诗 23-24；～与人口生死报表 31；查理一世与～ 35；助理法庭 21-24, 27, 34, 47；～的创立 15, 20；迪林厄姆/怀特纠纷 40-41；垄断权的终结 48, 51；《安妮女王法》对～的影响 56；执行专有权 16, 29, 34；书记员的权利 26, 52, 56；《印刷法》续期与失效 43-44, 47-49；登记作为权利记录 21, 52, 54；作者与～的关系 22, 41。另参见 censorship; privileges for printing

Stationers' Hall, entry of titles at 出版商大厅，在～的书目登记 74, 77, 167-169, 175, 177-178, 186

Stationers' Register ("entry book of copies") 出版商登记册（"复制件登记簿"）20-27, 34, 41, 43, 47；《安妮女王法》与～ 52, 54, 56-57

Statute of Anne (Act for the Encouragement of Learning) 《安妮女王法》(《鼓励知识法》): 缩略本与～ 74-75；～的模糊性 53, 71-72, 85；作者作为第一所有人 17, 51, 54, 63；根据～著作权期满 52-53, 84；～对出版业的影响 52-54, 85-86；～的制定（1710）50-51；～作为《美国著作权法》(1790) 的模板 117；根据～登记的期刊 55, 58-62, 66, 74-75, 77-78, 80, 121, 304-305 注释108；登记规则 54300 注释13；～与萨谢弗雷尔审判 55-57。另参见 Stationers' Register

Steele, Richard 斯蒂尔，理查德 58, 75

Steinkopff, Edward 斯坦科夫，爱德华 173-175

stigmergy 共识主动性 61

St. James's Gazette 《圣詹姆斯公报》173-176

stocks and commodities 股票和商品 4, 46, 81, 177-178, 229-230, 232, 239

Stone, Melville E. 斯通，梅尔维尔·E. 215, 219, 229, 232, 234-237, 239, 251, 268

Stone, William L. 斯通，威廉·L. 126-127，131-133，135，311 注释 97

Subscription-based newspapers and advertising 以订阅为基础的报纸与广告 53，65-66，272，285

Sulzberger, Arthur Hays 苏兹贝格，亚瑟·海斯 12

summary proceedings 简易程序 159，178，181

Sun, New York 《太阳报》，纽约 113，208，210，213-214，243

Supreme Court, US 最高法院，美国 4，118-119，207，251，255；艾布拉姆斯诉美国案 248；～论美联社的反对权 265，331 注释 49；贝克诉希尔登案 118，312 注释 8，327 注释 101；布莱斯坦诉唐纳森平板印刷公司案 244-245；～论事实汇编 202-203，336 注释 6；～与联邦普通法 263；KVOS 案判决 261，265；～论报价信息 239；惠顿诉彼得斯案 312 注释 15，314 注释 51。另参见 *INS v. AP*

surreptitious taking 秘密窃取 149，178，205，235-236

"sweat of the brow" doctrine "额头汗水"原则 203，279，336 注释 6

Swift, Jonathan 斯威夫特，乔纳森 126-127

syndication 联合发表：文学作品的～ 140，208-209，215，296 注释 60；新闻报道的～ 183，205，210，227，235，251，274，279

Tasmania 塔斯马尼亚 181，220

Tatler 《闲谈者》 58-59

"taxes on knowledge" "知识税" 85，145，147，151，166，188，272

Taylor, Charles H. Jr. 泰勒，小查尔斯·J. 220

telegraph 电报：multiplex 多工 198-199；229-230；登记电报信息 177，208，210-211，213，219，282；自动收报机 229

telegraph (Britain) 电报（英国）：著作权问题与～ 153-156，158-161，163，167，177-178；英国电报公司 156-158，163-164；邮政局对～的控制 164-166，177

索 引

telegraph (U.S.) 电报（美国）：～公司作为"公共承运人" 237, 323 注释20; ～与合作新闻搜集 193-196; ～与著作权问题 198-199, 202-204, 207-208, 210-211, 213, 219-221, 282; ～的成本 191; 通过～传播假新闻骗局 195; 政府政策 192-193, 197-199, 202; 出租线路 199, 229; ～与信息财产权 229-233, 239。另参见 *INS v. AP*; NYAP; Western Union

theft, metaphor of 盗窃，～的比喻 3, 8, 70, 89, 100, 137, 203, 205, 214-215

Thirty Years' War 三十年战争 32-33

Thomas, Isaiah 托马斯，以赛亚 90-91

Thompson, Smith 汤普森，史密斯 126-131, 134, 138-141, 216

ticker tapes, property of 信息条，～的财产权 177-178, 229-235, 239-240, 249

Tillotson, William Frederic 蒂洛森，威廉·弗里德里克 209

Times (London) 《泰晤士报》（伦敦） 143; 作为"垄断组织" 151; ～与《芝加哥论坛报》 215-217; 发行量 149, 166; ～著作权形式要件 169, 173, 187; ～论报刊的责任 283; ～为著作权游说 143, 147, 159-162, 179; ～与英国电报公司 155-158, 163-164; 沃尔特诉莱恩案 183-185; 沃尔特诉斯坦科夫案 173-178。另参见 Bell, Charles Frederick Moberly

time zones 时区 237, 240, 242

titles 标题：～的著作权法案 323 注释27; 关于～的纠纷 40-41, 59-60, 67-68, 148; 缺乏～的著作权 224, 278。另参见 couterfeit editions

Toland, John 托兰，约翰 62-64

Tonson, Jacob 雅布布，汤森 55-57

transatlantic cable 跨大西洋电缆 180, 216, 235, 248, 251

Transradio Press 跨无线电广播通讯社 258

trials, reports of 庭审，对～的报道 18, 45, 55-57, 77, 82, 118, 130, 278-279

Tribune v. AP 论坛报社诉美联社案

214-217

Tucher, Andie 图歇，安迪 101

Twitter 推特 267

typesetting/composition 排版／创作 29，37-39，(38，39) 90-91，106，113

United Press (UP) 合众通讯社（合众社）：第一家合众社（1882-1897） 199-200，213-214，323 注释24；第二家合众社（成立于1907年） 237，251，253-254，258，266

United States 美国 4-5；宪法问题 129，203，267；外国作者的著作权 9，100，217，308 注释48；邮政政策 88，92-93，96-97，140-141，192，285-286；电报政策 192-193，197-199，202；另参见 copyright legislation (United States); Supreme Court

University of Cambridge 剑桥大学 20

University of Oxford 牛津大学 20

unstamped press 无印花报刊 59，64，144-148，153-155

Untermyer, Samuel 翁特梅耶，塞缪尔 237，241

Viral Texts project 病毒式传播文本项目

Wales Online 威尔士在线 278

Walter, Arthur Fraser 沃尔特，亚瑟·弗雷泽 173-176

Walter v. Lane 沃尔特诉莱恩案 183-185

Walter v. Steinkopff 沃尔特诉斯坦科夫案 173-178，181，183-184，186，188，247

Warburton, Henry 沃伯顿，亨利 145

Ward, Henry Galbraith 沃德，亨利·加尔布雷斯 240

Washington Post 《华盛顿邮报》 260

Watterson, Henry 沃特森，亨利 199-200，203，207

Webb, James Watson 韦布，詹姆斯·沃森 111-112

websites 网站。参见 internet

Webster, Daniel 韦伯斯特，丹尼尔 112

Weckherlin, Georg Rudolf 韦克林，

索　引

格奥尔格·鲁道夫　35

Weekly Journal　《周刊》　59-60

Weekly Register　《每周登记报》　68，94

Western Associated Press　西部联合通讯社　195，198-199，203，206-207，213，330　注释10

Western Union　西联电报　197-199，202，231-233，239

WGN　261

Wheaton v. Peters　惠顿诉彼得斯案　312　注释15，314　注释51

Whigs　辉格党　46，55-56

White, Robert　怀特，罗伯特　40-1

Whorlow, Henry　沃罗，亨利　181-182

Wilkes, John　威尔克斯，约翰　76，78

William and Mary　威廉与玛丽　45

Williamson, Joseph　威廉姆森，约瑟夫　42-43

Windet, John　温戴特，约翰　29，295　注释47

Wood (Woody, Woodner), Robert　伍德（伍迪，伍德纳），罗伯特　37

Woodfall, Henry Sampson　伍德福尔，亨利·桑普森　78

Woodfall, William　伍德福尔，威廉　79

Wooley, Robert　伍利，罗伯特　28

World War I　第一次世界大战　4，219，235，237

Worshipful Company of Parish Clerks　教区书记员公会　29，31-32，82

Yahoo　雅虎　1，276

译后记

经过一年多的努力,终于完成了本书的翻译工作。在本书准备付梓之际,我想简单地将邂逅本书的缘起、推荐将之纳入本译丛的理由,以及本书翻译过程中部分术语的处理方式向读者诸君作一些交代。

一

2019年4月15日,欧盟理事会正式通过了《数字单一市场著作权指令》(下称《指令》),这是自2001年《信息社会指令》颁布实施以来欧盟著作权领域的首次重大立法。《指令》中包含了一个条款,为新闻出版者创设了一项新的邻接权——新闻出版者权(《指令》第15条)。新闻出版者借此获得了控制对其新闻出版物中的新闻作品——全文或一部分——进行网络传播的权利,由此得以控制网络新闻服务提供商——包括新闻聚合器、新闻监视服务提供商、搜索引擎、社交媒体等——对新闻出版者网站中新闻报道的抓取和利用行为。该条款早在2016年就已出现在《指令》草案中(草案第11条),而本项权利的创设又可追溯到2013年德国及2014年西班牙的著作权立法。

本项权利甫一创设即引起巨大争议——不论是最初在德国和西班牙,还是后来的整个欧盟——许多人将其斥为"链接税",认为其阻碍了互联网的自由链接和新闻的便利传播。相关争议在一些知名网站——如"维基百科"——上引发了大规模抗议活动，甚至引发了线下的示威游行。政客、学者、网民、网络服务提供商均表达了对新闻出版者权的不满，指出该权利的创设缺乏正当性：新闻出版者盈利能力的减弱绝非网络服务提供商对其新闻标题及摘要的抓取所致，而是因整个新闻产业的商业模式发生根本性变化，新闻出版者不再占据"将读者注意力销售给广告商"的绝对优势地位；而实际上，网络服务提供商对新闻的转载有效地提升了新闻出版者网站的流量，恰是在帮助新闻出版者实现数字化转型；新闻是一种有价值的公共物品，促进新闻流通、确保公众的知情权是国际法律界的共识，因此该权利还可能违背《伯尔尼公约》中"每日新闻不受著作权保护"以及允许"以新闻摘要形式从报纸文章和期刊中引用"的强制性要求。该权利的创设将带来一系列问题：一是法律上的不确定性，如什么是可受其保护的新闻出版物，哪些主体可以落入新闻出版者的范畴等；二是对新闻业本身带来的冲击，如叠床架屋的权利结构将加大新闻的交易成本、损害中小新闻出版者利益、妨碍新闻生产传播新机制的形成等。

另一方面，新闻出版者的利益当然也不容忽视。为实现新闻的策划、搜集、报道，新闻出版者在雇佣记者、编辑以及差旅、设备、运营等方面做了大量投资。网络服务提供商却近乎无成本地抓取并利用其生产的新闻资讯。在信息爆炸的时代，人们的注意力变成一种稀缺资源，读者往往满足于阅读新闻标题和摘要，而不再进入新闻的来源网页。因此，网络服务提供商抓取的新闻标题及摘要为其带来了可以转化为巨额广告收益的流量，这些流量却很少真正转化为新闻来源网站的点击率，甚至完全取代了原始新闻网站的作用。正是考虑到传统新闻出版者的利益，考虑到新闻生产巨大的固定成本和复制传播的零边际成本，欧盟才正式将新闻出版者权纳入法律，它被视为欧洲本土的新闻多元主义对抗美国互联网巨头的重要法律武器。

欧盟新闻出版者权立法进程中的激烈争论勾起我极大的兴趣，正反双方各执一词，似乎都有一定道理。我不禁好奇，按照著作权法的基本原理，著作权是不保护单纯的事实信息的。而对新闻出版者而言，其最有价值的资产恰恰是先于同行获取的新闻资讯，是资讯情报本身，而非对资讯情报所做出的具有独创性的表达。故而著作权法事实／表达二分法的原理似乎与新闻产业的保护诉求格格不入。那么，历史上，新闻产业是如何实现对新闻产品的法律保护的？新闻事件固然是自然发生的事实，但对新闻事件的报道——新闻产品——却是需要生产的。那么，是什么机制保障了这种生产成本极高、复制成本却极低的非竞争性物品的持续生产，保障了整个新闻产业的有序运行呢？

正是基于对这一问题的思考，使我有幸发现了威尔·斯洛特教授的这本《谁享有新闻著作权——新闻著作权史》。本书详细论述了16世纪以来英美两国调整新闻行业和保护新闻产品的法律制度、新闻出版实践及与之相伴的行业习惯的变迁和它们与技术、商业模式变革之间的相互关系，描述了不同历史时期新闻出版业是如何组织新闻生产、实现新闻传播并回收成本、保障收益的。正如斯洛特所言，通过将新闻出版史和著作权法律史并置在一起研究，本书"为思考新闻出版史和著作权史提供了一种新的方式"（原书第14页），也为我所关心和好奇的一系列问题提供了可资参考的答案。

二

2021年元月，中国人民大学法学院金海军教授邀我加入商务印书馆的"知识产权名著译丛"，并嘱我推荐一两部优秀著作。我首先想到的便是斯洛特的这本书。我想，将本书纳入该译丛，有非常充分的理由。

首先，本书对新闻著作权史的研究，可以为当下关于新闻著作权保护的诸多争议——包括前述新闻出版者权的创设与否——提供参考答案。正如斯洛特所指出的，如今我们所进行的这些争论，其实并不新鲜。"历史上，将新闻作为财产对待的后果已被无数次讨论。但这些争论总是慢慢销声匿迹，待到问题再次出现时，它们早已被忘却——因此很需要历史的方法"（原书第4页）。过往的争辩和它们的结论，既为我们节约了智识上的投入，避免思维的重复劳动，也为我们在更深层次上展开讨论提供了更高的起点。

其次，本书的研究有助于我们更好地理解整个著作权制度。如果说小说、戏剧、音乐等独创性较高，能够充分反映作者独特人格、思想和情感的作品类型处在著作权客体的核心，那么，新闻显然处在著作权客体的边缘。按照当前通行的著作权理论，新闻中单纯的事实信息是不受著作权保护的，只有对事实信息的表达才能获得保护。然而，"事实"与"事实的表达"之间并非总是那么泾渭分明，很多时候是难以清楚界分的。而恰恰因为新闻处在著作权保护的边缘地带，与新闻有关的著作权案件才常常迫使我们重新思考著作权法的立法目的、著作权保护的正当性及保护的恰当范围这类基础性问题。如果著作权法的立法目的是"促进知识的进步",那么它的保护对象应该是具备持续性贡献、对知识的累积具有促进作用的持久知识。转瞬即逝的新闻——即便是"对新闻的表达"——不值得获得著作权保护。但如果著作权法的立法目的在于保护包括新闻业在内的文化产业发展,出版商的投资和主编们的辛勤劳动也应当获得承认和保护。对著作权的正当性解释,流行的观点包括劳动论、人格论和功利论等。而新闻著作权的发展史清楚地展示了著作权法作为公共政策的性质,并在一定程度上证明了,著作权功利主义理论也许更符合事实的真相和事物的本质。从新闻著作权史看,行业中可以接受的复制行为,实际上受交通传播技术、行业竞争格局、报刊社与读者间的距离和亲疏关系、行业主流的商业模式等因素的综合影响。"对于新闻而言,对复制行为的态度——不管它被视为有害、无害甚至是有益的——一般取决于谁在复制、复制得多快、是否标注来源,以及复制者与其顾客所处的相对位置。很大程度上还取决于出版的频次,以及出版商争取顾客的地理范围"(原书第9页)。对何为"可受保护的表达"、何为"盗版"的认知并非一成不变,不同时期、不同群体均有不同的认知。例如,在沃尔特诉莱恩案中,英国法院之所以认为记者对演讲的记录也符合独创性标准,足以成为受著作权保护的作品,很大程度上是因为,在没有录音技术的年代,不同记者对同一演讲的记录往往不一致,记录的优劣取决于不同记者的技艺和能力,甚至记录中确实存在某种创作的成分。所以,记者所付出的"额头汗水"足以为著作权保护提供正当性基础。而在整个18世纪和19世纪的大部分时间里,由于交通运输和通讯技术的不发达,不同地域的报社之间并不存在直接竞争关系，所以，复制非但不是问题，甚至是被鼓励的。如果没有允许复制的行业规范，新闻业将难以运行。"如果未经许可的复制行为被认定为非法，那么，编辑和记者们完成他们的工作将困难得多"，"如果将新闻从一份报纸转印到另一份报纸的行为是盗版，那么，盗版就是整个报业建立的基础"（原书第284页）。故而，特定时期新闻著作权保护的范围和强度，总是由当时的技术、商业模式、行业习惯及其他相关法规政策构成的整体制度环境所决定的，著作权法作为公共政策的调节功能相当明显。

由于新闻纠纷常常迫使人们思考著作权法的基础问题，与新闻有关的案件往往在著作权法理论和历史中占据重要地位，它们塑造了与著作权保护范围有关的法律规则。例如，1892年英国的沃尔特诉斯坦科夫案是最早区分受保护的表达和不受保护的事实的法院判决之一；1900年的沃尔特诉莱恩案则被视为作品独创性标准中"额头汗水"理论的渊薮；而1918年美国的国际新闻社与美联社案"长期以来都是法学院课程和法学评论的重要内容，部分原因在于本案的多数派意见和异议意见都触及知识产权的根本问题"（原书第228页）。斯洛特指出："如果没有涉及新闻的立法提案、辩论和司法判例，著作权法的发展可能大为不同"（原书第13页），"关于新闻的纠纷塑造着著作权法的发展"（原书第144页）。

再次，本书对新闻著作权法律在西方的发展史的描述也有助于我们更好地理解各知识产权制度之间的相互关系。今天，我们习惯于将著作权法、专利法、商标法视作知识产权法的三大支柱，是三套相互平行但共享"知识产权"这一名号的独立的部门法。然而，戈斯汀教授指出，普通公众常常分不清其间的区别，甚至连专业的律师也弄不懂其中的堂奥（参见本译丛之《著作权之道——从印刷机到数字云》）。尽管如此，正如谢尔曼和本特利所指出的，知识产权法分立为三大部门法，并非从来如此，这种分野是法律现代化的产物，这种特定的分立方式也并非由事物的本质所决定，非历史发展的必然（参见《现代知识产权法的演进——英国的历程（1760—1911年）》）。新闻著作权史正展示了前现代阶段不同知识产权法之间所呈现的相互勾连、紧密联系的状态。16、17世纪，西方保护新闻作品专有权的，恰恰是王室授予的专利权。能够阻止他人复制和发行新闻出版物的，就是出版发行某一特定或某一类出版物的专利特许证（letters patent）。这种专利权与保护技术方案的专利权同宗同源——甚至在用词上都是一样的，其实质都是行销某种商品——不论是图书，还是日用品——从事某一行业的专有垄断权。所以，知识产权本质上是经营者用以限制他人竞争的工具，只不过它获得了王室或法律的确认。从这个意义上讲，将知识产权称为"合法的垄断"，确实反映了它的真实本质与实际功用。基于专利权与著作权的这一共性，非知识产权专业人士分不清二者之间的区别，似乎也无可厚非。

再如，通说认为，反不正当竞争法是知识产权专门法的补充。按照这一逻辑，知识产权专门法已明确拒绝保护的对象，反不正当竞争法就不应给予保护。1918年的国际新闻社与美联社案则给出不同的答案。该案中，原告美联社希望自己搜集和传播的新闻电报信息能够获得法律保护，以制止被告国新社未经许可窃取其新闻的行为。与一般人预见的不同，美联社并未主张新闻的著作权，恰恰相反，它主张新闻电报信息作为单纯的事实信息，是不能获得著作权保护的。但是，美联社为获取这些价值连城的新闻信息付出了巨大代价，这些信息能够为它带来竞争优势，而被告采取不正当的手段获取了这些信息，侵犯了它在普通法上的财产权。最终，美国最高法院以"一个人不能在未播种之处收获"的思想为基础，运用反不正当竞争法的"反盗用原则"，确立了新闻信息上的"准财产权"。新闻信息作为单纯的事实信息被著作权法明确排除在受保护范围之外，但反不正当竞争法却能为之提供保护。可见，反不正当竞争法并非单纯的"补充法"，而有其独立的运行逻辑。

最后，本书有助于我们更深入地思考知识产权制度变迁的演进动力和过程。"著作权是技术之子"（参见前引《著作权之道——从印刷机到数字云》），在知识产权领域，流行的观点认为制度变迁的演进动力是技术的进步——这似乎也符合"生产力决定生产关系"的一般规律。而本书通过新闻著作权史的论述，更全面地展示了制度变迁的整个过程。技术变革固然是新闻著作权制度变迁的原动力，但在不同的制度环境下，各国著作权法演进的方向和历程存在巨大差异。例如，电报的发明极大提升了信息的传输效率，对报业的竞争格局产生了重大影响，强化了新闻出版者主张新闻信息专有权的意愿。在电报技术的刺激下，澳大利亚等国诞生了保护新闻信息的短期专门著作权制度，然而，在英美两国，确立新闻专门著作权的改革努力却未能取得成功。此外，在英国，产生新闻著作权诉求的直接诱因是报纸印花税的废除。出版商担心印花税的废除将促使外省报社提供更多参与市场竞争的廉价报纸，因此希望在废除印花税的同时为新闻提供著作权保护，以构成廉价报纸的准入障碍。而美国主张新闻专门著作权的改革要比英国晚数十年，因为美国不仅没有报纸印花税，相反，政府还通过免除邮费的方式鼓励报社之间的自由交换和自由复制。电报技术虽然带来了主张新闻专有权的压力，但不同的政策环境、行业内不同群体的力量对比以及公众的主流价值观使新闻著作权在不同国度遭遇不同的命运。在美国，产生创设新闻专门著作权诉求的主要原因，是通讯社的诞生和运行。技术变革首先带来商业组织结构的革新，再进一步推动了法律制度的变迁。由此可见，在相同的技术变革下，各国的制度回应很可能是不一样的，制度演进的方向、速率、进程，具有多样性、偶然性、不确定性和不可预测性。"新的通讯技术——从电报到互联网——自身并不能解释人们何时以及为何会去游说新的立法，或者到法院去制止他人的复制行为。新闻出版商通常是在由政府法规、产业实践和诸如合伙或合营的制度安排所决定的更大的政治经济体中运作的"（原书第 5 页）。"便利文本复制或传播的新技术有时是催化剂，但技术不能脱离塑造其使用的政策决定和商业策略而被单独看待。……新闻出版商需要专门立法来保护投资的思想，是在回应政府管制变革、技术与行业新组合及行业领袖个人观点的特定时机出现的"（原书第 143 页）。历史不是线性发展的，制度演进也非遵循"技术—制度变革"的简单程式，真实的制度变迁过程要复杂得多。

　　本书对新闻著作权史所作的细致梳理和理论阐释获得同行的一致好评。美国芝加哥大学历史学教授阿德里安·约翰斯称赞本书是"一部扣人心弦的故事，融合了最高法院判决意见中的高尚原则与主编们为揭露竞争对手盗窃行为而编造假新闻的低劣诡计。在新闻产业与依赖于它的文化皆身处危难的时候，没有什么比这更好地揭示，我们亟须从历史视角分析我们时代最紧迫的问题"。英国剑桥大学知识产权法学教授莱昂内尔·本特利评论道，本书是一部"将新闻作为无体财产而试图控制新闻的思想和实践史，它是一部重要而及时的作品——其研究手段高明，呈现着实精彩"。哥伦比亚大学新闻学教授尼古拉斯·莱曼点评道："《谁享有新闻著作权——新闻著作权史》是一部关于四个世纪以来为新闻提供著作权保护的尝试的详尽而引人入胜的历史作品，但它不止于此。威尔·斯洛特为我们提供了一部新闻的商业史，向我们展示，新闻是一种公共物品，它总需要嵌入到一组有利的制度安排中才能得以存活。"

虽然本书是2019年的新著，但我相信它在著作权法和新闻学领域持续的学术影响将会在未来日渐显现，因此值得我付出一载有余的努力，将它带给中文世界的读者。

三

我在本书翻译过程中对一些关键术语的翻译所做的选择及其考虑，需要在这里特别向读者诸君说明。

首先，本书英文书名直译应为："谁拥有新闻？一部著作权的历史"。但是，根据中文习惯，"拥有新闻"是一个比较令人费解的表达。即使从原文的角度看，作者也承认："'谁拥有新闻'这个问题可以有很多回答方式"（原书第6页），而本书关心的问题是"将新闻作为一种无体财产对待而对之加以控制的尝试"（原书第6页），也就是说，本书关心的，其实是"谁享有新闻著作权"的问题。而本书的全部内容，是研究英美两国新闻著作权保护制度演进的历史，因此，"新闻著作权史"的副标题，应该也是比较准确的限定。

其次，本书将反复出现的关键术语"writing"一词翻译为"著作"。众所周知，美国宪法第1条第8款第8项是所谓的"知识产权条款"，该条规定，国会有权"通过在有限时间内保护作者和发明人对其著作和发现的专有权利，以促进知识和实用技术的进步"。其中的"著作"一词，使用的便是"writing"。严格地说，"writing"仅仅指的是"书写作品"——在美国宪法制定的年代，这是作品存在的唯一形式。但随着技术的发展和文艺形式的丰富，美国著作权法实践中均对"writing"做扩张解释，使之足以涵盖各种类型的作品，包括音乐、摄影、影视作品等非以书写方式呈现的作品类型。但是，我在本书中并未使用"作品"来翻译"writing"一词，原因在于：一方面，在现代著作权法中，用以概括所有客体类型的"作品"一词对应的英文术语通常使用的是"work"；另一方面，本书所讨论的全部对象都是新闻报道，都是"书写作品"。所以，为了区分"writing"和"work"，也更清楚地表明本书讨论的对象，我将前者译为"著作"，而将后者译为"作品"。在现代汉语中，"著作"有两层含义，一层作动词用，表示"用文字表达意见、知识、思想、感情等"，另一层作名词用，指"著作的成品"[《现代汉语词典》(第5版)，商务印书馆2005年版]。可见，"著作"一词与"writing"作为书写作品的原义更为契合，而"作品"则外延更广，可包括各类非书写、非文字的作品类型。

再次，本书将英国著作权法上非常重要的"fair dealing"概念翻译为"公平行为"。对于"fair dealing",国内学界存在不同的翻译,其中典型的译法是直译为"公平交易",这种译法无疑让人摸不着头脑,不能准确反映这一术语的制度含义。在与金海军教授的探讨中,我们达成一个基本共识:实际上,英联邦国家著作权法中的"fair dealing",尽管在制度的思想和具体规则上与美国的"fair use"制度不同,但究其实质,也是一种特殊的"合理使用"制度,因此,从中文翻译的角度看,其实把"fair dealing"翻译成"合理使用"就可以了,这既符合其在著作权制度中的定位,也更容易让中文读者理解,只不过"fair dealing"是英式的合理使用制度,而"fair use"是美式的合理使用制度而已。不过,由于本书中常常同时出现"fair dealing"和"fair use",如果此处均采"合理使用"的译法,就会出现"根据合理使用或合理使用的规定"这样的窘境。华东政法大学王迁教授的《知识产权法教程》将"fair dealing"译为"公平行为",既能与美式的合理使用制度相区别,又比较准确地反映了这一术语的制度含义,故本书也遵从这一译法。

第四,本书将"press association"译为"合作通讯社",将"news agency"翻译为"营利性通讯社"。在中文新闻网站和报刊中,往往并未区分这两者,而均统一译为"通讯社"。但"press association"和"news agency"是两种不同的组织形式。前者是不同报刊社组合而成的合作社,以分担搜集新闻的成本、分享各自搜集的新闻资讯。后者则是营利性的新闻搜集机构,主要通过将搜集到的新闻情报销售给各大报刊社,以获取收益。本书根据两类组织的不同性质,以"合作通讯社"和"营利性通讯社"相区分。

最后，由于我并未接受过正规的新闻学训练，对新闻史的了解亦非常有限，而本书中又存在大量近代英语的表述，这些表述与现当代的英语有较大差异，不论从我身边可及的新闻学书籍，还是英语辞典，甚至互联网资源，都很难找到统一的中文翻译。我只能根据相关术语所要描述的事物的含义，做出让读者比较容易理解的翻译。例如，本书第一章中非常重要的概念"ballad"，我直译为"民谣"；"pamphlet"直译为"小册子"；"broadside"根据其含义翻译为"不折叠印页"；"coranto"源自法语词，表示"随时告知"之意，据此译为"即时新闻"；此外，"newsletter"译为"内部通讯"，"tidings"译为"消息"，"relation"译为"故事"，"occurrence"译为"事件"，"diurnals"译为"日报"……这些都是16、17世纪新闻出版物的主要形式。这些译法是否合适，还望读者批评指正，尤其真诚期待新闻出版史专家不吝赐教、多多指点！

四

本书的翻译工作得以顺利推进，需要特别感谢译丛主编金海军教授的信任与支持。还要感谢编辑吴婧老师，本书从选题申报到稿件修改、定稿排版、清样校对，都离不开吴老师的辛勤付出，吴老师严格、认真、细致的工作态度有效保障了本书应有的质量。

最后，也是最重要的，感谢我的爱人黄泽萱博士。在本书翻译的攻坚阶段，夫人正身怀六甲，却仍分担着照看女儿和家务的重任，为我争取了许多工作时间。也感谢大女儿念念，你的听话和乖巧使我心情愉悦、工作顺畅。感谢即将降生的思思！你的到来使我充满动力，干劲十足。希望将来可以带着你和姐姐，共同"开眼看世界"，感受语言和求知的乐趣。

陈贤凯

暨南园镜湖畔

2023 年 8 月

图书在版编目（CIP）数据

谁享有新闻著作权：新闻著作权史／（美）威尔·斯洛特著；陈贤凯译 . -- 北京：商务印书馆，2025.
（知识产权名著译丛）. -- ISBN 978-7-100-24641-5
Ⅰ. D913.42
中国国家版本馆 CIP 数据核字第 2024PU7230 号

权利保留，侵权必究。

知识产权名著译丛
谁享有新闻著作权
——新闻著作权史
〔美〕威尔·斯洛特 著
陈贤凯 译

商 务 印 书 馆 出 版
（北京王府井大街36号 邮政编码100710）
商 务 印 书 馆 发 行
北京市白帆印务有限公司印刷
ISBN 978-7-100-24641-5

2025 年 3 月第 1 版　　开本 880×1230　1/32
2025 年 3 月北京第 1 次印刷　　印张 15¼
定价：93.00 元